区域法治发展研究丛书

当代中国的家事司法改革

地方实践与经验

The Reform of Family Justice in Contemporary China

Local Practice and Experience

刘　敏　主编

《区域法治发展研究丛书》
编辑委员会

总　　序

当代中国正处于一个持续的深刻的转型与变革过程之中。这场社会转型与革命,给我们这个时代的社会生活的各个领域都带来了极其复杂而重大的变化。

随着从传统的高度集中的总体社会向现代的充满生机与活力的多元社会的巨大转换,当代中国也在经历一个从人治型的法律秩序向法治型的法律秩序的大转换、大转型的历史性的过程。这是又一场伟大而深刻的法律革命,是中国法制现代化的革命性过程。中共十八届三中全会作出了建设法治中国、推进国家治理体系和治理能力现代化的重大战略部署。中共十八届四中全会在中国共产党的历史上第一次专门审议通过了中共中央《关于全面推进依法治国若干重大问题的决定》,强调要坚定不移走中国特色社会主义法治道路,提出全面推进依法治国的总目标是建设中国特色社会主义法治体系、建设社会主义法治国家。这一重大战略抉择必将给当代中国社会变革、国家发展与法制现代化的进程提供强劲的动力,意义重大,影响深远。

中国是一个经济社会发展很不平衡的东方大国。推进法治中国建设的伟大进程,在我们这个幅员辽阔的国土空间范围内呈现出既内在统一又各具特色的鲜明的区域性特征,构成了变革时代区域法治发展的具体生动的法治场景。建设法治中国的历史性任务的提出,不仅为区域法治发展研究提供了重要的理论逻辑，也为区域法治发展实践开辟了广阔的空间。

从本质意义上讲，法治中国建设昭示着国家法治发展的基本走向，意味着法律文明价值体系的巨大创新，反映了我们这个民族从法律思想、法律制度到法律实践、法律行为的各个领域变化的多方面进程，进而确立了与全球法治发展进程相协调而又充满浓郁的民族意味的制度安排、价值观念及其生活准则系统。很显然，作为法治中国进程的有机构成要素的区域法治发展，乃是法治中国建设在国家特定区域范围内的具体实现，是从传统的总体社会向现代的多元社会转变这一特定过程中法律文明及其价值基础的历史转型在特定地域的展开过程。因之，区域法治发展与国家法治发展在基本性质、主体内容与目标任务诸方面，都是内在一致、并行不悖的，绝不存在一个脱离国家法治发展的历史进程的孤立的区域法治发展。这就是说，国家法治发展与区域法治发展之间具有内在的统一性，这种统一性意味着在国家法治发展的进程中，不同区域法治的运动发展不可能是处于互不相关、绝对排斥的状态，因而必定会构成国家法治发展这个“总体”；意味着区域法治发展与国家法治发展乃是国家法治的发展与命运的共同体，国家法治发展这个“具体总体”统摄着区域法治发展这个具有丰富关系的“许多规定”，区域法治发展必须以推动国家法治发展、建设法治中国的总体战略为依据和准绳，必须以维护国家法治的统一和权威为基本前提；也意味着在不同的区域法治发展进程中确实存在内在的统一性，存在共同的必然的区域法治发展的运动规律，这就要求我们从不同区域法治的运动发展中，努力探寻区域法治发展共同的普遍的规律。

应当看到，在建设法治中国的时代进程中，区域法治发展亦具有鲜明的多样性的品格。从广泛的法律文化意义上讲，人类社会的法律文化是多彩多姿的。不同民族或国度的法律文化，在不同条件的作用下，总是循着特定的路径发展演化。在同一社会形态之内，不同国家的经济、文化和思想发展水平是不一样的，它们的国家形态和政治体制方面也有着差异，每个国家又有其特定的历史发展、风俗习惯和民族传统特点，况且这些国家所处的地理位置、自然条件、人口状况等也不尽相同。这些复杂的因素，势必会使法律文化的运动呈现出五彩缤纷、丰富多样的历史特点。对于法治中国进程中的区域法治发展来说，它的一个鲜明特点就是具体性。建设法治中国、推进国家法治发展的进程，乃是一个由一定的国家法律制度、法律体系及其法律实践、法律行为、法律思想、法律心理所联结而成的运动之网。作为这面运动之网上的每一个区域法治的运动发展，都独具个性，并且这种个性不是仅仅具有相对意义的特殊性，而是一种不可绝对重复的个别性。尽管在区域法治的发展进程中，不同区域法治发展之间常常会有“惊人的相似之处”，但也只能是“相似”而已。正因为不同的区域法治的运动发展富有如此鲜明的个性色彩，所以当下中国的法治发展和区域法治发展进程才呈现出这般的丰富多姿。诚然，随着社会经济文化的发展，特别是法治中国建设的加快推进，区域法治发展的历史个性有可能逐渐减弱，但是中国法制现代化的进程表明，区域法治的运动发展并没有因此而变成呆板划一的堆积。随着法治中国建设的历史进程，区域法治发展的内容与形式只会越来越绚丽多样。这是毋庸置疑的客观趋势。我们应当深入把握法治中国进程中各种不同类型的区域法治发展的特殊逻辑，进而深刻揭示多样性的区域法治发展特殊的本质性特点。

因此，毫无疑问，当代中国的法学研究，应当密切关注自己的时代所提出的种种问题，参与到生动的现实的法律生活之中，反映并阐释时代提出的重大法律问题，使之成为法的时代精神的体现。面对着变革时代的区域法治发展这一法治中国进程中的一项重大法治议程，我们有必要从理论、历史与实际的结合上，深入研究建设法治中国对于推进区域法治发展提出的全新要求，努力探寻区域法治发展多样性统一的运动样式，悉心把握区域法治发展的基本性质、总体目标、主体内容、动力机制与实现路径，着力探讨法治中国进程中的区域法治发展鲜活的样本，比较考察不同区域法治发展的生动实践类型，进而概括与揭示区域法治发展的一般原理和基本规律，以期为推进中国法治现代化、建设法治中国、实现国家治理现代化奉献绵薄之力。

2014 年年初，经江苏省人民政府批准，南京师范大学法学院、东南大学法学院、苏州大学法学院、扬州大学法学院和江苏省社会科学院法学研究所共同设立了江苏高校区域法治发展协同创新中心。为了推动当代中国区域法治发展理论与实践研究深入扎实的开展，江苏高校区域法治发展协同创新中心组织编辑《区域法治发展研究丛书》。这项学术事业，得到了全国法学界同人们的热情关心、指导和支持，得到了江苏高校协同创新计划的专项经费资助，得到了南京师范大学、东南大学、苏州大学、扬州大学、江苏省社会科学院等单位领导和有关部门的大力支持，也得到了法律出版社领导和有关编辑的鼎力相助。在此，我们谨致以诚挚的谢忱。

公丕祥

2014 年 11 月于南京

总结经验，丰富理论研究，推动家事审判改革向前发展*

（本书代序）

杜万华**

一、为什么要开展家事审判方式和工作机制改革

我们之所以要在全国人民法院开展家事审判方式和工作机制改革，我想原因有这么几个。

第一，100多年来我国婚姻家庭发生了根本的变化。

我们中国的家庭是从大家族、大家庭到小家庭发展变化的。特别是20世纪以来中国的家族主义，由于自然经济的解体，大家族逐渐解体，婚姻家庭逐渐演变成小家庭，婚姻关系成为家庭关系的核心，核心家庭成为社会的细胞和基础。我们的婚姻家庭还存在多种社会功能，我们的家庭以生产和消费为单位。据我们统计，中国有4亿多的家庭，有3亿的家庭具有生产功能，其中有2亿3千万户农村承包经营户，有近7千万户个体工商户。我们的家庭里面完全以生产经营为单位的数字很庞大，纯粹以消费为单位的只

---

* 本文是根据作者于2019年4月21日上午在中国法学会民事诉讼法学研究会主办、中国人民大学法学院和中国法学会民事诉讼法学研究会家事及非讼程序理论研究专业委员会（筹）承办的家事诉讼程序理论与实务论坛上所作的主旨报告录音整理而成。谨以此文为本书的序言。

** 杜万华，最高人民法院咨询委员会副主任、中国法官协会副会长、二级大法官。

有1亿多个家庭，生产经营功能是家庭很明显、非常重要的功能。像城镇的理发店、小面馆、水果摊到处都可以看到，这说明了家庭生产经营功能的重要性。

第二，近20年我国婚姻家庭出现了不稳定的趋势。

我们曾经多次在会议上举过这样的数字，以2016年为例，全国法院审理离婚案件139.7万件，民政部门登记离婚348.6万对，涉及近500万个家庭，约1000万当事人。加上双方当事人的子女、父母、兄弟姐妹等近亲属，每年受离婚影响的人至少超过5000万，数量很大，因为离婚家庭闹危机的比比皆是。在有些地方每年离婚的对数甚至要超过结婚的对数，所以说婚姻家庭的不稳定已经在很多地方显现。婚姻家庭的不稳定导致社会危害性是比较大的，这里至少存在三方面的危害性。首先，对于未成年人的成长造成了破坏。据我们统计，在离婚人群中最集中的数量是在30岁到45岁，而这个年龄段通常都是有未成年子女的。30岁以下相对少一些，45岁以上逐渐减少，所以这个对于未成年子女的影响也就很大。据统计，未成年人违法犯罪的案件中70%到80%是离异家庭和不完整家庭。即使有些未成年人不违反犯罪，但是离异对未成年人格的形成也会产生很大的不利影响。其次，对于老年人的赡养造成了不利。我们中国正在进入老年社会，对于老年人的赡养主要还得依靠家庭。我国《民法总则》在规定监护权的时候规定的是以家庭监护为基础，社会监护为补充，国家监护为兜底。未来家庭要承担老年人的赡养问题，但是因为婚姻家庭的破裂，老年人的赡养出现危机。最后，离婚当事人因失去婚姻关系的约束而造成违法犯罪的比例在逐年增长。像出现的凶杀案，甚至包括贩毒案件都比较多，这有些是属于离婚造成的情况。

出现婚姻家庭不稳定的原因是什么呢？传统的婚姻家庭中家族本位的理念已经受到了冲击，个人本位的理念逐渐提高。如何协调家庭与个人权利本位之间的关系，无论在理念上，还是法律上都还没有定性。出现思想理念多元的文化冲突，这是当前婚姻家庭出现不稳定现象的根本原因。在道德失范的情况下，单靠道德解决婚姻家庭的稳定问题是不现实的，这是一方面。另一方面，市场经济的发展，社会流动的频繁，社会竞争冲突的增多，人民的社会压力加大，心理紧张难以舒缓，这也是导致婚姻家庭不稳定的原因之一。

第三，当前我国民事审判方式和工作机制不能适应当前婚姻家庭案件的处理。

长期以来我们对于婚姻家庭案件的审理适用的是民事诉讼法，而民事诉讼法的审判模式基本上是对抗制，这种对抗制在审理婚姻家庭案件中经常造成二次伤害，因为婚姻家庭纠纷同合同纠纷、确权纠纷，甚至其他侵权纠纷是完全不同的。正因为这个模式造成经过审理的婚姻好多不仅不能恢复，而且还加速了婚姻的解体。

正因如此，人民法院经过长时间调查、研究，感觉到应该开启家事审判方式和工作机制改革。

二、家事审判方式和工作机制改革的筹划

正因为目前婚姻家庭关系造成了社会负面效应，早在2014年以前，全国各地一些法院自动开始对家事审判方式和工作机制进行重视，我分管这项工作后感觉到这个问题比较大。2014年下半年，周强院长包括我们沈德咏副院长多次对婚姻家庭的问题如何开展作出批示，要求调查研究。2015年12月召开的第八次全国法院民事、商事审判工作会议上，周强院长专门指出要针对婚姻家庭亲属关系所具有的社会道德属性和个性特点来维护婚姻家庭的稳定，依法保护未成年人、妇女、老年人的合法权益，推动和深化家事审判方式和工作机制改革。2016年1月召开的全国高级法院院长会议上，周强院长又指出要积极开展家事审判改革试点工作，探索创新家事审判理念、体制和机制，充分发挥家事审判的职能作用，促进家庭和睦和社会和谐。

2015年我应我国台湾地区“司法院”的邀请访问了台湾地区，重点对台湾地区的家事、少年审判进行考察。我率领考察团先后在台北、台中、高雄进行了比较深入的考察，尤其深入考察了高雄少年及家事法院。考察结束以后，我感觉到台湾地区在家事少年审判方面经过多年的摸索已经摸索出相当多的经验。我带着考察团回来以后专门向最高人民法院党组起草了报告，全面介绍了台湾地区的家事审判方式和工作机制的情况。同时我们向院党组提出建议，要在全国开展家事审判方式和工作机制改革的试点。后来院党组同意我们开始试点的要求，要求我们尽快拿出试点的方案进行筹备。在这样的情况

下,由我出面,政治部的主任和我牵头,主要由我负责开始准备一系列的文件。

在筹备过程中,我多次带队到广东、江苏、浙江、福建等地对家事审判方式和工作机制进行考察,同时在全国多次召开调研会,征求很多专家学者的意见。在此基础之上我们向院党组起草了一系列的文件,提交给院党组决策。为了保证家事审判方式和工作机制改革的顺利进行,在我们提交的各种文件的基础上由周强院长主持最高人民法院党组会议研究,决定在全国部分法院开展家事审判方式和工作机制改革的试点。与此同时,院党组会议上还通过了一系列的文件作为我们改革试点指导文件,这些文件包括了哪些呢?

第一,由最高人民法院制定家事审判方式和工作机制改革实施工作方案。最高人民法院关于家事审判方式和工作机制改革试点的工作程序试行,这个工作程序实际上就是我们家事诉讼程序中间的重大问题,我们拿了个意见。

第二,最高人民法院关于人民法院家事案件调解工作规则。最高人民法院关于人民法院家事调解委员会管理办法、调解工作规则涉及一些程序上的问题。家事调解管理委员会也做了一些事情,同时还制定了家事审判工作试点法院队伍建设有关工作的意见。就是说我们家事审判工作在试点法院队伍建设该怎么搞?那么涉及法官和各种各类的司法组织人员。

另外最高人民法院还发出了关于在部分法院开展家事审判方式和工作机制改革试点通知,发布了大量的规范性文件。当然这些规范性文件有些是直接以最高人民法院的名义发的,有些是通过高院的形式发出的。其实这些规则基本上是最高人民法院各个职能部门,包括民一庭、政治部、司改办联合制定的。所以说我们的家事审判方式改革不能仅仅是以一人之力,实际上是以全院共同努力做的事情。今天还是第一次向大家披露这个事情,这是关于家事审判方式改革筹备的基本情况。

三、家事审判方式和工作机制改革的主要内容

要进行改革,改革的主要内容有哪些呢?主要内容包含在我上面所说的各项规定里面,也是在我们的工作方案里面。

第一,家事审判方式改革目标。最高人民法院推进家事审判改革,其目标就是为了维护婚姻家庭的和谐稳定,依法保障未成年人、妇女、老年人、残疾人

的合法权益。培育和践行社会主义核心价值观,促进社会建设的健康发展,这就是我们改革的目标。

第二,改革的内容。家事审判方式和工作机制改革的内容主要通过三大改革来实现。一是依托多元纠纷解决机制改革,建立社会广泛参与的家事纠纷多元调解机制。二是依托以审判为中心的诉讼制度改革,探索符合家事审判特点的家事诉讼程序改革。三是依托司法人员分类管理制度改革,探索家事审判机构和队伍专业化改革。

为什么要搞三个依托,而不是完整、独立的司改项目呢?之所以这样,是因为我们在决定开展家事审判方式和工作机制改革的时候,国家层面确定的司改没有这个项目,那么我们就只能借船下海,我们不能够等个五年,制定计划以后再慢慢地推。我们认为在党的十八大以后为了加快中国特色社会主义建设,家事审判方式和工作机制改革刻不容缓,正是在指导思想的基础之上我们搞了三个依托。因为多元纠纷解决机制这是列入国家司改项目的,以审判为中心的诉讼制度改革也列入了国家司改项目,当时主要做的是刑事诉讼,既然叫作以审判为中心的诉讼制度改革,那就不应该仅仅是刑事诉讼,民事,包括家事也应该纳入进来,所以说要依托它作为改革。另外就是司法人员分类管理改革,这一块也是纳入司改内容的。那么这些试点法院的法官和司法辅助人员怎么进行改革和管理呢?我们借船下海,通过三大改革构建中国家事审判方式和工作机制改革,这是我们主要的内容。

第三,通过改革要明确家事审判的职能。传统的家事审判功能就是裁判功能,那么通过家事审判方式和工作机制改革,人民法院审理家事案件的时候,家事审判的功能应该具备两方面:一是通过审判挽救危机婚姻家庭,把这个作为独立的职能。二是通过审判权的行使依法维护当事人的合法权益。我们在审判职能上做了重大的调整,就是把挽救危机婚姻家庭明确作为人民法院开展家事审判工作的要点,要履行这个职能。

我们当时之所以这样考虑,是因为其实在我们几千年的中国历史中一遇到家庭的包括亲属的案件,历代王朝的父母官们后来总结了一个经验,遇到这样的家事案件都确定了一个原则。我从汉以来查我能找到的书籍几乎都有一个原则,叫作宜缓不宜急,很多都是通过家族调解的模式开展的。我们要挽救危机婚姻家庭,从文化研究上也能够找到依据。所以说要保障家事审判方式和工作机制改革成功,明确家事审判的职能是十分重要的前提,否则家事审判工作就失去了方向。

正是在明确两大职能的基础上,这次家事审判方式和工作机制改革主要尝试建设以下十五种制度:

第一,构建社会广泛参与的家事综合协调机制的制度保障。以这个为指导思想,2017 年 7 月最高人民法院率先牵头联合综治办、司法部、民政部、公安部等十五家中央国家机关和有关部门共同建立了家事审判改革联席会议制度。这个制度现在还存在,还继续发挥着重大作用。这是推动社会广泛参与的家事纠纷多元解决机制建立的基础性制度,有了这一制度作保障,多元纠纷解决机制的构建就有了基础,这是我们开展家事审判方式和工作机制改革的重点。很多地方也按照最高人民法院的模式,有些甚至比最高人民法院更早建立了制度保障。

第二,完善家事审判多元纠纷解决机制。构建家事纠纷综合调解模式,搞好对接工作,这是一个重大的改革。家事纠纷多元解决机制有三部分内容:一是成立综合性的家事调解组织,要求在全国成立这样的组织。二是规范调解行为,在试点中尽可能把我们的经验总结出来,让调解发挥更好的作用。三是搞好对接工作。如果调不成怎么办?或者是在调解过程中婚姻已经死亡了怎么办?那这种该判离还得判离,该走审判的还得走审判。

第三,设立专业咨询和辅导机构,积极开展调解工作,协助家事案件审理。这里所说的专业咨询和辅导机构主要是指要把心理学、社会心理学和社会学这样的专业知识、专业人员引入家事审判当中和工作机制改革中间。我跟北师大校长多次联系,全国法院也在各地同当地高校这些学科联系起来,引入了大量的人才。我们在多个地方讲,应该把心理学、社会心理学和社会学从专家、教授的课堂上和研究所里面解放出来,化为家事审判方式和工作机制改革推动的生产力,后来这方面的效果做得还不错。

第四,建立反家庭暴力的整体网络,充分发挥保护性工程。因为反对家庭暴力我们有国家专门立法,最高人民法院也作了相应司法解释。我们把这一块也纳入到家事审判方式和工作机制改革中间去,各地也有很多的经验。

第五,建立家事案件案后跟踪、回访及帮扶制度,延伸家事审判的社会辐射功能。

第六,规范家事案件受理范围。家事案件到底有哪些受理范围呢?我们在制度里面也作了一些规定。主要案件类型有:(1)婚姻案件及其附带案件,包括离婚、婚姻无效、婚姻撤销等,附带案件包括监护权、子女抚养费、离婚后财产分割等;(2)抚养、扶养及赡养纠纷案件;(3)亲子关系案件,包括确认亲子关系、否认亲子关系;(4)收养关系纠纷案件;(5)同居关系纠纷案件,包括同居期间的财产分割、非婚生子女抚养等;(6)继承和分家析产纠纷案件等。

第七,试行审前家庭财产申报制度。这是我们改革中提出的事情。因为离婚案件很多时候都要分割财产,我们的试点里面有多少财产你就如实报。报清楚了,以后如果说真的和好了就没事了,如果真要判离婚,那就公平分配。如果说要隐匿财产,那么就根据隐匿财产的情节轻重,未来少分财产,严重的甚至可以不分。这个制度实际上也是不错的。

第八,试行庭前调解制度,贯彻调解优先原则。这里面总结新中国成立近70年来的情况,而且中国历代审理婚姻家庭的案件也要求调解,也就是说以前县大老爷对这类案件是宜缓不宜急,慢慢做。因为他也感觉到婚姻家庭在社会治理中间的重要作用,所以说他也不主张婚姻家庭迅速解体,甚至他认为治家是治国的前提和基础,所以我们把调解放到比较重要的位置。

第九,加大法院调查取证的力度,试行家事调查员调查制度,当时也作过相关的规定。

第十,坚持当事人亲自到庭原则,以便查明当事人的婚姻状况。原来我们处理离婚案件的时候,很多当事人都不到现场。我们认为要处理身份关系,当事人一定要亲自到场,即使因为生病不能到现场都应该主张通过巡回的方式到他的病床去,要听取各方面的意见。婚姻跟财产的案件不一样,财产可以委托相关代理人来代理案件。

第十一,强调家事案件一般不公开审理的原则。依法应当公开审理的案件应当公开审理,当然依法应当公开审理的案件通常是涉及财产的案件,涉及身份关系的有些可以公开,涉及婚姻关系的尽量不要公开,因为要保护当事人的隐私。

第十二,坚持未成年人利益最大化原则,依法保护未成年人合法权益,要把这个原则贯彻到制度改革当中。

第十三,试行冷静期制度。

第十四,试行离婚证明制度。为什么要实行这个制度呢?如果说在民政部门办理离婚有离婚证,但是法院判决离婚只有判决书。如果说要证明离婚的话,要把离婚判决书递交上去。这里面涉及很多个人隐私的信息,我们认为这样是不行的,那这样的话就要根据文书制作离婚证明书,证明他已经离婚了,现在是单身。这是保护婚姻当事人的隐私权,这也是他的人格权。

第十五,探索家事审判司法人员分类管理制度,建立专业化的家事审判队伍。

这些就是我们当时在确定家事审判方式改革的时候所要达到的具体十五项制度。现在好多各地在改革的时候可能有些说的不全了,我今天把这十五项制度在当初要试点改革的时候确定的制度在这里第一次给大家全部做了梳理,这是我要说的第三个大问题。

四、家事审判方式和工作机制改革试点的推进

在最高人民法院党组决定推动家事审判方式和工作机制改革试点之后,2016 年 5 月 11 日最高人民法院召开了全国法院视频会议,正式部署家事审判方式和工作机制改革试点。这次会议由我主持,沈德咏常务副院长发表了重要的讲话。通过这个讲话最高人民法院共确定了 118 个中级人民法院和基层人民法院作为试点单位,同时我们的通知决定要求各省高级人民法院可以根据本省的具体情况确立自己的试点单位,这样,根据最高人民法院的要求各省高级人民法院又确立了 300 多个中级人民法院和基层法院作为试点单位。因此在这一轮改革中间,应当说实际参加试点的法院已经达到 400 多个,后来还有一些法院自己改革,有相当一批,至少有 100 ~ 200 个法院加入到家事审判方式和工作机制的改革中间来。当我们决定改革的时候是星星之火,经过两年的推进就从星星之火燃烧成燎原大火,在全国引起了强烈的反响。

在两年的试点中,就最高人民法院来讲,我作为主管院领导和相关领导同志一起积极推动,及时总结改革经验,先后在福建泉州、河南新乡、云南昆明召

开了三次改革推进会，及时总结各地改革试点经验。这样各地在改革过程中都纷纷把自己在改革中的经验奉献出来，困难摆出来，教训摆出来，让全国各地法院的同志相互学习，相互激励，使改革进一步向深入发展。

我们当时以两年为期，也就是说 2018 年 6 月 1 日到期，到期以后两年改革的试点就算结束。那么通过这两年的改革，我们的改革取得了什么成果呢？第一，联席会议制度普遍建立，有好多建立了地方党委包括县委、政法委主导的联席会议制度，这样对于多元纠纷解决机制的推动非常有利。第二，家事纠纷多元化纠纷解决机制不断健全。第三，家事审判诉讼程序也不断地创新、完善。第四，家事审判专业化水平大幅度提高。第五，人性化配套设计建设推进。第六，反家暴工作成绩非常显著。总之，取得了非常好的成果，随着改革的深入，家事审判方式和工作机制改革也遇到了不少困难，通过调研也了解了这些问题。

目前家事审判方式和工作机制改革至少面临下面这些困难：

第一，在专业化建设方面由于基层人民法院内设机构改革的推进，家事审判庭专业化建设遇到了挑战。也就是说，因为现在内设机构，总体来讲中央关于基层法院扁平化管理，综合性的内设机构改革是对的，大多数的法院应该适用。如何协调和审判专业化的问题是新摆出来的问题。现在，有好多在改革中间设立的家事审判庭面临着解体的危险。有些甚至不能成立，这个是现在面临的最大的问题。

第二，结案率与家事审判特点之间的矛盾大量涌现。现在人民法院每年审理的案件以 10% 左右的比例往上增长，而家事审判要求宜缓，多做工作，快速结案矛盾越来越突出。案多人少，这对于下一步如何推动家事审判方式和工作机制改革产生了巨大的反差。

第三，强调调解前置程序在法律上的依据现在还不是十分充分。虽然有一些人反映出来了有一点怕，是不是说都要搞呢？我们说试点你就先试。

第四，推行婚姻冷静期制度，不少地方存在急于离婚的当事人与法院规定的婚姻冷静期的制度有矛盾和冲突的问题。当然也存在法院在理解婚姻冷静期的时候该做什么工作也不清晰，产生了一些误解，甚至出现了一些争论。

第五，现在还存在法官、家事调解员、家事调查员、心理咨询员在职能定位上如何协调、如何衔接、如何更好地发挥他们作用的问题。这个需要思考。

第六,审限问题。人民法院的案件一审六个月,二审三个月,那么简易程序可能会更短,审理婚姻家庭案件审限问题与做好这个工作存在矛盾。

第七,在发挥多元纠纷解决问题机制的时候,法院的家事调解员和法院之外的人民调解如何衔接,这个矛盾需要解决。

第八,多元纠纷解决机制和诉讼机制之间如何衔接?做好对接还需要继续探索,现在做得还不够。

第九,关于经费问题。家事审判在引入家事调解员等人员时候的经费问题仍然在中西部地区普遍存在。

第十,考核机制。目前家事审判没有单独的考核机制,如何来评价家事法官的工作量,尤其是其他案件的审理和家事案件的审理如何协调,这个问题在法院反映比较大。

第十一,家事审判理论研究总体上还偏弱,不如其他领域如物权、合同、侵权研究深入。无论是家事的实体理论还是程序理论都有偏弱的情况,这在家事审判改革过程中矛盾显得越来越突出。

第十二,关于家事审判的诉讼程序规则,虽然提出了一些规则,但是在审判实践过程中如何丰富和完善还需要进一步的研究。

这是我通过研究概括的十二个方面的问题。

五、今后推进家事审判方式和工作机制改革的几点看法

两年的示范试点结束以后,2018 年 7 月 19 日最高人民法院召开了专门会议,在这次会议上周强院长发表了重要讲话,总结了两年来人民法院开展家事审判方式和工作机制改革的经验,承认了经验和不足,以及今后的改革方向,同时在这次会议上印发了最高人民法院《关于进一步深化家事审判方式和工作机制改革的意见(试行)》(以下简称《意见》)。通过这次会议和发布的文件表明,我们的家事审判方式和工作机制改革的试点不是说两年到期就终止了,而是把改革推向全国;不再是 118 个最高人民法院的试点法院和各省的试点法院推进的任务,而是全国法院的任务。这项工作在 2018 年 7 月已经部署,这项改革任务已经向全国提出了要求。所以说家事审判改革已经从局

部改革推向了全面改革、全国改革和全方位改革,任务应当是非常重。

我们所制定的《意见》(2018 年 12 号文)一共写了 49 条,各级法院同志要落实文件相关的精神,也可以提供给各个法学院理论工作者进行研究,具体内容要在总结经验的基础上进行进一步推广。

总体上我对于《意见》非常赞同,也是我一直以来主张的。现在《意见》在全国正在推广,具体内容我不再具体说。我想具体谈以下几点:

第一,下一步家事审判方式和工作机制改革要继续解放思想,转变观念。

正确认识家事审判改革的必要性,我觉得对于必要性还是要进一步提高认识。要在全社会求得共识,其实家事审判方式和工作机制改革在我们法院内部绝大多数有共识,但是也有部分同志不完全赞同。在法学理论界有相当多的同志支持,但是也不是所有搞理论的同志都支持,还有一个存在共识的问题。我们希望在如何解放思想、转变观念的过程中间认识改革的必要性。

首先,在改革的依据上,我们全体同志应该认真贯彻学习习近平总书记关于家庭、家风、家教和家庭文明建设的重要指示。要把家庭建设与中国特色社会主义建设进程协调一致,要以这个为指导,同我们中国特色社会主义建设一致起来,这样才能显现出婚姻家庭建设的重要性。

其次,要看到当前的家事审判方式和工作机制改革是根据我国当前婚姻家庭的现状提出来的,不是拍脑袋提出来的,一定要看到婚姻家庭现在存在的危机。

再次,家事审判方式和工作机制改革是借鉴我国几千年来治理社会的经验的基础之上提出来的,也是在吸收西方先进的家事审判方面的经验基础之上提出来的,要看到我们改革并不是闭关锁国的改革。

最后,从两年改革的效果来看,整体来讲改革的效果是好的,但我们还有大量的工作要做,求得我们在思想认识上的一致。凝聚全国的力量,把我们的家事审判方式和工作机制改革无论是在理论上、立法上,还是在实践中都能够推向一个新的台阶。如果没有这样凝聚共识的过程,单独改革难度是很大的。

第二,要继续坚持多元化纠纷解决机制的改革方向,进一步推动改革向纵深发展。

中央提出多元纠纷解决机制改革,原则上,婚姻家庭纠纷在多元纠纷解决机制改革中间所占的比重非常大，至少占一半以上。所以现在家事审判方式改革总结经验，尤其是在调解上，调解委员会、调解方法、调解程序以及专业化的机构和人员如何进入家事调解程序等都值得很好研究。

第三，要继续探索家事案件特别诉讼程序，服务于家事案件审理，服务于家事案件纠纷化解，依法保护当事人的合法权益。

这里面就涉及当事人的诉讼权利和家事案件审理中间从调解到诉讼之间的各个方面衔接、程序的推进，包括举证证明责任的分配等等都可能值得认认真真研究。比如说家事调查员如何开展调查工作？在这方面还要加大力度，在这方面经验还不够多。在诉讼程序的探索方面经验也还不够多，这个不够多是同多元纠纷解决机制的调解方面来讲的。前两年经验多一些，在机制构架上经验多一些，但是在程序探索方面少一些，还需要我们加大力度。这一点需要我们在实践中探索，和理论界的同志密切联系，深入研究才能够做到。

第四，继续坚持家事审判专业化的方向。

家事审判不是婆婆妈妈的事物，它的专业性极强。这个专业化方向有几方面，由于基层法院内设机构改革，有不少地方把家事审判庭搞成"两块牌子、一套班子"，这是错误的。这是我们改革中间面临的很大的问题，尤其是在审判专业化方面面临了很大的问题。怎么化解它？利用人民法庭制度。首先，人民法庭在城市是可以设立的，当年我率领起草组通过最高人民法院党组研究通过的全面加强人民法庭工作的决定里面保留了城市法庭。其次，城市人民法庭设立只需要省高级人民法院批准即可。最后，人民法庭是基层人民法院的派出机构，不是内设机构。通过派出机构只需要省高级人民法院批准，当地的市、县有关机构的相关领导同意在经费和人员上支持，这个事就能办成。

从严格意义上来讲，人民法庭的规格比内设机构的审判庭的规格还要高，它是未来下一步家事审判法院的出路，无非要解决的就是集中管辖问题。通过专业化的方式，无论程序还是实体都可以让我们的法官心无旁骛集中精力把这项工作推向前进。与其说是目前遇到了困难，还不如说我们遇到了机遇。有危才有机，关键是你看到危能不能找到机？如果说把机错过了，过了这个村就没这个店了。所以我认为审判专业化的问题完全可以做到。甚至到时候可以把几个区搞成基层法院性质的家事人民法庭,或者是家事法庭都可以。它是人民法庭性质,把你几个区的家事案件集中到一块,案件又多,完全可以按照独立法人的建设来配备。目前来讲,其实我们人民法院所设立的好多法庭走的就是这个路。最近北京、上海、深圳设立的破产法庭、知识产权法庭基本上走的就是这个路,家事法庭同样也可以走这条路。

审判专业化还有一个值得注意的问题,就是社会心理学和社会学的引入。这个不可忽视,对于我们解决家事案件极其重要。各地下一步还要加大力度,尤其是省高级人民法院包括最高人民法院要培训家事法官,他要具备心理学和社会心理学的知识,必要的时候要取得资格,要按照资格来认证,有资格才能上岗。同时对于家事调解员也应该进行这方面的培训,这样可以使得工作能够规范化。不然的话,有些调解员由于不具备这些知识,调解语言非常贫乏。心是好心,但是没有能力做这件事,所以我们要提高调解员的素质。

第五,要继续探索以法官为核心的家事司法人员分类管理模式。

以法官为核心,其他的辅助人员怎么配?按照现在司法责任制改革,一个法官配一个助理这个模式是不行的,应该是一个法官配多个助理。其他的咨询员、调解员,如果说能配好了,案件数量能够上去。我到高雄法院看了一下,他的十个家事法官一年要审一万多件案件。什么原因?就是因为其他辅助的人员很多,我们能不能做这样的一些探索?法官助理配合好了很多案子可以很快出去,这方面要继续探索。

第六,要继续在改革中将贯彻落实社会主义核心价值观作为目标来搞好我们的家事审判工作。

在开展家事审判的调解和审判的工作中要探索设立家庭成员规范,比如说夫妻规范、丈夫规范、妻子规范、子女规范。在封建时代有这种规范,当然有好多带有封建性的我们不能要。结合我们社会主义社会的男女平等、一夫一妻这样的原则设立一些新型的行为规范,这样把我们的家庭搞得更加和谐,夫妻关系、家庭关系能够处理得很好。我觉得这个规范需要我们在家事审判改革中探索,这是我们今后家事审判工作中应该要注意的问题。

总之,我的几点看法是个人供大家参考的。我觉得家事审判方式和工作机制改革不仅不应该停下来，而且还应该鼓起勇气，不怕困难，勇往直前。因为这个符合中华民族崛起的要求，如果说家庭搞不好，中华民族崛起是很困难的，这是一个基础。所以希望我们大家共同携起手来，团结一致把这个工作做得更好、更扎实。

前　言

不同于普通民商事司法(财产型诉讼),家事司法具有特殊性,普通民商事司法制度不能完全适用于家事案件的处理。正因如此,第二次世界大战以后,亚洲、欧洲、美洲、大洋洲的国家和地区纷纷开展家事司法改革,可谓在全球开展了一场家事司法改革运动。例如,日本在 1947 年制定了《家事审判法》,1948 年 1 月 1 日设立了家事审判所,1949 年 1 月 1 日设立了与地方裁判所同级的家事裁判所(家事法院),2003 年日本修订《人事诉讼程序法》,制定了《人事诉讼法》,2011 年日本制定了《家事事件程序法》。1976 年以后,德国在地方法院(Amtsgerichte)设立了家事法庭,负责家事案件的裁判,2008 年德国制定了《家事事件及非讼事件程序法》。英国于 2011 年开始进行全面的家事司法改革,2014 年 4 月 22 日设立了单一的家事法院。美国绝大多数州建立了家事法院或独立的家事法庭。[1] 1975 年澳大利亚建立了家事法院。

在全球家事司法改革背景下,进入 21 世纪以后,我国逐步展开了家事司法改革,这一改革首先从家事审判方式和工作机制改革开始,并从局部推向全国。2010 年,广东省高级人民法院选择广州市黄埔区人民法院、中山市第一

---

〔1〕 在美国,在 16 个司法管辖区,全州有一个专门处理家庭法律问题的独立家事法院或家事法庭;在 18 个司法管辖区,独立家事法院或家事法庭只存在于一个州的某些地区。美国两家法院目前正在进行一个试点项目,以确定如何更有效地解决家庭法问题。美国境内还有 15 个司法管辖区没有家事法院或家庭法庭。See Barbara A. Babb , Judith D. Moran, *Caring For Families In Court:An Essential Approach to Family Justice*, Routledge,2019, pp. 9 – 10.

人民法院等6家基层人民法院和中山市中级人民法院进行家事审判方式改革试点。2013年，广东省高级人民法院在全省法院全面推行家事审判改革，要求有条件的法院都成立家事审判合议庭，暂时不具备条件的法院可指定特定法官专门审理家事案件。2011年，江苏省徐州市贾汪区人民法院设立了家事审判合议庭，2012年贾汪区人民法院成立了全国首家独立编制的家事审判庭，探索家事案件的专业化审理。从2015年9月开始，广西壮族自治区高级人民法院选取了南宁、柳州等6个市的10个基层法院开展家事审判方式改革试点。2016年4月，最高人民法院印发《关于开展家事审判方式和工作机制改革试点工作的意见》（法〔2016〕128号），决定在各省、自治区、直辖市高级人民法院推荐的基础上，确定100个左右基层人民法院和中级人民法院开展为期两年（自2016年6月1日开始）的家事审判方式和工作机制改革试点工作；在改革试点两年期限届满以后，2018年7月18日，最高人民法院在总结试点工作基础上又颁布了《关于进一步深化家事审判方式和工作机制改革的意见（试行）》（法发〔2018〕12号），决定在全国法院系统进一步深化家事审判方式和工作机制改革。由此，家事审判方式和工作机制改革在全国法院全面推开。我国家事司法改革尚处于家事审判方式和工作机制改革阶段，这是家事司法改革的初级阶段，随着家事司法改革的深入推进，我国未来还将进行全方位的家事司法制度改革。

当代中国进行家事司法制度改革，既要借鉴吸收域外发达国家和地区家事司法改革的先进经验，又要甚至更要充分汲取我国家事审判方式和工作机制改革的实践经验。因此，有必要总结我国家事司法改革过程中的地方实践经验。我国前后已经进行了10年的家事审判方式和工作机制改革，特别是2016年以来，家事审判方式和工作机制改革逐步在全国推开，全国各地法院积累了丰富的家事审判方式和工作机制改革的实践经验。这些改革经验是我国进行家事司法制度改革中可资利用的宝贵财富，有必要充分挖掘整理，进行系统总结，从而为我国家事司法制度的改革和完善提供可资借鉴的地方经验和实践样本。为此，我们在我国的华东地区、华北地区、东北地区、中南地区、西南地区、西北地区邀请了35家在家事审判方式和工作机制改革中特色鲜明、改革成效显著的地方法院（限于书稿篇幅，未能邀请更多地方法院）提交经验总结论文,这些经验总结基本上反映了目前我国家事审判方式和工作机制改革的全貌。

当代中国的家事司法改革应当坚持“321”的基本思路,即通过家事司法专业化、家事司法人性化、家事司法社会化三条基本路径,发挥家事司法的纠纷解决功能和人际关系调整功能两项基本功能,实现家事司法正义这一个价值目标。从各地法院的改革实践来看,各地法院实际上也是围绕这一家事司法改革的基本思路进行改革的,在改革过程中各地法院探索出了一系列好的机制和好的做法,积累了丰富的实践经验。

家事司法专业化包括家事司法机构或组织的专业化、家事司法人员的专业化、家事司法程序的专门化等。各地法院积极探索家事司法专业化,主要经验和做法有:(1)探索家事案件的集中管辖。如2016年6月1日,广西柳州市主要依托柳北区人民法院成立了家事少年案件审理中心,对柳州市城中区、鱼峰区、柳南区、柳北区四个城区的家事案件实行集中管辖(包括审理和执行),该家事少年案件审理中心也许是我国未来家事法院的雏形。吉林省辽源市西安区人民法院集中管辖辽源市龙山区、西安区两区和东丰县、东辽县两县婚姻家庭继承类纠纷案件。(2)建立专门家事审判庭或家事审判团队。2018年5月25日,中央机构编制委员会办公室、最高人民法院文件颁发了《关于积极推进省以下人民法院内设机构改革工作的通知》,要求推进省以下人民法院内设机构改革,基层法院内设机构改革对家事审判的专业化可能会造成一定冲击,但各地法院采取多种形式,坚持家事司法的专业化。有些基层法院保留了家事审判庭(名称不一,有的称未成年人与家事审判庭),有些基层法院不设家事审判庭,但组建了家事审判团队,有些基层法院利用人民法庭专门开展家事审判工作。在南京市,鼓楼区人民法院、秦淮区人民法院、栖霞区人民法院保留了未成年人及家事案件审判庭,溧水区人民法院、浦口区人民法院未成年人及家事案件审判庭加挂了行政庭,该庭称为未成年人及家事案件审判庭(行政庭),玄武区人民法院因内设机构调整,自2019年3月15日起,玄武区人民法院的锁金村人民法庭的职能调整为:负责承办婚姻家庭、继承及其他一方当事人为未成年人的民事一审案件,被告人或被害人为未成年人的刑事一审案件。南京市的其他基层人民法院把未成年人及家事案件审判庭并入了民事审判庭，在民事审判庭内设立少年及家事审判团队，并保留了原来审理少年及家事案件的人员。为体现家事司法的专业化，江苏省盐城市中级人民法院设计了少年家事审判庭统一标识，要求全市法院在少年家事审判活动中统一悬挂。(3)推行家事审判人员的专业化。家事审判人员的专业化受到各地法院高度重视，法院普遍要求家事法官具有丰富的社会经验。例如，温州市中级人民法院制定《家事法官遴选办法》，坚持好中选优，选拔任用具有婚姻经历、熟悉家事审判业务、综合能力强并善于做群众工作的审判人员担任家事法官。河南省宁陵县经过层层筛选，确定由4名审判经验丰富、性格温和、责任心强、善于做调解工作的女法官，专门审理家事案件。(4)探索家事诉讼程序制度创新。①探索家事诉讼的前置程序。重庆市梁平区人民法院要求，对未经人民调解、妇联等家事组织调解即诉讼至人民法院的家事案件，立案前人民法院应委托前述组织进行诉前调解或者立案后交家事调解组织先行调解，未经调解的案件不得径行裁判(婚姻关系、身份关系确认等不适宜调解的案件除外)。宁夏西吉县人民法院制定《家事案件调解规则(试行)》规定，人民法院对于当事人提起诉讼的家事案件，应当交由家事调解员先行调解。双方当事人可以在家事调解员名册中选择调解员，也可以在名册之外另行选择调解员调解家事案件。②强化法院依职权调查收集证据。③建立夫妻离婚财产申报制度。浙江省温州市法院制定统一格式的《离婚案件财产申报告知书》和《财产申报表》，在向当事人送达受理通知书或应诉通知书时一并送达，要求双方当事人在举证期限届满前，主动申报夫妻不动产、动产、银行存款、股票基金等有价证券、保险类投资、债权债务等情况，明确告知申报不实、隐瞒不报可能面临不分或少分财产的法律后果。④探索家事案件不公开审理。⑤适当放宽家事案件审限。广东省珠海市香洲区人民法院在家事案件审理过程中，经征求当事人同意后，将冷静期、心理咨询期计入调解期扣除审限，使案件尽可能有充足的时间开展心理干预、调解等工作，努力修复家庭关系、钝化矛盾。⑥规定离婚冷静期制度。江苏省徐州市贾汪区人民法院结合离婚纠纷案件不同类型，摸索出诉讼期内三个月感情冷静期和结案后六个月感情冷静期两种形式。家事司法的专业化需要对家事司法的绩效实行特殊的考核机制。为体现家事司法的专业化，不少法院制定了针对家事案件的司法绩效考评指标，如海南省海口市琼山区人民法院将调和率、回访满意度等因素纳入考核体系中。

家事司法的人性化包括树立人性化家事司法理念，建立人性化的家事司法机构，构建人性化的家事司法制度。在家事审判方式和工作机制改革过程中，各地法院积极探索家事司法人性化的机制。(1)树立人性化家事司法理念。家事司法表面上是在处理家事法律争议，实际上很大程度上是做人的工作，家事司法要体现人文关系关怀。人性化家事司法理念得到了各地法院普遍认同。(2)探索建立人性化的家事司法机构。①建立温馨家事法庭。甘肃省榆中县人民法院建成了客厅式家事调解室并在五个人民法庭统一推广修建，调解室整体设计简洁大方、视野开阔、色调明快，配合沙发、鲜花、音乐等，让当事人能够缓解紧张、焦躁、愤懑、悲伤等情绪，找到居家及做客的感觉，消除与法官及对方当事人的对立。西藏自治区日喀则市桑珠孜区人民法院为突出温馨、庄严和浓厚的本民族地方特色，建立温馨的藏式装修风格的家事法庭，将高高在上的审判席放置于与双方当事人水平的位置，法庭中“原告”“被告”座签更换为“丈夫”“妻子”等。深圳市宝安区人民法院以现代家事审判理念“信任、保护、关怀、温暖”为指导，在功能设置、装修风格等方面锐意创新，建立了家事诉讼中心。②配置提供人性化服务的设施。绝大多数人民法院建立了家事调解室、心理咨询室、单面镜观察室、母婴护理室、反家暴庇护室。如宁夏西吉县人民法院设置母婴护理室，配备婴儿床、玩具和儿童读物；广东珠海市香洲区人民法院在新审判大楼中设置家事审判专区，配置家事调解及情绪疏导室、心理辅导室、社工室、儿童托管及谈话室、单面镜观察室、受害人保护性隔离审理室；四川省彭州市人民法院对家事法庭进行了柔性化改造，形成三室一庭，即“情绪舒缓室、回忆调解室、温馨感恩室，对话式审判庭”。③配备提供人性化服务的有关人员。各法院普遍建立了家事调解员、家事调查员和心理咨询员队伍。例如，安徽省马鞍山市雨山区人民法院成立了家事多元调解委员会，吸纳妇联、司法局、辖区村社区、心理咨询机构等群体，组建专门家事调解员队伍。山东省武城县人民法院与县妇联、团委、司法局、民政局等多部门联合选任“七员”家事审判辅助团队，分别是心理咨询员、心理辅导员、家事调查员、情绪平复员、家事调解员、少年观护员、家事回访员。广西南宁市良庆区人民法院派出法庭，聘请44名村妇代会主任作为家事调查员。江苏省徐州市铜山区人民法院制定《铜山区人民法院少年家事案件心理疏导工作规则》,通过专兼职的方式建立法院心理疏导师人才库,2015 年年初,该院招聘了一名具有心理学专业研究生学历,同时具有国家二级心理咨询师资质的心理疏导师,作为司法辅助人员专职从事家事审判心理干预工作。(3)探索人性化的家事司法制度。①未成年子女利益代表人制度。上海市普陀区人民法院根据案件需要,委托普陀区妇联推荐"儿童权益代表人"参与诉讼,依法代表涉诉未成年人维护其在诉讼中的程序和实体权益;南京市中级人民法院推行了诉讼监护人制度、观护制度。②离婚证明书制度。为维护当事人隐私,中山市第一人民法院首创离婚证明书制度,现在许多法院建立了离婚证明书制度,呼和浩特市新城区人民法院、兰州市西固区人民法院等法院都制作了精美的离婚证明书。③回访、帮扶制度。广东中山市第一人民法院通过心理咨询师、调解员、法官助理进行电话或面谈回访,回访包括后续心理回访、后续情感指导等。福建省泉州市鲤城区人民法院出台《家事案件回访制度》,由承办法官电话跟踪随访或协同家事调解员进行三个月一次的实地回访,及时了解结案后当事人婚姻家庭情感状态和动向,保证调审成效,发现问题第一时间干预,掌握矛盾风险。④裁判文书改革。大庆市中级人民法院突出融情入法,坚持"情理性"文书改革方向,让当事人感受到法律外的人情味。⑤反家暴机制。无锡市梁溪区人民法院在《反家庭暴力法》出台前就发出了全国首份人身安全保护令,发出了江苏省首份诉前人身安全保护令;广东珠海市香洲区人民法院建立了以受害人需求为中心的反家暴"香洲模式"。

家事司法社会化即吸收社会力量参与家事案件处理是妥善处理家事案件的必然要求。家事司法社会化包括家事案件审判的社会化、家事案件调解的社会化、家事调查的社会化和家事案件心理干预、咨询服务的社会化。[1] 各地法院围绕家事司法的社会化,积累了丰富经验。(1)家事案件审判的社会化。在家事案件审理过程中吸收社会力量的参与,各地做法不一样。北京市第二中级人民法院在家事审判方式和工作机制改革过程中,对事实争议较大、对法院和法官存在较大成见的案件,引进"百姓评理团",评理团由 7 位至 9

[1] 参见刘敏:《论家事司法的社会化》,载《辽宁师范大学学报》2019 年第 5 期。

位有一定生活经验的社区工作者、心理咨询师、人民调解员、律师等社会各界人士组成，在征得双方当事人同意后，参与庭审旁听，并对争议事实发表评理意见，作为法官判案参考。2017 年 5 月，陕西省西安市新城区人民法院提请区人大常委会任命陕西家源汇社会工作服务中心的 6 名专业心理咨询师为家事案件专职人民陪审员，将心理辅导、心理矫正和家事纠纷调解相结合，贯穿于庭审始终。(2) 家事案件调解的社会化。利用社会力量参与家事案件调解，是各地法院改革过程中的普遍做法。云南省大理州大理市人民法院喜洲法庭探索成立了大理州法院系统首家基层法庭人民调解室——民族特色十分浓郁的"金花调解室"，由多名熟悉法律政策、通晓白族语言、熟知当地民风的白族女性作为调解员，在法庭设立调解室，辖区内简单民事纠纷先交由"金花调解室"的人民调解员先行调解，促成当事人通过简单的人民调解程序化解矛盾。福建省泉州市鲤城区人民法院吸纳社会多元力量，与鲤城区妇联共同聘请 16 名家事调解员，充实家事纠纷调处力量。2015 年年底，浙江省青田县人民法院创建了家事纠纷人民观察调解团制度，邀请调解员、社区干部、侨领、心理专家等人员参与案件调解与事实评判，弥补年轻法官社会阅历浅、乡风民俗认知不足，充分发挥"众人拾柴火焰高"的调解效能，促进人民陪审员陪审实质化。根据案件难易程度，观调又分为简易观调和普通观调，分别由 3 人、5 人或 7 人组成观调团旁听庭审、参与调解、判前投票，综合发挥相应功能。温州是著名侨乡，温州市 4 家基层法院在意大利米兰、罗马、博洛尼亚，美国纽约、洛杉矶，法国巴黎和荷兰鹿特丹等 4 个国家 7 个城市设立海外调解联络点，邀请海外特邀调解员参与家事案件调解。(3) 家事调查的社会化。江苏省南通市崇川区人民法院与南通市崇川区仁爱社会工作发展中心签订合作协议，通过向社会购买服务的方式，委托社会机构对家事案件中特定事项进行家事调查。(4) 家事案件心理干预、咨询服务的社会化。广西南宁市良庆区人民法院先后与妇联"惜缘工作室"、广西婚姻家庭研究会开展合作，引入 18 名专业心理咨询师、婚嫁家庭咨询师开展心理测评与干预工作。南京市雨花台区人民法院铁心桥法庭打造"希望树"家事审判特色品牌，签约心理咨询机构，完善心理疏导机制，与区妇联开展家事调查、调解、心理疏导一体化处理工作。

家事司法改革应当发挥家事司法的司法功能和社会功能,社会功能主要就是调整人际关系功能。各地法院在发挥家事司法的人际关系调整功能方面积极探索,积累了许多好的经验。深圳市宝安区人民法院为发挥家事司法的法律关系调整、社会关系修复、心理创伤救治等多重功能,推行规范化、制度化的心理疏导工作。甘肃省兰州市西固区人民法院,为修复当事人之间关系,精心制作“融情时刻”视频短片,在庭前组织当事人观看,用温情的画面唤醒亲情与责任,使之内心有所触动,法官再从情理法多角度耐心调解、悉心调和,最大程度上弥合亲情、消解矛盾,维系和睦安定的家庭关系。重庆市梁平区人民法院通过“场景熏陶”和“情感感召”来修复当事人感情,弥合亲情。

实现家事司法正义,需要运用多学科的知识,由多学科的专业人员共同参与家事案件的处理,并且需要依靠婚姻家庭辅导、心理咨询、调解和审判等多元途径。深圳市宝安区人民法院制定个性幸福家庭计划,依托区妇联“妇女儿童服务中心”内设项目和课程,对“判决不准离婚”或“调解和好”的当事人,鼓励参与“花好月圆夫妻成长营”项目,引导夫妻有效沟通、增强家庭经营能力;武城县人民法院创建和谐家庭指导课堂,针对诉讼中的双方当事人,由资深心理咨询师传授婚姻家庭中的相处技巧、沟通方式以及离异子女教育成长需要注意的问题、教育孩子的方式方法等有关知识。这些都是实现家事司法正义的有益探索。

各地法院通过一系列改革实践创新,为家事司法和家事司法改革的价值目标——家事司法正义的实现提供了大量可复制的实践经验。在当代中国家事司法改革过程中,总结家事司法改革的地方实践经验,出版本书具有重要意义。一是促进我国法院家事审判方式和工作机制改革的深入。本书中许多实践经验具有可复制性,我国正在进行家事审判方式和工作机制改革的法院可以直接借鉴这些改革经验。二是促进我国家事司法制度改革。家事司法改革的地方实践经验为我国家事司法制度完善、家事诉讼法的制定提供了很好的实践样本,本书中许多地方实践经验可以吸收转化为我国家事诉讼立法的内容。三是促进法学教学和研究。本书为我国家事诉讼法学的教学和研究提供了丰富的实践素材和研究样本,本书中的很多实践经验值得深入研究。

本书的出版得到了各方面的大力支持。最高人民法院原审判委员会专职委员、最高人民法院咨询委员会副主任、中国法官协会副会长、二级大法官杜万华先生在本人向他汇报组织编写本书,并邀请他作序时,他欣然同意,并提供长篇稿件作为本书序言。序言中杜万华大法官对我国今后如何推进家事审判方式和工作机制改革进行了阐述,这一阐述无论是对于实务界进一步推进家事司法改革,还是对于法学理论界进行家事诉讼法学理论研究都具有重大的指导意义。杜万华大法官亲力亲为大力推进我国法院家事审判方式和工作机制改革,对我国家事审判方式和工作机制改革的贡献有目共睹。在此,向杜万华大法官致敬并表示衷心感谢!在本书的组稿过程中,向35家法院发出约稿函以后,得到了所有法院的积极响应,受邀法院的领导、家事审判庭庭长或家事审判团队负责人积极组织人员撰写经验总结,有的法院领导、家事审判庭庭长或家事审判团队负责人亲自撰写经验总结文稿。并提供相关改革文件材料,为我国家事司法改革奉献自己的智慧,表示衷心感谢!本书的出版得到了南京师范大学江苏高校区域法治发展协同创新中心的资助,得到了法律出版社特别是王扬编辑的大力支持,在此一并表示衷心感谢!

刘敏

2019年9月于南京

目　录

儿童权益代表人机制的创设
……… 上海市普陀区人民法院未成年人与家事案件综合审判庭　(1)
树立新理念　探索新机制
——南京市中级人民法院家事审判改革实践…… 周　侃　邰丽莹　(13)
以法为盾　守护家庭安全
——无锡市梁溪区人民法院反家暴司法实践…… 傅俊平　周　溧　(19)
对离婚纠纷案件结案方式的创新与实践
——徐州市贾汪区"感情冷静期疏导机制"解析　………… 王道强　(32)
家事审判中的心理干预
——徐州市铜山区法院的经验总结　…………… 胡徐梅　高　晶　(45)
改革在路上
——南通市崇川区人民法院家事审判改革实践
…………………………………… 严永宏　陈　程　陈将华　(52)
绿色司法推进家事审判改革
——盐城市中级人民法院家事审判改革经验
…………………………………… 李　悦　王迎付　郭华炜　(62)
传承新时代"枫桥经验"　推进家事审判改革落地开花
——家事审判改革的"温州经验"　…………… 夏孟宣　王　蕾　(71)

法治情系家事 民意助力和谐
——家事审判改革的“青田经验”
……………… 徐蓓姿 章晓军 周小敏 刘梦洁 季思思 (83)
以创新思维引领雨山家事审判改革发展之路 ……………… 王 伟 (93)
新理念带动新作为 打造家事审判“鲤城样本”…… 郑英好 杨 扬 (102)
紧扣家事特性 建构“武城模式”
…………………………… 陈晓静 吴广辉 阚东广 祖 振 (109)
北京二中院“三师一团”辅助家事案件审判的创新改革模式
……………………………………………………………… 刘 洋 (121)
让家事司法更有温度
——呼和浩特市新城区人民法院家事审判改革探索
…………………………………… 苏虎生 赵 婧 张莉蔚 (133)
让家事审判温情理念在北疆民族地区落地生根
——苏尼特左旗人民法院家事审判改革经验 …………… 胡 超 (144)
转变家事审判方式 构建和谐家庭
——包头市昆都仑区人民法院家事审判改革经验 ……… 郝小燕 (152)
实施家事案件集中管辖 推动家事审判改革
——辽源市西安区人民法院的改革经验 ……… 鞠 伟 伍敬君 (164)
坚持突破创新 推动家事审判改革向纵深发展
…………………………………………… 顾双彦 杨晓惠 边 坤 (179)
家事审判改革的“宁陵经验” ……………………………… 卢炳霖 (188)
春风化雨巧解纠纷 筑牢家庭和睦根基
——深圳市宝安区人民法院家事审判改革经验
…………………………………… 宝安区人民法院家事审判庭 (197)
家事审判改革的“中山模式” ……………………… 王 念 钟劲松 (206)
推进家事审判改革,打造反家暴“香洲模式”……………… 代 敏 (217)
家事审判改革的“良庆模式” ……………………………… 黄艳芳 (236)
柳州市法院家事审判改革实践
——“柳州模式”的探索
……………… 柳州市中级人民法院 柳州市柳北区人民法院 (250)

柔性司法　温情审判
——海口市琼山区人民法院家事审判改革经验
…………………………… 马传煌　杨　新　贯　璇　王川凡　(263)
家事审判改革的实践探索:“梁平经验”
………………………………… 重庆市梁平区人民法院课题组　(270)
构建“全流程、递进式、体系化”的家事审判改革模式
……………………………………………… 四川省彭州市人民法院　(284)
冲突与应对:家事审判改革的转轨之路
——以设立家事审判程序为落脚点
……………………… 黔南中院和三都县法院家事审判课题组　(293)
因地制宜　综合统筹
——大理州两级法院多途径化解家事纠纷 ……………… 普玉松　(307)
日喀则市桑珠孜区人民法院家事审判方式改革经验 ……… 边　珍　(314)
创新家事审判模式　筑牢家庭和睦根基
——西安市新城区人民法院积极推进家事审判改革
…………………………………………………… 吴　刚　于继勇　(320)
家事案件柔性审判　修复亲情司法为民
——兰州市西固区人民法院家事审判方式改革经验
…………………………………… 敬宏伟　邓代林　甄青青　(327)
探索家事审判改革之路　促进社会家庭和谐之风
——家事审判改革的榆中实践 ………… 甘肃省榆中县人民法院　(334)
“枫桥经验”在家事审判中的应用
——以天水法院家事审判改革为视角 ………… 张继民　杨　颖　(343)
立足“和谐”促改革,谱写家事审判新篇章
——宁夏西吉县人民法院家事审判改革经验…… 张尚祎　马占山　(350)

附录 …………………………………………………………………… (360)

儿童权益代表人机制的创设

上海市普陀区人民法院未成年人与家事案件综合审判庭

家事审判与少年审判同根同源，可以相互融合、相互借鉴。作为开展家事审判改革试点工作的未成年人与家事案件综合审判庭室，我们将目光更多着眼于未成年人权益的保护，在审判过程中充分关注未成年人处境，保护未成年人诉讼权益。在此过程中，我们在上级法院的指导下逐步探索出儿童权益代表人机制，为未成年人创造了更多可能，我们办理的相关案例〔1〕被评为"2018 年度上海市妇女儿童维权十大优秀案例"，最高人民法院案例研究院第 20 期"案例大讲坛"将该案作为未成年人权益保护与少年司法制度创新典型案例向公众发布。本文围绕儿童权益代表人机制的缘起、理论依据、实践过程以及完善思路等理论和实践问题展开研讨。

---

〔1〕 案例情况如下：原告李某（男）与被告沈某某（女）于 2012 年 10 月 27 日登记结婚，2014 年 5 月 5 日生育一女李某某。双方婚后经常为生活琐事发生争吵，又因婚生女李某某患有遗传代谢病，并伴有脑萎缩、癫痫等，双方在对待孩子治疗问题上发生严重分歧，故原告李某起诉至法院，要求与被告沈某某离婚，并要求女儿李某某由被告抚养。被告沈某某同意离婚，但拒绝一人抚养女儿。在该起离婚案件中，原、被告均同意离婚，但对女儿的抚养权迟迟无法达成一致意见。涉案儿童李某某不是案件的诉讼当事人，难以在庭审中表达诉求，加之其患有疾病，更加无法为自己发声。在此类未成年人不作为当事人，但案件结果与其利益紧密相关的案件中，法院首创儿童权益代表人机制，聘请区妇儿工委办的妇儿干部以及团区委的青少年社工作为儿童权益代表人，由儿童权益代表人代表未成年人作为独立的诉讼主体直接参与诉讼。儿童权益代表人先后开展庭前调查，全程参与庭审，在各方努力下，最终该纠纷得以妥善化解，涉案儿童得到了来自父母的完整关爱。

一、问题的源头:涉少家事纠纷的变化发展与法律稳定滞后之间的矛盾

近年来,我国家事纠纷的收案数据不断攀升,其中近一半案件涉及未成年人。在开展家事审判工作改革试点的 2016 年 6 月至 2018 年 6 月两年期间,我庭共受理家事案件 2226 件,其中离婚案件占 61.8%,继承案件占 10%,传统涉少民事案件如抚养纠纷、探望权纠纷等占 6%,涉及未成年人的家事纠纷占所有家事纠纷的 50% 左右。家庭矛盾的多发导致越来越多的未成年子女被动卷入父母之间的纠纷,部分未成年人更是陷入司法困境。

一是程序困境。未成年人不享有独立诉讼地位,无法直接表达诉求。根据法律规定,在离婚纠纷、变更抚养纠纷等诉讼中,未成年人没有独立的诉讼地位,案件当事人是未成年子女的父母。虽然案件密切关系到未成年人的相关权益,但是未成年人却无法在诉讼中直接主张其应当享有的身份权益和财产权益。

二是实体困境。未成年子女与其法定代理人利益冲突现象增多。未成年子女与法定代理人存在的利益冲突主要体现在两方面。第一,身份利益冲突。在涉及未成年人的抚养、探望等问题时,一旦双方发生争议,往往会以是否抚养孩子或者阻挠对方探望等方式作为谈判筹码,不顾子女实际情况,侵害未成年子女的亲权。第二,财产利益冲突。随着生活水平的日益提高,未成年子女名下往往存有数目不小的存款或者直接作为保险受益人,甚至名下登记有不动产,可能涉及巨大的财产利益。在涉及儿童利益和成人利益矛盾的场合,极易忽略、牺牲儿童的利益,或把儿童利益看作实现自己利益的手段和工具。[1]

基于涉少家事司法中存在的困境与未成年人法律体系之间的不完全对接,让我们不断思考:在不违背立法原意的前提下,作为在司法过程中扮演关键角色的审判者,我们是否能通过创设一个新的机制来为未成年人创造更多可能?让他们的权益得到更有效的保障?

---

〔1〕 参见王勇民:《儿童权利保护的国际法研究》,法律出版社 2010 年版,第 19 页。

二、问题的解决前提:理论基础的探寻与实践经验的借鉴

(一)国家亲权理论与儿童利益最大化原则

国家亲权理论源于罗马法,是指在未成年人父母或者法定监护人没有或不能适当履行对未成年人的监管和保护职责时,国家支持、监督甚至代替父母或者法定监护人对未成年人进行监管和保护。它是国家公权力对父母或者法定监护人的自然亲权的干预,在父母或者法定监护人不履行或者不能履行责任时扮演儿童监护人。[1] 如今,国家亲权理论被大多数国家所接收认可,并成为很多公共性立法的基础。在我国,《民法总则》对未成年人监护制度作出了较为完善的规定,强化政府职责和担当,初步建立以家庭监护为基础、社会监护为补充、国家监护为兜底的监护制度。[2]

1989 年《儿童权利公约》将儿童利益最大化作为一项国际性原则确定下来,该公约第 3 条第 1 款规定:"关于儿童的一切行动,不论是由公私社会福利机构、法院、行政当局或立法机构执行,均应以儿童的最大利益为一种首要考虑。"该原则是儿童立法、行政、司法保护的纲领性条款,是处理儿童事务最基本的准则。[3] 我国作为《儿童权利公约》的缔约国,在立法中应当体现和落实未成年人利益最大化理念,让未成年人获得普遍的实质的权利。

(二)其他国家和地区实践经验

目前,美国、英国、澳大利亚等国家及我国台湾地区均为处在司法困境中的儿童设置了类似独立代表人的制度。

美国是最早成立少年法庭的国家,以俄亥俄州为例,该州《未成年人规则》规定,在适当情形下可为儿童指定"诉讼监护人"以保护儿童利益,包括儿童无父母、监护人或法定监护人;儿童利益与其父母利益可能相冲突,父母未满 18 周岁或存在智能障碍;法院确信儿童之父母无能力代表儿童最佳利益;

---

〔1〕 参见郑净方:《国家亲权的理论基础及立法体现》,载《预防青少年犯罪研究》2014 年第 3 期。

〔2〕 参见谢文英:《民法总则草案细化监护制度:家庭为基础、社会为补充》,载正义网:http://news.jcrb.com/jxsw/201703/t20170308_1726532.html,最后访问日期:2018 年 9 月 21 日。

〔3〕 参见陈爱武:《家事诉讼与儿童利益保护》,载《北方法学》2016 年第 6 期。

或儿童之父母放弃永久监护权等情形。诉讼监护人可由律师担任。[1]

英国在1989年《儿童法》第41条、第42条中明确规定了诉讼监护人制度,出于任何特定诉讼程序的目的,在涉及儿童居住、照护等方面,法院应为案件涉及的儿童指定一名诉讼监护人。专门代表子女利益参加离婚诉讼,就子女抚养和监护问题提出处理意见,供法官参考,除非其认为作出该指定对于保障儿童利益不必要。诉讼监护人出庭参加诉讼,向法院提供全面的情况报告并对许多事项提出参考建议。[2]

澳大利亚《家庭法》规定,法院在诉讼中享有为子女另行任命独立代理人的权力,子女的独立代理人将子女的最大利益或子女福利作为首要的或相关考虑因素,在诉讼中具有独立的诉讼地位,不受子女之父母有关意愿的影响。当法院制作独立代理令时,可要求法律援助机构提供代理人。[3]

2012年6月起实施的我国台湾地区"家事事件法"创设了程序监理人制度。在涉未成年人利益的民事案件程序中,程序监理人作为独立法律地位的主体,享有维护未成年人利益最大化所必要的权利并承担其职务上的义务。[4] 该法规定,在无程序能力人与法定代理人有利益冲突的或者法定代理人不能行使代理权的或其他有必要的情况下,法院得依利害关系人申请或依职权选任程序监理人。

综上,其他国家和地区已经形成了较为完善的未成年人独立代表人制度,需要在诉讼中适用该制度的情况主要有:一是未成年人受到了监护人的直接侵害,二是案件诉讼中未成年人与监护人可能有利益冲突之虞。而独立代表人可以由律师、法律援助机构等担任。

三、问题的解决路径:创设儿童权益代表人机制

通过对实践的反思、理论依据的探寻以及域外经验的借鉴,我们认为,应

---

〔1〕 参见张鸿巍等译:《美国未成年人法译评》,中国民主法制出版社2018年版,第157页。

〔2〕 参见冉启玉:《英美法"儿童最大利益原则"及其启示——以离婚后子女监护为视角》,载《河北法学》2009年第9期。

〔3〕 参见陈苇主编:《外国婚姻家庭法比较研究》,群众出版社2006年版,第585页。

〔4〕 参见宋汉林:《台湾程序监理人制度述评及其启示——以未成年人利益最大化为中心》,载《中国青年研究》2014年第5期。

当创设这样一种机制:在涉少纠纷中,如果未成年人无法作为案件当事人,或者未成年人的法定代理人与其利益有冲突之虞,应由专门的机构或个人担任未成年人的权益代表人,由其代表未成年人参加诉讼,表达未成年人诉求,保障未成年人权益。

(一)名称的讨论

我们将该机制命名为"儿童权益代表人",主要有以下考量:

我国《未成年人保护法》第 2 条规定:"本法所称未成年人是指未满十八周岁的公民。"联合国《儿童权利公约》第一部分第 1 条规定:"为本公约之目的,儿童系指 18 岁以下的任何人,除非对其适用之法律规定成年年龄低于 18 岁。"[1]二者相较而言,我们认为儿童的称谓更为简洁,且更符合国际趋势,容易推广,故取儿童之名。[2]

该制度创设初衷是为保障儿童合法权益,"权益"包含权利和利益两层意思,含义能够覆盖诉讼权利与实体利益,故取权益之称。

为与我国法律中的监护制度及诉讼代理人相区分,在机制名称中不适宜再出现"监护""代理",也不适宜出现"监理"等容易与其他意思混淆的词语,故经斟酌取"代表人"之称。

(二)该机制的创新与突破点

儿童权益代表人机制的创新与突破主要体现在两个方面:

第一,儿童权益代表人地位不再中立。

司法社会化是 20 世纪以来,世界法治国家掀起的一次司法改革浪潮。其主题是从福利国家理念出发,围绕如何更好地保障社会成员"接近正义"的权利。[3] 少年司法的过程更是一个不断社会化的过程,引入更多社会力量参与少年审判,在节约司法资源的同时可以形成社会合力,更有效地保护未成年人。例如,S 市 P 区法院的少年审判中形成了"六加一"的社会力量参与机

---

〔1〕 参见隋燕飞:《〈儿童权利公约〉:保护儿童权益、增进儿童福利的人权法律文件》,载《人权》2015 年第 4 期。

〔2〕 本文中的"未成年人"与"儿童"系通用,均指未满 18 周岁的公民。

〔3〕 参见朱妙、陈慧:《少年司法社会化的理论与实践——以上海法院少年法庭推进社会管理创新的实践为视角》,载《青少年犯罪研究》2014 年第 4 期。

制，包括刑事案件中的合适成年人、社会调查员、心理咨询师，民事案件中的社会观护员、心理关护员、探望监督人，以及参加诉讼的人民陪审员。以上社会力量参与案件的庭前调查、庭中调解、案后回访、判后执行等环节，社会力量不代表任何人的权益，强调其中立地位，主要目的在于定分止争，并未突破法律的规定。

而儿童权益代表人机制的根本目的在于保障未成年人权益，定分止争并非其履责范围。儿童权益代表人完全代表儿童权利，在诉讼中不再处于中立地位，其履行职责的范围均围绕如何实现儿童利益最大化来开展，儿童的利益是其出发点和落脚点。

第二，“破格”增加未成年人的诉讼当事人地位。

根据现行法律规定，在离婚、变更抚养、探望权等纠纷中，诉讼当事人只是未成年人的父母，而未成年人作为切身利益关系者并不享受诉讼权利。这固然是法律关系的相对性所决定的，但在实践中并不利于未成年人权益的全面保护。

儿童权益代表人的设立适当突破了法律的规定，将未成年人也作为当事人之一参与到与其有关案件的诉讼中。儿童权益代表人应当代表未成年人作为独立的诉讼主体参与诉讼，行使其相当于当事人的诉讼权利，这也是儿童权益代表人与诉讼代理人的本质区别所在。儿童权益代表人受法院委托，与未成年人及其法定代理人之间不存在直接的委托代理关系，而是以其独立地位依法履行其公益性责任。儿童权益代表人应当代表未成年人权益，但不受未成年人法定代理人意思的约束，甚至由于未成年人身心尚未发育完全的原因，也可以在一定限度内超越未成年人的意思表示，除非该意思表示明显违背未成年人意愿。

(三)儿童权益代表人的主体资格

谁可以担任儿童权益代表人？这是儿童权益代表人的主体资格问题，也是实践该机制首先应当思考的问题。关于该问题，在 2017 年 11 月 24 日，上海市高级人民法院召开的“儿童权益代表人理论与实践”专家研讨会上有两种不同意见。一种意见认为，应当由独立的第三方机构或组织担任儿童权益代表人，儿童权益代表人是一个宽泛的称呼，由法院与该第三方机构就设立儿童权益代表人达成一致意见，而具体参与诉讼的代表人再由该机构自行委派。另一种意见则认为，儿童权益代表人最终是要个人来履行职责，所以应当确定到个人比较切实可行。该个人可以是第三方机构或组织的工作人员，也可以是其他符合选任标准的个人，法院应将儿童权益代表人聘任至个人并将组成人员固定化，根据不同案件的特质选任不同的儿童权益代表人。

我们认为，机构或组织担任儿童权益代表人，有益于该项机制的制度化、常规化和规范化，也有利于儿童利益的全方位保护，这是儿童权益代表人机制最终的发展方向。但在先行探索阶段，目前还没有专门机构来担任儿童权益代表人，所以暂时先由相关机构组织中的个人担任较为合适。待该项机制运行成熟或者有法可依的时候，再由专门机构来担任。

关于具体机构和个人的选择，应当熟悉妇女儿童权益保障工作，能很好地与儿童及其法定代理人沟通交流，以达到代表儿童的目的，如妇联组织、未保组织、青少年社工组织等。关于具体参与诉讼的儿童权益代表人的选任，该人员应当有婚姻经历，有子女，且具有善心与爱心，有一定的法律知识和心理疏导能力，能够尽职履责。

儿童权益代表人的人员应当相对固定，并向社会公开，便于当事人申请回避，也有利于促进司法公开，保障该机制的有效运行。同时，儿童权益代表人的范围不会一成不变，视案件具体情况应当进行一定范围的拓展，包括律师、未成年人亲友等，让更多社会力量共同参与儿童权益保护工作。

(四)儿童权益代表人的参与流程

我们认为，在具体案件中设立儿童权益代表人可通过三种途径。一是法院依职权设立，在法院认为有必要设立儿童权益代表人的案件中运用该项机制。二是案件当事人或涉案儿童申请，由法官提前告知该机制的相关情况，当事人或涉案儿童经书面或口头主动申请，法官审核后认为确有必要的，可设立儿童权益代表人。三是儿童权益代表人申请参加，有的家事纠纷在涉诉之前已经由居委会、街道或者妇联等第三方机构组织经手介入过，在该类案件中，如该第三方机构认为有必要作为儿童权益代表人参加诉讼，经法院审核，可设立儿童权益代表人。

在前两种情况下，法院确立要设立儿童权益代表人后，应向第三方机构

(个人)发函,该机构或个人应于固定工作日内答复。

在第三种情况下,应由该机构先向法院提出书面申请,法院审核后于固定工作日内通过回函的形式答复。在确定儿童权益代表人后,法院应当书面通知离婚案件的当事人,当事人提出异议的,由法院决定是否继续进行或者是否需要变更代表人。

参加诉讼时,儿童权益代表人应持相应证件,由法官验证身份信息后方可参与诉讼。有儿童权益代表人参加诉讼的案件原则上应使用圆桌法庭。在法庭上,应特设儿童权益代表人席位,位置应处于原被告之间。庭审中,儿童权益代表人行使当事人的诉讼权利,在原被告发言后进行发言。文书中,应在原被告身份信息之后写明儿童权益代表人的具体信息,其参与的工作及发表的意见也应在文书中载明。案件生效后,儿童权益代表人可代表儿童申请执行,例如,要求和父母相处,要求将属于自己的财产权益归至自己名下等,如涉及财产利益,可与公证处协调,将未成年人财产由公证处代管。

(五)儿童权益代表人的权利与义务

儿童权益代表人的功能与定位在于保护与沟通,从此功能定位出发,我们初步构建了儿童权益代表人的权利和义务范围。

儿童权益代表人的权利包括:(1)事先了解该案案情,可要求翻阅或者复制卷宗;(2)可要求未成年人父母及学校、基层组织给予调查的便利;(3)对认为自己不适合继续担任代表人的,有权提出终止;(4)行使独立的诉讼权利,包括聘任律师、提出与未成年人权益相关诉请、发表辩论、提起上诉、申请执行等;(5)有获得报酬的权利。对于儿童权益代表人报酬的给付,可通过政府购买服务的方式履行,也可先行按照人民陪审员的标准由法院给付,后期可再结合具体情况进行给付主体和给付金额的调整。

儿童权益代表人的义务包括:(1)与未成年人进行前期沟通,开展相应调查,了解其实际需求,同时注意保护未成年人隐私,做好充分的庭前准备;(2)参加诉讼全过程(包括调解),发表维护未成年人权益的意见,提供对未成年人权益保障有利的证据等;(3)对和自己有利害关系的案件,应提出回避;(4)在部分涉及执行的案件中,对涉及未成年人权益的执行问题提出方案;(5)案后定期回访,保障未成年人身心健康成长。

（六）适用案件的范围

应当首先考虑在有以下情况的涉少纠纷中为未成年子女设立儿童权益代表人：一是存在父母遗弃、虐待未成年子女的；二是父母坚持放弃子女抚养权的；三是未成年子女名下财产权益可能受到侵害的；四是未成年子女存在身心疾患等其他特殊情况的。

实践中，引入儿童权益代表人的案件需要比一般案件更加耗费时间、精力和司法资源。所以儿童权益代表人机制适用案件的范围不应无条件扩大，一旦将该制度全面铺开，于所有涉少案件而言是司法资源的浪费，容易造成“质”与“量”的失衡。应让儿童权益代表人机制运用在合理范围之内，在司法资源与权益保护中寻求平衡点，以真正达到增进儿童福祉之目的。

（七）公证与财产权益保障的衔接

儿童权益代表人机制保障的不仅是未成年人的身份权益，也包括财产权益。如果未成年人名下有财产或父母离婚时让渡一部分共同财产给未成年人，对于该部分财产的保管与使用也会成为各方顾虑的问题。对未成年人来说，无民事行为或者限制行为能力人的财产应由其监护人代为保管，而不和未成年子女共同生活的一方又担心该部分财产被另一方据为己有。为妥善保障未成年人财产权益，我们探索运用公证制度担负起儿童权益代表人机制的财产监管功能。

我院与普陀区公证处签订诉讼与公证对接协议，在我院诉讼服务中心设立诉讼与公证对接工作室，由区公证处指派公证调解员现场提供遗嘱继承、公证委托等相关事宜的咨询、查询以及调解服务，有效分流了部分家事案件。基于区公证处助力家事审判工作的平台，为进一步发挥公证处对资金管理、监督的服务职能，我们在需要的案件中由公证处对未成年人的财产进行保管。

四、对司法困境的破解：儿童权益代表人的实践运用与效果

我庭已探索将儿童权益代表人机制运用在司法实践中，破解了部分案件困境，起到了很好的法律效果与社会效果。

在一起离婚纠纷中，原被告一致同意离婚，但均表示不愿抚养三岁的女儿。女儿身患罕见的遗传代谢疾病，需要 24 小时专业护理，今后治疗费用无

法预估。本案困境在于,原被告均不同意抚养孩子,在此情况下法院可判决不予离婚,但若如此,双方会不断轮流起诉,造成诉累,也无法给女儿创造良好的家庭环境;如果判决原被告离婚且确定女儿由一方抚养,该方很可能拒绝履行或采取不当措施,孩子也很可能因此陷入生存困境。

为破解此困境,我庭聘请区妇儿工委干部担任儿童权益代表人,其通过走访全面了解孩子情况,并向法院提出代表人意见:(1)通过前期调查走访,孩子急需24小时专业护理,聘请专人费用要求原被告负担;(2)在双方均不同意抚养孩子的情况下,提出在经济能力、居住条件、看护经验上,女方更适合照顾孩子;(3)在夫妻双方均同意财产归女方一人所有的情况下,要求女方出资10万元设立孩子的专项保障金,专门用于孩子今后的治疗、护理及日常生活,并提议借助普陀区公证处助力家事审判工作的平台,发挥公证处对资金管理、监督的服务职能,将专项保障金交公证处保管,并由儿童权益代表人监督使用。

儿童权益代表人在诉讼期间全程参与,并以儿童利益最大化原则提出主张、抗辩,制约了父母的不当行为。经法庭组织调解,原、被告当庭办理了专项保障金的公证保管手续,经案后回访了解,双方均能按约定履行各自的义务。

该件离婚纠纷系引入儿童权益代表人的首起案例,也是最为典型的案例,保障了涉案儿童程序上和实体上的双重权利。除此之外,我庭还在变更抚养纠纷、抚养费纠纷以及继承纠纷等案件中引入儿童权益代表人,通过在程序上设立儿童权益代表人保障了涉案儿童的实体权益,化解了法定代理人与未成年人可能存在利益冲突的司法困境。司法实践证明,儿童权益代表人创设了一种新的路径,为未成年人权益保护创造了更多可能。

五、进一步完善的路径:融和、整合、促进

目前,儿童权益代表人机制还处于探索阶段,由于其发挥的实质性效果,受到了社会的广泛关注,当然也承受了一些质疑。因此,儿童权益代表人机制还有很大的完善空间和论证空间。

(一)促进家事审判与少年审判的有机融合

目前,为期两年的家事审判改革试点工作已经结束,上海市法院系统司法体制综合配套中的内设机构改革也已完成,全市部分法院在原先未成年人案

件综合审判庭的基础上改制为未成年人与家事案件综合审判庭，将少年审判与家事审判推向了共同发展的新时期。少年审判和家事审判同根同源，理念相通。家庭是孩子成长的第一场所，维护好家庭的和谐稳定，对于未成年人的健康成长至为重要。保护未成年人、为未成年人创造健康成长的环境也是少年审判和家事审判的共同目标。

儿童权益代表人机制的设立初衷是保护处在司法困境中的涉案儿童，其根源于少年审判的基本理念，并在家事审判中得到了进一步的运用实践。除了儿童权益代表人机制之外，少年审判中形成的社会观护员、探望监督人等机制也在家事审判的过程中被发展完善。少年审判在多年的发展历程中坚持贯彻的"儿童利益最大化"原则、"积极、优先、亲和、关怀"的审判理念正全面地被家事审判所吸收、发扬。通过儿童权益代表人机制的贯彻实施，有利于在家事审判中建立起更多保护未成年人的制度，逐步探索出符合家事审判规律的特殊程序，进而从源头深入，全面关注未成年人利益，促进其健康成长。

（二）寻求司法资源与社会资源的有效整合

家庭是社会的基本细胞，涉少家事纠纷无法光靠法院单打独斗，需要引入社会力量形成合力，让司法资源与社会资源进行有效整合，促进纠纷化解，保障未成年人权益。目前世界上未成年人保护模式有多种，包括司法模式、福利模式、社区模式等，无论是何种模式，都需要国家和政府的正面主持和社会力量的广泛参与。在任何一个儿童保护制度中，都有一个政府相关机构为主要责任主体或政府授权的专门机构来为受到不当对待的儿童提供保护，也为整个儿童保护机制的运行起到关键的主导作用。如果这个机构缺失，那么在儿童受到不当对待事件发生时，这些儿童很难得到真正有效的保护。[1]

对于儿童权益代表人机制而言，司法资源与社会资源有效整合的最佳途径就是在国家行政层面成立专门的儿童权益保护机构，该机构重要的职责范围之一就是为陷入司法困境的未成年人提供儿童权益代表人的资源支持。由该机构担任儿童权益代表人，具体的人选则由专门机构选派。具体人选除了

---

〔1〕 参见尚晓援等：《建立有效的中国儿童保护制度》，社会科学文献出版社2011年版，第45页。

该机构专职工作人员外，也可由律师、妇联干部、社工及其他社会力量兼职担任，针对不同的案件选择不同类型的儿童权益代表人人选。

儿童权益代表人源于司法实践，其本质是儿童福利制度的构成部分，所以成立的专门机构应当也是儿童福利的专门机构。专门机构成立后，能够从根本上改善目前未成年人保护工作组织设立分散、分工不明的弊端。同时，通过专门机构设立未成年人保护的共享智慧信息库，该信息库与公安、民政、法院等部门进行对接，对未成年人保护的相关信息和资源进行共享，为未成年人形成完整的保护网络，促进儿童福利制度的建成。

（三）需要司法与立法的互相促进

少年司法本身就是司法与立法相互促进的过程，很多改革措施是在缺乏上位法明确规定的情况下先行先试的。例如，实践中的合适成年人制度、社会调查制度等被《刑事诉讼法》所吸收规定，目前家事审判中的冷静期制度也被《民法典（草案）》所采纳。成功的司法实践可以形成对相关立法和制度的倒逼机制，进而实现未成年人保护的立法完善和制度形成。

目前，上海市高级人民法院和上海市妇女联合会已共同制定《关于进一步加强合作建立健全妇女、儿童权益保护工作机制的意见》，首次确认了儿童权益代表人机制。我们希望通过儿童权益代表人的进一步实践，以司法促进立法，同时以立法来指导司法。在实体方面，应当在民法典和《未成年人保护法》中确立儿童利益最大化的基本原则，将该理念坚决贯彻落实到所有涉少案件的诉讼以及未成年人保护工作中。在程序方面，在《民事诉讼法》中对未成年人及家事案件的审判程序进行专门规定，设立专门的诉讼体制，确立涉案儿童的独立诉讼地位，确定儿童权益代表人的机制设立。有了明确的法律依据，才能真正破解目前的司法困境，儿童权益代表人机制才能在更大范围内、更广意义上施行，构建完整的儿童福利制度，让更多不可能成为可能。

附：普陀区人民法院改革文件（见附录）

上海市普陀区家事纠纷综合化解联席会议合作备忘录（试行）（见附录第1页）

树立新理念　探索新机制

——南京市中级人民法院家事审判改革实践

周　侃[*]　邰丽莹[**]

南京市中级人民法院未成年人及家事案件审判庭（以下简称少家庭）作为江苏省家事审判方式和工作机制改革试点单位，以习近平新时代中国特色社会主义思想为指导，深入贯彻落实习总书记关于家庭文明建设的重要指示精神，认真学习最高人民法院周强院长、江必新副院长的讲话精神，贯彻落实省法院的部署要求，坚持核心司法理念，实施特有审判制度，建立多方联动机制，不断深入推进家事审判改革，推动家庭文明建设，有效破解了家事难断的困局，形成了少家审判的"南京模式"。2018 年少家庭被最高人民法院评为"全国法院家事审判工作先进集体"，2019 年 3 月少家庭被全国妇联评为"巾帼文明岗"。

一、南京中院家事审判方式改革基本情况

南京中院于 2013 年 7 月 1 日在全国率先设立少家庭，截至 2014 年年底，全市各基层法院已陆续成立少家庭，少家审判模式在南京全市形成全覆盖。

---

* 周侃，南京市中级人民法院未成年人及家事案件审判庭庭长。

** 邰丽莹，南京市中级人民法院未成年人及家事案件审判庭法官助理。

随着2019年全市法院内设机构改革的开展，虽有部分基层法院将少家庭并入了民一庭，[1]但仍保留了少家审判团队。

具体试点工作在中院院党组的领导下，成立家事审判方式改革领导小组，由我院少家庭统一研究部署、统筹规划、加强指导，根据最高人民法院的要求提出改革基本方案和总体目标，对各项改革制度进行项目化管理，各基层法院积极参与具体工作机制和诉讼程序的调研及实践，形成上下联动，改革试点工作自2016年年初推行，通过年初布置任务、年中总结改进、年底推广实践的形式，在全市稳步推进，成效显著。

二、家事审判方式改革试点工作经验

我院少家审判工作运行五年半以来，推进家事审判方式改革三年以来，在总结少家审判经验的基础上，创新家事审判司法理念，探索符合家事审判规律的工作机制，全面、优先保护未成年人、妇女、老年人等弱势群体合法权益。我院在2016年年初制定并向全市法院印发了《关于推进家事审判方式改革的实施意见》，作为全市家事审判方式改革总体指导，并会同其他相关部门或单独制定了《关于人身安全保护令申请与执行的实施细则（试行）》《关于建立家事调查员参与调查和调解家事纠纷工作制度的意见》《关于家事关联案件归并审理的意见》《家事案件当事人出庭制度实施意见》《关于开展对家事案件当事人进行心理疏导工作的意见》《家事案件财产申报制度》等规范性文件，推进家事案件矛盾纠纷多元化解机制建立。

（一）创新家事审判司法理念

坚持保护弱者理念，优先保护未成年人、妇女、老年人利益；坚持柔性司法理念，构建圆桌法庭、亲情关护室等柔性诉讼环境，运用调解、心理疏导等柔性司法手段，减少当事人之间的对抗性，修复亲情关系；坚持能动司法理念，加大法官依职权调查取证力度、举证规则释明力度，分配举证责任时适度向弱势群

[1] 根据2019年3月少家庭对全市基层法院少家审判条线机构设置、合议庭设置、人员配比情况的摸排，目前鼓楼法院、秦淮法院、栖霞法院保留了少家庭，溧水法院、浦口法院少家庭加挂了行政庭，该庭称为少家庭（行政庭），其他法院则把少家庭并入了民一庭，设立了少家审判团队，并保留了原来审理少家案件的人员。

体倾斜,适度限制当事人处分权的行使;坚持一体化司法理念,实行家事案件归并审理,避免法官就案审案、相互推诿,减少当事人讼累,彻底化解矛盾纠纷。

（二）完善家事审判工作机制

市法院试行家事案件归并审理制度、财产申报制度、向弱者倾斜的举证分配制度等家事审判"十项工作机制";溧水法院对于事实相对清楚、当事人争议不大的离婚案件开展要素庭审,发放要素式判决书;对不能亲自到庭的当事人采取远程视频方式开庭;秦淮法院创制《子女抚养裁判要素审查表》,在子女抚养争议案件中开展要素化审判;雨花法院探索实行离婚证明书制度;雨花铁心桥法庭创立"希望树"工程团队,着力于当事人情感修复。

1. 建立归并审理制度

我院已统一制定《关于家事关联案件归并审理的意见》,主要内容包括:一是明确归并审理的理论基础。二是区分应当归并审理、可以归并审理以及不宜归并审理的具体情形。对于同一当事人之间身份关系诉讼所涉及的相关财产案件,一般应当归并审理;对于涉及案外人的家事案件,可以归并审理;对于当事人一致同意暂不处理的事项或当事人对案件承办人有明显抵触情绪的案件,不宜归并审理。三是明确了归并审理的具体操作办法。

2. 建立当事人亲自到庭制度

为贯彻直接言辞原则,还原家事纠纷事实真相,我院制定了《家事案件当事人出庭制度实施意见》,根据《民事诉讼法》及《民事诉讼法司法解释》的相关规定,结合家事案件特点,对当事人出庭制度进行了具体规定。该规定具有如下特点:一是明确了当事人本人应当出庭参加诉讼的家事案件类型。原则上,婚姻家庭类纠纷、同居关系纠纷、收养关系纠纷等案件因涉及身份关系,均要求当事人亲自到庭。二是规定了经法院审查准许当事人可不到庭参加诉讼的情形。这些情形包括了当事人行为能力欠缺、重大疾病影响意思表达、公务、学习、治疗等正当事由,无法到庭事由消失后,当事人仍应到庭陈述意见,法官亦应在庭前或庭后征询当事人本人的意见。三是确立了家事案件中未成年人出庭参与诉讼的方式。为保护未成年人身心健康,一般情况下未成年人不到庭参与诉讼,但法官可在未成年人家中、学校等适宜地点,在由成年家属、学校老师等人陪同的情况下向未成年人征询意见。四是明确了公告送达方式适用情形。

3. 建立审前家庭财产申报制度

倡导诉讼中的诚实信用原则，通过建立财产申报制度，引导当事人如实申报家庭财产，防止虚假诉讼，减少关联诉讼。由当事人在起诉时填写《家事案件财产申报表》，全面准确地申报夫妻婚姻关系存续期形成的财产状况，固定庭审争议的财产范围，明确不如实申报财产的一方当事人在财产分割中承担不利后果。重点防范、打击虚假诉讼、虚假陈述等不诚信行为，警惕转移共同财产逃避债务承担，以及虚构债权债务损害妇女儿童权益等虚假诉讼行为。

4. 建立子女利益保护人制度

我院从两个具体方面推行该制度，一是建立诉讼监护人制度，在子女为案件当事人，但其法定代理人无法出庭或因利益相反不宜出庭的情况下，通过诉讼监护人代理子女出庭参与诉讼，表达子女的独立意志，保障子女权益的实现；二是建立观护制度，在不以未成年子女为当事人的案件中，因涉及子女的切身利益，需要其参加庭审或参与调解的，由志愿者、社工陪同子女出席，安抚子女的情绪，化解子女的恐惧，为子女提供及时的关怀，保证子女不受他人干扰表达自己的独立意志，维护自己合法权益。诉讼监护人和观护员可以由妇联、团委、教育部门、司法行政部门、未成年人保护中心等部门选派，法院从上述群体中选任。

（三）建立家事纠纷多元化解机制

与妇联、团委、街道等单位联合设立家事调解委员会，并在调解过程中注重对妇女、儿童和老年人的心理疏导和权益维护。与市司法局联合制定《关于开展诉讼与公证对接合作的意见》，建立诉讼与公证对接制度，将公证调解纳入家事诉讼中。选聘来自司法局、妇联、团委等单位的342名具有一定家事法律知识和工作经验的人员担任家事调查员、亲情观察员、心理疏导员，参与家事案件调查调解。玄武法院与市、区两级妇联合作，与玄武区妇联挂牌成立“三八红旗手”工作室，主要承担家事纠纷的诉前、诉中调解工作，实现了法院诉讼调解和妇联组织调解的优势互补，做到了多元调解跟进、心理咨询介入、调判结合维权，使大量家事纠纷在诉前得到平和化解，成效明显。

1. 建立反家庭暴力防治机制

《反家庭暴力法》于2016年3月1日正式实施，为联合社会各相关部门进一步预防和惩治家庭暴力，南京中院与市公安局、市民政、市妇联共同制定《关于人身安全保护令申请与执行的实施细则（试行）》，明确规定了相关各部门的职责，将法律规定落到实处。该实施细则存在如下特点：一是与公安部门联合建立家庭暴力证据即时收集制度，解决取证难问题。二是与妇联联合建立家庭暴力回访制度，解决执行难问题。三是与民政部门及妇联联合建立家庭暴力受害人临时庇护制度，解决紧急避险难问题。四是统一司法裁判尺度，解决审理难问题。

2. 建立家事调查员制度

为妥善解决家事纠纷，构建和谐家庭关系，我院牵头与市司法局、团市委、市妇联联合制定并印发《关于建立家事调查员参与调查和调解家事纠纷工作制度的意见》，该意见明确了家事调查员的选任、适用范围及工作职责，具有如下特点：一是建立家事纠纷矛盾化解网络，发挥化解家事纠纷联动工作机制作用。二是将家事调查、家事调解及心理疏导制度相联结，贯穿家事案件审理过程。三是明确对申请人身保护令案件的家事调查，与人身保护令相关制度规定相呼应。四是适度突破审限规定，在家事案件中确立了诉前调解制度和冷静期制度。雨花铁心桥法庭打造“希望树”家事审判特色品牌，签约心理咨询机构，完善心理疏导机制，与区妇联开展家事调查、调解、心理疏导一体化处理工作，产生了良好的社会效果。

3. 建立家事诉讼与公证对接制度

我院与南京市公证协会就建立互动协作机制，建立诉讼与公证对接制度进行调研，并制定文件，将公证纳入家事诉讼中，建立多元化纠纷化解机制。一是探索公证程序前置制度，发挥公证分流矛盾纠纷职能。二是支持公证机构在送达、取证、保全等诉讼环节提供公证服务，发挥公证文书的证据效力。三是建立人民法院与公证机构信息共享制度。四是建立人民法院与公证机构日常互动机制。玄武法院与南京公证处合作，成立“家事法律服务中心”，综合运用多种服务手段预防、调处家事纠纷，调查及调解家事案件，并参与送达，为当事人提供了更为便利、人性化的纠纷解决渠道，减少了当事人讼累。同时,整合社会司法资源,实现诉讼与公证优势互补,减轻审判压力,完善矛盾纠纷多元化解决机制。

4. 建立离婚纠纷的诉讼与民政登记衔接机制

针对因协议离婚时对财产分割达成的协议内容不严谨、不合规引发的诉讼较多以及目前存在的虚假离婚诉讼较多的现状,我院现开展对民政部门协议离婚后引发的诉讼及其处理情况的专题调研,梳理南京两级法院近三年来涉及离婚的相关家事案件,发现当事人在民政部门签订的离婚协议存在以下问题,可能是虚假离婚,且易引发后续纠纷:一是关于子女抚养问题没有约定或约定不明。二是关于夫妻共同财产分割没有约定、约定不明或无权处分。我院主要做法如下:一是建立与民政部门长效对接机制,实现信息共享,提升婚姻登记机关审查力度,防止虚假诉讼。二是对于离婚纠纷案件审理中发现的离婚协议不规范现象及时沟通。

南京中院将进一步明确家事审判的工作要求,关注婚姻家庭关系的改善、维护、修复,兼顾法律效果与社会效果的统一;进一步深化家事审判的审判方式改革,在法律框架内,探索完善符合家事审判规律、适应社会发展需要的家事诉讼特别程序,优化家事案件审理规程,积极推动家事审判改革成果制度化、法治化;进一步推进家事审判的工作机制完善,健全家事纠纷多元化解机制,充分发挥联席会议制度作用,积极参与创新网格化社会治理机制,将家事调解、家事调查与网格化管理机制主动对接,争取支持,推动信息互通、优势互补、工作联动、矛盾联调,推进家事审判信息化、阳光化、智能化,切实方便群众参与家事诉讼,提高审判质效,不断谱写南京法院家事审判事业新篇章,为维护南京社会和谐稳定、高质量推进“强富美高”新南京建设作出新的更大贡献。

附:南京市中级人民法院改革材料(见附录)

关于推进家事审判方式改革的实施意见(见附录第5页)

关于印发《关于建立家事调查员参与调查和调解家事纠纷工作制度的意见》的通知(见附录第9页)

溧水区人民法院离婚案件要素式审判(见附录第13页)

以法为盾　守护家庭安全

——无锡市梁溪区人民法院反家暴司法实践

傅俊平[*]　周　溧[**]

家庭暴力是一个全球性社会问题，美国学者曾生动地称为“亲密的伤害”，其严重性和特殊性越来越被全社会所了解。2008 年 4 月，原无锡市崇安区法院被最高人民法院确定为全国九家反家暴试点法院之一，以最高人民法院应用法学研究所《涉及家庭暴力婚姻案件审理指南》（以下简称《审理指南》）为依据，对涉家暴婚姻案件进行专业化审理。2008 年 8 月 6 日，我院发出全国首份人身安全保护令，在反家暴工作中开创“五个全国首例”，为推动《反家庭暴力法》（该法于 2015 年 12 月 27 日第十二届全国人民代表大会常务委员会第十八次会议通过）的出台、维护社会和谐稳定作出了积极的尝试和一定的贡献。

2016 年，无锡市行政区划调整，将原崇安区、南长区、北塘区三区合并为梁溪区。无锡市梁溪区法院专门设立了少年家事审判庭，成为江苏省家事审判改革试点法院。梁溪法院以原崇安区法院反家暴领域的成功经验为起点，将《反家庭暴力法》的规定和《审理指南》的精神融会贯通，率先设立全国首笔

* 傅俊平，无锡市梁溪区人民法院副院长。

** 周溧，无锡市梁溪区人民法院少年家事审判庭副庭长。

“反家庭暴力救助金”,并以此为开端积极构建家事审判三大平台,以“财产、人身倾斜保护”为亮点,审判了多起涉家暴案件,从财产、人身、心理修复三方面对弱者进行保护。

一、“人身安全保护令”的历史创新

在世界各国,家庭中虐待妻子的现象十分常见。全国妇联的一项最新抽样调查表明,在被调查的公民中,有16%的女性承认被配偶打过,14.4%的男性承认打过自己的配偶。每年约40万个解体的家庭中,25%缘于家庭暴力。据资料统计,我国家庭暴力的发生率为29.7%~35.7%,90%以上的受害者是女性。在《反家庭暴力法》出台以前,我国没有专门的法律对家庭暴力这一社会现象进行约束。虽然《宪法》《婚姻法》等法律明确禁止家庭暴力,全国各省市也出台了相应的地方性法规,但这些条款都是原则性的,可操作性并不强。有些执法机关对家庭暴力的认识不够,还认为是家务纠纷,是私事,没有认识到家庭暴力是社会问题、人权问题,因此在处理的时候不是很积极。

我院于2008年8月6日发出全国首份人身安全保护令以来,共受理涉家暴案件120余件,最终认定有家庭暴力情节的25件(调离15件、调和2件、判离8件),发出人身安全保护令25份,取得了较好的法律效果和社会效果。我院在人身安全保护令方面的试点创新,最终被《反家庭暴力法》所吸纳。

(一)全国首份人身安全保护令

2008年7月22日,我院受理了原告陈某诉被告许某离婚纠纷一案。陈某诉称:丈夫许某曾因其婚后未孕等原因诉至法院,双方调解离婚。后双方在亲朋劝解下复婚,并生育一女。但其产后仅半年,许某就对其实施家庭暴力,从偶尔的小打小骂发展到经常打骂。其曾向妇联求助,但收效甚微,现已不堪忍受,故请求判决离婚。诉讼中,陈某提供了伤情照片、就诊病历、妇联组织出具的证明,以证明其遭受了家庭暴力,并申请人身保护,请求法院禁止许某施暴。考虑到家庭暴力发生的隐蔽性和举证难的特点,陈某提供的证据可以证明许某存在家庭暴力的可能。2008年8月6日,我院作出全国首份人身安全保护令,裁定禁止许某殴打、威胁陈某。同时与公安机关接洽,提请其保持警觉,履行保护义务。

这个裁定让我院成为第一个“吃螃蟹”的法院。由于裁定的文本格式没有前例可借鉴,这纸裁定的格式也经历了一番历练。最初的文本是由承办人起草,再由部门负责人作了多次修改,最后由分管院长签发。签署裁定的当天,法院又进行了认真的讨论,毕竟这个裁定在全国范围内是第一次。在保护家庭暴力受害者方面,我们迈出了重要的一步。经最高人民法院确认,这份裁定是我国第一份反家暴领域人身保护民事裁定,也是国内首次适用民事裁定制止“家庭暴力”。除引起国内主流媒体的积极报道外,该份人身安全保护令还被美国《环球时报》刊登报道,它将以往在离婚案件民事诉讼中对家庭暴力仅有财产性惩罚措施转向对受害人财产、人身进行全面保护的有益尝试,将对受害方人身的司法保护延伸至诉讼全过程。对于陈某而言,保护令也让她的生活有了新的开始。裁定下达以后,许某再也没有打骂她。2008 年 8 月 18 日,双方最终调解离婚。

(二)全省首份诉前人身安全保护令

众所周知,民事诉讼实行“不告不理”原则。家庭暴力受害者如不诉诸法院,法院不会主动审理涉其家庭内部纠纷。部分家庭暴力受害者,可能基于情感、未成年子女、暴力程度等因素,还不想迈出离婚诉讼这一步,但却有遏制家庭暴力的迫切需求。如何跳出离婚诉讼这一桎梏,更好地保护家暴受害者的权益,成为《反家庭暴力法》出台前审理涉家暴婚姻案件的一项难题。

恰逢 2012 年 8 月 31 日我国《民事诉讼法》进行第二次修正,该法第 100 条第 1 款规定:人民法院对于可能因一方当事人的行为或者其他原因,使判决难以执行或者造成当事人其他损害的案件,根据对方当事人的申请,可以裁定责令当事人作出或者禁止作出一定行为;当事人没有提出申请的,人民法院在必要时也可以裁定采取保全措施。这为我院发出诉前人身安全保护令提供了更直接的法律依据。2013 年 7 月 31 日,我院发出了江苏省首份诉前人身安全保护令,该份保护令的作出不再以起诉离婚为前提,其有效期为 30 日,申请人可自主决定是否在送达保护令的 30 日内提起离婚诉讼。

《反家庭暴力法》最终也明确不再以诉讼离婚作为申请保护令的前提,且对保护令的申请进行便民操作,即申请人或被申请人居住地、家庭暴力发生地的基层人民法院均有权管辖。

(三)因人制宜执行人身安全保护令

《反家庭暴力法》第32条虽明确人身安全保护令由法院执行,公安机关以及居民委员会、村民委员会协助执行,但具体如何执行,该法并未明确。审判实践中,保护令案件具有极强的人身性、多样性,个案情况不尽相同,如何因人制宜,最大限度地保护受暴当事人的合法权益,是法官应当思考的问题。

德国法学家萨维尼说过:解释法律系法律学之开端,并为其基础,系一项科学性工作,但又为一种艺术。人身保护令申请案件的承办法官,更应摒除机械办案的桎梏,在法律允许的范围内"艺术"地解读法律,制定最有利于保护受暴当事人的执行措施。

2016年8月26日,我院受理的一起人身安全保护令申请人反映,在其搬离双方住所后,被申请人经常至其单位附近尾随、要挟,对其造成了强烈的心理恐慌。考虑申请人的工作单位系大型商场,人员流动性强,为全方位保护申请人的人身安全,同时也避免员工家庭矛盾影响商场经营秩序,承办法官除向双方及派出所、居委会送达人身安全保护令,还与商场安保部门取得联系,向其送达了人身安全保护令和协助执行通知书,提醒其履行安保义务,并获得了商场的全力配合。

2018年2月24日,六旬老人岳某向我院申请人身安全保护令,要求丈夫袁某迁出住所。二人原与儿子、儿媳同住,袁某因猜疑岳某与异性的关系殴打岳某,致岳某双侧尺骨骨折,出院后不敢回家,暂住养老院。责令被申请人迁出申请人住所虽是《反家庭暴力法》第29条规定的措施之一,具体如何操作并无相应规范。承办法官并非机械发出保护令责令袁某迁出,而是邀请民警、社区干部共赴现场向袁某进行法律释明。收到保护令后,袁某当场悔过并主动迁居。该案作为江苏省首起反家暴"迁居案",入选江苏省女法官协会12起保护妇女儿童权益典型案例,并居12个案例之首。

二、以"性别平等"视角专业治暴

家庭暴力是一种社会和生物因素共同作用的现象,而暴力本身更趋向生物性。全国妇联公布的数据显示,我国妇女在婚姻生活中,遭受不同形式家庭暴力的女性占24.7%,家庭暴力受害者90%以上是体力处于弱势的妇女、儿童和老人。“男女平等”虽作为基本国策载入《宪法》,但受“男尊女卑”传统夫权思想、“清官难断家务事”等陈旧观念的影响,女性更容易遭受来自亲密关系伴侣的暴力攻击。“性别平等”是承认性别差异基础上追求“人”的平等及全面发展的先进理念,是社会发展到“人性致胜”阶段的产物。它提倡作为弱势群体一方能真正在价值、人格、机会、责任、权利上与另一方平等论处,性别平等才具实质意义。

《审理指南》的起草人陈敏表示:指南没有突破现行法律规定,只是从性别平等视角进行了解读,使现行法律更具体,更具可操作性。其目的是让法官能有一本专业的资源手册,帮助其做好法律规则、性别平等理念、家庭暴力理论知识、审判组织保障等方面的准备,以利于提高办案效率和分配正义的质量,更好地保障受害人的人身和财产权利。由此可见,“性别平等”视角对审理涉家暴案件的重要性。

(一)专门合议庭专业化审理

专业化审判需要专门化机构和专业化人才。我院成立“反家庭暴力婚姻案件合议庭”,由具备“性别平等”意识的资深法官、妇联干部作为人民陪审员组成合议庭,对涉家暴的婚姻案件进行专业化审理。我院配备了“反家暴法庭”“涉家暴案件调解室”“反家庭暴力心理辅导室”等活动场地,配置了全程网络监控录音录像系统、办公桌椅、打印机、电脑、沙发、茶几等配套设备,设置了“父亲”“母亲”“妻子”“丈夫”“孩子”等家属席位牌,布置了“家和万事兴”等相关主题的书画墙,融法于情、寄法于理,为化解纠纷创造了良好的协商环境。

“反家庭暴力婚姻案件合议庭”成员调研学习氛围浓厚,每周定期召开法官会议讨论疑难案件,及时梳理反家暴工作审判经验,完善工作规范,组织资深法官进行业务讲座发挥传帮带作用,并将反家暴审判实践中遇到的问题加以总结,发表了《家庭暴力认定规则之探讨》《心理疏导工作方法在家事案件中的运用》等重点调研报告,并在国家、省、市级刊物发表调研文章20篇、信息宣传600余篇。

为加大涉家暴案件的审执力度,与社会全面接轨,我院与区公安局、区妇联协商共进,制定联合文件《关于依法处理涉及家庭暴力婚姻案件、切实维护受害人合法权益的若干意见》，进一步明确公安、妇联的职责、义务，以及法院与上述机构之间的协作流程。为进一步明确法院在审理涉及家庭暴力案件中的操作规范，本院以《反家庭暴力法》《审理指南》为法律参照，制定《涉及家庭暴力婚姻案件诉讼须知》《关于审理涉及家庭暴力婚姻案件的实施意见》《关于婚姻案件涉及家庭暴力的认定规则（试行）》，将涉及家庭暴力案件受理、分案、合议庭组成、开庭审理、举证质证、认定标准、法官培训等办案流程量化、细化、规范化，指导遭受家庭暴力的当事人更好地维护自身合法权益。

（二）“反家暴咨询委员会”攻克“认定难”

鉴于家庭暴力发生原因的复杂性、表现形态的多样性、涉及知识的专业性，法院审理涉家暴案件面临“认定难”之困境。为增强家庭暴力认定的权威性、科学性，最大限度地保护家庭暴力受害者的利益，我院 2011 年年初即着手与无锡市妇联、苏州大学、江南大学、无锡市精神卫生中心、无锡市心港心理咨询有限公司等多家单位联系，筹备成立“反家暴咨询委员会”。2012 年 3 月，全国首个由法学家、社会学家、心理学家、精神卫生鉴定专家、法医等领域的 23 位专家、学者组成的“反家暴咨询委员会”正式成立。成员以专家辅助人身份参与涉家暴案件的审理，在庭审观摩、交流沟通、协同调解过程中，根据当事人的言行举止、与家人相处模式等表现适时提供咨询意见、出具咨询报告，作为认定家庭暴力的重要参考。

2019 年 4 月，我院审理的一起离婚案件中，男女双方为争夺 3 岁女儿的抚养权争论不休。男方指责女方对孩子实施了打脸、打下身、掐脖子等家暴行为，不适合抚养女儿，并提供视频、证人到庭作证。视频显示奶奶与孩子进行问答交流，奶奶提问“妈妈有无打你”，孩子答“打了”；奶奶继续提问“妈妈打哪了”，孩子摸摸嘴巴和下身。三位证人中一人表示听孩子说过妈妈打她，一位表示未听闻，一位表示不清楚。承办法官至居委会调查，工作人员表示未见母亲打孩子，奶奶存在诱导孩子的嫌疑。男方指控女方家暴的证据虽不充分，但考虑家庭暴力的私密性，家庭成员之间的冲突和指责可能对儿童的心理发展产生不利影响，抚养权的分配极有可能影响孩子的一生。为此，我院邀请无锡市精神卫生中心儿童心理方面的主任医师、无锡市心港心理咨询有限公司心理咨询师参与听证，与双方、双方父母和孩子进行沟通交流。通过接触孩子并观察她与家人的交流互动，孩子身体、智力水平良好，单独与母亲接触时安静放松并出现笑容，未有紧张恐惧和躲避的现象。两位专家辅助人也出具咨询意见：儿童情感具有易变性、易感性特点，孩子尚处于幼儿期，缺乏对事物的情感表达能力，从其情绪反应可以帮助判断其内在情感体验；通过观察孩子与家人的交流互动，未见孩子对母亲有回避恐惧心理，母亲对孩子实施家庭暴力的可能性极小。该专家咨询意见为我院采纳，成为认定女方家暴与否的重要参考。我院结合双方举证情况、孩子与双方的交流互动情况及专家咨询意见，最终认定女方未对孩子实施家庭暴力，并将孩子判由女方抚养。该案宣判后，双方息诉服判，男方还主动将孩子送交女方抚养。

"反家暴咨询委员会"成立至今，我院已在23起涉家暴案件中引入专家咨询机制，委员共出具咨询意见书23份，其中认定构成家庭暴力10件，协助调解8件，促成和平分手5件。

（三）心理辅导室柔情治暴

家庭暴力伤及婚姻，但离婚并非终结家庭暴力的唯一出路。2009年5月，我院挂牌成立了全国首个"反家庭暴力心理辅导室"，并在全国首例引进心理辅导课程，从源头上疏导和制止家庭暴力，取得了较好的社会效果。心理辅导室成立至今，已为40余起涉家暴案件的当事人提供了心理疏导，帮助涉家暴双方理性面对和解决婚姻问题。

如在原告薛某诉被告王某离婚纠纷一案中，薛某称王某近年来经常对其殴打、辱骂，其不堪折磨搬离家中，王某经常发短信言语挑衅、骚扰，并上门寻衅，要求离婚。本院在发出人身安全保护令的同时，邀请心理咨询师对双方进行心理疏导。通过心理疏导，王某敞开心扉，回忆起双方恋爱时的一见钟情，自述近年来性情改变的主要原因是身患肿瘤，缺乏安全感，担心被优秀的妻子离弃，故而经常莫名发怒，薛某稍有晚归即发生吵打。薛某也表示夫妻多年来相处融洽，近年来王某因病性情大变，致其不堪忍受。王某深刻认识到自身错误，主动向薛某及其父母道歉，薛某也表示愿意给王某改正的机会。双方最终调解和好，携手离开了法院。此后，我院对双方进行回访，双方均表示夫妻关系良好，感谢法院、心理咨询师的帮助，挽回了这段长达二十几年的婚姻。

人身安全保护令是国家公权力对家庭暴力行为的强令禁止，"以法止暴”；心理辅导是心理咨询师从本源上疏导涉家暴双方的心理，“以情治暴”。心理辅导室特邀婚姻家庭指导师、心理咨询师对涉家暴双方进行“创可贴”式心理辅导，探寻施暴背后的诱因，对双方的不当心理进行疏导和矫治，从而最大限度地使双方负面情绪得以舒缓，防止家庭暴力延续，杜绝暴力行为升级。之后的审判实践中，心理疏导工作方法因其成效明显，被广泛运用于我院审理的其他家事纠纷中，并将审判实践归纳总结，发表了《心理疏导工作方法在离婚案件中的应用》一文。

三、以“主动司法”理念创新治暴

（一）法官适度干预

涉暴家事案件不同于普通的民事案件，更侧重于制止暴力、化解矛盾、修复关系，以及对未成年人、妇女、老年人等弱势群体的保护，从而维护家庭的稳定和社会和谐。在审判模式上，要改变以往审理婚姻家庭案件的模式，实现变机械遵循辩论主义和处分原则为强化法官职权探知、自由裁量和对当事人处分权适当干预。

2008 年 10 月，本院受理了原告苏某诉被告张某离婚纠纷一案。苏某称张某因吸毒被劳动教养，精神抑郁，出狱后对其实施严重的家庭暴力，用绳子将其捆绑，对其辱骂、殴打长达十几小时，现已分居。本院庭前依法调取了接处警记录、劳动教养处罚决定书、医院病历等材料，并向户籍警了解双方家庭情况。在证据面前，张某渐渐道出：家中经济由苏某掌控，对外大肆宣扬其有精神病，对其身心造成巨大伤害，且苏某有外遇，所以才导致暴力行为的产生。在法院组织的背对背调解中，张某透露有到期债权 6 万元，因苏某对外宣称其有精神病，债务人不愿向其偿还。倘若离婚，其愿意协助苏某追讨，但要求苏某预付 3 万元。而苏某表示只要能离婚，其愿意预付张某 6 万元。

普通民事案件的诉讼调解，法官应保持中立，但由于涉暴家事案件具有与普通民事案件不同的特点，其中最大的差异在于双方的不平等模式，受害一方有时的表态并不一定是其真实意愿。结合审判实践，我院认为法官在调解涉暴家事案件中可适度干预，主动行使释明权、建议权，以确保调解协议的真实性、合法性、合理性、可执行性。为此，承办法官适时向苏某行使释明权，告知债权性质及主张债权可能存在的风险，询问该方案是否是出于迫切解除婚姻关系或长期暴力威胁的无奈举措。最终，双方以1.5万元调解离婚，化干戈为玉帛，取得了较好的社会效果。该案承办法官撰写的《“案结事了，止暴新生”——涉及家庭暴力婚姻案件的诉讼调解》一文，被《人民法院报》刊登。

（二）合理采信未成年子女证言

家事纠纷的特殊在于其私密性，矛盾纠纷发生的家庭成员是直接见证者，如何采信未成年子女的证言需要法官的智慧。

2009年5月，我院审理的原告王某诉被告金某离婚纠纷一案中，王某为证明金某对其实施家庭暴力，申请三位证人到庭作证，其中最引人注目的就是双方4岁的女儿小羽。小羽看见金某时面露怯色，不敢说话，当承办法官问其原委时，其称爸爸经常打她和妈妈，她不愿意和爸爸一起生活。虽然小羽尚不具备民事行为能力，但考虑家庭暴力发生的私密性，我院综合案情及其他证据，认为小羽所作的证言与其年龄、智力状况相适应，能真实客观地反映家庭状况，其证言应予采信。王某提供的病历、照片、金某书写的保证书、证人证言与法院调取的接处警登记表等证据，已形成证据锁链，足以证明金某对王某多次进行殴打，从而认定金某对王某实施了家庭暴力。

我院大胆采信4岁未成年子女的证言，综合案情作出家庭暴力的认定，在全国范围内属首例。该举措不仅为探索家庭暴力的认定规则作出有益尝试，更为完善我国民事诉讼举证规则引发思考与启示。

（三）财产分割适当倾斜受害方

以往的涉家暴案件，法院对弱者的保护往往体现在判处一定额度的过错赔偿金（原则上以5万元为限），对夫妻共同财产的分割仍按各半原则。随着经济社会不断发展，男女双方在家庭生活中付出相当，过错赔偿金的数额限制不足以体现对家暴受害者的保护力度。

2009年，我院审理了一起高级知识分子家庭的涉暴离婚案件。该案中，丈夫金某婚后至外地读博三年，家庭经济和照顾子女的重担主要由妻子王某担负，婚后王某还贷款购买了市中心的学区房，市场价值已逾百万。考虑王某对家庭贡献付出较多，且金某在王某月子期间即将其手指韧带撕裂，家暴情节恶劣，2009年8月28日，我院以三七开比例分割双方夫妻共同财产，照顾受害方的财产份额，对施暴方施以财产性惩罚，该举措在全国属首例。

四、筑"多元化解"体系防控家暴

（一）巧用民间力量化解纠纷

1. 家事调解员主持诉前调解。2016 年，我院从妇联、司法、信访、街道等部门聘请了 24 位家事调解员，利用民间力量主持诉前调解、钝化纠纷，即使调处不成，也能为之后的诉讼锁定第一手证据。截至目前，家事调解员已协助我院调处涉暴家事纠纷 6 件。

2. 诉讼服务站钝化诉前矛盾。2011 年 1 月，我院在辖区内的六个街道设立了诉讼服务工作站，建立起"10 分钟诉讼服务圈"，借助街道基层组织的政治优势和民调力量，通过诉前引导和分流，过滤、钝化矛盾。目前，诉讼服务站共受理涉家暴案件 15 件，接受涉家暴法律咨询 200 余次。

3. 制怒中心矫正诉前心态。在心理咨询公司的支持下，我院在审判庭附近设立"制怒中心"，由心理咨询公司选派注册心理咨询师进驻中心，对前来参与诉讼的性情粗暴者进行心理矫正，促使其心平气和地参与诉讼。

（二）完善反家庭暴力工作网络

1. 家事调查员协助取证。为了更好地发挥社会力量，合力化解涉暴家事纠纷，我院与妇联、司法、社居委构筑紧密型合作关系，选拔了 25 名具有反家暴经验的志愿者，成立家事调查员队伍。家事调查员接受法院的委派，主要从事家事案件协助调查工作，走访妇联、社区，了解当事人双方基本情况，助力法院固定证据。

2. 资深法官普法宣讲。自 2008 年起，我院"反家庭暴力合议庭"的资深法官每年定期开展向妇联、民政干部授课，至广播电台主持法治节目，到社区基层法制宣传等多种形式的反家暴法律知识宣讲。通过法治宣传，"国家禁止任何形式的家庭暴力""反家庭暴力是国家、社会和每个家庭的共同责任"等法律观念在群众心中落地生根，鼓励遭受家庭暴力的群众勇敢和家庭暴力说"不"，拿起法律的武器维护自身合法权益。

3. "五位一体"反家暴网络。诸多未能认定构成家庭暴力的案件，并非不存在家暴情节，而是家暴受害者不能进行有效举证或提供证据线索。如何更好地引导和帮助家暴受害者进行有效举证,令其获得更为有力的保护,是法院、公安、妇联、司法、社区乃至全社会需要积极思考和共同关注的问题。带着这一思考,我院与公安、妇联、司法、社区构筑了“五位一体”的反家暴网络:指导妇联、社区在接待家暴受害者来访时,及时登记在册、排查情况、形成书面调处记录。公安机关接到家暴受害者报警后,及时出警固定现场、制作笔录,对确有家暴情节的进行批评教育、出具告诫书,情节严重构成犯罪的移送司法机关。法院受理人身安全保护申请或涉家暴纠纷时,即可根据家暴受害者提供的线索调取相关证据,及时准确地作出相应裁判。同时,法院将作出的人身安全保护令及时送达派出所、社居委,以确保人身安全保护令的有效执行。这“五位一体”的反家暴网络紧密联系,环环相扣,进入了富有成效的运转状态。

(三)建立人身安全保护令快速通道

《反家庭暴力法》第 28 条规定:人民法院受理申请后,应当在 72 小时内作出人身安全保护令或者驳回申请;情况紧急的,应当在 24 小时内作出。

人身安全保护令以保护家暴受害者免受暴力的危险为首要目的,情态发展往往具有紧急性,如果等同于一般民事诉讼的审理期限,人身安全保护令的设立意义就丧失殆尽,不能实现应有的保护目的。我院对申请人身安全保护令案件开辟绿色通道,在申请人提出申请的第一时间,立刻安排专人接待导诉,实行优先立案,优先移案,优先排期,优先裁定,真正为家暴受害者建立畅通完善的绿色通道。

(四)推行“三台一金”工作机制

2016 年 3 月,无锡市中级人民法院组织召开了推进家事审判改革工作会议,推出“三台一金”(法院与妇联共建家事案件线上线下调解平台、家庭财产查询平台、家事陪审平台和反家暴救助金)重大举措,这为我院的反家暴品牌建设提供强大的支撑。我院率先设立全国首例“反家暴救助金”,并以此为开端,积极构建家事审判三大平台,确保“三台一金”落地生根,发挥实效。

“反家暴救助金”的捐赠人是我院此前审结的一起继承案件的失独老人,被我院历年来在反家暴工作中作出的努力和成效所感动,于 2016 年 3 月 6 日自愿捐赠 6 万元,成立全国首笔“反家暴救助金”,定向援助受到家庭暴力的妇女、儿童以及追索赡养、扶养或抚养费的弱势群体,帮助其解决基本生活、医疗困难及因诉讼、执行而产生的相关费用等。“反家暴救助金”设立后,同步出台了《无锡市反家暴救助金管理使用办法(暂行)》,实施收支两条线管理,由法院、妇联共同监管使用、共同研究审批,由无锡市梁溪区益心公益服务中心具体管理。该救助金于2018年3月在我院审理的一起涉家暴案件中审批使用2000元,为该案受暴妇女解决了基本生活的燃眉之急。

我院联合妇联,按相关规定具体实施,遵循专款专用、有限救助、及时救助、一次性救助原则,用好每一分钱,让受到家庭暴力的妇女、儿童和老人得到及时救助,让他们切实感受到社会的温暖,切实维护家庭暴力受害者的合法权益,发挥家事审判诊断、修复、治疗作用,促进家事矛盾的妥善化解和社会和谐。

五、结语

性别平等与妇女发展是人类追求公平、正义与平等的永恒主题,是社会文明进步的衡量尺度,是人类实现可持续发展的重要目标。梁溪法院在司法实践中引入性别平等视角,主动司法,形成了多元化解的反家暴网络,打造了“梁溪特色”的反家暴品牌,接待了来自广西、山东、内蒙古等十余家兄弟法院的交流学习和美国反家暴专家团的技术交流,分享了“梁溪人”在反家暴工作中的经验和智慧。少年家事审判庭先后涌现了“全国家事审判工作先进个人”周溧、“江苏省劳动模范”何英、“无锡好人”高鑫等先进典型,先后被评为“无锡市五一巾帼标兵示范岗”“江苏省维护妇女权益示范岗”“江苏省家事审判工作先进集体”等荣誉称号。

家和万事兴,家固天下稳。梁溪法院将以家事审判改革试点为新的起点,更深刻地把握反家暴工作在促进社会和谐健康发展中的重要意义,以更有力的举措、更积极的作为,推动家事审判工作再上新台阶。

附:梁溪区人民法院改革文件(见附录)

江苏省无锡市梁溪区人民法院关于婚姻案件涉及家庭暴力的认定规则(试行)(见附录第17页)

无锡市梁溪区人民法院　无锡市公安局梁溪分局　无锡市梁溪区妇女联合会　关于依法处理涉及家庭暴力婚姻案件、切实维护受害人合法权益的若干意见(见附录第20页)

江苏省无锡市梁溪区人民法院涉及家庭暴力婚姻案件诉讼须知(见附录第23页)

无锡市中级人民法院家事陪审员工作规程(试行)(见附录第25页)

无锡市反家暴救助金管理使用办法(暂行)(见附录第29页)

无锡市法院系统家事案件财产查询平台操作流程(见附录第30页)

对离婚纠纷案件结案方式的创新与实践

——徐州市贾汪区“感情冷静期疏导机制”解析

王道强*

一审法院普遍存在判决不准离婚随意化的倾向，而在原告方作为弱势一方或无过错一方的情况下，这种方式对原告方造成了不当伤害，对被告方的傲慢和过错则起到了纵容的后果，本质上违反了婚姻自由的基本原则，故一直为律师、学者所诟病。借助国外“反省与考虑期”[1]的规定，结合我国的审判实践经验，徐州市贾汪区法院于2013年年末创新出“六个月内不再要求离婚”的调解方法和结案方式，达到了情、理、法的有机结合，避免了判决不准离婚带来的硬伤，兼顾了依法审判与实际效果的统一，让人民群众在司法关怀中感受到了公平和正义。2015年8月，我院出台了《关于适用感情冷静期处理离婚纠纷案件的实施意见》，将调解方法与冷静期原理引入判决领域，形成和完善了冷静期疏导机制，引起了专家学者的广泛关注，受到了来贾汪区法院参观交流的200多家各层级人民法院的好评。

一、普遍适用判决不准离婚的原因及利弊分析

夫妻感情是否破裂，《婚姻法》第32条及最高人民法院《关于人民法院审

---

* 王道强，江苏省徐州市贾汪区人民法院家事审判庭庭长。

〔1〕 参见黄丹翔：《英国家事诉讼程序简介》，载《人民法院报》2013年9月13日，第8版。

理离婚案件如何认定夫妻感情确已破裂的若干具体意见》实际上给出了明确的答案,但为什么一审法院热衷于初次判决不准离婚呢?为什么又会引起专家学者与律师的普遍质疑呢?经过调研,我们发现至少存在三个方面的原因。

(一)形成了双向习惯

对法院而言,感情是否破裂的事实判断是很难的,第一次起诉,判决不准离婚方便操作,矛盾激化的可能性较小,留六个月时间让当事人冷静思考,给当事人以一定的心理预期,符合《婚姻法》反对草率离婚的基本精神,同时亦可以作为当事人第二次起诉认定夫妻感情确已破裂的证据之一。长期的审判实践,第一次判决不离逐渐形成了习惯。

对当事人而言,第一次判决不准离婚,“宁拆十座庙、不破一桩婚,”大多在当事人心理预期之内,基本能够接受。即便心理上不愿意接受,但因上诉改判的可能性特小,还推迟了第二次起诉的时间,故多选择服从一审判决。诸多类案的传递,给当事人和代理人灌输了一种思想,第一次判决不离是正常现象,可以接受,形成了习惯。

这种双向习惯,有一定的合理性,但弊端是明显的:有的达到了判决离婚的法定标准,有违法裁判之嫌。有的夫妻感情基本消耗殆尽,维持婚姻只会给一方甚至双方带来时间上的折磨和精神痛苦,有违情理;特别是受家庭暴力等困扰的受害方、其他弱势方、无过错方作为原告,在判决不准离婚后,身心健康受到严重伤害,对生活失去信心。

可见,这种双向习惯,不符合婚姻自由原则,会给一方甚至双方带来新的伤害,在实际效果上弊远大于利。专家学者提出的质疑,值得我们反思和改进。

(二)开庭程式化过于简单

离婚纠纷案件是最典型的家事案件,伦理性、私密性、情感性是其重要特征。结婚证、户口簿、产权证等书面证据只是婚姻关系、财产关系的基础性证据,当事人陈述可以再现双方感情基础、婚后感情、发生纠纷的原因和经过、有无和好可能等,是证实感情状况的关键证据,对方认可的,就可以直接对感情状况作出认定。

人民法院对离婚纠纷案件的审理,在理念上亦然没有改变一般民商案件重书面证据轻当事人陈述的审理思路，对存在心里预期判决不准离婚的案件，更为明显。离婚纠纷案件书面证据少，由于不重视当事人陈述，双方需要倾诉的事实和理由没有在法庭上得到充分展示，导致庭审时间过短，造成的后果是审理查明确定的案件事实不足以反应夫妻感情的真实状况。这种庭审缺陷自然造成律师的作用不能得到有效发挥，损害了律师作为法律共同体在构建美满婚姻、幸福家庭中的积极作用，当事人不满、律师提出质疑在情理之中。

（三）文书撰写质量不高

不准离婚判决书制作质量差是普遍性问题，是专家学者提出质疑的重要原因，主要表现在三个方面。

1. 结构不合理

诉称部分拖沓冗长，照抄起诉状原文，不会总结；辩称部分抓不住重点，不能固定争议焦点；审理查明部分过于简单，有的甚至仅记载了结婚登记及生育子女时间，不能反映双方的婚姻真实状况；说理部分官话套话多，没有针对性，不能引起当事人的共鸣。总体结构缺乏美感，缺乏尊重。

2. 说理部分后劲不足

因查明的事实部分过于简单，不能展示双方的感情演变过程，失去了用以说理的事实基础，说理必然言之无物，苍白无力，不能让当事人信服。多数判决仅从举证的角度分析，认为现有证据尚不足以证明双方感情确已破裂，从而判决不准离婚。面对问题，原告没有看到解决的希望，被告不知道如何化解、如何努力，只见法律冰冷，不见司法温情。

3. 不能体现司法关怀

大部分判决对原告要求离婚的根源、双方存在的问题、化解矛盾的思路及判决不准离婚后双方可以努力的方向没有提供建设性的意见，对一方为婚姻和家庭的付出与辛勤努力没有给予正面回应，特别是对一方的过错不愿意直接指出，不敢给予否定性评价，亦不愿意给予善意的批评。当事人很难感受到公平正义，更感受不到来自家事法官特有的司法人文关怀。

上述问题的存在，不当损害了当事人的利益，对专家学者、律师提出的质疑应予以重视和积极回应，改变这一现状，则是人民法院的职责所在。

二、离婚纠纷案件类型划分

调研发现,对于超半数的离婚纠纷案件,原告提起诉讼的原因并非法律意义上的感情破裂,而是双方遇到难以沟通的问题后,苦于没有解决之道最终走上了法庭。如果问题能够有效解决,离婚就不是必需的选择。这种状态下的婚姻,笔者称为危机婚姻,对于危机婚姻引起的离婚,根据危机程度和原因,可以细化为冲动式、过错式、危机式三种形式。加之死亡婚姻,离婚纠纷案件大致可以分为四种类型。

(一)冲动式

指矛盾不大可以自行化解,一时或一段时间冲动引起的离婚。如双方因某一人情往来协商不一引起争端,互不相让,走上法庭;又如双方因家庭琐事偶发争执继而吵打,一方提出离婚,另一方随即同意而走上法庭等。

(二)过错式

指一方过错明显,为公共道德、善良风俗所不耻,过错方提出的离婚。如一方与案外第三人不正当交往,思想感情发生变化随即提出离婚;又如丈夫大男子主义,经济收入从不告知妻子,双方因故发生矛盾,丈夫提出离婚等。

(三)危机式

指原告属于"无过错方"、被告属于"过错方"以及双方混合过错引起的离婚。夫妻感情确已出现较大的裂痕但尚未达到《婚姻法》及司法解释规定的感情破裂标准,仍有向和好方向转化可能。

(四)死亡式

指夫妻感情确已破裂没有修复可能,一方提出的离婚。如一方因感情纠葛离家出走两年以上,不尽家庭义务,另一方提出离婚的;又如一方对另一方实施家庭暴力,暴力惯性已经形成,给受害方造成身体伤害和精神痛苦的,受害方要求离婚等。

审判实践中的离婚纠纷案件类型远不止上述四种情况,但基本可比照与四种情况之一最相近似的类型定性。

三、调解现状及结案方式反思

离婚纠纷案件调解结案的,现行调解结案方式为调解和好与调解离婚两种。随着离婚率多年来的不断攀升,离婚纠纷案件的调解亦越发呈现出三个特点。

(一)调解离婚率高

第一,部分冲动式离婚由于没有冷静期的约束,因双方均同意离婚,导致草率调解离婚。

第二,部分过错式离婚,经过批评、教育和冷静期理性思考,可以改过取得谅解逐渐和好,但因疏导机制的缺失和冷静期制度缺位,选择调解离婚占到了一定的比例。

第三,许多危机婚姻可以挽救但因当事人不愿意自我调整和自我改变,同时当事人对调解离婚乐于接受,最终调解离婚结案。

在我院审理的离婚案件中,冲动式离婚约占离婚纠纷案件总数的10%,死亡式离婚约占离婚纠纷案件总数的20%,过错式与危机式离婚约占离婚纠纷案件总数的70%,但由于上述三种情况的转化路径占主导地位,通常70%的案件最终以调解离婚的方式结案。

(二)调解和好率低

首先,部分离婚纠纷案件形式上调解和好但双方面临的问题没有解决,和好仅是当事人的权宜之计或诉讼策略,二次诉讼在所难免,许多和好的长效性仅是6个月的二次起诉期间。

其次,人民法院多注重对是否离婚的利弊进行分析,重调解技术和调解技巧,但缺乏引导双方当事人面对问题、解决问题的能力,调解和好同样不具有长效性。

因过错式与危机式离婚多向死亡婚姻转化,离婚纠纷案件调解和好率大多低于30%且和好的长效性没有保证。最直观的感觉是,可以不离的却调解离婚,调解和好的亦没有真正和好。

(三)法律漏洞需要弥补

深度审视调解和好与调解离婚两种结案方式就会发现,与冲动式离婚相对应的调解和好与死亡式婚姻相对应的调解离婚两种调解结案方式存在重大漏洞，即危机婚姻无适宜的调解结案方式与之对应。

危机婚姻（含过错式）游离于和好与解除之间，约占离婚纠纷案件的70%，处于广泛存在的第三种状态，即现状维持与转化地带。由于缺乏治疗修复理念，没有治疗修复的有效方法，没有适宜的调解方法和结案方式，随着时间的推移，该现状维持与转化地带中的危机婚姻不断向死亡婚姻转化。

四、冷静期疏导机制的设计目标

针对危机婚姻所处的现状维持与转化地带，树立家庭、责任、担当等家庭本位主义理念，正确解读离婚自由原则，对当事人个人本位主义适当限制，对危机婚姻进行治疗和挽救，大幅度降低调解离婚的数量，[1]实现家事审判的实质正义。

（一）维护婚姻家庭的和谐稳定

与危机婚姻所处的现状维持与转化地带相适应，创新出“六个月内不再要求离婚”的调解方法和调解结案方式，避免将危机婚姻直接调解离婚，阻断危机婚姻向死亡婚姻直接转化的路径。

（二）贯彻离婚自由的原则

加大对危机婚姻调解的力度，减少判决不准离婚的适用，把大部分的危机婚姻纳入“六个月内不再要求离婚”的调解方式结案，体现当事人的真实意愿，彰显家事司法的人文关怀。

（三）融入治疗修复理念

家事司法的社会功能是家事司法的重要功能。运用心理疏导为主的一系列治疗和修复夫妻感情的方法，引导当事人纠正偏差的认知和不当的行为模式，促使当事人能够自觉地在6个月冷静期内，不断反省领悟与调整改变，使危机婚姻逐渐向和谐婚姻转化。

调解和好重在帮助当事人分析矛盾根源，提高解决问题、化解纠纷和自我

---

〔1〕 参见王道强：《家事审判应坚持家庭本位原则》，载《人民法院报》2015年12月2日，第2版。

修复夫妻感情的能力,提高离婚纠纷案件和好率和长效性。

(四)判决拓展同效果

必须判决的,文书制作引入冷静期疏导机制原理,增强说理的针对性,给当事人以足够的人文关怀,促进当事人在6个月冷静期间反省领悟与趋向和好,让当事人乐于接受。

五、冷静期概念及类别适用

贾汪区法院《关于适用"感情冷静期"处理离婚纠纷案件的实施意见》第1条规定,感情冷静期特指离婚纠纷案件当事人中的一方愿意在一定期限内给对方一个反省、改过的机会,同时让自己冷静思考、能够更加理性表达是否作出离婚决定以及如何和好、怎么离婚的一个期间。

在司法实践中,贾汪法院结合离婚纠纷案件不同类型,摸索出诉讼期内3个月感情冷静期和结案后6个月感情冷静期两种形式。

(一)诉讼期内三个月感情冷静期的适用

诉讼期内三个月感情冷静期,即在诉讼期间设定3个月以内的冷静期,冷静期间暂缓判决,人民法院仅做心理疏导和调解工作,帮助当事人在情绪舒缓、冷静思虑的前提下达成调解协议。主要适用于三种基本情形。

1. 冲动式

对原告因偶然事件、一时或一段时间冲动提出离婚的,属于对离婚自由的滥用,按照反对草率离婚的原则,着重调解和好或动员撤诉。原告坚持离婚的,判决不准离婚。

2. 过错式

对于原告属过错方提出离婚,又明显达不到夫妻感情确已破裂程度的,按照《婚姻法》第4条"夫妻应当互相忠实,互相尊重……维护平等、和睦、文明的婚姻家庭关系"的原则,着重调解和好或动员撤诉。原告坚持离婚的,判决不准离婚。

3. 死亡式

对于符合《婚姻法》第32条及最高人民法院《关于人民法院审理离婚案件如何认定夫妻感情确已破裂的若干具体意见》规定的感情破裂认定标准、

确无和好可能的,加大调解离婚的力度,调解离婚或判决离婚。

上述三种情形之所以设置3个月以下的冷静期,是因为双方感情状况比较明朗,法律判断比较明确,有一次性解决纠纷彻底终结诉讼的可能。冷静期的适用虽然相应地延长了审理期限,增加了人民法院的工作量,但有利于婚姻家庭的和谐稳定,有利于及时解除当事人痛苦,大多数案件能够达到预期的效果。

适用诉讼期内3个月感情冷静期进行调解达不成调解协议的,判决效果又不好的,可以适用结案后6个月感情冷静期的相关规定。

(二)结案后六个月感情冷静期的适用

感情冷静期放在结案后,是针对夫妻矛盾较深、短时间内难以彻底化解的危机婚姻,以心理疏导为主要方法,引导当事人在6个月内自我反省、自我调整、自我改变从而达到夫妻和好目的的调解方法和调解结案方式。调解主文具体表述为:原被告在6个月内不再要求离婚。

适用6个月感情冷静期进行调解的离婚纠纷案件,大体上亦可以分为三种情形。

1. 危机式

对于原告属于"无过错方"、被告属于"过错方"以及双方混合过错引起离婚的,夫妻感情确已出现一定的裂痕但尚未达到《婚姻法》及司法解释规定的感情破裂标准,采用"六个月内不再要求离婚"的调解方法与结案方式。

2. 转化式

适用诉讼期内3个月感情冷静期进行调解达不成调解协议的,判决效果又不好的,亦可以采用"六个月内不再要求离婚"的调解方法与结案方式。

3. 危险式

其他危机型婚姻,可以选择适用诉讼期内3个月感情冷静期进行调解,亦可以适用"六个月内不再要求离婚"的调解方法与结案方式。

6个月感情冷静期的适用以危机婚姻为重点,以其他类型离婚纠纷案件适用为补充。6个月感情冷静期的规定,是在目前的法律框架下与相关法律规定保持协调一致的选择,作为一种调解结案方式,不得延长或缩短。

该种调解结案方式,要达到冷静期疏导机制的设计目标,需要理念的引导、调解方法的创新和调解技能的提高，还要依一定步骤逐步完成，其中，心理疏导是关键环节。

六、心理疏导的方法与步骤

每一对夫妻都希望婚姻和谐、子女和顺、家庭幸福。离婚纠纷案件归根结底是因情感因素变化引起的人身关系、财产关系的变更。情感的变化无非是因思想、行为、身体、环境等因素的变化而变化。如果能影响其思想、改变其行为、调整其身心、适应其环境，通过反作用于双方的对立情绪，能让双方理智地面对冲突和现实，一方坚持离婚、一方坚持不离婚的情况就会大为改观。因而我们坚持：在离婚纠纷案件审理过程中，把情感建立、发展、变化作为审理重点，全程引入心理疏导机制，为当事人缓解对立情绪、改善关系提供心理支持，重视律师或其他委托诉讼代理人在离婚纠纷案件中维护当事人根本利益的重要作用，运用心理疏导为主的调解方法和技能，引导当事人在反省和领悟中寻找化解纠纷或自行和解的最佳途径。冷静期是静态的，是双方改善关系的基础，心理疏导是动态的，是双方改善关系的关键。

（一）心理疏导的前提基础

"六个月内不再要求离婚"的调解结案方式，主要为挽救危机婚姻量身定做，因而强化心理疏导首先要诊断双方的婚姻状况类型，要诊断双方的婚姻状况，丰富和完善庭审内容是首要选择。为了使心理疏导有助于达到"六个月内不再要求离婚"的调解方式结案，开庭审理要把握三个方面的重点。

1. 开庭过程完整

庭审要全面展现当事人婚姻基础、婚后感情、矛盾发生、发展的轨迹及婚后生活的重要方面。这种生活细节的展示，可以完整反映双方婚姻感情状况的全貌，为疏导调解打下基础。

2. 注重当事人陈述

当事人陈述可以弥补离婚纠纷案件书面证据少的缺陷，能够清晰地再现夫妻感情状况及演变过程，为疏导调解提供相应的路径和最佳方案。

3. 发挥诉讼代理人的作用

注重委托诉讼代理人特别是代理律师在化解家事纠纷中的重要作用，保持调解方向和调解结果的公平正义。

（二）心理疏导的方法步骤

对于危机婚姻，要适用“六个月内不再要求离婚”的调解方式结案，庭审应主要围绕两个条件的成就进行心理疏导：（1）一方有和好的愿望和具体举措；（2）另一方愿意给对方一定时间段的考验。

心理疏导既可采用心理学的方法对当事人不当的思维方式和行为模式进行点拨和纠正，亦可以从社会学、伦理学、法哲学及法学本身的角度进行疏导教育，还可以利用历史美德、善良风俗、家风家教等传统文化进行疏导规劝。心理疏导的步骤应依次进行：（1）舒缓情绪，消除对立；（2）引导和协助一方特别是“无过错方”重振共建和谐婚姻、幸福家庭的信心；（3）帮助“过错方”增强主动改过的动机和勇气；（4）促使“过错方”拿出具体方案与行动进行改过；（5）取得“无过错方”的初步谅解；（6）促成“无过错方”愿意给“过错方”一个改过和考验的机会，最终达成“六个月内不再要求离婚”的调解协议。

在整个心理疏导过程中，要始终体现来自法院、法律和家事法官的司法人文关怀，要彰显和折射出家事司法浓浓的正能量。

（三）调解文书的制作

对于死亡婚姻，通过心理疏导能够使当事人理性分手并对子女抚养和财产分割达成一致意见的，调解离婚是我们追求的目标。对于冲动式与过错式离婚能达成和好协议的，是最佳选择，亦是维护婚姻家庭稳定所追求的目标。对于危机婚姻，我们认为短时间内追求和好的效果既不真实亦无必要，通过“六个月内不再要求离婚”的调解方式结案，体现的是对双方当事人特别是受害方、无过错方、弱势一方的尊重与厚爱。

“六个月内不再要求离婚”的调解文书在制作上不应太过简化。原告要求离婚的原因及被告不同意离婚的理由、一方或双方的承诺及改进方案与举措应予以简要记述。对有转移财产可能的，应采取保全措施并告知转移财产的不利后果，有必要的，应记入调解主文：“六个月内，任何一方不得单方处分共同财产。”

七、冷静期疏导机制原理在判决中的拓展使用

如前文所述,对于冲动式、过错式离婚纠纷案件,不能调解和好的,以适用判决不准离婚为主,对于判决不准离婚难以达到预期效果的,可以适用“六个月内不再要求离婚”的调解结案方式作为缓冲,以防止强行判决使婚姻关系走向僵局。对于判决不准离婚的,判决书能否运用冷静期疏导机制原理,达到“六个月内不再要求离婚”调解结案相同的效果呢?经过五年的探索与实践,我们认为,对于适用“六个月内不再要求离婚”的调解方法仍不能达成调解协议的,在判决书中运用相同的原理进行说理,往往能够达到意想不到的效果。笔者的做法是:

一是判决书记载的事实应客观和具有针对性,对一方或双方在日常生活中为对方或家庭所作出的努力与牺牲予以记载,对一方的过失、冷淡、麻木及其他不当之处予以记载;

二是判决书记载的客观事实应能够促使当事人对生活中的感动与幸福进行回顾,对冲突和不快进行思考和检点,对判决结果进行预测,对是否坚持离婚、如何改进进行重新审视;

三是说理部分以审理查明的事实为依据,避免空洞的说教,对一方为婚姻和家庭所作的努力与付出给予正面回应,对一方的不足给予善意的批评,做到动之以情,晓之以理,教之以法,能让当事人在判决生效后 6 个月冷静期内不断反省和领悟,促使当事人更加审慎地对待自己的婚姻;

四是说理不局限于对夫妻感情是否破裂进行判断,对双方面临的问题及判决驳回诉讼请求后双方可以努力的方向应提供参考性意见,能让当事人感受到公平正义与司法关怀,促使当事人在判决生效后 6 个月冷静期内愿意改变和努力改变,促进当事人愿意在努力和改变中维持、改善现存的婚姻关系。

八、问题解决及前景展望

冷静期与疏导调解的紧密结合,创新出“六个月内不再要求离婚”的调解结案方式,形成了冷静期疏导机制的核心内容。冷静期疏导机制的有效运转,大大降低了一审法院普遍存在的判决不准离婚随意化的倾向。“六个月内不

再要求离婚”调解协议的达成是双方自愿协商的结果,没有违背当事人的意愿,没有违反离婚自由原则,没有损害当事人利益,当事人满意,家事法官乐意。庭审的完善,委托诉讼代理人的充分参与保证了调解协议的公平公正,律师参与社会家庭文明建设的作用得到体现。判决书制作精细化,说理方式的人性化,司法关怀的直面化,达到了法律人、社会人、当事人多方认可的效果。随着冷静期疏导机制的推广运用及日臻完善,“六个月内不再要求离婚”的调解结案方式亦会得到实践中的进一步检验而更加成熟,那么,广为诟病的现实难题得到解决,专家、学者、律师的质疑就不复存在。

应该看到,冷静期疏导机制仅是家事审判中的核心机制,[1]尚需要其他一系列家事审判工作机制共同发力,“六个月内不再要求离婚”的调解结案方式才能最终切实发挥挽救、修复、治疗婚姻家庭关系的目的。比如对于涉家庭暴力离婚纠纷案件,冷静疏导调解是远远不够的,尚需要反家暴联动机制对家庭暴力进行遏制和打击并作为冷静期疏导机制运转的前提。又如,对于两个家庭矛盾引起的离婚纠纷案件,冷静期疏导机制运作后,即便适用了“六个月内不再要求离婚”的调解方式结案,但双方能真正和好吗?大多数情况和好是困难的,更需要与社会各方力量形成的多元化调解机制共同发力才能从根源上解决问题,否则“六个月内不再要求离婚”的调解结案方式仍只是六个月的摆设。再如,“六个月内不再要求离婚”的调解方式结案后,大多数的案件仍需要回访帮扶救助机制进行跟踪回访,督促履行调解方案,给予提供精神智力支持,对于特别困难的,还要给予物质上的资助,帮助其渡过难关,重树生活的信心。所以,“六个月内不再要求离婚”的调解结案方式、利用冷静期疏导机制原理进行说理创新形成的判决书制作模式,仅是人民法院立足于解决实际问题的有益尝试,并非解决婚姻问题的万能钥匙,不能过分夸大其作用,否则就会陷入以偏概全的境地。

---

〔1〕 参见李徐州、王道强:《家事审判需要四个配套机制》,载《人民法院报》2017年9月29日,第2版。

附:贾汪区人民法院改革文件(见附录)

徐州市贾汪区人民法院家事审判工作实施意见(试行)(见附录第31页)

徐州市贾汪区人民法院家事纠纷案件审理工作规则(试行)(见附录第37页)

人身安全保护令实施细则(试行)(见附录第40页)

关于涉及“家庭暴力”案件证据固定制度的实施意见(试行)(见附录第44页)

徐州市贾汪区人民法院　关于适用“感情冷静期”处理离婚纠纷案件的实施意见(见附录第48页)

徐州市贾汪区人民法院　关于家事案件财产申报制度的实施意见(试行)(见附录第55页)

徐州市贾汪区人民法院家事调解委员会章程(试行)(见附录第57页)

徐州市贾汪区人民法院家事调查工作规则(试行)(见附录第59页)

徐州市贾汪区人民法院家事调解工作规则(试行)(见附录第64页)

徐州市贾汪区人民法院家事诉讼心理疏导工作规则(试行)(见附录第67页)

徐州市贾汪区人民法院关于家事案件回访帮扶工作实施意见(试行)(见附录第69页)

家事审判中的心理干预

——徐州市铜山区法院的经验总结

胡徐梅[*]　高　晶[**]

2016年5月，最高人民法院在开展家事审判改革试点工作时，提出要将心理疏导引入家事审判中。2018年7月18日最高人民法院印发的《关于进一步深化家事审判方式和工作机制改革的意见（试行）》再次将“心理疏导”作为一个章节阐述，并作出了一些制度规定和程序设计。从家事审判改革中全国各试点法院的试点情况看，对于心理学专业知识辅助于家事审判工作的这一制度，名称、表述各有不同，有心理疏导、心理咨询、心理辅导、心理评估、心理介入、心理干预和心理治疗等，所涵盖的内容、工作程序和工作范围也各有不同，有仅对当事人进行情绪疏导的，也有借助心理学专业量表、沙盘等对当事人进行心理测评的，还有通过心理测评后，心理咨询师出具《心理评估报告》的。其实，该制度称为“心理干预”更为合适和恰当，因为心理学专业知识在家事审判中的作用不应仅限于“心理疏导”，在科学前提下作出的心理测评、心理评估乃至心理矫正对家事案件的“一揽子”解决也有积极的作用。在我国司法制度上，心理干预制度仅对涉少刑事案件被告人有相关规定，最高人

* 胡徐梅，江苏省徐州市铜山区人民法院审判委员会专职委员。

** 高晶，江苏省徐州市铜山区人民法院少年家事审判庭法官。

民法院《关于适用〈中华人民共和国刑事诉讼法〉的解释》第477条规定，人民法院可以根据情况，对未成年被告人进行心理疏导；经未成年被告人及法定代理人同意，也可以进行心理测评，这种心理评估可以作为法官进行判决的参考依据。在家事诉讼乃至民事诉讼领域，对心理干预及心理评估报告的性质、效力均尚无明确规定。但心理干预是我国在家事审判改革大背景下，探索实现以家事审判修复当事人之间人际关系、维护家庭和谐的价值目的的重要举措之一，也是家事审判改革的一项重点内容，故各试点法院进行了大量的制度创新和实践探索。2015年2月，徐州市铜山区法院（以下简称铜山法院）在审理全国首例民政部门申请撤销监护人资格案件中，首次尝试对案涉女童进行心理干预。2016年，南京市雨花台区人民法院联合江苏警官学院，通过心理咨询师的心理测试和心理疏导，帮助当事人找到纠纷的根源并及时化解了矛盾。2017年1月，天津市红桥区法院与天津商业大学法学院签署共建合作协议，在家事审判中引入心理干预机制。2016年，江苏省高院与东南大学在全国率先建立了家事审判心理学研究基地。2018年3月22日，基地举行专家库成员选聘意识，并颁布了《江苏省高级人民法院东南大学家事审判心理学重点研究基地专家库成员心理疏导工作规则》。在家事审判改革过程中，各地法院在家事审判中探索适用心理干预机制，并制定出台了符合各地实际情况的工作机制或实施细则，心理干预制度得以重大进展，并取得了一定的社会效果。首先，在庭前、庭中、庭后有针对性地对当事人情绪进行疏导，有利于保证审判工作的顺利开展，同时钝化了家庭矛盾，减少了极端事件的出现；其次，对于涉及未成年人的家事案件，通过心理辅导，有效地减少了离婚案件对未成年子女的伤害程度，通过心理评估，对抚养权、探望权类案件提供了一定参考依据，维护了未成年人的合法权益。

一、铜山法院家事案件心理干预制度的实践与探索

（一）基本情况

铜山法院作为江苏省高级人民法院确定的家事审判方式和工作机制改革试点法院，2015年年初，就在家事案件中率先试行心理干预工作，注重联合社会力量，通过心理矫正和情感治愈，实现问题家庭及其成员之间关系的修复和

弥合。2016 年 6 月,制定出台《铜山区人民法院少年家事案件心理疏导工作规则》,设置了专门的心理咨询室,并对房间的家具、环境进行了精心的布置,展现出轻松、舒适的环境特征,在家事案件中正式确立心理干预制度。2016 年至 2018 年,心理咨询师为当事人进行心理疏导累计达 200 余人次,协助化解疑难复杂案件 56 件,成功挽救了数十个濒临破碎的家庭,为困境未成年人提供了有力的保护。[1]

铜山法院采用专、兼职的方式组建了专业心理疏导团队,根据《铜山区人民法院少年家事案件心理疏导工作规则》规定,法院心理疏导师人才库从三种途径进行选任:(1)直接聘用具有心理学专业背景、国家三级心理咨询师资格以上并具备一定工作经验的人员;(2)委托具有专业资质的心理咨询机构;(3)与高等院校的心理研究机构合作。2015 年年初,我院选聘一名具有心理学研究生学历,同时具有国家二级心理咨询师资质的心理疏导师,作为司法辅助人员专职从事家事审判心理干预工作。2016 年 8 月 19 日建立的铜山法院心理疏导专家库,首期专家共有 12 人,其中 1 人为专职、11 人为兼职,10 人具有国家二级心理咨询师资质、2 人具有国家三级心理咨询师资质,专家库的专家来源主要以高校心理学教师为主。铜山法院“两种模式”并存的方式,既保证了专职心理疏导师能够及时介入案件,便利当事人、提高审判效率,又保证了对于需要转介咨询或者需要多次咨询的疑难复杂案件有心理专家进行有效补充。

(二)工作机制

首先,程序启动。法官在庭前阅卷、首次庭审中或者家事调解员、家事调查员在开展庭前调解、调查过程中,发现当事人或者当事人的近亲属存在《铜山区人民法院少年家事案件心理疏导工作规则》中需要心理疏导的情况,可以通过法官和家事调解委员会向当事人提出心理干预的建议,在征得当事人(近亲属)同意后,启动心理干预程序,由当事人(近亲属)填写《人民法院心理访谈登记表》。

---

〔1〕 参见徐丽君、冯浩:《以科学的心理疏导助力家事审判》,载《人民法院报》2018 年 7 月 18 日,第 7 版。

其次,选派心理专家。由法官和家事调解委员会根据案情需要及干预程度,综合选择法院自聘的专职心理疏导师或者从已经建立的心理专家库中选取适合当事人年龄、阅历的心理专家开展心理干预工作。

最后,科学系统地进行心理干预工作。专职心理疏导师或心理专家在接到委托后,即开始向当事人通过面对面访谈、心理疏导、心理辅导、心理测试、心理评估等方式开展心理干预工作。工作完成后,对仅需要心理疏导的,及时反馈《咨询记录表》,对需要出具评估报告的,应在委托后七日内形成书面报告反馈给承办法官。

(三)主要特点

1. 以法院主导启动为主

就心理干预的启动方式而言,在 2016 年至 2018 年接受心理疏导的 200 余人次中,当事人主动申请进行心理疏导的,占比不足 1%,剩余全部为法官与当事人接触后,认为其情绪不稳定或者有其他需要心理干预的因素,主动征求当事人对心理干预的意见,引导当事人接受心理干预的。

2. 心理干预的介入时间点较为固定

心理干预现阶段仅存在于案件审理阶段,立案程序和执行程序中尚未有适用。在 2016 年至 2018 年接受心理疏导的人次中,在第一次庭审前启动心理干预的仅有 20 余人,在庭审结束后、判决生效前仅有 2 人,绝大多数的心理干预均发生在案件审理、调解阶段。

3. 心理干预的方式多样

根据法官或家事委员会委托心理干预的事项不同,分为心理咨询、心理评估两种。对于仅需要对当事人进行心理疏导的,心理疏导师在接到委托后,及时了解案件情况,制定心理咨询计划,与当事人会见并制作咨询记录及时反馈法官即可。对于需要进行心理评估的,心理疏导师一般会通过面谈、沙盘游戏、房树人心理画测试、卡特尔 16 种个性因素测试等心理量表测评等较为深入地进行评测,最终根据个案需要,探究当事人真实意愿、性格特征、对现实生活的真实感受等,并依此作出心理评估报告为审判工作提供参考。

4. 适用案件类型较为集中

从适用心理干预的案件数量居前的案由有离婚案件 23 件、刑事案件 10

件、变更抚养关系7件、同居关系子女抚养纠纷4件、探望权纠纷3件，可见，涉及未成年人的案件占比较高，但在涉老家事案件中的占比较少。

5. 案件调解撤诉率相对较高

从结案方式看，有心理干预的56件家事案件，以判决结案11件，调解结案33件，撤诉12件，调解撤诉率高达80%。通常情况下，需要启动心理干预的案件，当事人情绪一般更为激动，矛盾更为突出，然而经过心理干预的案件调撤率反而高于其他案件。可见，经过有效心理干预后，当事人的对立情绪得以舒缓，法院处理案件时对当事人的心理把握更为准确，有利于修复破裂的婚姻家庭关系，化解当事人与其家庭之间失衡的人际状态，从而实现息诉服判、案结事了的效果。

二、家事审判改革中心理干预制度存在的困境

从最高人民法院在全国开展家事审判方式和工作机制改革试点工作以来，家事审判中心理干预工作确定取得了很多成熟的工作经验和可供复制的工作机制，但是从铜山法院的实践情况看，心理干预参与家事案件的比例虽逐年上升，但仍未超过家事案件的5%，从数量上仍处于较低水平，在制度的构建中仍存在不足和困难。

（一）缺乏法律依据

目前，我国法律在家事审判心理干预的程序规定方面还是空白，缺少相关支持和约束，各地法院考虑的问题和追求的目标不同，也各自出台了一些工作细则，但是缺少合法性法律依据。心理干预尚属新鲜事物，当事人对心理干预不了解、不接受从而产生抗拒态度，这与心理干预必须遵循当事人自愿的原则之间存在矛盾，阻碍了该项制度的推广与使用。

（二）缺少规范的操作程序

心理干预启动的时间、环节、干预的方式以及最后的结论形式均没有统一规范，造成了实践中的困惑和混乱。家事案件涉及的法律问题与当事人的心理状态、心理变化、认知程度有非常重要的关系，心理干预需要心理学相关专业领域的人员通过专业的评估方式进行，而目前采取的干预方式多种多样，没有统一标准的方法，使得心理干预比较任意。为了心理评估结果的客观性和

准确性,有必要制定完善的操作程序。

(三)职能界定模糊

因各地法院对于心理学专业人士的选任聘用模式尚不统一,有些以政府购买服务的形式委托社会组织,有些采取委托高校心理学教师或学生的方式,有些则采用自行选聘专职心理专业人员等。从各地法院实践的情况来看,普遍存在心理专业人士参与家事审判工作时承担了心理疏导、社会观护、家事调解等多项职能的现象,职能定位不明确。

(四)评价激励机制欠缺

一方面,心理干预专业人士的来源各有不同,人员的专业能力、文字能力、综合分析能力存在差异,导致心理评估报告质量良莠不齐。法官对心理评估报告质量和当事人对心理疏导过程均缺乏合理有效的评价和反馈机制。另一方面,开展心理干预的费用除专职心理咨询师外,一般按件计算,无法有效评价心理干预的效果,且现行的报酬一般较低或者完全公益性质,无法充分体现心理干预专业人士的劳动价值。

三、心理干预的功能定位与制度完善

(一)完善法律规定,加强程序规范

在立法层面,增加家事案件心理干预制度的倡导性规定。借鉴《刑事诉讼法》对"未成年人刑事案件诉讼程序"单独设编的做法,在《民事诉讼法》设立家事诉讼特别程序,或者出台相关司法解释就家事诉讼中的心理干预制度予以规定,同时结合各地试点的经验,对心理干预工作的启动、人员、资质、工作原则、工作方式、工作流程等予以明确,厘清适用范围,制定统一、规范、可行、具有操作性的制度体系。此外,应将心理干预期间在审判期限中予以扣除,避免法官因审限考核等原因不愿在家事案件中启动心理干预程序。

(二)明确功能定位,细化职能要求

首先,按照家事案件专业化审判的要求,心理干预工作应该被委托给具有心理学专业知识并取得心理咨询师资质的人员开展,并明确其工作职责仅为根据法院委托开展的心理疏导或通过心理测试等专业技术作出心理评估,不应参与案件调解、调查等工作。因为心理干预的过程中往往接触到当事人的隐私，而心理咨询师的职业道德亦要求其严守保密原则，如参与调解、调查工作，可能会使当事人隐私泄露，造成当事人的抵触情绪，同时也会造成评估结果可靠性下降，违背设立心理干预的初衷。

其次，建议对于法院聘用的专职心理疏导师，应纳入司法辅助人员体系管理。对于法院委托的协作机构的心理专家，身份类似于民事诉讼法中的鉴定人角色，结合证据规则，心理评估报告又与鉴定结论具有诸多相似性。笔者认为，虽然现阶段我国尚未开展心理评估司法鉴定资质登记工作，评估结论的正确性尚存在争议，不足以将其列为法定证据，但应明确可作为家事案件审判的参考依据，并应将心理评估的相关材料随案收录于案件卷宗副卷中留痕备查。

（三）建立科学合理的评价激励机制

目前，心理干预对于家事审判的作用没有科学的考核评价体系，对于心理干预的工作量往往仅体现在参与案件的数量。对于专职心理疏导师而言，做多做少都一样；对于委托协助机构的心理评估而言，做好做坏都一样。首先，建议建立法官、当事人、心理疏导师三个方面的评价体系，即法官对心理干预的审判效果进行评价，当事人对心理干预过程中心理疏导师的工作规范及满意度进行评价，心理疏导师对自己的工作效果进行评价。在科学的评价体系基础上，参照人民陪审员报酬给付方式，采取政府购买服务或者纳入法院工作预算等形式，对该部分经费进行单列单支，提高心理干预参与人员的报酬水平。其次，审理家事案件的员额法官在筛选、委托心理干预工作时，必然造成其办案数量、办案效率的降低，建议将开展包括心理干预在内的家事审判特色工作在现行法官案件权重考核中予以体现，建立科学长效机制。

改革在路上

——南通市崇川区人民法院家事审判改革实践

严永宏[*]　陈　程[**]　陈将华[***]

2014年8月,崇川法院设立家事审判法庭。2016年5月,崇川法院被最高人民法院确定为全国家事审判改革试点法院。崇川法院家事审判法庭成立以来,积极探索和完善家事审判工作机制,建设专业化审判队伍和辅助团队,引导社会力量多元化解家事纠纷,取得了较好的示范效果。2016年10月,崇川法院家事审判法庭获得全省"十大维护妇女儿童权益示范岗"荣誉称号。2017年1月,崇川法院家事审判法庭被江苏省高院表彰为"优秀人民法庭"。2018年1月,崇川法院家事审判法庭被江苏省高院荣记二等功。2018年7月,崇川法院家事审判法庭被最高人民法院授予全国家事审判工作先进集体荣誉称号。

一、改革动因

崇川区是南通市主城区,辖区面积虽然不大,但经济发达、人口集中。辖区每年家事案件数量在1000件左右,包括离婚、抚养权、分家析产、被继承人

---

* 严永宏,江苏省南通市崇川区人民法院家事审判庭庭长。

** 陈程,江苏省南通市崇川区人民法院家事审判庭法官。

*** 陈将华,江苏省南通市崇川区人民法院家事审判庭法官。

分家析产等案件，呈现出以下特点：一是案件数量保持高位。据统计，2012～2013年，崇川法院受理的家事类案件分别为624件和545件，分别占当年普通民事案件（不含商事案件）收案总数的25.49%和23.97%。家事类案件数量占比超过五分之一。二是案件矛盾容易激化。每个家事案件背后，往往隐藏着长年积累的亲情、爱情纠葛，容易引发极端情绪，导致家事案件的审理难度加大，维稳压力繁重。家事法庭经常发生当事人及家属冲突事件。三是家事审判承担一定的社会职能。家事纠纷往往都有比较复杂的社会背景，传统的家事纠纷审理方式未能体现家事案件的社会性特点，也没有建立家事纠纷常态的联动机制。法院在处理家事纠纷过程中，需要民政、妇联等力量的共同参与。

改革前，崇川法院由民一庭家事合议庭审理院部管辖的家事纠纷，两个派出法庭南通法庭和观音山法庭各自审理辖区内的家事纠纷。随着经济社会的发展与变迁，辖区家事案件出现了新的特点和规律，涉案财产标的额越来越大，案件类型越来越复杂，当地拆迁常引发离婚和分家析产案件，家事案件的审判法官需要充分了解各项政策，家事审判的专业性日益凸显。通过组织人员赴外地考察学习，研究国外家事纠纷案件审理模式的立法先例，崇川法院决定在原婚姻家庭合议庭的基础上，成立专门的家事审判法庭。

2014年8月，经当地编委批准，崇川法院挂牌成立家事审判法庭，并将全院范围内的家事纠纷划归家事法庭集中审理。初期，家事审判法庭共3名主审法官、2名法官助理、5名书记员。区妇联和区矛盾纠纷调处中心各派驻1名具有陪审资格的专职家事纠纷调解员，负责家事案件的诉前调解和进入诉讼程序的案件陪审工作。目前，崇川法院利用人民法庭集中审理家事案件，在南通港人民法庭挂两块牌子，一是省法院批准的南通港人民法庭，二是区编办批准的崇川区人民法院家事审判庭。

二、主要做法

崇川法院根据家事纠纷的特殊性，树立“家庭本位、法官干预、重在化解”的家事案件审判理念，以规范化、专业化、社会化、人性化为导向，对家事纠纷的审判方式和工作机制进行了积极探索。

(一)从诉前调解至诉讼程序,构建系统化的家事审判工作机制

家事审判工作机制改革是家事审判改革的核心。早在2014年,崇川法院家事审判法庭根据家事纠纷的特点及家事法庭的实际,出台了《家事纠纷调处实施意见》。之后,根据上级法院和家事审判改革的最新要求,不断出台规章制度,对家事审判工作机制进行了改革和探索。

1. 推行诉前调解机制

在立案阶段,法庭向原告发放法官箴言和家事诉讼指引,向双方当事人签发诉前调解通知书,由妇联专职调解员和区大调解中心的驻庭调解员负责家事案件的诉前调解。调解期限为20个工作日,除当事人拒绝调解或调解不成,或双方当事人申请延长调解期限的,在诉前调解期限届满前立案。

2. 构建规范化家事诉讼程序

2016年6月起,根据最高人民法院会议精神和上级法院要求,法庭推动制定了《家事审判方式和工作机制改革实施方案》《家事案件审理规程》《关于适用"感情冷静期"处理婚姻案件的规定(试行)》《反家庭暴力实施细则(试行)》等规范性文件,进一步规范家事案件的立案、调查、人身安全保护等诉讼机制。

3. 确立婚姻案件财产申报制度

为适应家庭财产多元化的趋势,法庭要求离婚案件当事人全面、准确申报家庭财产状况,并明确申报不实的法律后果,告知其隐瞒财产的诉讼风险。2017年11月,法庭对不如实申报家庭财产的一婚姻案件当事人作出罚款8万元处罚。婚姻案件财产申报制度的建立,有效提高了家事审判的效率和当事人的诉讼诚信度。

4. 开展释明引导机制

引导当事人填写家事审判要素表,庭前梳理归纳双方争议,庭中充分行使释明权,引导当事人正确行使诉讼权利。对调解和好的婚姻案件、未成年子女的抚养、涉老赡养以及申请人身安全保护案件,利用家事调解员对当事人进行案后回访,跟踪了解当事人对生效裁判的认同度和执行情况,并开展相应的释明引导和救助工作。

5. 探索情感修复机制

为彰显家事审判的司法柔性化与人文关怀,崇川法院在家事法庭设立了两个功能区,家事纠纷调解区和家事案件审判区。其中把家事纠纷调解区作为家事法庭硬件建设的重点,在该区域设立了婚姻纠纷、涉老纠纷专业调解室,心理咨询辅导室,公证与诉讼协作工作室。加强家事纠纷当事人隐私保护,一般不公开审理,送达、调查均注重私密保护。对拟判决离婚的婚姻案件,给予当事人 3 ~6 个月的冷静期,努力挽救当事人家庭。对可能造成当事人及未成年人心理伤害较大的案件,借助专业组织和机构,提供上门心理矫正和指导服务。注重家事法庭设置细节,布置儿童娱乐区域,用"丈夫""妻子""父母"等称呼替代"原告""被告",提醒当事人保护家庭亲情。

(二)从家事调解员至家事调查员,构建专业化的司法辅助队伍

家事审判改革离不开专业化的司法辅助队伍。崇川法院家事审判着力从组织机构、人员队伍等方面强化对家事审判的保障力度,增强家事案件化解的社会辅助力量。

1. 成立家事调解员队伍

设立家事调解委员会,坚持选择调解和指定调解相结合,根据妇联、街道推荐,聘请 10 名市民担任调解员,承担诉前调解、诉中调解、判后答疑职能。区妇联和区大调解中心各派一名专职调解员常驻南通港法庭,开展家事纠纷诉前调解。2016 年 6 月至 2019 年 5 月,共诉前分流家事纠纷 738 件,家事调解员通过诉前和诉中调解,共调解达成协议 267 件,撤诉(息诉)57 件,诉前调解成功率达到 43.90%。

2. 成立家事调查员队伍

2016 年 7 月,我院与南通市崇川区仁爱社会工作发展中心签订合作协议,通过向社会购买服务的方式,委托社会团体对婚姻家庭、子女抚养、老人赡养等三类案件,以面谈、走访等多种形式,对当事人家庭情况、子女抚养现状、老人赡养情况等特定事项进行调查,为案件审理提供参考依据。如杨某与蒋某离婚纠纷,双方经我院调解离婚,调解协议约定,未成年儿子随杨某生活,蒋女士每月负担抚养费 1200 元。调解生效后,蒋女士未履行给付抚养费义务。杨某在外地打工,为减少对抗,避免因强制执行激化矛盾,承办法官当即启动

家事调查机制，委托家事调查员对未成年子女的抚养进行案后回访。家事调查员通过走访，了解到孩子被其父杨某送到如东老家随爷爷奶奶生活，蒋女士未按协议给付抚养费，也从未探望过孩子。家事调查员得悉此情况后，当即向蒋女士核实，向其释明不履行法院生效文书的法律后果，督促其自觉履行。蒋女士思想上受到较大触动，第二天就去乡下探望儿子，并向杨某指定账户汇入已拖欠的抚养费。2016年7月以来，我院共委托家事调查员就特定的家事问题进行调查127件，已出具家事调查报告105份。家事调查帮助法官全面了解案件事实、钝化家庭矛盾，推动了家事纠纷的及时有效化解。

3. 成立心理咨询师队伍

与南通大学教育科学学院合作，聘请10名高校、医院的心理专家介入家事纠纷，对当事人免费进行心理咨询和辅导。建立心理专业咨询和辅导机制，设立私密性的心理专家咨询室，对情绪激动、遭受家庭暴力等情况特殊的当事人，选定心理咨询师开展有针对性的心理疏导。2016年6月以来，心理咨询师对家事案件当事人开展心理咨询和心理辅导61件。通过心理咨询和辅导机制的开展，钝化了当事人的矛盾，缓解了当事人的情绪。先后有55人次案件当事人接受心理疏导，促成化解难度较大的32件家事案件当事人达成调解协议。

（三）从法院主导到社会联动，搭建多元化家事纠纷化解平台

1. 共同保护弱势群体权益

2014年8月，崇川法院与崇川区妇联联合下发《共建家事法庭的实施意见》，对家事纠纷的受案范围、诉前调解、案件流转以及妇联专职调解员、家事法官的工作职责等进行全面规范。对适用普通程序审理的案件，原则上由员额法官担任审判长，由妇联调解员以及随机抽取的陪审员组成合议庭审理。同年9月，崇川法院与崇川区民政局联合出台《关于老年人权益保障沟通与协调机制》，建立了法院、民政、街道多方参与的老年人权益保障机制。对涉及老年人赡养、继承等纠纷，邀请涉老成员单位和街道民政干部共同参与调处。

2. 共同建立联席会议制度

2017年10月13日，崇川法院组织召开“崇川区家事审判方式和工作机

制改革联席会议”,区综治办、区检察院、区司法局、区妇联、教体局等 12 家单位与会,会议明确了各成员单位工作职责,为加强对家事审判改革的统筹协调、强化各成员单位协作配合提供了制度保障。

3. 共同建立反家暴整体防治网络

2016 年 6 月,法庭在全市作出首份人身安全保护令,并利用传统和新媒体进行大力宣传,取得了良好的社会反响。2017 年 3 月,在我院推动下,区政法委协调公安、妇联、民政、司法等部门,建立和完善了反家暴整体防治机制,将人身保护令的执行交由街道妇联及司法局社区矫正机构,确保人身保护令执行到位,从源头预防家庭暴力。试点改革以来,法庭共审结申请人身安全保护案件 12 件,其中作出人身安全保护裁定 10 份,作出延长人身安全保护期限的裁定 1 份,驳回 1 件,撤诉 1 件。其中对一起违反人身安全保护令的当事人作出司法拘留决定。

(四)从执法办案到以案说法,不断扩大家事审判的社会效应

崇川法院家事审判法庭除履行执法办案职责以外,有意挖掘典型案例,以案说法,以案普法,最大限度发挥家事审判的社会效应。

1. 提高家事审判质量和效率

崇川法院为家事审判法庭配备了既具有较丰富社会阅历和人生经验,又掌握家事纠纷调解技巧的员额法官。目前共有 3 名员额法官,其中一名员额法官具有国家三级心理咨询师资格,另配备 3 名法官助理和 6 名书记员。由法官专职审理家事纠纷,可以更好地发挥司法调处家事关系的功能。2016 年 6 月至 2019 年 5 月,共立案受理家事案件 2588 件,审结 2647 件,结收案比为 102.28%。判决结案 879 件,调解 1185 件,撤诉 446 件,调解率为 57.41%,调撤率为 61.62%。分别比改革前一年提高了 4.2 个百分点和 3.7 个百分点。案件审判质量和效率较改革前有明显提高。

2. 增强典型案例示范效应

经过近两年家事审判改革探索,在家事程序不断完善、审判质量不断提高的同时,崇川法院家事审判法庭立足司法实践,注重对家事审判案例的研究。2017 年至今,共有 3 件案件入选《中国法院年度案例》,1 件入选《中国审判案例要览》。2017 年一件婚内扶养纠纷入选江苏法院家事审判十大典型案例。

2017 年至 2018 年,家事法庭共有 5 件婚姻家庭案例入选南通市家事审判十大典型案例。2017 年至今家事法庭法官先后在《人民法院报》《审判研究》发表文章 20 余篇。2017 年 2 月 28 日,法庭召开婚姻家庭典型案例新闻发布会,新华网、扬子晚报、南通日报等十多家媒体记者与会,并对活动进行了集中报道。

3. 提升社会公众对家事审判的认同度

2018 年 10 月 18 日,中央电视台《今日说法》栏目以“老母亲的诉状”为题对我院审理的一起赡养案件进行了专题报道,该案件经媒体报道后引起社会广泛关注,社会反响良好,群众反映该案维护了善良风俗,增强了社会正能量。此外,家事审判的工作得到了上级部门和领导的肯定。2016 年 12 月,市政协主席会议成员集体到家事法庭调研视察,并对法庭开展家事审判改革给予高度评价。2017 年 11 月,省法院组织“人大代表政协委员看法院暨媒体集中采访”活动,部分全国人大代表、党代表和政协委员现场观摩法庭开庭审理的一例婚姻案件,对法庭在庭审中呈现的家事审判改革机制表示高度评价。此后,省法院信息重点介绍了法庭家事审判改革的工作情况。2016 年 8 月,最高人民法院审判委员会杜万华专委专门视察指导家事审判。2017 年 5 月,全国妇联党组书记宋秀岩到家事法庭调研。两位领导对我院开展的家事审判改革都表示高度肯定。

三、存在的问题及思考

(一)居民的问题

试点改革期间,江苏省高级人民法院、南通市中级人民法院给予法庭家事审判改革极大的关心和指导,省法院原审判委员会李后龙专委、民一庭俞灌南庭长等领导先后到我院调研指导家事审判,崇川法院家事审判改革工作取得了一定成果。取得成绩的同时,我院也深入查找和分析了当前家事审判工作存在的不足,认识到家事审判的不少工作还处在摸索阶段,在实践操作、机制运行等方面还面临不少问题和困惑,还需进一步改进和完善。

1. 符合家事案件审判改革的程序规则尚需完善

2018 年 7 月,最高人民法院在总结各地家事审判改革经验基础上,出台

《关于进一步深化家事审判方式和工作机制改革的意见(试行)》。该司法解释规定,对家事案件诉前调解、家事调查、心理疏导进行规范,为家事审判改革提供了法律依据,但在司法实践中,我们发现,家事案件中的举证责任分配、当事人冷静期的设置、审限的延长等制度,涉及当事人的切身利益。有的案件当事人和诉讼代理人对家事审判改革的认知存在误区,如对家事纠纷的诉前调解不配合,对家事调查报告的合法性提出质疑,对心理咨询有抵触情绪等。虽然我们适当降低一些家事案件的证明标准,扩大法院依职权进行调查取证的范围,但这属于法官自由裁量权的范围,需要出台更加明确的证据规则。

2. 缺乏对司法辅助人员的有效管理

我们发现,对社会组织和机构的调解员缺乏有效的管理和激励机制。驻庭妇联调解员除了要调处家事纠纷外,还要承担妇联和调解中心分派的其他工作,而且在熟悉诉前调解业务后,还会出现人员流动现象。此外,家事调解工作要求较高,既需要一定的法律素养,有较强的调解能力,还要有一定的文字表达能力,符合条件的人员较为紧缺。

3. 实现家事纠纷集中化审理,司法安全压力较大

家事法庭成立以来,已发生多起当事人在法庭外,甚至在法庭内相互殴打现象,还发生一起当事人携刀威胁法官事件。对家事纠纷引发的司法安全需要高度重视。家事法庭组建以来,我庭已对威胁法官、哄闹法庭的当事人采取拘留措施 2 人次、罚款 6 人次。

4. 家事审判人员的心理健康亟须关注

家事案件大都是家庭内部矛盾激化形成,家事纠纷的处理不仅涉及财产利益,还涉及人身利益、人格利益等,其中财产利益纷繁复杂,不仅有传统的房产、汽车、存款等有形财产,还涉及证券、股权、知识产权等无形资产,处理难度越来越大,这要求我们家事法官不仅要精通婚姻家庭法律,还要懂得其他民商法律,一个优秀的家事法官还要具备心理学、社会学方面的知识。家事案件集中审理,家事法庭长期办理同类型案件,易造成心理健康问题。近年来,我庭发生先后有两名法官(其中一名员额法官,一名法官助理)申请调离法庭,而其他法官不愿调入的情况。家事审判队伍的不稳定,对家事审判改革的推进工作造成负面影响。

(二)思考及改进

下一步,崇川法院家事审判法庭将准确把握家事审判改革的方向目标,从维护婚姻家庭关系和谐稳固着手,结合探索取得的经验和不足,进一步深化和创新家事审判改革举措。

1. 继续深化家事审判改革

强化法官依职权干预,降低家庭暴力等案件的证明标准。借鉴少年审判指定合适成年人机制,探索子女利益保护人制度,最大限度保护未成年人的合法权益。实行灵活的家事案件审限管理方式,对争议较多、矛盾激烈的案件,适当放宽审限。灵活适用举证责任分配原则。

2. 不断完善家事纠纷多元化解机制

加强与妇联、共青团、民政等单位的沟通联系,加强审判与人民调解、妇联调解、诉前调解等方式的对接,实现信息资源共享。委托人大代表、妇联干部及相应的社会力量对已结的家事案件进行回访,积极探访子女抚养及探望情况,为未成年子女、空巢老人提供心理指导服务,促进家事纠纷"一揽子"解决。

3. 加强反家庭暴力的司法保护

今后我院将根据《反家庭暴力法》以及《江苏省家庭暴力告诫制度实施办法(试行)》等规定,进一步细化研究家庭暴力的认定标准,完善对家暴案件的审理程序,建立反家庭暴力整体防治体系,今后将更加有效地制止和打击家庭暴力行为。

4. 完善家事司法人员管理方式

积极探索家事调解员、调查员、心理咨询师的管理方式,推动设立统一的管理机构,合理配备辅助工作人员,建立符合家事审判自身特点的绩效考评制度,给予家事司法人员一定的激励措施,为家事审判工作提供有力保障。

家事纠纷的处理,事关家庭幸福,影响社会稳定。南通市崇川法院家事审判法庭将积极回应人民群众对司法的关注和期待,努力探索家事纠纷专业化审理,全力打造家事审判特色品牌,进一步促进司法公正,提高司法效率,提升司法形象。

附:崇川区人民法院改革文件(见附录)

关于加快推进南通市崇川区人民法院家事法庭设立工作的通知(见附录第73页)

南通市崇川区人民法院家事审判方式和工作机制改革实施方案(见附录第75页)

南通市崇川区人民法院家事案件审理规程(见附录第79页)

家事纠纷诉讼指引(见附录第84页)

南通市崇川区人民法院关于适用“感情冷静期”处理离婚案件的规定(试行)(见附录第85页)

关于成立家事调解委员会的决定(见附录第86页)

家事纠纷委托调查协议及名册、调查函(见附录第87页)

心理疏导合作协议(见附录第94页)

崇川区人民法院　崇川区民政局关于老年人权益保障沟通与协调机制(见附录第95页)

反家庭暴力实施细则(试行)(见附录第96页)

绿色司法推进家事审判改革

——盐城市中级人民法院家事审判改革经验

李　悦*　王迎付**　郭华炜***

家庭是社会的细胞，婚姻家庭的稳定事关社会的稳定。盐城市中级人民法院党组高度重视家事审判工作，在全省较早成立了少年及家事案件审判庭。2016年5月，盐城中院被江苏省高院确定为全省家事审判方式和工作机制改革试点后，院党组多次召开党组会，专题研究部署改革试点工作，树立与践行家事绿色司法理念，更加注重未来性，注重修复家庭关系，通过开展定向研究、定量分析、定期研判，精准把握家事案件规律，精细推动家庭矛盾化解，改革试点不断迈出新步伐。

一、立足二审定位，规划全市法院改革"一盘棋"

作为二审法院，盐城中院明确监督指导定位，树立全市一盘棋思想，成立了由一把手院长担任组长的家事审判方式和工作机制改革试点工作领导小

---

* 李悦，江苏省盐城市中级人民法院党组成员，副院长。

** 王迎付，2014年至2019年任江苏省盐城市中级人民法院少年及家事案件审判庭庭长，现为盐城市中级人民法院民四庭庭长。

*** 郭华炜，2016年至2019年任江苏省盐城市中级人民法院少年及家事案件审判庭助理审判员、审判员，现为盐城市中级人民法院执行局执行实施处副处长。

组,统筹推进全市法院改革试点工作。

(一)理念先行,加强承载家事审判理念的软硬件建设

一是创设承载绿色司法理念的统一标识。群体理念指导着群体的行为,统一的标识显然是群体理念的有效载体,盐城中院广泛征求家事审判条线干警意见,创设了以绿色基调为底,以腾飞的鸽子托举着一个三口之家的整体形象作为全市法院少年家事审判庭统一标识,要求全市法院在少年家事审判活动中统一悬挂。

标识整体采用绿色,象征生命和希望;图案的上部设计成一个房子的形状,寓意少年及家事法庭工作的保护对象——家庭;YC 为“盐城”的汉语拼音首字母,寓意整个盐城法院少年及家事审判条线;图案的中心为三个人形,既寓意一个完整的三口之家的典型家庭结构,同时用大红色突出孩子,表明了少年及家事审判侧重未成年人权益保护的重要属性;图案的下部为一个飞翔的鸽子的图案,象征着安宁与和谐,同时通过“展翅飞翔托举着家庭”的整体形象也寓意通过人民法院的帮助重现家庭的腾飞和兴旺。

2016 年,时任最高院审委会专职委员杜万华视察盐城中院时对该标识表示了充分肯定。

二是以人为本,建立专业的家事审判队伍。专业的家事审判队伍是家事审判方式和工作机制的保障。在改革试点期间,盐城市两级法院全部成立了少年及家事案件审判庭,统一审理婚姻家庭案件和当事人中有未成年人的刑事、民事、行政案件,配齐员额法官,并且按照 1 名员额法官配备 1 名书记员的要求配置辅助人员。在基层人民法院内设机构改革中,由于机构数限制,除经济技术开发区人民法院使用行政庭编制保留了家事审判庭外,其他基层人民法院不再设立少年及家事案件审判庭,在民事审判庭设立家事审判团队。此外,两级法院还向社会公开选聘了家事调查员、家事调解员 53 名和心理疏导员 17 名。

三是保障有力,加强硬件设施建设。盐城中院在综合楼四楼设立了圆桌审判法庭、心理疏导室、家事调解室、重点未成年人帮教室,与妇联联动成立的婚姻危机干预项目工作室、新落成的诉讼服务中心也单独设立了心理疏导室,配备了沙盘等必需设施,基本达到了家事审判改革对场所的需求。全市基层

法院基本设立了圆桌审判法庭、心理疏导室、家事调解室等家事纠纷调处必备硬件设施。

(二)责任传递,细化各法院重点改革任务

盐城中院根据最高院依法推进、先行先试的要求,积极探索符合家事审判规律的诉讼程序,出台了《家事案件审理规则(试行)》《家事案件调查规则(试行)》《家事案件调解工作规则(试行)》《家事案件心理疏导工作规则(试行)》《人身安全保护令实施细则(试行)》《家事案件判后回访帮扶工作规则(试行)》六个规范性文件,在全市范围内试行调解前置、家事案件当事人到庭、夫妻财产申报、法官职权调查、家事调查员参与调查、灵活审限等制度,弱化当事人间的对抗。六项文件已成为全市两级法院审理家事案件的"标准手册",一个横向到边、纵向到底的全方位、立体式、多元化的家事审判机制逐步形成。

同时,市中院根据各基层法院特点分解重点任务,如全国改革试点法院建湖法院在此基础上创新突破、诉讼服务工作较有特色的大丰法院重点开展诉前调解和多元化解、敬老工作突出被命名为全国"敬老文明号"的东台法院重点打造涉老回访帮扶等,要求各法院对分配的重点任务制定工作细则、操作标准、总结经验和不足,为全市层面提供样本。

(三)规范指导,搭建多样对下指导平台

盐城中院网站内开设了"少年家事"专栏,不定期刊载家事审判新文件、新动向;建立全市少年家事微信群,及时上传下达,条线干警广泛交流;编发家事审判工作机制改革专刊——《盐城家事审判改革试点工作简报》,设置改革动态、案件通报、他山之石借鉴形式,加强条线业务和改革指导。统一裁判尺度,一方面严格履行二审的审判监督职能,该发改的一律发改;另一方面就审理中出现的疑难问题及时制定规范性文件,在全市范围内实现裁判尺度统一。加强规范化建设,强化条线特色考核,制定家事审判规范,对各法院家事审判领域不规范现象及时通报,增强对下指导的针对性和实效性。

二、紧抓重点环节，建立诊疗一体的情感修复体系

（一）精准诊断婚姻，首创“360°”夫妻感情测评表

2013年至2016年，盐城市两级法院受理的婚姻家庭案件持续四年在11000件以上，其中离婚案件超86%。而经法院判决、调解准予离婚的案件数，则从2013年的900多件迅猛增长到2016年的4000多件。法院判决准予离婚的案件数增长迅猛，一方面固然与法官未能树立维护家庭稳定的理念有关，另一方面也凸显了“夫妻感情确已破裂”标准不明的问题。

根据《婚姻法》的规定，判决离婚的主要标准是夫妻感情确已破裂，但感情是一个人的主观心理态度，是个人的内心感受，具有抽象性、模糊性、主观性和可变性，它的可视性和可把握性都是极差的，如何审理好离婚案件，特别是如何认定夫妻是否确已破裂，是家事司法面临的十分重要的实际问题。

针对现实中大量存在的婚姻危机可不离而判离和死亡婚姻应离而判不离的现象，盐城中院抓住症结，直指感情破裂这一实践中过度依赖于主观判断的离婚“客观标准”，以近年来的几万件离婚案件为样本，通过多轮调研、走访一线法官，拟定《360°夫妻感情测评表》，筛选出影响夫妻关系的60个关键问题，范围涵盖了婚姻中的多个方面：详细调查当事人原生家庭、文化等背景，了解当事人婚前感情基础；详细调查其婚后生活状况、矛盾发生原因及时间长短、有无生育等情况，准确判断属婚姻危机还是婚姻死亡；详细调查双方父母想法、子女态度和基层组织、邻居观点等第三方评价，准确判断是否有恢复感情可能和必要。将主观的难以言明的印象分转化为可量化的60个标准项，以基准得分和系数得分计算出最终的加权得分来诊断夫妻感情是否破裂，帮助法官科学区分婚姻危机和婚姻死亡。该项表格通过先试点、再全面推行的模式，从2017年4月开始，全市法院所有离婚案件中均要求双方当事人填写，审理中家事法官重点对双方有争议之处进行调查，最终根据得分确定当事人感情是否破裂，法官不得准予经测评感情未破裂的当事人离婚。

该项工作成效显著，被列为盐城市政府2018～2019年妇女儿童实事项目，全面推广。《法制日报》《人民法院报》《江苏法制报》《中国妇女》杂志等多家主流媒体报道，“中国家事审判改革与探索”等知名微信公众号予以

推送。

(二)着重情感修复,实施"爱之旅"婚姻危机干预

身份关系的本源性决定家事裁判必须符合伦理正义和实质正义的要求。婚姻家庭的伦理有序性是婚姻家庭得以延续的基础,适用法律时,必须优先维护婚姻家庭稳定。争议标的的公益性决定了处理家事纠纷要兼顾法律效果与社会效果的统一。处理结果的面向未来性决定了必须优先保护未成年人等弱势群体利益。

婚姻家庭问题关键在情感上,当事人或因内心的怨结未解开,或因经营婚姻家庭关系的能力不足,导致了家事案件特别是离婚案件中常出现一方当事人情绪偏激,或在审理后仍不能化解恩怨,甚至不断上访的情况。

现实中,家事法官忙于在审限内结案,按时报结系统分案任务,对家事案件隐含的家庭成员之间的矛盾疏于深入化解;对离婚后的未成年人健康成长没有后续跟踪服务,跟随其生活一方的父或母没有尽到未成年人健全人格上的培养,对子女灌输仇恨教育,以致虽承担抚养费但未随未成年子女生活的一方父或母供养出一个"白眼狼",子女对其充满仇恨;在遗产分割方面,往往分了财产,伤透了感情,埋下了自身甚至下一代不和睦的种子。感情修复成为家事案件审理的隐蔽难题,给家庭建设和社会治理带来隐患。

针对此问题,盐城中院除向社会聘请了 10 名具有心理咨询师证书的心理疏导员日常开展家事案件心理疏导,为家事纠纷当事人提供婚姻家庭经营能力辅导、心理疏导等服务外,还与市妇联联合开展"爱之旅"婚姻危机干预合作项目。由市妇联以政府采购形式购买社会心理服务等方式,由专业的心理咨询从业机构根据夫妻感情测评体系的测评结果,指定专人为婚姻案件中情绪极端的当事人提供心理疏导。

针对个案所引入的针对性疏导,为濒临破裂的家庭提供了修复裂痕的机会,帮助其恢复了婚姻家庭关系,并有效预防了冲动离婚、不理智离婚。对夫妻感情确已破裂,子女抚养、财产分割等方面存有严重分歧者,通过团队的专业调解和指导,化解矛盾,缓和关系。

如部分离婚案件当事人有心理问题,心理咨询师利用绘画、OH 卡牌、沙盘游戏、积极心理学、放松和音乐疗法等技术。投射性技术的使用,使人放下

紧张情绪，自然地表达，释放情绪；将各种技术结合灵活运用，更加保证疏导效果得到呈现。用倾听、交谈、提问、小组活动、课堂等方式与心理技术，帮助服务对象缓解负面情绪，让他们理性离婚。还运用个案工作 + 小组工作 + 社区工作相结合的社会工作方法，保持个案疏导的延续性和广泛性。根据案件对象的不同情况与特点进行小组工作分类，分别为家暴、出轨、婆媳关系和不良嗜好四个类别，并根据这些类别进行疏导，从而获得夫妻感情的真实状况。由于婚姻家庭案件的特殊性，当事人通常不愿意公开隐私，因此，辅导从个案先入手，然后再筛选小组服务对象和社区服务对象。运用心理咨询技术进行婚姻辅导，让当事人学会控制情绪的技巧和正确的沟通方式，帮助服务对象修复夫妻关系；进一步再运用社会工作优势视角，帮助当事人进行相应的资源链接，不仅解决当事人婚姻问题，还帮助其解决将来的社会定位、社会立足问题。

从预防的角度缓和婚姻家庭矛盾，引导当事人理性离婚，确实决定离婚的，再辅导他们处理好与孩子的关系，把因离婚事件带给孩子的伤害降到最低，以家庭和睦促进社会的和谐与稳定。

三年多来，该项目已成功为全市超过 180 名情绪极端的离婚案件当事人提供了危机干预。经过干预，绝大多数当事人情绪趋于正常，平稳度过婚姻危机。

（三）巩固长远实效，开展“家事暖阳”专项回访

家事纠纷的彻底化解更多在诉讼之外，甚至是诉讼之后，这也是修复婚姻家庭关系的最后一环。盐城中院少年家事庭牵头，以全市法院 220 余名青年干警组成并经民政部门登记成立了全市法院系统第一家志愿服务组织——盐城市“法左情右”维权志愿服务队。同时，针对本市犯罪未成年人多来自离异家庭或家中出现过家事案件的情况，重点对受婚姻家庭案件影响的未成年人和犯罪未成年人开展了“折翼修复”一对一帮教活动。自 2015 年起，共计 1800 余名受婚姻家庭案件影响的未成年人、500 余名社区矫正犯和 90 余名未成年服刑犯受帮教。这一志愿服务项目先后获省委宣传部、省文明办、共青团省委等多家单位表彰，已成为一个较为响亮的品牌。在此基础上，2017 年年初开始，盐城中院又开展了判后送温暖、送阳光的“家事暖阳”回访活动，重点对判决、调解准予离婚的离婚案件、抚养案件、监护权案件所涉及未成年人，申

请人身安全保护令裁定妇女、因主张男方存在家庭暴力证据不足被判决不准离婚的妇女、离婚时男方不同意且情绪激烈的准予离婚案件所涉及的妇女以及赡养纠纷案件所涉老年人进行常态化的判后回访,通过回访督促当事人履行义务,帮助涉诉家庭修复关系,仅2017年、2018年春节期间,全市法院就集中回访了400余名涉诉未成年人、妇女和老年人,三年多时间共计回访1200余名家事案件所涉重点人群。该项目获盐城市"全市精神文明建设十佳新事"等表彰。

三、融入社会治理,促进社会和谐稳定

一是联合市司法局、妇联和老龄办等部门成立了市中院家事调解委员会,由法院分管院领导担任委员会主任,市司法局、妇联和老龄办的相关领导同志担任副主任,各单位的具体业务部门负责人担任委员,努力形成有效化解家事矛盾纠纷的社会合力。《家事案件调解工作规则(试行)》规定,家事案件除身份关系确认等不宜调解的家事案件外,未进行调解的不得进入裁判。贯彻全程调解,强化诉前调解、精准诉中调解、视情判后调解;全员调解,除法官调解外,可委托家事调查员、调解员就家事案件一般或特定事项进行调查、调解;相互关联的家事案件可合并调解。

二是建立反家庭暴力联合防治机制。与公安、检察院、民政、司法、市妇联等多家单位联合出台了加强反家庭暴力协作的通知,构建反家庭暴力防治网络,对群众家事矛盾投诉、报警等情况,政府相关职能部门及时作书面记录,或拍照留存,保留一手资料,及时动员当事人申请人身安全保护令,并由公安等部门配合执行人身安全保护令裁定。2016年《反家庭暴力法》施行以来,全市法院已发出人身安全保护令裁定103份,全市无一例被申请人在保护令裁定有效期内再犯的案件,有效保障了妇女、未成年人等弱势群体的合法权益。

三是多措并举促进良好乡风形成。全市两级法院深入调研,收集整理善良民俗习惯,并认真研究,做好本地区善良民俗习惯的确认、汇编,在实践中大力推进善良民俗习惯的有效运用,并通过送法下乡、送法进校园等专项行动,宣传本地善良民俗习惯。与市妇联等部门共同开展"崇法尚德好母亲、好家庭"双百评选表彰活动,每两年在全市选出具有代表性的、践行社会主义核心

价值观的好母亲一百名，好家庭一百户，促进良好家风建设。

经过全市法院的努力，改革取得了较好的效果。2017 年，全市法院新收一审离婚纠纷案件 10559 件，同比下降 1.28%；审结一审离婚案件 10730 件，其中判决、调解解除婚姻关系 4159 件，经诉讼离婚率 38.76%，同比下降 3.2 个百分点。2018 年，全市法院新收一审离婚纠纷 5249 件，同比下降 14.9%；审结一审离婚案件 4992 件，其中判决、调解解除婚姻关系 1923 件，经诉准予离婚率 38.5%。婚姻家庭稳定了，未成年人的抚养和老年人赡养问题自然也就落实了。2016 年以来，全市未成年人犯罪案件连续以 3% 左右的比率下降，全市法院少年家事案件调解率超 42%，其中赡养纠纷案件调解率超 80%，且大部分案件通过专项回访后当事人能自动履行。东台法院近 5 年审结的 170 余件赡养纠纷案件无一件进入强制执行程序，该院被全国老龄委表彰为“敬老文明号”。

盐城法院家事审判改革工作受到上级机关领导和社会的一致好评。最高院原专委杜万华、国务院妇儿工委办公室副主任张立、江苏省人大内司委主任委员刘成林、省妇联主席缪志红等视察时均充分肯定。2017 年 5 月 15 日，《人民法院报》法周刊整版报道盐城中院家事审判改革工作；6 月 6 日，《江苏法制报》头版以《先试先行塑造审判新模式》报道我院推进诊疗修复式家事审判改革；11 月 8 日，《法制日报》以《盐城中院探索家事审判新模式：360°测评表让感情可见可量》；11 月 13 日，《人民法院报》以《盐城：测评表量化夫妻感情“亲属冷暖”》报道盐城中院夫妻感情测评体系及婚姻危机干预体系。

附：盐城市中级人民法院改革文件（见附录）

关于印发《家事案件审理规则（试行）》等六项家事审判相关规范性文件的通知（见附录第 100 页）

家事案件审理规则（试行）（见附录第 101 页）

家事案件调查工作规则（试行）（见附录第 106 页）

家事案件调解工作规则（试行）（见附录第 108 页）

家事案件心理疏导工作规则（试行）（见附录第 112 页）

人身安全保护令实施细则(试行)(见附录第 115 页)

家事案件判后回访帮扶工作规则(试行)(见附录第 118 页)

盐城市中级人民法院 360°夫妻感情测评表(见附录第 119 页)

传承新时代“枫桥经验”推进家事审判改革落地开花

——家事审判改革的“温州经验”

夏孟宣* 王 蕾**

2016 年 4 月，最高人民法院召开专题会议，研究决定在全国 100 多家法院开展家事审判方式和工作机制改革（以下简称家事审判改革）试点，温州中院作为浙江省唯一一家中级法院被列为试点法院。被确定为试点法院后，温州中院以此为契机，坚持“中院主导、立足基层、全面推进”的“一体化”改革原则，创新家事审判体制机制、推动家事纠纷多元化解，传承和发展“枫桥经验”，形成了家事审判改革的“温州模式”，得到最高人民法院和全国妇联的高度肯定，赢得了社会各界的普遍赞誉。最高人民法院先后三次刊发信息、最高人民法院《家事审判改革工作动态》专版介绍了温州法院家事审判改革和反家暴工作经验。新华社、《人民日报》、《中央电视台》、《法制日报》、《人民法院报》、《浙江日报》、《浙江法制报》等主流媒体先后报道温州家事审判改革工作先进经验。最高人民法院原审判委员会专职委员杜万华一行专程来温州调研指导家事审判改革工作，称赞温州家事审判改革工作为“浙江典范”。浙江

---

* 夏孟宣，浙江省温州市中级人民法院民事审判第一庭庭长。

** 王蕾，浙江省温州市中级人民法院民事审判第一庭法官。

省委在《关于推进司法体制综合配套改革的框架意见》中明确要求“总结推广温州市家事审判改革试点工作经验”。为此,温州中院民一庭还被最高人民法院授予全国家事审判先进集体称号。“温州经验”妙在何处?温州家事审判改革有何创新举措和亮点?本文将着重予以阐述。

一、两级联动,推进“一体化”改革试点工作

被确定为全国试点法院后,温州中院党组立即召开专题会议,研究成立由院长担任组长的家事审判改革领导小组,制定出台了《家事审判改革工作方案》,确定了“中院主导、立足基层、全面推进”的改革工作原则,推动温州两级法院上下联动,系统性、一体化地推进改革试点工作。

(一)精心设计制度规范

考虑绝大多数家事纠纷案件发生在基层,温州中院发挥上级法院的优势,制定出台了一系列改革制度规范,确保全市法院改革一体化推进。先后联合市综治办等制定出台了《关于在全市家事审判工作中建立“市委领导、政府支持、综治协调、法院推动、社会参与”多元纠纷解决机制的实施意见》《关于进一步深化家事案件多元纠纷解决机制领导小组成员单位工作职责的意见》,制定出台了《家事案件审理规程(试行)》《二审家事案件审判流程细则(试行)》《特邀家事调解员工作规程》《家事法官遴选办法》《关于在家事案件中设立“冷静期”的实施细则(试行)》《关于出具离婚证明书实施细则》《关于设立子女抚养探望承诺制的实施细则》《人身安全保护令案件审理规程(试行)》《家事审判方式和工作机制改革示范法院工作指引》等系列文件,引导基层法院在此基础上制定工作细则,初步形成了完备的制度规范体系,确保各项改革工作有章可循、有据可依。

(二)层层推动工作部署

中院党组高度重视家事审判改革工作,先后以院长读书会、改革工作座谈会、推进会、现场会、中期评估会等形式,层层部署、层层推进。先后三年把家事审判改革工作列入全市法院十大项目、全市法院三大亮点工作、全市基层法院绩效考核的重要内容之一,还于2018年制定出台了《关于落实家事审判方式和工作机制改革示范法院工作指引督查办法》,从家事审判改革制度建设、

家事审判场所设施建设、家事审判机构团队建设、落实家事审判改革规程情况、落实家事案件多元化纠纷解决机制等五个方面对全市进行督查考核，目前全市有六家基层法院通过考核，授予家事审判改革示范法院称号。目前，全市法院已初步形成了两级法院领导重视、分管领导具体负责、职能部门全力推进的良好氛围。

（三）引导转变审判理念

专门组织全市60余名家事法官赴上海财经大学举办为期一周的“家事审判业务专题研修班”，邀请上海财经大学、上海交通大学、华东政法大学专家学者和上海法院同行就家事审判理念、家事审判特点和改革趋势、域外家事诉讼程序立法、民法典亲属编立法动态及家事审判实务进行专门辅导。先后举办“家事审判司法论坛”“家事审判专家论证会”，邀请国内知名婚姻家事法学专家分析论证温州家事审判各改革新举措的科学性、合理性以及可能存在的问题，并提出建设性的改进方案。通过学习交流、外出培训、宣传教育等，引导家事法官转变审判理念，牢固树立以柔性司法为主导的家庭本位裁判理念，充分发挥家事审判情感修复、情绪化解、心理疏导作用，实现家事审判司法功能与社会功能的有机结合，大力弘扬文明进步的婚姻家庭伦理道德观念，切实维护婚姻家庭和谐稳定，促进社会和谐健康发展。

二、大胆创新，探索规范化家事诉讼规程

探索符合家事案件特点、家事审判规律的家事诉讼特别程序，是家事审判改革的重要内容之一，也是最大的难点。温州两级法院大胆先行先试，在多方学习借鉴和充分调研的基础上，在审判流程方面不断探索和创新，形成了一系列较为全面和规范的诉讼程序规则和机制。

（一）建立家事案件调解前置程序

全市法院在诉讼服务中心均专门设立家事审判受理窗口，指派熟悉家事纠纷特点的人员专门负责家事案件当事人的接待、引导工作。除婚姻效力、身份关系确认、人身保护令申请等法律规定不能调节或其他不适宜进行调解的案件外，对其他诉至法院的家事案件全部进行引调登记并耐心引导当事人到派驻诉讼服务中心先行接受家事调解人员的调解。仅2018年，引导当事人进

行诉前调解案件7148件，调解前置率达70.53%，其中诉前调解成功或撤回起诉案件2734件，占引调案件的38.25%。2019年上半年，引导诉前调解案件4474件，调解前置率达81.09%，调解成功案件1444件，占比为32.27%。经诉前调解不能达成协议或当事人拒绝诉前调解的案件进入立案程序。同时，在立案登记制的背景下，为避免让当事人产生以调解拖延立案时间的误解，对前置调解期限作出明确规定，要求诉前调解不得超过1个月。

（二）建立离婚财产强制申报制度

全市法院制定统一格式的《离婚案件财产申报告知书》和《财产申报表》，在向当事人送达受理通知书或应诉通知书时一并送达，要求双方当事人在举证期限届满前，主动申报夫妻不动产、动产、银行存款、股票基金等有价证券、保险类投资、债权债务等情况，明确告知申报不实、隐瞒不报可能面临不分或少分财产的法律后果。截至2019年上半年，强制一审离婚案件当事人申报财产19036件，占一审离婚案件受理数的61.99%。如瑞安法院审理的陈某诉王某离婚纠纷案，涉及共同财产多、争议大，经办法官启动强制财产申报制度，双方提交的财产申报表经当庭核实，对共同财产种类和价值达成一致，最终这起共同财产达500余万元的离婚纠纷案快速调解结案。又如我院审理的周某诉曾某离婚纠纷一案，双方在举证期限内均未如实申报财产，法院最终根据双方未如实申报财产的主观恶意程度对财产酌情确定比例予以分割，取得了良好的法律效果。上述实践证明，离婚财产强制申报制度的实行，对于督促当事人诚信诉讼，快速确定财产争议范围，提高诉讼效率，均发挥了积极作用。

（三）创设离婚案件冷静治疗期制度

严格区分离婚纠纷中的“死亡婚姻”和“危机婚姻”，创设离婚冷静治疗期制度，以维护婚姻家庭和谐稳定，防止冲动离婚。实践中我们主要针对两类情况：一是根据当事人纠纷产生的原因、矛盾激烈程度、有无和好可能等情况，允许家事法官在听取当事人意愿后设置一定期限的冷静期；二是当事人父母或子女强烈要求法院尽可能先行调解和好、不判决离婚的案件，告知当事人后，设置离婚案件冷静期。但对于当事人坚决反对或者存在严重家庭暴力等重大危险因素的离婚案件，一般不设置冷静治疗期。为了进一步规范两级法院冷静治疗期制度的施行，温州中院出台了《关于在家事案件中设立“冷静期”的实施细则(试行)》,明确规定"冷静期"适用条件、设立程序、回访疏导等内容。在冷静治疗期间,要求家事法官根据具体案情,制定个案诊疗方案,实行一案一策,主动跟踪回访,了解当事人的情感变化,并辅以必要的心理疏导、亲情教育。同时,为了防止冷静期的滥用和当事人的误解,对冷静期期限一般限制在3个月以内,并要求层报分管院长批准。截至2019年6月底,全市在一审离婚案件中设置冷静治疗期共计906件,其中在冷静期内经调解和好或撤诉案件为628件,设置冷静治疗期的效果十分明显。尤其值得一提的是,即使未能促成当事人和好,由于冷静治疗期的设置,对消除当事人对立情绪、理性化解纠纷亦起到积极的促进作用。2018年开始,全市法院还在28件其他家事案件审理期间设置冷静期,也取得缓和当事人情绪、有利于诉讼调解的良好效果。

(四)积极探索家事调查回访机制

家事纠纷有其特殊性,往往涉及家长里短、生活琐事以及家庭情感因素,纠纷的起因、双方的生活现状等仅仅通过庭审和案卷材料很难完全掌握。为此,全市法院适度强化家事案件职权探知,积极探索家事调查机制,由家事法官或家事法官助理,或委托家事调解员、人民陪审员或者专门的家事调查员,通过向当事人、近亲属及邻居、村居(社区)、教育机构等知情人员走访调查,以深入了解具体情况,为案件处理提供重要参考线索。仅2018年至今,全市法院共开展家事调查1775件(次)。瑞安法院还在个案中探索委托第三方中立机构,对离婚纠纷案件当事人的亲情关系、经济基础、个人品格、抚养能力、其他因素等5大项14个小项内容,由调查机构进行全方位调查,逐项统计汇总后提交调查报告,并由调查人员出庭接受当事人质询,该一创新性举措取得良好的效果。

为延伸家事审判职能,全市法院还积极探索家事案件诉后回访制。特别是对调解和好的离婚案件、离婚后改变子女生活环境的案件、赡养案件及其他需要诉后回访的案件,由主审法官、调解员、人民陪审员或专门家事回访人员进行诉后回访,及时了解当事人诉后情况,帮助解决实际困难。仅2019年上半年,全市法院回访家事案件当事人200件(次),得到当事人的高度好评。乐清法院探索离异家庭子女成长档案,实行三色预警、动态跟踪、后续帮扶,取得很好的社会效果。

(五)确立未成年子女利益最大化保护原则

离婚率逐渐攀升所衍生出的未成年子女权益保护、青少年心理健康乃至青少年犯罪等问题,引起社会的关注。全市法院在处理涉及未成年子女抚养、探望等家事纠纷案件时,不囿于子女年龄大小,凡是与其年龄、智力、认知水平相适应的意见,均充分予以听取。对离婚案件当事人拒不承担子女抚养义务,或父母双方未妥善解决未成年子女抚养问题,判决暂予不准离婚,以保障未成年子女的基本生活。比如,在审理尹某诉陈某离婚纠纷一案中,因双方当事人均拒绝直接抚养子女,对子女抚养及费用承担没有明确的态度和处理方案,一审、二审法院均认为双方虽然分居多年,且均同意离婚,但若判决准许离婚,无法保障子女抚养义务的落实和抚养费用的执行,更可能造成子女监护不能、教育关爱缺失,有悖婚姻法基本原则,故驳回离婚诉请。该案判决得到社会各界的普遍赞同和好评。鹿城、龙湾、瓯海、乐清、瑞安等多家基层法院纷纷探索建立未成年人权益代表人制度,让未成年子女有机会参与诉讼,表达其关于身份、财产权益等方面的诉求。龙湾法院联合区妇联就“未成年权益代表人参与家事诉讼”达成共识,率先在全省出台“未成年人权益代表制度”。如我院在审理郑某某诉陈某某离婚一案中,考虑到原告郑某某无抚养未成年婚生子陈某的意愿,而被告陈某某有吸毒劣迹等不利于陈某成长的情形,合议庭决定通知区妇联指派未成年人权益代表人参与诉讼。未成年人权益代表人接受指派后,及时了解案情,并上门了解陈某的实际生活状况,询问当事人及孩子的意见等,在庭审中结合家事调查员出具的报告提出,被告陈某某虽有不利于子女成长的前科劣迹,但考虑分居期间陈某与被告父母一起生活,且期间原告甚少尽抚养义务,也没有抚养孩子的意愿,孩子也愿意与被告及被告父母一起生活,建议孩子由被告抚养。最终该案采纳了未成年人权益代表人的建议,充分尊重和保护了未成年子女的意愿和权益。瓯海、瑞安法院也分别与当地妇联、检察院开展合作,由区妇联或检察院选派未成年人权益代表人,并出台联合会议纪要保障该项制度有效落实;鹿城、乐清法院陆续制定出台具体的规范性文件,对未成年人权益代表人的选任条件、权利义务、具体职责等予以明确规定,进一步规范化推进该项改革新举措。此外,全市法院还全面探索未成年子女抚养探望承诺书制度，由当事人对子女抚养和探望权行使签署承诺书，确保未成年子女不因夫妻离婚而缺失父爱或母爱，保证未成年子女在离异家庭中的健康成长。

（六）率先建立家暴人身保护特别规程

反家暴经验是温州法院一张靓丽的“金名片”。早在2009年，当时作为全国涉家庭暴力民事审判9家试点法院之一的龙湾法院制发浙江省第一份反家庭暴力人身安全保护裁定，经主流媒体报道后引起广泛关注和宣传，最高人民法院简报刊发龙湾法院工作经验。试点过程中，温州法院积极推动市政府出台反家暴行动纲要，与公安、检察、民政、司法、卫计、团委等部门密切配合，积累的家暴告诫制度、成立婚调组织、为家暴受害人提供法律援助和庇护场所、将同居关系列入家暴范畴等八条“温州经验”被《反家庭暴力法》立法吸收。2016年全国“两会”上，最高人民法院周强院长在工作报告中专门介绍了温州法院在反家庭暴力方面的司法实践。家事审判改革试点工作后，全市法院秉持着将亮点擦得更亮的决心，在已有的经验和成绩基础上，进一步深入研究和开展反家暴人身保护工作，建立常态化保护机制。温州中院制定出台了《人身安全保护令案件审理规程（试行）》，对家暴案件审理原则、人身保护令申请条件、申请人身保护证据要求、保护内容、审理程序作出明确规定。龙湾法院首试人身保护裁定异议听证机制，以及对违反人身保护裁定实施处罚机制的探索。瑞安法院探索人身安全保护向财产保护拓展。截至2019年6月底，全市11家基层法院全部实现反家暴人身保护裁定的实例尝试，共发出人身保护裁定219份，有效保护了家暴受害人合法权益。

（七）积极探索家事案件心理干预机制

打开家事案件当事人的心结、缓和当事人对立情绪，是家事审判的工作重心。全市法院积极延伸家事审判服务，发挥家事审判在修复情感关系等方面的作用，在家事审判专区设立心理辅导室18个，聘请具有专门资质的心理辅导专业人员92人，对双方当事人就是否离婚意见对立、情绪激动，涉及探望、监护及其他亲子关系、情绪波动大，存在家庭暴力、对当事人身心健康造成较大影响，案涉未成年子女情绪波动或有反常行为等案件，邀请专业心理辅导人员参与家事纠纷当事人及其家人的情绪疏导和纠纷化解工作。截至2019年

6月底，全市法院共邀请心理专业人员干预、疏导案件335件，经心理疏导后调解结案案件224件，基本达到了缓和矛盾、消除对立情绪的目的。如平阳法院审理的一起离婚纠纷案件，双方对财产分割意见分歧很大，但男方因离家四年，对刚考上大学的女儿很是愧疚，而女儿对父亲成见很深。法院积极启动心理干预机制，经对父女开展心理疏导，男方同意将财产赠与女儿，父女当庭相认、抱头痛哭，该场面感动在场每个人。经事后回访得知，目前父女保持良好的关系。相关工作得到最高人民法院原副部级专委杜万华的充分肯定。

（八）全面推行离婚证明书制度

家事案件尤其是离婚案件的裁判文书中往往涉及诸多个人隐私，其中不乏一方当事人为了达到胜诉目的而故意夸大或丑化对方当事人的言词，而离婚裁判文书经常会被用于离婚后当事人的再婚申请、房产过户等各种场合，裁判文书中的部分内容可能会给当事人造成不必要的困扰。为充分保障离婚当事人隐私，方便当事人及时实现权益，规范和统一全市法院离婚证明书的格式和程序，维护生效裁判文书权益，温州中院制定出台《关于出具离婚证明书的实施细则》。该实施细则明确规定根据当事人申请，由法院向生效离婚案件当事人出具离婚证明书，内容仅包括当事人信息、案号、裁判文书生效时间等，避免家事纠纷诉后给当事人造成“二次伤害”。该机制实施以来，全市法院共制发离婚证明书6007件（份）。《浙江日报》报道后，引起省内外同行的广泛关注和好评。

三、诉源治理，构建多元化家事纠纷化解机制

习近平总书记曾多次强调，“无论时代如何变化，无论经济社会如何发展，对一个社会来说，家庭的生活依托都不可替代，家庭的社会功能都不可替代，家庭的文明作用都不可替代”，“家庭和睦则社会安定，家庭幸福则社会祥和，家庭文明则社会文明”。家庭关系是个人生活、社会治理乃至国家治理的基础和关键，家庭稳定是国家发展、民族进步、社会和谐的重要基石。重视家庭文明建设，妥善化解家事纠纷，不仅仅只能依靠司法的力量，更应该全社会积极参与，构建多元化解纠纷的网格化格局，健全社会综合治理机制，实现婚姻家庭和谐稳定和社会健康发展的终极目标。

(一)形成工作合力,建立多元化纠纷化解长效机制

被确定为改革试点法院后,温州中院第一时间推动温州市综治委成立由中院、综治办、宣传部、检察院、公安局、司法局、民政局、财政局、卫计委、教育局、妇联、团委等15家单位主要负责人为成员的全市家事案件多元化纠纷解决机制领导小组,先后召开领导小组专题会议二次,研究协调解决工作推进中遇到的困难和问题。温州中院先后联合市委政法委、市综治办等制定《关于在全市家事审判工作中建立“党委领导、政府支持、综治协调、法院推动、社会参与”多元化纠纷解决机制的实施意见》《关于进一步深化家事案件多元化纠纷解决机制领导小组成员单位工作职责的意见》等规定,完善领导职能,明确工作职责,推动形成家事纠纷多元化解的工作合力。全市各基层法院也先后推动当地政法委、综治办成立家事案件多元纠纷化解机制领导小组,出台相关协作机制。鹿城、瓯海、龙湾等法院与妇联、民政局、司法局联合创新试运行婚姻联合工作室,工作室地点设于民政局婚姻登记处调解室,实行民政局婚姻家庭辅导室、妇联婚姻家庭服务驿站和人民法院司法确认工作室“三合一”联合模式,开展婚前辅导与问题预防、婚姻家庭问题咨询、离婚调解、法律援助服务等专业化服务,获得社会一致好评。

(二)借助社会力量,探索家事纠纷基层治理机制

传承和发扬新时代“枫桥经验”,全市各法院全面推广在街道、社区设立家事纠纷调解室(点),就地化解纠纷,激发社会基层治理的功能。对于引发诉讼的纠纷,引导当事人立案前必须向驻庭家事调解组织、人民调解委员会、婚姻家庭调解委员会先行申请调解,力求家事纠纷“小事不出村、大事不出镇”,化解在基层,化解在诉前。同时,充分借助社会力量,发挥不同群体在化解家事纠纷方面的各自优势,从律师、社工、基层干部、妇联组织、代表委员、当地名望乡贤等中聘任特邀家事调解员、家事调查员,全程参与家事纠纷诉前、诉中、庭后调解、调查走访等。全市法院共聘任特邀(驻庭)家事调解员315名,参与调解家事案件19145件,其中调解达成协议或经调解撤回起诉案件6369件,调解成功率达33.27%。在特邀家事调解员共同参与下,家事案件一审、二调撤率逐年上升,其中2016年一审家事案件调撤率为60.89%,2017年为63.79%,2018年为67%,二审家事案件调撤率在2016~2018年分别为

29.52%、41.91%、54.20%,2019 年 1~6 月,全市法院一审家事纠纷案件调解撤诉率达到72.54%,二审家事案件调撤率达到 64.06%,双双再创历年新高。平阳法院还联合县综治办、县妇联建立家事“三大员”制度,建立一支875 人的“三大员”队伍,确保每个乡镇辖区村(社)区至少有一名兼职家事“三大员”,并将该任务纳入县综治考核项目。经过多年实践,社会各方力量参与化解家事纠纷的优势明显体现,效果显著。瑞安、乐清、永嘉、平阳、鹿城等法院积极探索家事审判大陪审机制,开展家事观察团参与诉讼活动,力求司法裁判兼顾社情民意,确保“案结、事了、人和”,取得了良好的法律效果和社会效果。

(三)加大宣传教育,推动家事纠纷源头治理机制

弘扬社会主义核心价值观,引导社会公众树立正确的婚恋观、家庭道德观,重视和普及婚姻家庭日常教育,是家事审判改革的应有之义和重要目标。全市基层法院普遍联合当地妇联、民政等部门开设《婚姻家庭教育讲堂》《幸福讲坛》《爱家学堂》等婚姻家庭日常教育平台,采取讲座、座谈、沙龙、模拟法庭等形式,邀请专家学者、妇联干部、心理医生、家事法官等专业人员,定期开展以婚姻家庭法律知识教育、家庭伦理道德教育、家教家风教育、婚前教育、亲情关系教育、心理健康教育、家事典型案例分析等为主要内容的宣讲教育活动,得到社会各界的普遍好评。苍南法院主动运用新媒体宣传方式,发挥法院官方微博、微信宣传阵地作用,加强主题宣传策划,采取图文形式,宣传报道法院家事审判工作,并通过典型案例报道,以法官释法形式,倡导和谐共建的社会风尚。

(四)发挥地缘优势,创新涉侨家事纠纷化解机制

温州是著名的侨乡,现有华侨 68.9 万人,占浙江全省 34.1%,主要分布在欧美国家和地区。2009 年,文成法院在全国率先创设特邀海外调解员制度,聘请侨民集中居住地区侨领担任涉侨家事调解员,设立特邀海外家事调解员联络点。在家事审判改革过程中,温州法院围绕省委“最多跑一次,最好一次不用跑”的部署要求,进一步扩大海外调解员联络点,加大涉侨家事纠纷化解的力度,借助特邀海外调解员联络点远程视频系统平台进行送达文书、见证委托、远程调解、远程审理,有效解决涉侨家事纠纷案件周期长、诉讼成本高等

问题。截至目前,全市4家基层法院在意大利米兰、罗马、博洛尼亚,美国纽约、洛杉矶,法国巴黎和荷兰鹿特丹等4个国家7个城市设立海外调解联络点。温州中院还联合市侨联制定出台了《关于建立健全海外特邀调解员制度的规定》,推动全市两级法院海外特邀调解员资源共享机制。截至2019年6月,全市法院共邀请海外特邀调解员参与审理家事案件共计220件,其中已经审结案件中调解结案99件,得到了涉侨当事人和当地侨领、驻外使领馆官员的一致好评。该举措得到最高人民法院周强院长两次批示肯定,也受到了省、市委的高度肯定,被誉为“最多跑一次”改革的海外升级版。

四、结语

艰难困苦,玉汝于成。过去的三年,温州两级法院以饱满的热情和不懈的执着,打破樊篱,大胆探索,在推动家事审判改革的道路上阔步前行。除上文介绍的各项新举措外,还积极推进建立专业化家事审判机构,组建专业化审判团队和辅助团队;全市12家法院全部建成具有当地文化特质的家事审判调解专区,打造家事纠纷柔性化解平台;探索家事案件不公开审理原则、离婚案件亲自到庭机制等等。实践也进一步证明,诸项改革举措均取得了显著成效,得到了社会各界的高度肯定。当然,改革之路不可能一帆风顺,面对质疑和否定,我们将不断总结经验和教训,继续砥砺前行,不遗余力地进一步推进家事审判改革,从新的更高起点再出发,力争形成更多可复制、能推广的“温州经验”,为全国法院家事审判方式和工作机制改革提供更多温州素材。

附:温州市中级人民法院改革文件(见附录)

家事审判方式和工作机制改革示范法院工作指引(见附录第124页)

关于在全市家事审判工作中建立“党委领导、政府支持、综治协调、法院推动、社会参与”多元化纠纷解决机制的实施意见(见附录第137页)

关于进一步深化家事案件多元化纠纷解决机制领导小组成员单位工作职责的意见(见附录第140页)

家事案件审理规程(试行)(见附录第146页)

二审家事案件审判流程细则(试行)(见附录第156页)

《关于在家事案件中设立“冷静期”的实施细则(试行)》(见附录第159页)

人身安全保护令案件审理规程(试行)(见附录第161页)

法治情系家事　民意助力和谐

——家事审判改革的"青田经验"

徐蓓姿[*]　章晓军[**]　周小敏[***]　刘梦洁[****]　季思思[*****]

一、青田法院家事审判工作基本情况介绍

浙江省丽水市青田县是典型的也是浙江省最大的县级侨乡，青田法院处在侨乡这一特殊人文环境下，审判执行工作都离不开"侨"字。自 2016 年 4 月最高人民法院出台《关于开展家事审判方式和工作机制改革试点工作的意见》以来，我院积极开展相关家事审判创新工作，同年，成为浙江省家事审判方式和工作机制改革试点法院。

经统计，青田法院 2017 年家事案件调撤率同比上升 3 个百分点。2018 年受大批量涉侨案件影响调撤率有所下降。2019 年 1 ~5 月对涉侨家事案件审判方式研究总结后，案件审理时间明显缩短、调撤率有所回升。青田法院年均家事收案数 1380 余件，占民事案件总数的 47%，调撤率达 78.3%，位居全市前列（见下表）。其中离婚案件占比 90% 以上，具涉侨因素的案件占比

* 徐蓓姿，浙江省丽水市青田县人民法院院长。
** 章晓军，浙江省丽水市青田县人民法院副院长。
*** 周小敏，浙江省丽水市青田县人民法院涉侨家事审判庭庭长。
**** 刘梦洁，浙江省丽水市青田县人民法院法官助理。
***** 季思思，浙江省丽水市青田县人民法院法官助理。

78%以上，部分案件在调解工作实际上完成后只能选择判决方式结案以符合程序性要求，在相关的改革工作中如何有效解决离婚纠纷，处理好涉侨案件成为我院家事审判工作的重点。

青田法院2016～2019年1～5月家事案件审判情况表

年份	收案数	结案数	调撤率
2016	1329件	1326件	76.92%
2017	1250件	1162件	79.95%
2018	1578件	1257件	75.66%
2019年1～5月	518件	530件	79.43%

三年来，青田法院在县委的领导和上级法院的指导下，在县人大及其常委会的有力监督和社会各界的大力支持下，抓住全国法院家事审判方式和工作机制改革这一契机，以“挽救危机婚姻家庭，维护婚姻家庭的稳定，依法保护未成年人、妇女和老年人的合法权益，弘扬社会主义核心价值观，促进和谐社会建设”为总目标，牢固树立人性化的审判理念，切实转变工作方式，不断创新工作机制，推动家事审判方式和工作机制改革取得重大进展。我院创设了人民观察调解团制度，逐步建立起庭前调查、庭中观调、全程疏导、多元解纷的家事审判综合机制，家事案件调撤率不断提升，受到社会广泛肯定，得到最高人民法院、全国妇联、省市县等各级领导的高度评价。2018年7月，青田法院诉讼服务中心荣获全国法院家事审判工作先进集体称号，最高人民法院周强院长在总结表彰大会上点名肯定我院工作。

二、家事审判实践探索

成为试点法院以来，青田法院以努力实现最高人民法院家事审判方式和工作机制改革目标为追求，全院动员，凝心聚力，改革创新，助推发展。主要通过以下几个方面筑基铺轨。

（一）关于家事审判理念的转变

“家事审判要做好五个转，即转理念、转方式、转机制、转作风、转路径。”

首先要做到的就是审判理念的转变。家事案件具有典型的人身属性和伦理色彩，既有一般民事案件的一般特征，又有家事案件的特殊表现。家事案件简单化处理为财产纠纷或者事实处理，违背于“司法为民”的宗旨，也不利于案结事了人和。在改革工作中，青田法院将“和为贵、兼情理、重修复、抚弱势”作为审判改革工作的前提，同时借鉴国内外先进的工作理念、工作经验，创新审判理念，为家事审判方式和工作机制改革筑基。

（二）关于家事案件诉讼程序的改革

1. 明确案件审理范围

青田法院根据最高人民法院《民事案件案由规定》第二部分，将婚姻家庭、继承纠纷等家事案件作为案件审理范围，另受理人身保护令案件。

2. 统一家事审判标准

法院建立家事审判例会制度，定期召开家事法官研讨会，统一家事审判标准。

3. 确立特殊证据规则

（1）强化职权调查。办理家事案件，一般应遵循“谁主张，谁举证”原则；基于家事纠纷的隐私性，应当高度重视对未成年人、老年人、妇女及其他相对弱势人群合法权益的维护，审慎注意包括当事人陈述在内的各类言词证据。通过面谈、走访、电话及微信聊天询问等方式展开调查，重点调查纠纷发生的根源、近亲属对解决纠纷的态度等，作为法官裁判时的参考。

（2）对诉讼能力较弱的当事人，可以进行必要的诉讼引导和法律释明；必要时可由法官依职权调查或者依法委托第三方调查案件事实。对于当事人无法自行搜集、获取的证据材料，可向人民法院申请调取。法院在收到当事人的调查取证申请后，及时组织调查。

（3）办理家事案件，未成年子女作为证人时，可由办案人员对该未成年子女进行详细询问并制作询问笔录，原则上不出庭接受质询。未成年子女提供的与其年龄、智力和认知水平相适应的证言，经质证可以作为证据使用。

（4）办理家事案件，向当事人及其子女以外其他亲朋近邻调查制作的笔录，经质证后可以作为证据使用。当事人以被调查人与一方存在亲疏远近关系为由提出异议的，应当结合其他证据综合认定。

(5)办理离婚案件,当事人主张对方与婚外他人存在不正当男女关系的,应当提供证据证明;法院应遵循民事诉讼证据高度盖然性的证明标准,结合案件情况综合审查裁判。

(6)在当事人提交证明各自主张的必要证据外,还可以要求当事人提供婚礼录像等视频资料以及结婚照、全家福、儿时照片、与父母合影等图片资料,在庭审期间播放,勾起对美好往事的回忆以及父母养育的感恩。

4. 建立特殊庭审程序

(1)办理离婚、子女抚养纠纷案件,在保障当事人辩论权的前提下,可以不设置独立的法庭调查、法庭辩论环节,由法官根据审理需要灵活处理。

(2)办理离婚案件,当事人或者法定代理人应当到庭参加诉讼,确因特殊情况无法出庭的,应当向法院提交书面意见。对于无法出庭的当事人、重要证人和鉴定人,也可以申请网上参加诉讼。

5. 设立离婚冷静期制度

办理离婚案件,可以根据情况设置冷静期:

(1)当事人在开庭审理过程中情绪过于激动,不能理性表达意见,继续开庭将显著激化矛盾的,可以设置不超过20日的情绪约束冷静期。

(2)要求离婚的一方当事人暂时不愿意接受调解,另一方当事人明确作出主动修复情感承诺,双方尚有和好可能的,可以设置不超过2个月的情感修复冷静期。

冷静期不计入审限。

6. 坚持未成年人利益最大化原则

法院审理离婚案件时,一并审理所涉及的未成年子女抚养、探望事项。原告起诉时仅请求判决离婚的,视为一并概括请求处理未成年子女抚养、探望等事项。原告起诉时未提出未成年子女抚养、探望的诉讼请求的,要求其明确未成年子女抚养、探望方案。办理离婚案件,涉及未成年子女抚养权的,主张方应当举证证明符合未成年人最大利益;双方未能就未成年子女抚养达成妥善方案的,法院可判决驳回原告要求离婚的诉请。

涉及未成年子女探望权的,应充分重视未成年子女的心理需求,保证未成年子女身心健康成长。在涉及未成年人抚养权问题时,对八周岁以上未成年人,采取面对面询问、调查走访、视频微信通话、心理沙盘推演、亲子关系洞察等多种方式作为最终确定抚养权归属的参考。

审理离婚案件,一般不允许未成年子女进行旁听。未成年子女陪同当事人到庭的,人民法院应当安排专门人员陪护未成年子女在庭外等候。

(三)关于家事多元化解机制的展开

1. 确立特殊审前程序,完善诉前调解模式

积极统筹各方资源,构建司法、行政和社会力量相结合的新型家事纠纷综合协调解决模式。

与民政搭建婚前教育机制,成立婚姻家庭联合工作室,下设婚前辅导驿站、家庭关系维系中心、婚姻家庭心理诊疗基地、反家暴联合工作组、综合调解中心等五个特色岗位。开展婚前指导、婚姻家庭关系维系、婚姻纠纷调解工作,延伸家事审判职能,推动家事纠纷诉源治理。与公安、民政、妇联、社区等部门建立调处家事纠纷联动机制,成立妇联家事纠纷化解中心、社区家事纠纷化解中心,搭建诉前委托调解平台,在立案前委托部门先行调解,力争将矛盾纠纷"导出去"。

家事纠纷案件收案后,引导当事人通过诉前委托调解平台进行诉前调解。能够达成调解的,双方当事人签订人民调解协议。当事人申请法院对人民调解协议进行确认的,符合法律规定的,法院依法对人民调解协议进行确认。未能达成调解的,诉前委托调解平台将案件移交立案庭,由立案庭正式立案,并转交家事审判庭依法进行审理。诉前调解期限为一个月。

2. 强化多元全程调解,建立联动调解机制

树立多元化纠纷解决思路,建立特邀调解、委托调解、协助调解制度,引入"涉诉纠纷调解委员会""叶姐工作室"及律师协会、心理咨询协会、维权志愿者服务队等调解组织,力争将各方调解资源"引进来",助力案结事了人和。坚持"引进来""导出去",与社会组织协调配合,健全司法审判与社会组织联动的家事纠纷新型解决机制,将大量的婚姻家事纠纷化解在诉讼前,实现了社会组织调解和法院诉讼调解的优势互补,促进了家庭和睦、社会和谐。

2018 年 9 月,在青田法院力推下青田县委办公室、县人民政府办公室印发《青田县家事纠纷多元化解机制实施方案》,青田县域内形成"党委领导、政

府支持、法院主导、部门联动、专业介入、群众路线”的家事审判工作格局。

3. 创立网上在线调解,化解涉侨家事纠纷

简化涉侨家事案件调解流程,对在海外的华侨当事人可通过视频设备面对面调解,当事人成年子女、父母或相关亲友,案件的家事调查员、家事调解员、海外联络员及人民观察调解员,必要时亦可通过视频参与网上调解。调解成功的,对不涉及重大财产处理的案件,当事人可通过移动微法院平台签署调解协议,委托国内近亲属代为确认意见、代收相关法律文书,调解过程可通过数字法庭录音录像保留在案。调解不成功的,当事人亦可通过视频参与庭审,充分表达意见。

三、家事审判工作机制改革主要成效

(一)创新审判机构,助力解纷实效

长期以来,青田法院家事案件的审理工作统一由民一庭完成,同时民一庭还审理人身权案件、侵权案件、不动产相关案件。随着家事纠纷数量越来越多,种类越来越多,复杂程度越来越高,人民期望越来越高,民一庭处理家事纠纷的局限性日渐明显。在改革中,青田法院以独立的家事审判团队为起点,创建“一庭三室一中心”,打造家事审判新平台。“一庭”即2019年3月,青田法院正式设立民事审判三庭(涉侨家事审判庭)负责审理婚姻家庭案件,办理其他有关审判工作事项。“三室”即社区家事纠纷调解室、妇联家事纠纷调解室、涉侨家事纠纷调解室,整合社区、妇联、侨联力量,实现互联互通。“一中心”即家事纠纷化解中心,具有调解、审判、心理咨询、案后回访的综合性职能。

(二)创新硬件设施,营造和美环境

2017年年底,青田法院建成面积约为300平方米的家事审判专区,包括家事审判庭、家事网络调解室、心理测试室、儿童区、文化墙等功能区。家事审判庭采用同心圆设计,设有专门的人民观察调解团席位,可进行跨国网络庭审、网络调解。家事网络调解室又称客厅式调解室,整个调解室以客厅设计装饰,借助电脑网络,实现跨域面对面家事案件调解。同时人性化设计亲子关系洞察区,通过相关设备观察亲子关系,辅助抚养权纠纷案件化解。心理测试室

融合沙盘推演、心理放松、心理咨询、试老情境模拟多项功能。结合环境心理学因素，整个专区在设计、装饰中融入家的元素，体现“和”文化，在满足审判功能基础上凸显家庭氛围、营造温馨环境。

（三）创新人民观调，提升审判质效

2015年年底，青田法院就针对家事案件事实难查清、情绪难疏导、纠纷难化解的“三难”问题，参考借鉴海外大陪审以及中国传统的“老娘舅”调解模式，创建了家事纠纷人民观察调解团制度（以下简称观调），邀请调解员、社区干部、侨领、心理专家等人员参与案件调解与事实评判，弥补年轻法官社会阅历浅、乡风民俗认知不足，充分发挥“众人拾柴火焰高”的调解效能，促进人民陪审员陪审实质化。观调团成员主要是由辖区内人民陪审员、家事调解员、家事调查员、村老乡贤等组成，非完全固定，分为专家型观调员和民意型观调员，根据案件的实际情况有不同的选择模式。根据案件难易程度，观调又分为简易观调和普通观调，分别由3人、5人或7人组成观调团旁听庭审、参与调解、判前投票，综合性发挥相应功能。

人民观调团的工作机制：一是民意参调助判，增强调解效能。观调团旁听案件庭审，在法庭组织调解时以旁观者的身份一并参与，从老百姓的视角评判问题，用方言轮番和当事人算经济账、人情账，情感上、身份上拉近与当事人距离，软化当事人强硬的态度，平复当事人激动的情绪。二是投票评判争议，助力法官裁判。庭审中若调解不成，则由观调团成员对夫妻感情是否完全破裂、有无和好可能、子女由哪方直接抚养更为有利子女的健康成长等案件基本事实争议，当庭填写无记名选票，不得弃权。观调团表决意见当庭公布，表决意见将作为案件裁判的重要参考。三是庭后跟踪观调，保障合法权益。庭审结束后案件裁判前，将当事人拉进专案微信群，观调团成员及法官继续观察、调解、进行心理疏导。案件裁判后，由观调团成员安抚当事人情绪，增进败诉方对法院工作的信任和对案件处理结果的信服。而对涉及探望权、赡养费及有信访风险等重点案件，观调团成员通过电话回访、实地走访等方式，进行案后跟踪回访帮扶，特别关注未成年子女的生活现状、案件实际履行情况、是否需要救助等，及时向法院反馈判后情况和问题。

(四)创新工作方法,助力案结事了

以观调团制度为核心,青田法院逐步建立了庭前调查、庭中观调、全程疏导、多元解纷、案后回访的家事审判综合机制,简称“家事纠纷七制”。一是庭前教育制度,制作婚姻家庭案件教育短片,在庭审前播放,引导当事人及旁听家属理性对待矛盾纠纷。二是家事调查员制度,委托家事调查员调查案件事实、前置调解纠纷。三是亲属角色参与庭审制度,亲属作为家事案件中的特殊角色,由双方当事人均信服的亲友对相关事实问题进行阐述。四是引入心理疏导和干预机制,青田法院将心理疏导设置为家事纠纷的必经程序。设立心理疏导工作室,由本院和外聘的具有注册心理咨询师资质的人员组成志愿者团队,对当事人或其亲属提供心理疏导服务。借助县妇联建立的“青田县婚姻与家庭幸福成长群”,邀请当事人收听关于心理健康、亲子教育、家庭关系构建等内容的微课,引导和帮助当事人修补、改善甚至复合原有家庭关系。同时利用现有资源,拍摄《在婚姻中修行》系列婚姻家庭心理辅导视频课程,获得广泛的关注以及良好的反馈。五是离婚证明书制度,方便当事人保存裁判文书,保护当事人隐私。六是诉讼公证对接制度,由法院直接将离婚材料移交公证处,实现离婚公证的最多跑一次。七是建立案后回访制度,在案件裁判后,及时跟进回访帮扶,对涉及探望权、赡养费、家庭暴力等问题的案件,跟踪履行情况,重点关注未成年子女、老年人是否存在生活困难等情况,积极进行矛盾纠纷再化解,帮助解决生活困难。通过与幼儿园、中小学联合开展法院亲子开放日活动,呼吁家长关爱孩子关心家庭,从源头化解家事危机,构建和谐家庭。

(五)创新涉侨程序,突破时空壁垒

青田法院联合县侨联在家事纠纷化解工作中积极引入侨领、侨团资源,探索建立多项工作机制。一是创新涉侨家事网络庭审。主要审理案件事实清楚、权利义务关系明确、双方争议不大、一方当事人远在海外的家事纠纷案件,且须经双方当事人一致同意。依托移动微法院技术,结合庭审录音录像记录方式,实现网上立案、网上开庭、网上调解。侨领协助提供海外网络法庭场所、确认当事人身份和文书送达,或者由当事人亲属现场确认身份及离婚意见。原告在海外的,其委托诉讼代理人必须到庭并对原告的身份予以确认;被告在海外的，由其亲友和对方当事人共同核实其身份，并在笔录中体现。法庭不严格区分调查与辩论环节。对华侨办理的认证委托书内容有瑕疵或未提交书面离婚意见等情况，在有代理人参加诉讼的情况下，通过视频予以确认委托事项权限及离婚意见，无须再办理公证认证。二是高效协助家事审判事务。建立海外家事调查员制度，依托与县侨联和 15 个海外同乡会（联谊会）等侨团达成的《信息交流与友好协约》，与签约侨团建立微信、QQ 联络平台，辐射面由原来的 15 个海外联络员扩展至 1253 名华侨，实现家事案件海外调查职能，并且进一步探索深化其职能。主要包括查找涉侨家事纠纷当事人、提供当事人及家庭情况、送达法律文书、调解矛盾纠纷等。侨团经由海外联络员转发信息、收集情况、协助办理。三是强化提升家事纠纷司法服务。安排相关家事法官加入侨团的微信、QQ 联络群，全面提供法律咨询服务，同步发布其驻地的华侨诉讼公告、家事纠纷诉讼注意事项等信息。制作相关涉侨家事诉讼指导手册，达到指导诉讼材料准备、分析典型案例、风险防范警示的作用。

（六）创新工作力量，联通内外解纷

主要创设有海外联络员、家事调查员（海外家事调查员）、家事调解员（海外家事调解员）、情感观察员、心理疏导员、人民观察调解员等六员，遍布县域范围以及华侨所在国，在“庭前调查、庭中观调、全程疏导、多元解纷、案后回访”全流程引入各方力量，借助海外三员，完成涉侨家事案件送达、调查、调解等工作，做到因案制宜，海内海外联动调解，线上线下多元解纷。

附：青田县人民法院改革文件（见附录）

青田县人民法院关于开展家事审判改革工作的实施方案（见附录第 166 页）

青田县人民法院家事案件审理规程（试行）（见附录第 172 页）

青田县家事纠纷多元化解机制实施方案（见附录第 192 页）

青田县人民法院　青田县鹤城街道关于成立社区家事纠纷化解中心的若干实施意见（见附录第 197 页）

关于建立涉侨离婚公证对接机制的实施意见（试行）（见附录第 199 页）

青田县人民法院、青田县妇女联合会关于成立家事纠纷调解中心的若干实施意见(见附录第200页)

青田县人民法院关于成立涉家事执行改革工作领导小组的通知(见附录第205页)

青田县人民法院关于家事审判引入心理疏导机制工作办法(试行)(见附录第206页)

青田县人民法院关于聘任朱丽蔚等53位同志为家事调查员的通知(见附录第208页)

以创新思维引领雨山家事审判改革发展之路

王　伟*

“家和万事兴,家稳天下固。”家庭是文明社会的基本细胞,是整个社会安定和谐的基石所在。近年来,随着经济社会发展,家庭结构、家庭财产等方面与传统模式相比都在不断变化,家事纠纷日趋多样性、复杂性,传统纠纷解决模式对家事纠纷化解效果大打折扣。面对这种情况,作为全国家事审判改革试点法院,安徽省马鞍山市雨山区人民法院(以下简称雨山法院)以构建和睦幸福的家事关系、助力家庭文明建设为目标,坚持以法治思维和法治方法化解社会矛盾,充分发挥司法的治愈作用,切实转变家事审判理念,创新家事审判工作机制,逐渐走出了一条以家风文化和心理辅导为重心、专业化审理和多元化解纷并举的家事审判改革之路。

雨山法院自 2015 年 6 月开展家事审判改革以来,受理各类家事案件 1267 件,审结 1130 件,其中调解撤诉结案 708 件,调撤率达 62.7%,案件受理数量逐年递减,且无一信访投诉,真正做到案结事了人和。我院家事审判工作经验受到中央电视台、人民法院报、中国妇女报、安徽日报等主流媒体广泛关注。家事审判庭被授予“全国维护妇女儿童权益先进集体”称号,该庭庭长周冰一获“全国法院家事审判工作先进个人”称号。

---

* 王伟,安徽省马鞍山市雨山区人民法院院长。

2017年4月7日,最高人民法院院长周强视察雨山法院时,在家事法庭谆谆告诫法官:"法安天下,德润人心,要将依法治国与以德治国有机结合,大力弘扬中华优秀传统文化,促进家庭和谐、社会稳定、人民幸福。"最高人民法院院长周强、原常务副院长沈德咏、原审委会专委杜万华分别在《以创新思维引领家事审判改革发展之路——安徽马鞍山市雨山区人民法院家事审判改革工作汇报》上作出重要批示,充分肯定雨山法院家事审判改革经验。最高人民法院院长周强、原常务副院长沈德咏、原审委会专委杜万华、省委政法委书记姚玉舟、省高院院长董开军先后调研我院家事审判工作并予以充分肯定。

一、切实转变理念,推行家事纠纷专业审理

与一般财产纠纷案件不同,家事纠纷案件具有强烈的伦理道德色彩和特殊的司法审判规律,这就在客观上要求其审理方式应当与一般财产纠纷案件有所差异。雨山法院围绕家事审判特点和需求,着力从"审理机构、审判队伍、审理程式、家事调解、安全保障"五个方面推进家事审判专业化发展,提升专业化水平和审判质效,体现家事审判人文关怀。

一是审理机构专业化。于2015年6月成立全省首个专门家事审判庭,将家事案件与合同、物权等普通民事案件相区分,从以往的保护身份利益、财产利益延伸到人格利益、安全利益和情感利益,实现家事案件集中化、精细化审理。经过一年多卓有成效的运行,在地方党委和上级法院关心支持下,家事审判庭于2016年10月正式建立独立编制。二是审判队伍专业化。结合法院人员分类管理,打造由3名法官、2名法官助理、3名书记员组成的家事审判团队,其中法官由熟悉婚姻家庭审判业务,具有一定家庭生活经验、社会阅历,掌握相应社会心理学知识的已婚女性法官担任。目前家事审判队伍中有3名拥有心理咨询师资质、3名拥有婚姻家庭咨询师资质、2名拥有房树人心理测试资质、1名拥有沙盘治疗师资质。同时吸纳辖区具有丰富调解经验的女性人民陪审员组建家事女子陪审团,参与家事案件审理。三是审理程式专业化。采用"圆桌审判",以责任担当、宽容理解为内涵,对法庭进行"家庭化"布置,以圆桌取代审判台,以"丈夫""妻子"等称谓标牌缓解原被告之间的对立情绪,以播放结婚录像、家庭照片的形式唤起当事人美好回忆,以张贴温馨感人

的标语、贴画构建浓郁的"家"的温暖。通过法庭布置上的创新,突出"和"的理念,营造温馨环境,从而缓解双方对立的情绪,有利于矛盾化解。同时针对不同的案情,张弛有度,给予双方一定的婚姻冷静期、跟踪调解期等。四是家事调解专业化。推动成立全省首个家事多元调解委员会,[1]吸纳妇联、司法局、辖区村社区、心理咨询机构等群体,组建专门家事调解员队伍。探索确立调解前置程序,运用"情绪疏导、视频教育、亲情规劝、社会介入"等方法,形成"梳、劝、帮、教"调解新模式。设立家事案件专门受理窗口,开辟家事案件立案流转通道,在一个月限期内诉前调解不成的,及时立案审理。2015 年 6 月以来,我院通过诉前调解成功化解家事纠纷 547 件。五是安全保障专业化。建立安全保障"三项机制",为确保法院工作人员、诉讼参与人的人身财产安全及庭审安全提供保障。建立劝导告诫机制,依托公安部门、基层政府、村社区等,对家事案件当事人通过劝导、告诫等方式,及时有效控制当事人情绪,有助于矛盾纠纷化解。建立迅速反应机制,在家事法庭、家事调解委员会内安装报警装置,一旦有突发事件发生时,法警能迅速到达现场妥善处置,保护群众和法院干警的人身安全,维护法院正常工作秩序。建立应急预案机制,针对矛盾冲突较大的家事案件,在调解、开庭前,启动应急预案,防止因矛盾升级而引发的突发事件发生。

二、创新工作机制,探索建立家事特别程序

积极探索建立健全符合家事案件特点的诉讼程序和工作机制,推动家事审判体系的建立和完善,为更好地发挥家事审判职能作用提供有效机制保障。

一是不公开审理。家事案件具有私密性,且涉及未成年人的身心健康。雨山法院审理家事案件贯彻不公开审理原则,家事案件一般不公开审理。双方当事人一致要求公开审理或者案件具有重大社会影响的,可以公开审理。一方当事人为未成年人的家事案件,一律不公开审理。同时,送达法律文书或上门调解,则要求法官穿便服、开民用牌车,照顾当事人心理感受。二是未成

〔1〕 家事多元调解委员会吸纳妇联、司法局、辖区村社区、心理咨询机构等力量,建立家事调解员、家事调查员、情感观察员、心理疏导员"四员"队伍,协助家事审判工作。

年保护。坚持未成年人利益最大化原则,在实践中探索建立未成年当事人出庭制度、离婚案件强制教育制度、延伸案后帮扶与救助制度等符合涉未成年人家事案件的工作制度。设置单面镜观察室,对于父母条件相当,儿童又不能清楚表达自身意愿的抚养权纠纷,通过孩子与父母双方的接触,根据专业心理咨询人员的解读,判断由谁抚养更有利于子女健康成长。2016 年 6 月以来,雨山法院共审结涉未成年人家事案件 520 件。三是探望权规则。在涉探望权的家事案件中,根据案件具体情况,法官将探望时间、方式等内容予以细化与明确,形成探望权规则,并以附录的形式附于判决书后。在协商不成时,双方当事人依照此规则行使探望权,有利于保护未成年人的合法权益。四是家事调查员。与法院"夕阳红"志愿者调解中心联动,聘请中心 5 名专职调解员为家事调查员,针对当事人或关系人的家庭情况、财产状况、教育程度等情况进行调查,形成书面调查报告,供法官调解裁判参考。通过建立家事调查员制度,充分发挥家事调查员进行家事矛盾调查、判前风险评估和判后回访等职能作用,最大限度地化解家事纠纷。五是离婚证明书。在一审判决或调解生效后,诉讼离婚案件当事人均可向法院申请领取离婚证明书,离婚证明书的内容包含当事人自然身份信息、婚姻关系解除及解除的时间、裁判文书案号及文书生效日期等必要的证明信息,不涉及案件事实。经法院主持离婚的离异者可申请法院出具离婚证明书,持证明书办理日常事务,有效保护当事人个人隐私。目前我院已发放离婚证明书 12 份。针对案件中发现再婚家庭不够稳定,容易解体的情况,向当事人发放《再婚指导手册》,引导、教育当事人谨慎面对再次婚姻。六是"三表一调"制度。在处理家事案件时,制定了《未成年人子女抚养调查表》《经济状况调查表》,对当事人财产状况、家庭环境、生活状况、未成年人子女情况等进行调查,为案件调解和判决提供参考。针对第一次判决不准离婚的案件,家事审判庭法官对夫妻感情在判决后六个月内的修复情况进行回访并填写《回访情况登记表》,建立回访档案。贯彻全程调解原则,即送达时、庭审前、庭后多次征求当事人调解意见,进行调解。

三、立足乡情民俗,搭建家事多元解纷平台

将案件审判与区域特点、乡情民俗等有机结合,积极探索家事纠纷社会化

解决方式，推动建立家事纠纷综合协调解决机制，形成有效社会合力，切实妥善化解家事纠纷。

一是建立联席会议制度。牵头起草并经区委常委会研究下发《雨山区家事审判改革联席会议制度工作方案》，部署、协调和督促各方力量，推动家事审判改革。联席会议制度由区委常委、政法委书记为召集人，区法院、检察院、公安分局、民政局、司法局、妇联、卫计委、法制办以及各乡镇（街道）等部门和单位为联席会议成员单位。规定责任考核、资源共享、工作报告、新闻通报等工作制度，将家事审判改革联席会议制度建设工作、万人家事成讼率〔1〕纳入社会综治目标责任考核范围，充分发挥成员单位的职能优势、综治基层组织的网络优势和综合治理领导责任制的激励、约束机制，多管齐下，综合治理，推动家事多元解纷机制改革。二是推进家事诉调对接。与区妇联联合制定《家事诉调对接工作实施方案》，就多元化解家事纠纷进行对接。在与区医疗调解委员会、区司法局、区征管局、区公安分局、区民政局等部门进行诉调对接的基础上，就其中涉及的家事纠纷制度予以细化。通过与妇联、村社区等合作，建立心理疏导、诉后跟踪及帮扶机制，与公安、司法、妇联等合作，建立案件审理过程中的协作、配合机制等，充分借助社会力量进行综合治理，合理构建有效的家事纠纷处理网络。三是搭建家暴防治平台。探索建立反家暴联动机制，与公安、妇联联合制定《关于家庭暴力证据固定制度的实施意见》《关于人身安全保护令执行的实施细则》等，建立常态化部门协作机制。在颁发人身保护令的同时，向当事人发放《人身保护令核发后注意事项》，推动保护令制度的落实。截至目前，已发出 8 份人身保护令，建立涉家暴案件一案一档回访机制，8 起案件无一再出现家庭暴力行为。

四、引进现代技术，运用心理辅导修复亲情

将家事审判与心理学研究深入融合，将现代心理技术引入家事审判中来，及时、有效、专业地化解纠纷，不断提高家事审判司法服务和保障水平。

---

〔1〕 推动出台《关于将民事案件万人成讼率纳入区综治考核的实施细则》，把家事案件万人成讼率考核工作、“无讼村居”创建工作与网格化社会治理工作深度融合，配合地方党委政府将矛盾纠纷化解的工作分解到最基层、责任传递到最前沿。

一是技能运用。从法庭布置、审判实践、平台打造三方面加强现代心理学技能在家事审判中的应用。在法庭布置方面,暖色墙纸和窗帘、明亮的门窗、清新的绿色植物均有助于当事人身心的放松,符合环境心理学的要求。在审判实践方面,编撰《创伤后精神紧张性障碍手册》《房树人测试简明分析手册》《图画的心理象征意义简明分析手册》等,使用情感反应、内容反应、自我暴露、指导等专业心理技术,在个案中使用标准心理测试,包括房树人测验及箱庭疗法,辅助家事案件的审理。在平台打造方面,与北京师范大学心理学院等建立常态化合作机制,在法官培训、课题调研、考察交流等方面进行交流合作,推进家事审判和心理学研究共同发展。二是心理辅导。与专业心理咨询机构达成合作协议,由后者指定专人负责案件当事人的心理辅导。在征得当事人同意的情况下,委托心理咨询师或者由家事法官在诉前、诉中乃至诉后对当事人进行心理咨询和辅导救助,有助于当事人情绪得到合理宣泄,对促进当事人的生活和感情恢复具有重要作用。截至目前,家事审判庭已为 92 名未成年子女进行心理修复,为 120 对离婚纠纷当事人提供婚姻质量评估,促成 66 对夫妇重归于好。三是情感修复。推行感情调查、情感回归、亲情规劝、案后回访“四步走”,实现从单纯的案件审判向情感修复、亲情弥合转变。感情调查,通过庭前上门,与当事人亲朋、邻居、基层组织等座谈,了解当事人之间的矛盾根源;情感回归,征询当事人同意,向当事人双方展示其婚礼录像、结婚照、全家福等突出表达情感的资料,激起当事人情感共鸣,引导双方向亲情角色回归;亲情规劝,邀请当事人双方共同信任、敬重的亲朋好友,协助法官共同做好调解方案,发挥亲情影响,合力做好当事人规劝工作;判后回访,针对调解和好的婚姻家庭案件进行判后回访,确保案结事了人和。四是情感观察。推行情感观察员制度,情感观察员由法院具有法律、心理等专业知识背景的工作人员担任,根据具体案情需要,通过对案件审理过程进行旁听,对当事人心理、情感等情况进行评估,并形成分析报告,提出意见和建议供法官参考。

五、坚持文化引领,积极推动家庭文明建设

围绕家事审判的修复救治功能,充分发挥传统文化引领作用,积极践行社会主义核心价值观,努力担当起引领良好家风、建设家庭文明、维护社会稳定

的重要职责。

一是建立家风家训文化长廊。将家事审判与文化建设相结合，通过广泛收集寓意深刻、质朴感人的传统家风家训，结合本地特色文化，打造包含传统家训、孝德图片、红色家风等内容，以图文、故事等形式展现的百米家风家训文化长廊。“宽厚谦恭”“敦亲睦邻”等一条条古训图文并茂，诠释着中华民族千年传承的伦理人情。在家事案件调解过程中，由家事法官引导当事人参观文化长廊，并结合具体案情进行讲解劝导，引导当事人及群众牢记传统家庭美德，弘扬优秀文化。二是裁判文书引入儒家经典。对中国传统儒家经典著作进行了总结提炼，从家庭、社会、国家及礼法层面归纳出儒家先贤的至理名言，编撰了《儒家经典引用要旨》，尝试在判决书中引入儒家经典，突出经典语录的感化作用，增强判决的教育影响力。同时，从人情、大义撰写饱含感情的“家事法官寄语”，除了一般性地附于判决书或裁定书之后，还通过信件、微信、电子邮箱、手机短信等多种方式传递给当事人，用充满温情与期望的话语，触动感化当事人的心灵，增强说服力和亲和力。三是推进司法延伸服务。依托“青年志愿者服务 U 站”，通过与纪委、妇联、团委、海事等部门对接，开展内容丰富的家风家训宣讲活动，将家事审判庭与家风家训文化长廊打造成家风廉政教育基地。开展家事审判系列普法活动，利用“主题日”调解、送法进社区、家事法官志愿者服务队等形式，发放《老年人权益保护手册》等资料，深入辖区有针对性地宣传家事法律知识。拍摄家事审判微电影《暖风》，引导当事人理智处理家庭关系。利用辖区 15 个法官便民联系点、5 个警民联调站，充分运用巡回审判、巡回调解、联合调解等方式就地化解矛盾纠纷。充分利用微信、微博进行法制宣传，推动社会良好法治氛围。四是打造家事审判研学平台。加强与高校合作，先后与北京师范大学法学院、南京师范大学法学院、安徽工业大学公共管理与法学院合作共建，在理论研究、学生实训、社会实践等方面开展合作交流，开展家事领域课题调研，强化家事法官、家事调解员培训。承办全国家事审判机制改革研讨会，充分展现雨山法院家事审判等各项改革成果，提升社会影响力。

经过 4 年的实践探索，雨山法院家事审判工作取得了较好的审判效果和社会效果。一是提升了审判质效。通过推进家事专业化审理以及探索符合家事纠纷特点的家事纠纷化解方式,最大限度地平复婚姻家庭纠纷各方因感情危机形成的心灵创伤,实现案结事了人和的目的。自家事审判改革以来,家事案件调撤率超过60%。二是提高了群众满意度。通过引入社会多方力量,为当事人提供心理辅导、调解等服务,在案件审理过程中更注重情感、伦理、人际关系的整合、调整和修复,更加切合家事案件当事人特殊的心理、情感需求,使得家事案件当事人能够充分感受到法院的人文关怀,人民群众满意度明显提高,当事人的不满情绪得到明显缓解。三是创新了社会管理模式。针对长期以来家事纠纷处理形成不了合力,通过在家事审判改革中,积极与妇联、公安、司法等职能部门协调,推动形成了党委领导、政府支持、法院为主、各职能部门联动、社会力量参与的综合解决机制,实现了对家事纠纷的综合治理,不仅让人民群众满意,也得到了党委政府的认同。

虽然家事审判改革实践给法院审理家事案件带来切切实实的成效,但纵观雨山法院整个家事审判改革过程,仍然存在一些问题和困难。例如,激励机制尚未建立,家事审判的重要性、特殊性和专业化尚未完全被社会大众和法院内部充分认识,有些法官不愿意做家事法官。专门的考核评价机制尚未健全,家事案件需要耗费法官和法官助理大量的时间来做调解和心理疏导工作,但这些大量社会事务性工作无法通过现有考核制度反映出来。

推进家事审判改革,是一项长期复杂的社会系统工程,需要依靠全社会的共同努力。未来,雨山法院将充分发挥家事审判的重要职能,把家事审判专业化和家事纠纷综合协调解决机制改革作为工作重点,进一步加大家事审判改革力度。一是进一步推进多元联动机制建设。发挥基层组织对婚姻家庭关系的保护作用,不断健全法院与公安、检察、司法、妇联、民政等部门的联动协作机制,充分发挥各部门优势,推行跟踪帮扶和信息共享机制,形成家事纠纷社会管理大格局,实现法律效果和社会效果的有机统一。二是进一步完善家事审判机制。充分考虑家事纠纷当事人的伦理、情感和道德问题,完善家事纠纷心理干预、人身安全保护令、离婚冷静期、离婚证明书等机制,探索构建符合新时期家事纠纷特点的审判模式,切实保护当事人的合法权益。三是进一步推进专业化建设。以法官员额制改革为契机,不断优化家事审判队伍结构,配齐配强家事审判辅助人员,完善工作保障措施。以能力建设为中心,加强队伍思想政治教育和业务技能培训,大力提升家事法官的法律适用、庭审驾驭等能力。

家事无小事,雨山法院家事审判工作在我院党组的领导下,在全体家事法官的共同努力下,创新工作思路,持续重点关注家庭矛盾的预防和化解、家庭成员之间的关系修复和弱势群体利益的保护,在创新机制、延伸服务、特色做法等方面积极探索新路子,取得了一定的成绩,也积累了一些经验,为今后全面开展家事审判工作奠定了坚实的实践基础。我院将以此为契机,继续推进创新工作思路的纵深开展,继续深入实践和总结如何进一步推进家事审判良性运作和长效发展的方法,为家事审判的专业化进程提供更多的借鉴和参考。

附:雨山区人民法院改革文件(见附录)

马鞍山市雨山区人民法院家事纠纷案件审判规程(试行)(见附录第209页)

马鞍山市雨山区人民法院关于婚姻家庭纠纷案件诉调对接工作的实施意见(见附录第220页)

马鞍山市雨山区人民法院家事特邀调解员工作规范(试行)(见附录第223页)

马鞍山市雨山区人民法院家事调查员工作规范(试行)(见附录第226页)

马鞍山市雨山区人民法院家事纠纷心理疏导工作规范(试行)(见附录第228页)

马鞍山市雨山区人民法院人身安全保护令实施规范(试行)(见附录第231页)

安徽省马鞍山市雨山区人民法院修复感情、挽救婚姻计划书(见附录第234页)

安徽省马鞍山市雨山区人民法院家事纠纷心理疏导申请表(见附录第236页)

安徽省马鞍山市雨山区人民法院家事案件回访情况登记表(见附录第237页)

安徽省马鞍山市雨山区人民法院离婚证明书(见附录第238页)

新理念带动新作为　打造家事审判“鲤城样本”

郑英好[*]　杨　扬[**]

福建省泉州市鲤城区人民法院(以下简称鲤城法院)作为全国首批家事审判方式和工作机制改革试点法院,在家事审判机制改革的探索中,以闽南文都乡土文化为依托,结合家事审判内在规律,提炼出“亲和睦诚”家事纠纷处置新理念,并以此作为指引,不断创新和持续完善家事纠纷处置化解机制,着力推进人民调解、法律援助、心理疏导、普法咨询、帮扶救助一体化建设,取得显著成效,形成家事审判法德相融“鲤城样本”。2017 年 2 月 18 日,全国部分法院家事审判方式和工作机制改革试点工作推进会在泉州召开,鲤城法院作为全国试点单位在会上作了经验交流。会后,全国近 80 家各级法院先后到鲤城法院调研家事审判工作。2017 年 2 月,鲤城法院家事审判庭被省妇联授予福建省三八红旗集体称号;2018 年 5 月,福建省委常委、政法委书记王洪祥和福建省高级人民法院院长吴偕林分别对鲤城法院家事审判工作作了重要批示;2018 年 7 月,鲤城法院家事审判庭被最高人民法院评为全国法院家事审判工作先进集体;2018 年 12 月,福建省高级人民法院院长吴偕林莅临鲤城法院调研指导家事审判工作并予以高度评价;2019 年 3 月,鲤城法院家事审判庭被全国妇联评为“全国巾帼建功先进集体”。

---

* 郑英好,福建省泉州市鲤城区人民法院法官。

** 杨扬,福建省泉州市鲤城区人民法院法官。

一、以“亲”为念，构建“大家事”审判工作体系

（一）组建家事审判专门队伍

2014 年年底，鲤城法院作为泉州地区两级法院家事审判改革试点单位，着手设立独立编制的家事审判庭。2015 年 9 月，家事审判庭正式成立，从刑事、民事、行政、执行各部门选任出 6 名以女性为主，审判经验、社会阅历、协调能力强的法官，组成家事专业审判队伍，配齐配强人才力量。结合办案责任制改革，形成三个审判团队，采取“1 +1 +1”模式，并确保“以老带新”“新老结合”，保障队伍活力，运转流畅，实现家事纠纷高效流转化解。

（二）实行“大家事”专业审判

区别于传统将民事、刑事归口审判的做法，以“家庭内部关系”为标准，侧重从引发纠纷的源头识别家事纠纷，将因家庭内部纠纷引发的各类民事、行政案件，未成年人犯罪案件，涉家暴刑事案件识别为家事纠纷，纳入家事审判庭审理范围，着重通过调整家庭内部亲情关系，更好地实现家事纠纷解决中的法律效果和社会效果。突出柔性审判，推行“四步三查”工作法，做好“倾听陈述—安抚情绪—引导回忆—消除隔阂”四步引导和“情感基础、财产收入、和好可能”三项重点审查工作，力促消解当事人之间的对抗情绪，帮助当事人修复、弥合亲情，取得良好的法律效果和社会效果。

（三）配置“家庭化”审判场所

科学规划和建设家事审判功能区，按照上级要求，配备完善专业的高清科技圆桌法庭，温和拉近审控辩三方的距离又不失法庭的严肃和权威；配置“家居客厅式”调解室，设置“家和万事兴”背景墙和茶桌调解，营造温馨的环境氛围，引导当事人平和化解家事矛盾；设立家事调解员、调查员工作室，便于调解员、调查员开展家事纠纷调查调解工作；特设亲子活动区，解决庭审时年幼子女无处安置的问题，并且可供父母子女在庭前庭后进行交流互动，在轻松的环境中增进彼此感情，促进家事纠纷妥善解决。

（四）探索家事审判示范证据制度

提出规范家事纠纷举证认证的工作思路，利用院校共建优势，与华侨大学法学院通力协作，通过对家事纠纷中常见争议待证事实的梳理，根据不同案件

类型,总结归纳出对应的证据要素,制作出家事纠纷示范证据清单,并通过分发传统纸质宣传册和在鲤城法院官方微信公众号予以刊载的形式对外发布,向社会推广运用。家事纠纷示范证据清单既能成为法官查明事实及释明的工具,又能给予当事人引导,指导当事人根据诉讼方向正确有效举证,从而达到降低诉讼成本、提高诉讼效率、规范事实认定、提高裁判准确性的效果,促进纠纷规范化解决。

二、以"和"为贵,搭建"大调解"纠纷化解平台

(一)引入多元调解力量

吸纳社会多元力量,与鲤城区妇联共同聘请 16 名家事调解员,囊括司法局、关工委、学校、妇联、社区等各行业,充实家事纠纷调处力量。打造"家事纠纷化解圈",协同妇联、司法局、公安、街道、社区等部门合作,构建司法力量、行政力量和社会力量相结合的新型家事纠纷综合协调解决机制。在院本部、江南片区、老城区、伍堡社区设置四个定点家事纠纷服务站,形成家事纠纷多点位、辐射式、网格化工作机制,及时将群众需求引入诉讼外不同渠道分流化解,适时联合有关部门在当事人居住地就地开展联席调解工作。

(二)畅通源头化解途径

联合立案、速裁部门,实现家事纠纷从立案到结案全程流水线式调处,推动矛盾消化靠前,提高矛盾化解效率。拓宽诉前调解服务渠道,推出多样化便民预约调解方式。当事人可在诉讼服务中心、四个定点调解室或家事纠纷服务站领取《家事纠纷调解建议书》及预约函,凭函预约调解,或通过线上预约调解平台、拨打鲤城法院"亲睦之家"热线电话或联系就近定点家事调解员工作室等方式预约调解。当事人均同意诉前调解的,由法院出具《诉前调解委托书》,移送有关案件材料,委托有关诉前调解组织进行诉前调解。调解成功后,法院即刻确认调解协议、制作调解书,实现诉调无缝对接。

(三)推行家事调查制度

先后聘任两批家事调查员 16 名,人员从业同样来自司法局、关工委、妇联等各行业,凭借基层工作人员了解社区民情的优势,就案件委托家事调查员对当事人和利害关系人的家庭关系、经济状况、居住环境、教育程度及其他事项

开展走访调查,为法官提供有效审判辅助信息和协助法官开展调解工作。自2016年以来,家事调查员向法官口头或书面报告调查成果258件次,辅助法官查明案件事实,并发挥基层民情工作经验,从旁辅助法官协调,至今共协助化解家事纠纷191件。央视《庭审现场》栏目2018年春节特别节目《家和万事兴》所报道的吴某甲、张某某与吴某乙因赡养引发保管合同纠纷一案,就是鲤城法院充分运用家事调查制度成功化解矛盾纠纷的典型案例。

三、以“睦”为要,营造“大氛围”家风美德宣教格局

(一)建设审判功能区文化长廊

将“亲和睦诚”特色纠纷处置理念融入家事审判功能区的规划建设中,开辟具有东亚文化之都特色的文化展示长廊,以墙面浮雕形式演绎“孝感巷”“连理巷”“礼让巷”“聚宝街”等鲤城传统家风典故,让家事纠纷当事人一走入审判区,即能够通过视野中的文字和背景,感受到典故中所阐述的“父慈子孝、兄友弟恭、夫妇和顺、邻里敦睦”传统家风美德,并以此深刻体会家庭和睦的重要,实现家事审判德法并用、情法交融的效果。2015年5月,时任福建省高院院长马新岚同志在鲤城法院调研时,给予该文化长廊“法德相融之巷”的赞誉。在家事审判功能区开辟“习总书记讲家风”专栏,配套普法书籍及自主编发的《家事法官说案》系列手册,向前来参观的各界人士开展家事法治教育,营造让群众参与的良好氛围,引导社会认识家风家教的重要性,传播和睦的道德风气。

(二)建设家事文化馆

为延展家事审判品牌服务社会的广度和深度,鲤城法院建成“鲤城法院家事文化馆”,并于2019年7月对外开放。作为全国首家以家事为主题的文化展馆,鲤城法院家事文化馆选址辖区古城片区水沟巷市舶司旁古大厝,占地约650平米,装修改造成红砖石窗的闽南古厝,并附钢结构山墙、刻纸花灯、砖雕装饰点缀,整体设计融入闽南风情。围绕家事文化主题,设有“家庭家事”“家风家教”“家事法律”三大展厅:“家庭家事”展厅展示泉州传统婚姻文化、宗族文化、家居文化;“家风家教”展厅展示族规家训、乡规民约、革命领袖家风;“家事法律”展厅展示古代以来婚姻家事立法历程、新中国成立以来家事

审判立法历程、“一带一路”沿线国家婚姻趣闻。馆内还设置容纳接待室、调解室、巡回法庭功能为一体的“多功能厅”,方便开展法律咨询、纠纷调解、巡回审判、模拟法庭等活动。鲤城法院家事文化馆将家事调查、调解、审判、宣传的阵地延伸至法院之外,构筑以家风展示教育为主的品牌窗口和家风美德宣传的重要平台,并以此为契机,发挥地域辐射作用,作为中心连同周边古城保护区,推动形成家风文化示范片区,发挥宣教集成效应。

(三)重视普法宣传

鲤城法院在做好家事审判工作之余,注意收集矛盾纠纷贴近民生、具有典型意义的相关案例,报送各级媒体对外发布,并且及时汇总工作成果,总结工作经验,积极向地方党委通报、向社会宣传。自主编发《法官说案》《为青春护航》系列手册对外发放,引导社会认识家风家教的重要性。将家事审判工作制成 PPT 在各社区 LED 屏上作展播,向群众发放家事典型案例 5 期 6000 余份。重视案件舆论影响,推广宣传典型案、精品案,发挥正面宣传作用。中央电视台《今日说法》多次报道鲤城法院调处的家事纠纷典型案件——《再嫁难题》《妻子的感化》《老宅风波》,中央电视台《庭审现场》播出全程展现鲤城法院通过多元纠纷解决机制成功化解的家庭纠纷《割舍不断的母女情》。自 2018 年以来,中央电视台《今日说法》、《夕阳红》、《庭审现场》及福建电视台,《最高人民法院工作简报》、福建省委办公厅《八闽快讯》《人民法院报》《中国妇女报》等媒体陆续报道鲤城法院家事审判工作成效、典型案例。

四、以“诚”为本,拓展“大关怀”延伸服务机制

(一)加强法律援助

与鲤城区法律援助中心联合架设绿色援助通道,对家事纠纷中经济困难、年老体弱、遭受家暴的当事人等弱势群体,简化法律援助相应流程,由鲤城法院初审后协助申请,向鲤城区法律援助中心发出援助建议。鲤城区法律援助中心收到鲤城法院的援助建议函及相关诉讼材料后,对受援人免予审查其经济困难条件,直接作出给予法律援助的决定,指派法律援助人员参与诉讼,最大限度地维护弱势群体的合法权益。

（二）加强社会帮扶

以强化服务为中心，搭建“司法服务＋社会服务”平台，联合鲤城区妇联建立鲤城区妇女援助中心流动工作站，于辖区8个街道各设立工作站点，派出家事审判庭法官轮流驻点接访，提供调处纠纷、协助维权、普法宣传、心理辅导、法律咨询等服务。聘任2名心理咨询师担任家事陪审员，介入纠纷调处中的心理干预。与“鲤城区妇女儿童心理辅导中心”合作心理援助服务，建立心理咨询师名册，引导当事人可就家庭关系进行心理咨询指导，对当事人有意愿进行心理辅导的，由法院负责联系司法局选派心理咨询师名册中的优秀心理咨询师开展辅导活动。

（三）加强家暴预防

加强法院依职权调查取证的作用，受理涉家庭暴力案件后，主动向当地妇联、派出所、居（村）委员会调查情况，确定适当的证明标准。与区妇联、辖区派出所合力建立反家暴迅速反应机制，无论诉外诉内，对当事人投诉家暴记录第一时间互通有无，对存在高度家暴风险的案件启动预警机制，协同对当事人开展教育谈话，及时采取人身安全保护令等相关措施，对违反治安规定或构成犯罪的，将线索移送公安机关，力争客观遏制家暴。建立反家暴档案，将当事人投诉家暴记录入档备查，引导当事人注意留存证据、申请人身保护。与鲤城区“爱心驿站”“妇女援助站”“维权社”等进行合作，针对个案延伸反家暴维权、妇女救助、心理关怀等多种服务。

（四）加强案后回访

明确家事审判的职能不仅是分配财产和确认身份关系，更包括婚姻家庭关系修复和情感治愈，出台《家事案件回访制度》，由承办法官电话跟踪随访或协同家事调解员进行三个月一次的实地回访，及时了解结案后当事人婚姻家庭情感状态和动向，保证调审成效，发现问题第一时间干预，掌握矛盾风险。

（五）加强隐私保护

精心设计《离婚证明书》格式，只载明离婚案件当事人身份信息、生效法律文书案号及生效时间等要素，隐去其他信息，并加盖法院公章，作为离婚当事人对外公示其婚姻状况的证明，既简单便携又能保护隐私，避免隐私泄露引发二次伤害。根据当事人需求，在判决或调解离婚后，向当事人即时出具《离婚证明书》。

天下之本在国,国之本在家。鲤城法院将维护婚姻家庭关系稳定和依法保障未成年人、妇女和老年人的合法权益,作为家事审判的主要目标,对当事人的保护从身份利益、财产利益延伸到人格利益、安全利益和情感利益,让家事审判切实实现深度的矛盾化解效果、有效的情感修复功能、强大的正向示范引导作用,发挥出作为社会综合治理参与角色,积极维护国家安定、社会祥和的应有职责。

附:鲤城区人民法院改革文件(见附录)

家事审判工作规程(试行)(见附录第 239 页)

家事纠纷诉讼指引(见附录第 245 页)

家事案件调查员工作规程(见附录第 246 页)

预约调解工作制度(见附录第 249 页)

家事纠纷调解建议书(见附录第 252 页)

家事纠纷服务站工作指导意见(见附录第 253 页)

家事案件回访帮扶制度(试行)(见附录第 253 页)

泉州市鲤城区人民法院　泉州市鲤城区司法局　关于加强家事审判中法律援助工作的实施意见(见附录第 256 页)

泉州市鲤城区人民法院家事审判庭泉州市公安局××派出所共建协议书(见附录第 258 页)

泉州市鲤城区人民法院与泉州市鲤城区妇女联合会处理家事审判庭案件工作联动机制(见附录第 261 页)

泉州市鲤城区人民法院与泉州市鲤城区妇女联合会为家事纠纷当事人开展心理疏导工作流程(见附录第 262 页)

紧扣家事特性　建构“武城模式”

陈晓静*　吴广辉**　阚东广***　祖　振****

家事纠纷是以身份关系为核心的特殊民事纠纷，其视域范围应解决司法公平正义、化解群众纠纷矛盾、支撑社会公序良俗等诸多复杂问题，既要体现类案针对性，又身兼司法逻辑性，在程序正义与实体正义上起到平衡作用。山东省武城县人民法院（以下简称武城法院）自2016年4月被确定为山东省家事审判改革试点以来，积极探索，勇于实践，实现四个重要转变，即审判理念由单纯机械审理转变为以修复感情、弥合亲情为主；审判方式由僵化的对抗式转变为以职权询问式为主；工作机制由法院单方转变为社会合力；关注重点由以财产分割为主转变为加强保护未成年人、妇女、老年人合法权益。通过三年的改革试点工作，已构建以专业审判为根本、以司法辅助为保障、以修复感情为宗旨、以高效运行为基础的家事审判工作新机制，积累了一定的家事审判实践经验，形成了易操作、能复制、效果好的家事审判运行“武城模式”。

一、多元化纠纷解决机制挺在前面

为更好地适应家事案件的特殊性及当事人的人格利益需要，克服和化解

* 陈晓静，山东省武城县人民法院党组书记、院长。

** 吴广辉，山东省武城县人民法院党组成员、副院长。

*** 阚东广，山东省武城县人民法院审委会委员、庭长。

**** 祖振，山东省武城县人民法院团支部书记、法官助理。

家事案件数量持续增长的困境，促进家事案件审判质效不断提升，首先应充分发挥多元化纠纷解决机制在家事领域的作用。家事案件的处理涉及家庭的稳定与和谐，为使家事案件得到妥善处理，切实保护各方当事人及利害关系的合法权益，特别是保护未成年子女的利益，有必要引进社会人员或者社会组织参与家事案件的处理。[1] 鉴于此，武城法院在改革中尝试构建多元主体共同参与的家事纠纷多元化解机制。

（一）制定武城县家事纠纷综合解决机制

在新时代中国特色社会主义法治的大背景下，"党委领导、政府支持、法院主导、部门联动、社会参与"是武城法院在推进家事纠纷多元化解实践工作中总结的基本原则。2016 年 4 月，武城县委成立由县委副书记任组长，县委常委、政法委书记，县委常委、宣传部长任副组长，相关单位主要负责人为小组成员的多部门联动家事审判方式及工作机制领导小组。2017 年 2 月，武城县 24 个职能部门联合出台《武城县家事纠纷综合解决机制》，实现多元化解决家事纠纷的社会治理格局。

通过建立高层次、多维度、全方位的纠纷多元化解机制，充分调动全社会力量，拓宽家事纠纷解决的方法和途径，加强政法系统和相关行政机关的联动配合，引入相关专业人员及各基层组织人员组建司法辅助团队，建立政府购买服务模式，县财政设立专项资金，对辅助人员的交通、食宿等费用专项列支，构建起多元主体共同参与的新型家事纠纷综合解决工作机制。

1. 厘清主体，明确职责

人民政府和有关部门、社会治安综合治理部门、人民法院、人民检察院、人民团体、基层群众性自治组织和其他社会组织，应当按照各自职责建立健全重大决策风险评估、矛盾纠纷排查调解处理等制度，推进纠纷多元化解机制建设，共同做好纠纷化解工作。鼓励和支持公道正派、群众认可的社会人士和其他社会力量依法参与纠纷化解。[2] 具体职能设定如下：

（1）县级以上人民政府：一是宏观规划职责；二是加强预防和化解矛盾纠

---

[1] 参见刘敏：《21 世纪全球家事诉讼法的发展趋势》，载《中国应用法学》2017 年第 5 期。

[2] 参见于建成主编：《山东省多元化解纠纷促进条例解读》，法律出版社 2016 年版，第 39～40 页。

纷能力建设;三是提供必要的公共财政保障;四是支持各类纠纷化解组织发展。

(2)综治办:牵头做好家事纠纷解决工作机制的建设和完善;掌握分析家事纠纷形式和动态、及时向领导小组报送纠纷信息;将家事纠纷解决工作纳入社会管理综合治理领导和部门责任制,严格考核责任,促进人民调解、行政调解、司法调解的高效联动。

(3)法院:积极稳妥开展家事审判方式及工作机制改革试点工作;积极协调各成员单位开展与家事纠纷有关的工作,全力构建教育引领、调处优先、判决为辅的综合家事解决模式;指导、组织、协调司法辅助团队开展工作。

(4)民政局:建立家事纠纷(主要针对离婚)行政调解组织;接受当事人或法院委托对家事纠纷进行调解;以适当方式对登记当事人设置一定时限的冷静期,将冲动离婚者排除于离婚之外;指派具备社会工作者资格的工作人员加入司法社工组织和司法辅助团队进行家事调查、调解;对在家事纠纷解决过程中发现的贫困家庭进行精准扶贫;对在家事纠纷解决过程中发现的符合条件的离异家庭未成年人进行必要帮扶;设置离异儿童、受家暴妇女庇护场所。

(5)妇女联合会:建立家事纠纷(主要针对离婚)行政调解组织;接受当事人或法院委托对家事纠纷进行调解;对遭受家庭暴力的妇女、儿童,帮助他们报警或向法院申请人身安全保护令;协调村妇女主任加入司法社工组织,进行家事调查、调解和回访。

(6)司法局:指导各级人民调解委员会对家事纠纷进行调解;指派司法所长、律师、法律工作者、社区矫正人员参与家事调查、回访、心理测试和辅导;指导公证人员参与家事调查、家事回访、家事调解工作。

(7)公安局:依据《反家庭暴力法》的规定,对家庭暴力进行处置;配合法院搞好反家庭暴力信息平台建设。

(8)检察院:配合法院搞好家和平台建设;对《反家庭暴力法》的实施进行法律监督。

(9)教育局:指派具有心理咨询师资格人员加入司法社工团体,从事心理辅导、未成年人帮扶、教育工作;对离异家庭未成年人进行在校时期的特殊观护。

(10)关工委:动员社会力量对未成年人进行关心爱护;对受到家庭暴力的未成年人,帮助他们报警或向法院申请人身安全保护令。

(11)镇、街、开发区:负责协调管理辖区内的村妇女主任、综治员从事的家事纠纷工作;配合各成员单位开展家事纠纷调处工作、审理工作。

2. 加强保障,落实举措

(1)明确职责,加强考核。在党委的统一领导下,根据《武城县家事纠纷综合解决机制》的设定,有关职能部门充分认识到保障措施的重要性,制定明确的职责细则,落实到人,切实推进各项保障措施的落实。同时,将多元化解解决机制落实情况纳入综治考评体系,工作落实不力造成被动或产生严重后果的,追究有关人员责任。

(2)加强软硬件建设,为家事纠纷多元化解创造良好基础。在硬件建设方面,主要是推进家事纠纷化解平台建设,通过深入调研分析,确定具体可行的计划,从办公场所、办公设施、派驻机构设置、纠纷处理流程等各方面进行设计,为公众通过多渠道化解纠纷创造便利条件。2017 年 3 月,武城法院与武城司法局公证处签订合作机制,设立公证处驻法院工作室,实现家事调查、家事调解、公证程序前置对接工作。在武城法院机关与老城法庭分别创设符合家庭特色的圆桌模式与客厅式家事审判庭,营造良好、温馨氛围。在软件建设方面,主要是加强信息化建设和建立科学的培训教育机制。信息化建设侧重提高效率、团队协作及社会宣传。培训教育机制要求定期聘请法学专家或专业教授,对家事审判团队成员进行培训,提升整个团队对我国现行家事纠纷解决机制的思考、解决问题工作能力和素质。同时加强人才梯队建设,为家事纠纷多元化解培养更多高素质专业人才。有效开展法治宣传教育,一方面增进社会公众对家事纠纷多元化解的理解和认同,另一方面在社会营造和谐氛围,预防和减少纠纷的发生。

(3)设立专项经费,保障各项机制的顺畅运行。加大经费投入,积极争取党委、政府及社会各界对新型家事纠纷综合解决工作的支持,落实相应经费保障,设立专项资金,保障工作长期、规范、顺畅运行。

(二)延伸多元化解方式　提高综合处置能力

1. 启动情感救助,设立三大指导课堂。针对问题家庭、孩子教育,设立三大指导课堂，开启专业的心理、法律和沟通技能等方面的辅导，推进家事审判理念走进家庭、走入社会。创建和谐家庭指导课堂，针对诉讼中的双方当事人，由资深心理咨询师传授婚姻家庭中的相处技巧、沟通方式，以及离异子女教育成长需要注意的问题、教育孩子的方式方法等有关知识，提升心理承受力并帮助他们理智解开心结、化解矛盾。开通“家事法官说家事”社会课堂，家事法官以文字和语音讲故事的形式讲述典型案例，在微信公众号及相关媒体刊登，让广大父母明白家庭的责任，明白离婚对孩子、夫妻双方造成的影响，并从已发生的案例中找到解决婚姻矛盾的方式方法。开辟家事纠纷调处专业辅导课堂，针对基层各乡镇、村街的妇代会主任，进行家事调解、调查、回访等内容的专业培训，提高他们对家事审判改革的认知，增强对家庭矛盾调处的信心，提升纠纷调处的能力。

2. 整合教育资源，打造少年家事法治教育基地。武城法院建立了集未成年教育、家风、家事为一体，“学校、家庭、社会”相融合的少年家事法治教育基地。基地立足未成年人健康成长及家事审判方式改革，整合社会法治教育资源，发挥“预防、教育、引导、启迪”功能，推进法治实践与法治教育相结合，并向社会免费开放。基地从展示武城历史文化、特色文化、现代文化到案例分析、心性成长，从家事审判到家风培养，从角色体验到如何做一个对社会有用的人，帮助青少年了解武城，增加对家乡的认同感和自豪感，应对和解决成长中的困惑，引导家长树立正确的家庭责任观，塑造健康向上的家风。

3. 探索职能衔接，派驻民政局家事指导中心。为有效发挥家事处置的“教育、引导、调处”功能，武城法院将家事审判职能前置延伸，在民政局婚姻登记处设立家事指导中心，联合出台《家事工作协作机制及操作规程》，此中心由婚前指导室、法官工作室、离婚调解室等组成，主要成员为家事辅助团队中的心理咨询师与婚姻家庭指导师，主要职能是对办理结婚的双方予以增强家庭责任、义务，认知家庭行为规范等传统家和理念培养，注重儒家思想、孝德文化传播；对办理离婚的危机婚姻，运用专业知识予以调解和好。家事指导中心有效发挥家事处置的“教育、引导、调处”功能，培育“敬畏婚姻”“珍爱家庭”“离婚慎重”的价值观念，全力维护家庭幸福和谐，促进社会平安稳定。家事指导中心建立以来，婚前辅导 1347 件，4000 余人次，离婚调解 1604 件，调解和好 565 件，调和率达到 35.2%。

4. 强化院校合作，寻求强大理论支撑。为深入推进家事审判改革，争取在理论方面的支持，武城法院先后多次与南京师范大学法学院、山东大学法学院、山东大学哲学与社会发展学院、华东政法大学、北京师范大学心理学院等专家学者进行交流，研讨家事审判改革理论与实践如何更好结合，以及基层家事审判改革今后的改革重点和方向，确定双方在家事诉讼立法、家事诉讼理论、心理学理论等方面的战略合作，并分别建立理论与实践相结合的教育实践基地，为继续深化家事审判改革，全力发挥家事救助功能打下坚实的基础。

二、组建专业审判及辅助团队

（一）成立专业审判团队

建立专门的家事审判机构，有利于贯彻家事诉讼特殊的审判方式和审判理念，赋予法官按照家事案件、涉少案件的特点进行灵活化的处理权利。[1] 武城法院于 2016 年 9 月 5 日设置具有独立编制的家事审判庭，专门审理婚姻家庭纠纷，下设三个合议庭，按照“1 + 1 + 1 + n”模式组成，即一个审判长、一个法官助理、一个书记员、n 个辅助人员，实现了家事案件的专业化审理。[2] 审判团队由从事婚姻家庭案件审理工作多年的资深法官及有一定审判经验和对家事有着热情和爱心的女法官分别担任审判长，审判长均具备良好的业务素质和沟通协调能力，负责签发本合议庭的法律文书，对合议庭办理的案件负责。后因司法责任制改革的需要，2018 年年底，武城法院根据员额法官的人数，设定由 4 位员额法官审理家事纠纷，占全院员额法官人数的 13.8%，员额家事法官负责签发本合议庭的法律文书，其均是从事婚姻家庭审理工作多年的资深法官，具备良好的业务素质、沟通协调能力。每位员额家事法官配备一名优秀的法官助理，包括未入额审判员，为整个家事审判团队提升处理疑难、复杂问题的能力。

（二）组建“七员”家事审判辅助团队

武城县人民法院与县妇联、团委、司法局、民政局等多部门联合选任“七

〔1〕 参见陈爱武：《家事诉讼与儿童利益保护》，载《北方法学》2016 年第 6 期。
〔2〕 参见曹思婕：《我国家事审判改革路径之探析》，载《法学论坛》2016 年第 5 期。

员”家事审判辅助团队，分别是心理咨询员、心理辅导员、家事调查员、情绪平复员、家事调解员、少年观护员、家事回访员。首先，心理咨询员、心理辅导员、情绪平复员主要是由教育系统和司法系统里具有心理咨询师资格的人员组成，在法院心理工作室与民政局家事指导中心工作，主要职责是对家事案件当事人、未成年子女进行测试、疏导。其次，家事调查员、家事调解员、家事回访员主要来自于两方面群体，分别具备专业性与实践性的特殊优势。专业性群体是指律师、公证员、法律工作者等；实践性群体是指村庄妇代会主任、武城爱心联盟等热心人士与组织。由于家事调查员、调解员与回访员工作职能类似，同一个人可能在不同的家事纠纷中承担不同的任务。最后，少年观护员是以学校教师为主体组建，主要针对正在审理的离婚案件中的未成年子女，通过观护、疏导、帮扶，实现未成年子女利益最大化。所有这“七员”团队成员的报酬，由政府专项资金支持。

三、构建武城家事审判制度的“四梁八柱”

家事诉讼程序的独特性，注定要求它交错适用诉讼原理和非诉原理，并且据此原理设计其自身的审理原则和程序规则。[1] 武城法院在家事审判改革试点工作中，根据上级法院指导意见，结合工作实际，先后制定《家事审判方式及工作机制改革实施方案（试行）》《家事诉讼程序操作规程（试行）》《关于婚姻危机、婚姻死亡客观标准的意见（试行）》《家事审判要素式裁判文书样式》《挽救婚姻计划书》《家事审判人员绩效考核》等16个大项65个小项的制度机制，并编辑成册，规范家事案件的受理范围，明确家事案件审理操作规程，为家事审判改革顺利开展提供制度依据。

（一）武城法院家事审判的四项原则

1. 不公开审理原则。家事案件特别是离婚案件的审理过程，有可能涉及家庭的隐私，中国自古便有家丑不可外扬的传统习俗，鉴于此，在审理家事案件时，以不公开审理为原则，以公开审理为例外，维护当事人的隐私权，减少双方亲属之间可能发生的矛盾冲突。但不公开并非不能进行对审程序，给予对

---

〔1〕 参见刘敏：《论家事诉讼程序的构建》，载《南京大学法律评论》2009年第2期。

立的当事人主张、举证与反驳的机会。[1]

2. 未成年利益最大化原则。根据武城县人民法院近三年的数据统计，涉及未成年子女抚养问题的离婚案件数占总离婚案件数的50%以上，当家事法官承办这些案件时，要通过家事调查、诉前调解等制度主动掌握未成年人的具体状态，在审理过程中时刻有未成年子女利益最大化的断案思路，这样才能适应家事案件因感情等原因，比较容易出现突发因素的特性。随着儿童权利保护的重视程度的提高，一切与儿童利益有关的争议，都可以纳入家事法庭的管辖，由司法作出裁决。[2] 目前在离婚纠纷中，有两种类型的案件是法官特别关注的，一是当事人双方同意离婚都不要求直接抚养未成年子女的情况，如未成年子女身患重病、身体残疾等，法官如果调解不成，一般判决不准离婚，这不是阻碍公民的婚姻自由权，而是把未成年子女利益最大化原则放在第一位；二是当事人双方都要求直接抚养未成年子女的情况，则通过多元化解纠纷机制，运用新型家事审判制度，通过家事调查的走访、儿童托管室的观察，综合人情、财力、成长环境等多方面因素，形成家事调查报告在庭审中由当事人质证，最终由法官根据未成年子女利益最大化原则的要求，裁决婚生子女由一方直接抚养。

3. 当事人亲自到庭原则。家事案件在人身关系上的特殊性，决定了当事人本人到庭更有利于人民法院准确裁判，也有助于当事人之间消除误会、恢复感情、修复婚姻，促成和解、调解。在家事审判中，要强调当事人原则上应当亲自到庭参加诉讼，力求实现纠纷的彻底化解。对于无故不到庭的当事人，应根据个案需要，可采取拘传等强制措施，实现家事审判宽严相济、法以弼教的审判理念，彰显法律的约束力与权威性。

4. 修复式庭审原则。从民事诉讼制度产生和发展的历史看，多数国家的民事诉讼都采用当事人主导型的诉讼模式，呈现“对抗与判定”的基本结

---

〔1〕 参见张晓茹：《家事事件程序的法理分析》，载《河北法学》2006年第6期。

〔2〕 参见蒋月：《家事审判制：家事诉讼程序与家事法庭》，载《甘肃政法学院学报》2008年第1期。

构。[1] 但其不适合家事案件的庭审模式，武城法院的家事审判庭审模式以最高人民法院原审判委员专职委员杜万华提出的“三个转变”为理论基础，制定以查明人身关系为重点、财产关系为次重点的庭审程序与庭审笔录，摒弃僵化、单一的当事人主义庭审模式，重新创设“职权主义、当事人主义”相结合的修复式庭审模式。[2] 在法庭调查阶段，家事法官主要依职权探知主义提取情感要素，情感要素包括两种途径的提取，一是通过开展“修复式询问”了解当事人的生活细节、感情经历，例如“请列出对方的主要优点”“请回忆对方曾经做过的让你最感动的一件事”等；二是庭审前通知不同意离婚一方准备影像资料、特殊意义物品，在法庭调查阶段予以播放或者展示，例如求婚物品、结婚生子录像、全家福相册等。这种方式可以准确抓住“人都是有感情的”这一关键，恰当地用在家事案件庭审中，可以平复当事人的情绪、修复感情，使当事人能够冷静地做出选择，具有重要意义。另外，对于属于夫妻感情确已破裂或者只涉及财产关系的家事案件，武城法院也设置财产类家事案件速裁庭审模式，让当事人能够在法律调整的框架内快速理清财产关系，不因分割财产过度激化矛盾，这也是修复式庭审的另一种表现方式。

（二）武城法院家事审判的八项制度

1. 诉前调解制度。解决家事纠纷的重要方式为调解，而调解程序前置是达到化解家事纠纷矛盾的捷径之一。离婚案件和其他在性质上适合调解的一切家事案件在诉讼系属前必须进行调解，未经调解不能进行审判。[3] 将调解贯穿于纠纷的始终，并实行严格的保密制度，法官及相关调解辅助人员未经当事人允许，不得泄露当事人的个人隐私。矛盾开始的初期，由村级调解员根据情况进行调解。当事人向法院起诉时，由法院设置 20 天的诉前调解期，当事人签署诉前调解确认书，由法院管理的特约调解委员会自行调解，或委托人民调解委员会、行政调解组织调解。此 20 天的调解期属于强制调解，即将调解

---

〔1〕 参见王亚新：《对抗与判定——日本民事诉讼的基本结构》，清华大学出版社 2002 年版，第 57～58 页。

〔2〕 参见杜万华：《大力推进家事审判方式和工作机制改革试点》，载《人民法院报》2017 年 5 月 3 日，第 5 版。

〔3〕 参见陈爱武：《家事调解：比较借鉴与制度重构》，载《法学》2007 年第 6 期。

设定为诉讼前置必经程序,规定双方当事人有义务参加,并与诉讼程序形成衔接。

2. 家事调查制度。发挥法院依职权调查的力度,对拟离婚的夫妻,委托家事调查员,走访邻居、社区、工作单位,了解当事人的婚姻家庭状况,界定婚姻死亡和婚姻危机,明晰未成年人抚养现状,向法院出具书面调查报告,为抓住化解关键打下基础。

3. 家事回访制度。家事矛盾通过几次有限调解难以达到最好效果。我院建立了以法官、调解员、心理咨询师为主的回访团队,针对家事案件以及涉及未成年人矫正案件,定期进行回访,消除对立、弥合亲情、恢复情感,全力维护"小家"的和谐与稳定。

4. 财产申报制度。对进入诉讼的夫妻双方,要求双方填报家庭一切财产,明确申报范围,遵循强制申报、如实申报和保密三项原则,对隐瞒、谎报或不报者,按法律规定直接判决少分或者不分财产,最大限度维护如实申报一方当事人合法权益。

5. 心理疏导机制。除聘任专职心理咨询师在法院开展心理辅导外,还将各部门具有心理咨询师资格的人员纳入心理咨询团队,针对未成年人子女现状和当事人的心理状况、心理特点进行一对一辅导并做出分析,为解决家事纠纷提出科学合理建议。

6. "婚姻挽救"制度。对一方不愿离婚的案件,设置冷静期。同时,创造性地设置"修复感情、挽救婚姻计划书",将不同意离婚一方的承诺写到纸面上,落实到行动中,法院依职权审查当事人落实的情况,最长不超过6个月。适用离婚冷静期的情形可以视案情分为以下几种:(1)被告不同意离婚,有挽救婚姻意愿与举措,原告同意给予被告机会;(2)在传统节假日,符合中国传统文化思想,给予被告挽救婚姻的机会,双方通过节假日的表现来理性判断婚姻有无存续的可能;(3)涉及未成年人利益,包括未成年人正值中考、高考期间,经双方当事人同意设置冷静期。任何冷静期的设置都不能离开理论基础、人文基础及可行性基础。

7. 人身安全保护制度。与检察院、公安、妇联等部门共同出台《关于执行〈中华人民共和国反家庭暴力法〉实施办法》,明确各单位在反家暴实施过程中的职责范围，构建反家暴的防护网络。

8. 离婚生效证明制度。为防止隐私泄露，武城法院针对判决离婚案件，统一制作该证明书，只写明离婚案件当事人身份、案件类型及案号、法院判决生效时间等要素，加盖公章，在民政、房管等部门备案，最大限度保护当事人隐私。

经过三年的探索与总结，武城法院在多元纠纷解决机制、专业审判及辅助团队、家事审判制度等方面，初步实现家事审判方式及制度机制改革的阶段性目标。家事法官逐步从矛盾纠纷化解的前沿转到审判主业，通过辅助团队的科学设立，制度机制的系统建设，家事团队的理念培养，工作方式及思维模式的深刻转变，使得武城法院家事审判改革已实现：制度机制系统化，团队运行规范化，化解举措多元化，教育引导人性化，矛盾化解温情化。根据统计分析，家事审判改革三年以来，武城法院家事案件在其他民商事案件收案数翻倍的情况下，同比减少23.2%，诉前调和率达到27.6%，离婚调和率达39.7%，600余件家事案件经调解撤诉或和好，效果明显。

附：武城县人民法院改革文件(见附录)

武城县人民法院家事审判方式及工作机制改革实施方案(试行)(见附录第264页)

关于执行《中华人民共和国反家庭暴力法》实施办法(见附录第270页)

武城县家庭暴力告诫制度实施办法(试行)(见附录第272页)

关于构建武城县家事工作协作机制的实施方案(见附录第275页)

关于构建家事审判与公证合作机制的实施方案(见附录第277页)

武城县人民法院家事诉讼程序操作规程(试行)(见附录第280页)

武城县人民法院家事调查员工作规程(试行)(见附录第289页)

山东省武城县人民法院家事调解员工作规程(试行)(见附录第292页)

山东省武城县人民法院家事纠纷心理测试员工作规程(试行)(见附录第295页)

家事纠纷心理辅导员工作规程(试行)(见附录第297页)

山东省武城县人民法院家事调解员、家事调查员、家事回访员、心理咨询师报酬支付细则（试行）（见附录第300页）

山东省武城县人民法院家事审判及辅助人员职责规范（试行）（见附录第301页）

山东省武城县人民法院关于人身安全保护裁定的程序规定（试行）（见附录第304页）

山东省武城县人民法院关于婚姻危机、婚姻死亡客观标准的意见（试行）（见附录第309页）

武城县人民法院家事审判庭绩效考核办法（试行）（见附录第311页）

北京二中院“三师一团”辅助家事案件审判的创新改革模式

刘　洋*

党的十九大报告指出，要把社会主义核心价值观融入社会发展各方面，转化为人们的情感认同和行为习惯。婚姻家庭的和谐幸福，是人民美好生活需要最重要的组成部分，也是国家发展、社会进步、民族繁荣的基石。习总书记关于“重视家庭建设、注重家庭、注重家教、注重家风”的重要指示精神，正是人民法院推进家事审判改革、促进新时代家庭文明建设的努力目标和方向。在司法实践中，家事审判也面临着改革中的重大挑战和发展机遇。

一、“三师一团”模式概况

（一）背景考察

在司法改革中，自2016年以来，根据最高法院提出的目标与部署，全国法院逐步开始并全面积极推进家事审判改革，在一百余个试点法院开展家事审判改革工作，通过建立单独的家事法庭审理家事案件，探索设立心理测评干预、家事案件冷静期、案后跟踪回访等制度，创新预防及化解家庭矛盾多元机制，与行政机关等建立协作机制等改革措施，推动家事审判工作的专业化和独

* 刘洋，北京市第二中级人民法院民六庭副庭长，民商法在读博士。

立化，切实保障当事人的合法权益和推动家事司法正义的实现。[1] 而开展一系列家事审判方式和工作机制改革的目的，就是要维护婚姻家族的稳定，依法保护未成年人、妇女和老年人的合法权益，弘扬社会主义核心价值观，促进社会和谐建设。2018 年 7 月 19 日，全国家事审判方式和工作机制改革试点工作总结大会暨联席会议第二次全体会议上，周强院长在讲话中更是提出了“探索完善科学的家事诉讼特别程序，积极推动家事审判改革成果制度化、法治化”等明确要求。长期以来，以离婚、继承、分家析产等纠纷为主要内容的家事案件一直是北京法院最为传统、数量稳居前列的民事案件类型，近年案件呈现出数量在高位中不断稳定增长、案件审理难度不断加大的趋势。作为首善之区的司法机关，北京二中院家事审判改革也于 2016 年下半年正式启动。根据辖区传统民事纠纷案件特点等情况，立足于司法审判职责定位，该院民事审判第六庭推出了“三师一团”这一辅助审判的创新模式。

（二）“三师一团”

“三师一团”，即“社会工作师、心理咨询师、律师” + “百姓评理团”的多元化纠纷解决模式，它也是一种辅助审判的创新工作机制。“三师”概指具备专业资质、来自于专业领域的“心理咨询师”“社会工作师”“律师”，“一团”则指随机抽取并代表社会公众参与庭审观摩和事实评议的“百姓评理团”。一般情况下，心理咨询师、社会工作师负责对存在不稳定因素或确有需要的当事人进行心理疏导；“百姓评理团”则主要对于事实争议较大、对法院工作抱有成见或新类型、疑难复杂的案件事实部分作出评议，一般随机抽取 5 位、7 位或 9 位社会人士组成。在征询双方当事人同意后，评理团成员获得案件主要证据材料，通过旁听庭审，并对争议事实发表评理意见，作为法官判案参考。案件判决后，由“三师”针对来院信访当事人的不同情况协助化解矛盾。律师，对于判决中确有问题的引导申诉；社会工作师，对于判决没有问题、但确有困难的群众链接社会资源，协助寻求社会救济；心理咨询师，对于案件没有问题也不存在困难的上访人进行心理疏导。

---

〔1〕 参见周强：《最高人民法院工作报告——2017 年 3 月 12 日在第十二届全国人民代表大会第五次会议上》，载《人民法院报》2017 年 3 月 20 日，第 2 版。

二、“三师一团”运行情况

据统计，2016 年至 2018 年，北京二中院适用“三师一团”创新模式辅助审结家事纠纷等类案件共 42 件。[1] 就相关问题曾与北京师范大学等专题调研，与市人大代表、政协委员、律师、群众等进行交流，征询意见建议；与北京高院、辖区基层法院研讨交流，并听取媒体代表意见。

据统计，近三年北京二中院民六庭共审结民事案件 6158 件，其中家事案件审结 2409 件。适用“三师一团”模式助力审判的案件共计 42 件，占审结的全部民事案件总比为 0.68%；适用该模式助力审判的家事案件总计为 15 件。仅在家事审判领域选取的案件中，“百姓评理团”等方式参与现场庭审的即有 15 起案件，各方社会力量参与达 100 余人次以上。另有 6 场次由具有相关资质的专业社工师和咨询师协助为案件当事人及委托诉讼代理人等进行心理疏导和心理咨询，有 2 次以上律师参与疏导化解矛盾工作。而上述全部案件终审后矛盾化解和服判息诉率达 95% 以上，效果初步呈现。2017 年，北京高院专门召开新闻发布会，向社会发布北京法院家事审判十大典型案例。北京二中院有两例案件入选，且两案都适用二中院“三师一团”这一创新改革模式助力审判成功审结。相关做法得到北京高院肯定，在 2017 年北京市法院民事审判工作会议和全市女法官协会全体会议、2018 年北京市反家暴典型案例新闻发布会上予以介绍推广。人民网、新华社、中央电视台、北京电视台等媒体对该项工作相关情况予以报道，典型案例受邀录制专题法治节目播出。部分案件庭审在网络公开视频图文直播。现场观摩及辐射教育群众逾上千人次。

具体来看，适用案件呈现以下特点：

第一，在推广适用后，侵权纠纷类案件成为适用“三师一团”创新模式的首选。家事纠纷适用比则居其次。

第二，传统疑难案件仍为适用“三师一团”模式的优先选择。家事案件中，适用数量最多的类型是离婚纠纷。

---

〔1〕 统计范围为 2016 年 1 月 1 日至 2018 年 12 月 31 日适用“三师一团”模式助力审结的民事二审案件。案件类型包括家事纠纷、侵权纠纷等。

第三,评理团的适用成为普遍选择。全部42件案例中,适用"百姓评理团"的为39件,占比高达92.8%。

第四,辅助模式助力审判评议结果有机统一。

从运行效果看,适用的案件中调撤结案的占适用案件总数的11.9%。从案件信访率和群众评价看,所有案件均顺利审结。而二审后无信访案件的占比达95%以上。共收到锦旗6面,占适用案件总数的14.3%。一审存在认定事实和适用法律错误等改判或因程序违法等发回的,均得到当事人的认可。

从适用类型原因分析:第一,部分案件主体系癌症患者、有暴力倾向、遇亲属亡故、有心理疾病或精神疾病或有自杀倾向等需社会关注关心的群体。"三师一团"模式助审审判暨二中院家事审判改革第一案即一起离婚后财产纠纷案件,案中男方当事人即因怀疑女方与他人存在不正当关系而骗其离婚并侵财,在起诉后情绪一度失控。该男方当事人曾因对一审驳回其诉讼请求的判决严格不满而欲采取过激方式寻仇报复。后该案适用"百姓评理团"模式助力审判,在合议庭努力下当庭调解。当事人亦主动履行调解书中的金钱给付义务。案件圆满审结,问题得以解决。但相关情况确实值得警醒与反思。"三师一团"之路径的开启,既是创新机制运行的起点,同时也标志着二中院家事审判改革的篇章正式掀开。该案入选北京市2017年发布的十大典型家事案例。第二,适用的案件多存在事实争议大、存在不稳定因素、案情复杂、财产标的大、社会关注度高等情况。最主要的原因考量是事实争议大,该部分案件所占比例达88.10%。第三,从审判效率来看,"三师一团"模式促进了审判工作的高效完成。在适用的案件几乎全部为复杂疑难案件的情况下,在适用"三师一团"模式助力审判的案件中有90%以上案件仅询问、开庭1~2次即作出裁判结果。

总之,"三师一团"制度的本位立足于将司法机关与社会力量有机结合,共同作为社会进步的贡献者。该模式的优势在于以下"三性":

第一,具有新时代的独创性。

"三师一团"是北京二院在2016年8月正式建立的家事审判创新模式辅助项目的核心内容,其不仅是北京市家事审判首例创新项目,在全国亦为首创。北京二中院主要负责家事案件等传统民事案件审理的民六庭根据审判工作需要，与北京市妇联、专业化社工机构北京悦群益众社会工作发展服务中心等对接，依托社会工作的专业手段和资源整合的优势，不断提高家事审判的服务和保障水平。“三师一团”，即是运用专业化、社会化和人性化的方式探索解决家事纠纷等类疑难案件的创新路径。它包含对西方国家的陪审团制度模式的借鉴，也立足对司法程序中的人民陪审制的发展。

第二，具有深切的人民性。

“三师一团”项目于 2016 年 7 月正式启动，在执行过程中获得广泛的社会关注，综合司法力量、心理疏导力量、矛盾调解力量和社会力量，完善多元化纠纷解决机制，形成有效的社会合力，助力家事审判调解工作，推进家事审判专业化发展，妥善化解家事纠纷，体现对广大公众特别是普通百姓、弱势群体的人文关怀。

第三，具有一定的专业性。

在该模式中，除审判队伍之外的评理团、社工师和心理咨询师这几类参与者涵盖了代表多个专业化领域的社会人士，如人大代表、政协委员，以及具有丰富社会经验、生活阅历并具备一定法律知识基础的社区街道干部、社区工作者、高校学者、专家、心理咨询师、人民调解员、家庭治疗师、民主党派人士、律师、商界精英等在内的社会各界。为保障当事人的隐私，避免造成审判秘密的泄露，其均与法院签订了严格的保密协议，并经过了必要的资质审查与法律业务的培训。

笔者认为，“三师一团”模式所坚持的导向和创设理念应当归于“三个辩证统一”，即基于问题导向与目标导向的辩证统一，基于司法实践局部困境与诉讼制度自我完善的辩证统一，和基于法官心证信念修正与裁判权力扩张限制的辩证统一。

改革的深入和创新模式的应用均需要一定的保障机制，主要体现在三方面：第一，物质准备。传统的庭审环境显然不能完全满足当事人的需要和创新模式的需要。而为了更好地实行“三师一团”的模式，体现改革的宗旨目的，该模式实行时做了大量物质准备。如单独开辟使用的评理团评议室、布置温馨的心理疏导室以及必要的社会人员出勤经费等。第二，沟通机制。经调研，大部分案件在评议时由承办法官和法官助理与评理团、社工师、咨询师、律师等进行充分交流。在形成统一意见后,于正式合议时作为重要参考。如当时未形成统一意见,则可由社工机构人员协助组织评理团人员等进行第二轮的评议。如确存在分歧,则将分歧意见完整呈报给承办法官,并向合议庭反馈。在审结案件后还通过阶段性地综合性回访,听取各界反馈的意见建议。第三,监督机构。一方面,由院庭纪检监察制度作为审判纪律防控保障;另一方面,由各项协议、合作框架的约束作为运行内容和效率的保障。

三、影响制约的因素

第一,个体变量因素。每个法官作为推动创新模式适用的重要个体,其业务素养、经验能力、智慧水平等均会成为适用模式能否成功解决问题的关键。

第二,评价评析指标。由于尚未建立全面科学的评价体系,现有的数据反映的情况必须与法官的结案质效、信访情况和矛盾化解等方面考核指标相联系,故建立起独立的评价评估制度体系也成为改革创新总结发展的必需。定位于改革中的创新模式,非强制性,因此在实施中具有一定消极性,且易受结案率、绩效指标及当事人主观意愿等诸多因素影响,期待适用范围与实际适用案例存在一定差距。

第三,特殊受众情况。2019 年 2 月中国科学院心理研究所、社会科学文献出版社共同发布的《中国国民心理健康发展报告(2017 ~ 2018)》从学术视角研究和分析了 2017 ~ 2018 年我国国民及各个群体的心理健康状况。提及我国正处于经济社会快速转型期,人们的生活节奏明显加快,心理健康问题日益凸显。国民心理健康越来越成为影响经济社会发展的公共卫生问题和社会问题。揭示国民需求率最高的是“自我调节”知识,有 53.0% 的受访者表示需要,后面依次是“教育孩子”(46.3%)、“人际交往”(44.3%)、“心理疾病防治”(34.1%)、“职业指导”(33.9%)和“婚姻”(28.9%)几项常见心理健康需求。

四、相关经验做法考察

(一)域外对比

通过对英美法系国家的陪审制分析可见,陪审团作为一种“邻里证人”制度传入英国是在1066年,在亨利二世时期开始发挥司法功能。1215年《自由大宪章》以法律形式把陪审制度固定下来,规定了起诉陪审团制度以及人民享有“接受与自己同等人审判”的权利。1352年,爱德华三世将负责起诉的陪审团与审判过程中的陪审团分立,后者主要在普通法诉讼中作出事实方面的裁决,现代意义上的陪审制度就此建立。[1] 美国《联邦民事诉讼规则》第48条中这样规定:“法庭应当组织不少于6人、同时不多于12人的陪审团。”(Federal Civil Procedural Rules, Rule 48: “The court shall seat a jury of not fewer than six and not more than twelve members.”)在该制度设计中,还就陪审员资格,包括国籍、选民登记等进行了规定。而保证制度运行的更为实质性的规定则是针对陪审团候选人的审查对象的实质要件审查,即绝对异议程序的存在。该程序是确定陪审团之组成的最后环节。另一项制度是“有因异议程序”,即如有充分证据证明候选人不公,则可否决之。从职责上来看,在民事诉讼中,英美法系的陪审团一般负责审理案件中的事实问题,有权决定双方权利义务的归属,甚至有权确定权利义务的具体形式。法律问题则仍由法院决定。爱德华·柯克(Edward Coke)曾作出这样的著名论断:“事实问题不属法官职责,法律问题不属陪审团职责。”法官一项重要职责即负责向陪审团解释民事诉讼的证明标准,即“优势证据”的证明标准和“明显且令人信服的证据”之含义。从决策方式上看,英美法系采“一致同意原则”,即作出的裁决必须是陪审团全体成员一致通过的。同时,诉讼规则中也规定了经双方同意可采取其他决策方式的内容。目前,以美国为例,其陪审团在民事诉讼中利用率非常低。同时,代表世界发展趋势的非诉纠纷解决程序(ADR)对陪审制度产生了冲击,对该制度改革的呼声越发高涨。且在实际运行中,陪审团不被允许记录、不能发问等均在改革延伸的范围内。

(二)“三师一团”的创新发展

1. 理念转变效果透视

第一,转变家事审判理念,力图路径创新。

长期以来,以离婚、继承、分家析产等纠纷为主要内容的家事案件一直是

---

〔1〕 参见齐树洁主编:《英国司法制度》,厦门大学出版社2007年版,第155~158页。

北京法院最为传统、数量稳居前列的民事案件类型。案件呈现出数量在高位中不断稳定增长、案件审理难度不断加大等特点。二中院的家事审判,就是在转变只重视审判本身、不重视矛盾化解和只重视财产处置、不重视情感修复这种观念的基础上,针对家事纠纷案件普遍存在的案情复杂、诉讼争议大、当事人矛盾冲突激烈等情况,从推进家事审判专业化和探索工作新方法、创建家事审判新模式的需要出发,首先从家事审判的理念上进行转变。

通过对42例适用案件审理情况的回顾和相关情况的统计分析,笔者发现在"三师一团"的实践案例中,实现了审判的三个观念意识的转变:

一是树立提升社会参与程度的意识。在家事审判庭率先引入社会化服务,让社会力量与家事审判有机结合,使法官的法律专业性与社会服务资源相融合,亦使裁判的权威性与公众的广泛性相结合,让有着丰富生活经验的广大群众与专业化家事法官队伍形成合力,开创了化解家事矛盾的新型共同体。

二是坚定未成年人利益最大化理念。二中院在涉及婚姻、子女抚养的家事案件的审理中,转变思想和工作重心,坚持以实现家庭和睦为目标,遵循未成年人利益最大化原则,既体现法律的一般公正,亦兼顾对弱势群体的个案公正,依法保障妇女、未成年人和老年人等弱势群体的合法权益。

三是秉持阳光司法、柔性司法、暖心司法的理念。通过全新工作模式,达到家事法官的角色重塑,家事审判由传统的关注财产争议到着重修复家庭关系,从处理纠纷到消除对立,对于家事纠纷案件的处理在专业化力量的促进辅助下实现从刚性司法向柔性司法的转变,从单一的个体审判行为向综合性的团队审判活动模式转变。

第二,提升群众工作水平,力赢大众认同。

从离婚、子女抚养到继承等等的每一起家事纠纷案件,通常会隐藏着长时间积累所至的情感纠葛,长年的家庭矛盾,也会折射出社会矛盾的多个层面。家事审判中面对的当事人,不仅往往有特殊的诉求与困难,也可能存在焦虑、自卑以及对抗和厌世等不良情绪。二中院家事审判在"三师一团"的具体工作中,充分考虑当事人的个体情况,以各种力量的参与助力增强家事纠纷案件研判的系统性、针对性和有效性,以各种创新方式提升群众工作水平,为服务首都经济社会发展和保障改善民生进行了有效实践摸索,亦形成了多个凝聚着宝贵工作经验的典型示例。准确把握司法改革的阶段性特点,构建了系统联动、动态发展的“创新——规范——融合——发展”的家事审判工作模式,逐步实现了家事审判工作由“局部推进”到“系统集成”再向“全面发展”驱动的格局,使二中院家事审判工作逐步走在了全市法院的前列。在化解家事纠纷“三师一团”项目推进两年多以来,对相关家事纠纷案件当事人及家属提供了极大的帮助和有益的引导,二中院家事审判庭收到当事人送来的多面锦旗和多封表扬信,庭室荣立集体三等功。

2. 路径拓展效果审视

第一,深入拓展“三师一团”模式内涵,树立品牌,以案例示范创新。

在二中院党组的领导支持下,民六庭以“三师一团”创新工作模式为路径,进一步推动家事审判工作改革,在传统民事案件审判中有效发挥了符合人民群众需要的现代司法职能作用。所审结的案件无一重大信访情况。在统计的案件中,一例评理团参与的社会关注度较高的典型侵权案件首次经网络视频公开直播,起到良好示范效果。在统计对象中,有一起离婚案件女方深度抑郁,几度自杀未果,创新审理模式开庭后法官与心理咨询师共同进行心理疏导,当事人心结开释,案件顺利审结。“三师一团”模式对化解社会矛盾、维护社会稳定、促进社会和谐起到了很好的作用,彰显了改革成效。

第二,大陪审模式助力家事审判,阳光司法,首例创新。

《人民陪审员法》于 2018 年 4 月 27 日公布施行后,民六庭在“三师一团”的经验积累基础上,将公众参与审判的探索进一步推进,在全市首次采用“3 +4”大合议庭模式(3 名法官、4 名陪审员)审理了一起疑难复杂的一审家事案件。该案当事人近 40 人,是二中院近年来审理的家事案件中人数最多的案件。涉案房屋位于通州区首都疏解整治副中心地带,案情跨越 40 余年,涉及家族四代数十人之间的财产、众多当事人矛盾调和以及财产利益的冲突解决,也是在北京高院发布相关研讨纪要后出现的有代表性的新类型案件。该案的成功审结是二中院在探索首都法院特色的陪审模式方面在家事审判领域的全新实践,标志着二中院在积极探索建立家事纠纷多元解决机制方面的创新突破。

第三,促进反家暴等工作全面发展,入选典型案例。

参加了北京市妇联、北京市高级法院联合召开的北京市反家庭暴力典型案例新闻发布会,两案入选北京市反家暴十大典型案例。发布会上,二中院作为唯一法院代表介绍了反家暴工作方法经验。二中院关于"三师一团"的新闻发布会为新华社、中央电视台、中国日报等数十家媒体直播报道。

第四,家事审判社会影响力提升,专业化队伍建设取得阶段性成效。

在民事审判中,笔者对"三师一团"在家事审判领域的改革首先进行了专题调研,同时对家事调解、研究规程、队伍建设进行了全面总结。"三师一团"模式依托社会纠纷综合治理机制和多元纠纷解决机制,借助妇联、高校、相关社会组织等专业性社会力量,利用两到三年时间完成了家事案件审判方式的初步转变,保持了家事审判队伍建设的专业化,形成了推动家事审判改革合力。本院法官被北京市妇女儿童工作委员会办公室聘任为"北京市十三五时期妇女儿童发展研究专家",体现了市政府对二中院在维护妇女儿童权益、促进社会发展方面造诣、成就、贡献的肯定。

3."三师一团"模式经验

通过对典型案例的考察和归纳,使"三师一团"模式的初步经验做法逐步呈现。

案例一:"三师一团"第一案——"百姓评理团"助力调解存在不稳定因素家事案件

刘某与王某离婚后财产纠纷案,上诉人刘某因怀疑王某曾在婚内与他人有不正当关系,骗其离婚并获得财产等,以王某欺诈为由主张撤销双方《离婚协议书》中财产处理方面的约定,一审认为根据刘某陈述及其提供的证据,《离婚协议书》签订时刘某对财产权属、离婚原因及后果认知明确,无充分证据证明签协议时存在欺诈、胁迫等无效情形,判决驳回诉请。刘某情绪激烈,在上诉移送期间曾数度欲往中南海上访,一审宣判后曾持刀欲找法官及当事人寻仇。通过运用"百姓评理团"这一改革模式助力审判,扩张审判力量并有效缓解了当事人对立情绪,实现了庭审效果的刚柔相济、情理兼容。合议庭转换多种思路耐心引导,多类调解方式交叉运用,同时辅之以释法教育,在评理团配合下有效弥合当事人分歧,削减了不稳定因素。在达成调解协议后,克服困难当庭送达调解书,当事人主动履行给付案款义务。

本案是“三师一团”模式助力审判的首案,也是二中院家事审判改革第一案。如果仅以传统的民事审判方式询问、开庭,此案的审结恐怕要多些波折,也难尽圆满。它的成功审结,既有评理团在开庭中的威慑作用和安抚效果,又有社会力量对于案件风险评估的参与助力,从而能够解开当事人的心结,及时有效化解矛盾,在司法过程中有效避免了恶性事件发生的可能。案件庭审持续四个小时,随着双方当事人当庭自愿签收解决所有争议问题的调解书,后男方携幼子主动来院交纳二审确定的财产折价款数万元,司法公信力在当事人心中屹然树立。

案例二:社工师辅助第一案——双方疏导,隔代探视,解决抚养难题

这是一起双独子女的离婚纠纷上诉案件,刘某与陈某婚后生育一子小宇,2014 年刘某突发重病送医一度垂危,家庭经济负担陡增,陈某在交纳 3 万余元手术费后,带小宇回到娘家,不再照面。后刘某健康状况好转,随即向法院提起离婚,要求小宇归自己抚养,分割夫妻共同财产,并要求陈某因其遗弃行为给予过错损害赔偿。一审法院经审理将小宇判归陈某抚养,对财产进行分割,同时驳回了刘某的诉讼请求。刘某不服上诉。二审合议庭征询小宇本人意见,同时邀请社工师为双方及孩子进行心理疏导,并组织了隔代探视,由抚养过孩子的爷爷奶奶在法院主持下对孩子进行探视。在社工师辅助下化解了心结,也为本案裁判打下基础,后二审改判支持了刘某部分诉讼请求,从双方身体等情况考虑确定孩子仍由陈某抚养。刘某虽未如愿胜诉,但其全家仍送来锦旗表示感谢并激动落泪。本案在审理离婚案件中开创了三个“首例”——北京法院首例由社工师参与辅助审理离婚类家事案件,首例由社工师对当事人及其近亲属(委托代理人)进行心理疏导,首例由法院组织进行隔代探视。该案审理与以往不公开的情况不同,专业社会力量的参与助力,有效帮助了解双方诉求和孩子心理,保障判决从实际出发解决问题。特别是案件中一方当事人本人身患癌症,孩子刚满 10 岁,双方隔阂较深,本案的处理对未成年子女的负面影响大大稀释,直接回应了当事人的情感需要和实质诉求。

以上两案均入选了北京法院发布的家事审判十大典型案例,在“三师一团”的发展和家事审判改革的推进中具有重要的代表意义和示范意义。在现

行法律框架内,打破常规,创建了符合家事审判规律与群众期待的“三师一团”工作模式,通过引入社会工作师、心理咨询师、律师和由社会各界人士组成的家事评理团,组成了覆盖广泛的对审判形成强大助力的社会力量,让公众参与度提高到新的水平,让公平、正义在每一位公众的真正参与下看得见、做得到。迄今为止,参与“三师一团”项目的社会力量已涵盖了全国和我市人大代表、政协委员、社区街道干部、大学教授、公证人员、企业精英等各工作领域的热心人士,不仅对审判提供了巨大帮助,也为二中院与社会公众的沟通交流开拓了新的平台渠道。

以民生为本,以具体作为诠释新时代的司法担当,更是贯彻落实十九大精神、贯彻中央全面深化改革整体部署,防范化解重大风险的创新改革路径。

五、发展预期

笔者认为,家事审判改革不同以往,其更应当坚持倡导三个辩证统一,即问题导向和目标导向的统一、试点先行和全面推进的统一,以及首创精神和容错机制的统一。司法公信力建设是自我强化、自我发展的必经之路。以习近平新时代中国特色社会主义思想为指导,在经验固化的基础上深入推进。在民政部门、妇联组织、社工机构、高等院校、学术团体和各界媒体的支持下,向着新的工作目标不断迈进,开创二中院家事审判事业发展的新局面。一方面,促进发展,完善程序,凝聚公正。面对各种各样的社会矛盾,形成化解合力,多元解决,实现人本司法。另一方面,逆向监督,正向约束,树立司法公信。同时,避免主观武断,滥用职权,与民意脱轨,与社会脱节。二中院在“三师一团”项目运行中,实现多方参与,职能联动,与多种社会力量形成合力,以多元化的综合工作机制与社会各界共同促进更多家事纠纷的圆满解决。在诉讼法领域,对家事特别诉讼程序和非讼程序进行实质性的探索也是未来发展趋势之一。弘扬社会主义核心价值观亦是社会发展对司法的实质需求。法官职业之魂在于经验养成。社会阅历和法律职业的实践经验越丰富,其职业化程度越高,所积淀的司法公信力越明显。法官司法审判之基在于独立思维。世俗与偏见会形成民间的影响,而依附与束缚则是现实中尚无法完全摆脱的痼疾。实践探索的前方,应当是家事诉讼法纳入立法视野和审议程序的期许与信念。

让家事司法更有温度

——呼和浩特市新城区人民法院家事审判改革探索

苏虎生* 赵 婧** 张莉蔚***

家庭关系历来是人们高度关注的重要社会关系，强调家庭责任，追求家庭和谐，期盼家和万事兴等重要家庭价值观深深地扎根于广大民众的心中。古今中外人们都对家有着浓厚的眷恋，党的十八大以来，习近平总书记在不同场合多次谈到要“重视家庭建设，注重家庭、注重家教、注重家风”，强调“家庭的前途命运同国家和民族的前途命运紧密相连”。家庭是社会的细胞，和睦是家庭的基石。然而，改革开放四十年来，我国社会的巨大变迁，给我国家庭带来了悄然的变化，传统家庭价值观受到了日益强烈的冲击，离婚率不断攀升，离婚案件中的子女抚养、探望等问题日趋突出。

2016 年 5 月，最高人民法院在全国各地部分法院开展了家事审判方式和工作机制改革试点工作，2018 年 7 月，出台最高人民法院《关于进一步深化家事审判方式和工作机制改革的意见（试行）》，家事审判改革在全国法院系统全面推开。几年来，新城区法院全方位贯彻落实习近平总书记关于家庭文明建设的重要指示精神及社会主义核心价值观，积极推进家事审判方式和工作

* 苏虎生，内蒙古自治区呼和浩特市新城区人民法院院长。

** 赵婧，内蒙古自治区呼和浩特市新城区人民法院民一庭副庭长，家事审判团队负责人。

*** 张莉蔚，内蒙古工业大学人文学院副教授。

机制改革工作,让人民群众在家事案件的处理过程中,感受到司法的温度,在法院办案的过程中拥有获得感,在制度保障、机制创新、审判思路等各方面稳妥有序推进家事审判工作。

一、理念更新先行,破除思想壁垒

长期以来,在法院内部婚姻家庭类案件往往被边缘化。在司法实践中,因为法律关系相对简单、涉及财产标的不大、双方矛盾激烈、关于身份关系的纠葛事实烦琐、情感问题难定标准,而且基于事实上大多当事人都是因为日常私事而且持续时间较长,难于取证证明自己的主张和观点,故严格适用法律难以合理维护自己的权利。不少法官存在一种错误的认识,认为婚姻家庭案件技术含量低,都是家长里短的小事,体现不出专业水平,因此很多法官都不愿意从事家事审判工作。然而,家事案件的特性与普通财产争议案件是截然不同的,家事案件涉及的是亲属关系、身份关系,是建立在婚姻及血缘基础上的事实关系,不能将处理财产关系纠纷的观念和方法简单套用于家事纠纷。家事诉讼中,对抗主义不及职权主义更加适宜,刚性司法不如柔性司法更重情理,裁判效力辅助于情感修复更显活力。这就对审理家事案件的法官提出了更高的要求。

目前,我院成立了专业家事审判团队,共 7 人,员额法官 1 名,助理 2 名,内勤 1 名,速录 1 名,外勤送达 2 名。法官和一名助理是法学硕士,其余均为外专业。大家学历不同,性格不同,能力不同,但我们工作起来,就是一个团结的大家庭,就像一只手掌,伸出来不是一般齐,但握起来那就是一个铁拳头。家事法官不仅仅要精通法律,还要具备心理学、社会学等多方面的知识,要能够透过家庭财产、子女抚养、老人赡养等纷争的表面捕捉到当事人感情的心结,将情、理、法充分融合,尽可能让妇女、老人、未成年人等得到安抚,他们的权利得到更好的救济。

我院家事审判团队不断转变思路,并且不断强化法官的职权探知和自由裁量,对当事人处分权予以适当干预。过去我们总在说我们结案数量和改发数量,现在我们强调,我们化解了多少家庭矛盾,改变了多少人的人生。在审理过程中更加重视身份利益和人格利益、情感利益和安全利益的全面保护,让当事人真真切切地在他(她)案件办理的全过程都可以感受到发自内心的理解和配合,而不是法院变成了情绪大爆炸的导火索。我们也在不断地加强宣传,改变观念,不单单是改变我们家事审判团队内部的观念,也在我们家事法庭的墙壁上挂着社会主义核心价值观的宣传画。我们希望通过办案过程,改变每一个案件中的当事人对家庭关系的认知,引导当事人能够遇到问题阳光处理,妥善经营各自家庭,并且勇于拿起法律的武器保护自己的权利。

我院设置了以传统家风家训为主题的院内干警自己家庭的文化墙。"夫妻和睦""勤俭持家""尊老爱幼""孝敬公婆""团结邻里""处事干练""为国教子""男女平等",文化墙上的每一个画面和每一句话语都传递着向善向上、共建共享的力量,让我们院内干警和当事人以及其他群众能够接受到传统家庭美德的熏陶。

二、改善硬件设施,让司法更有温度

对家事审判法庭、调解室、家事审判辅助中心进行装修,设置人性化的布局,落实温情审判。我院立足"和为贵"的家事审判理念,改革原有审判庭的设置,将带窗户的最宽敞、最明亮的法庭改造成为家事法庭和家事调解室,装修风格即显温暖又不失严肃。家事法庭采用圆桌审判方式,审判席不再高高在上,且将原、被告席连接在一起,以缓解当事人的对抗情绪,这种庭审氛围有利于法官与当事人之间的平等交流,有利于家事案件的温情和柔性处理。让当事人感到,来到法院,其实不像战场,要争胜负;不像下棋,讲究套路;不像是赌博,宁分输赢。他们的家事案件只是在目前的法治化建设过程中,双方在法院这个法治化的平台上对于他们家事的一种处理方式。

我院对调解室进行让人倍感温暖的布置,布置成家庭客厅的形式,设置温情回放和缓和情绪为主要功能的全频手感触摸式超大显示器,当事人来到调解室,我们根据他们的爱好和特点,播放夫妻之间、老人、孩子等家庭照片、视频或者当事人感兴趣的画面。在无限互联的今天,我们为当事人制造他们习惯的和喜欢的气氛,从而达到平缓情绪甚至产生愉悦,为促成调解打下良好的心理基础。审判席和原、被告席则改成沙发加茶几的模式,在调解时,桌签也由冷冰冰的原告、被告,变成了夫与妻、父与子等家庭成员称谓,让人倍感亲切。这些元素的设计,让法庭和调解室充满了浓厚的家庭氛围,让矛盾双方的对立情绪变得相对缓和,让家事纠纷变得不必那么火药味十足,充分体现了司法的温度。

三、整合资源,构建多元纠纷解决机制

限于机制因素和法院"案多人少"的客观现实,对于蜂拥而来的大量家事纠纷和日益多元的化解需求,要想真正有效化解家事纠纷并取得良好的社会效果,法院还需要向家事纠纷的诉前和结案后两端延伸服务,需要跨学科的综合性救济手段保障,需要多元的专业化人才及社会力量支撑。我院立足自身工作实际,积极探索符合家事纠纷化解的各项机制建设,充分利用社会资源,调动社会各方力量,尝试构建家事纠纷多元化解机制。

我院和市妇联组织的婚调委对接,和司法局的调解委员会联合,成立由专人负责的婚姻调解机构,从诉前到诉中,全过程进行调解。家暴案件中公安机关、妇联介入;涉及子女的案件中学校、未成年保护组织、民政等部门予以协助;在家事案件中充分利用具有地理优势的基层组织。

四、建立家事审判辅助中心,实现司法无障碍服务

我院在一楼诉讼服务中心设立家事审判辅助中心,我院管辖的地域包括派出法庭管辖地域中所有家事类案件可以在家事审判辅助中心找到解决路径。在辅助中心墙壁上醒目地标明新城区法院家事审判综合解决程序,案件从诉前开始,包括申请保护令、特别程序等案件。在立案时各种文书、表格的填写,财产申报,子女扶养申报,需要心理干预等等都可以到家事审判辅助中心寻求帮助,我们设有专人值班,让当事人充分感受到门好进,脸好看,事好办。在诉中,对于查清案件情况所必须的调查、特殊情况应急处理、诉讼风险预估、心理干预等等都可以到家事审判辅助中心得以解决,让诉讼当事人少跑路,充分感受到耐心热情,最终放下情绪,解决矛盾。在判决后,对于上诉事宜的办理,一些判后即可解决的纠纷等都可以在家事审判辅助中心得到圆满解决。

五、创新家事审判机制，彰显司法服务功能

在改革的进程中，新城区法院家事审判团队制定了一系列规章制度，如《家事审判方式及工作机制改革实施方案（试行）》《家事审判方式及工作机制改革试点推进方案（试行）》《家事纠纷心理测试员工作规程（试行）》等14项规范性文件，进一步将家事审判各流程以及对事实的把握制度化、体系化。目前正在逐步实施，逐步完善。

（一）引入家事调查制度

对涉及身份关系的案件，进行公权力的干预；在处理家事案件过程中，应当设置专门的家事调查员对有关事实进行探明并提出调查意见，以便法院对家事案件作出公正处理。家事调查员的作用是法院工作人员无法替代的。法官的主要职责是对家事案件作出实体处理。如果让法官从事家事调查工作，就会影响家事案件审理效率，导致更多的家事纠纷不能得到尽快解决，同时这也不符合优化司法资源配置的基本要求。家事调查的对象通常为事实问题，而不仅仅是法律问题。事实上，家事调查员能够以更加直接的方式感知当事人的情感，全面了解当事人的婚姻家庭状况，他们对家事纠纷事实的探知更为清晰、准确、全面。另外，将家事调查活动同法院审查判断案件事实隔离开来，有利于消除当事人对法官公正处理家事案件的疑虑，提高家事纠纷解决的司法公信力。

目前我院也在着手从当地妇联、街道办事处和社区推荐的心理专家、妇联干部、社区工作者、机关干部、人民调解员中聘任家事调查员。根据家事纠纷解决的实际需要，我们明确了家事调查范围主要包括：（1）当事人的性格、教育、工作、经历和身心状况；（2）当事人的婚姻状况、感情经历、家庭关系、财产情况以及家事纠纷产生的原因；（3）未成年人的生活、学习、心理和抚养状况，老年人的生活和赡养状况；（4）人民法院认为需要调查的其他事项。

面对社会部分人诚信缺失的现状，加上家事案件在进入法院处理之前，绝大部分都已经经过双方甚至家庭内部多次协商未果，所以双方情绪不稳定，双方都觉得在婚姻家庭生活中付出多获得少，都觉得比较吃亏，所以到了法院不想讲真话和不敢讲真话的心理促成了双方都不能讲真话，而法官又不能有更

多精力去核实事实本身的样子。实行家事调查制度,用相对专业的社会力量走进当事人的日常生活,更加细致和更加全面地了解案件当事人真实的生活,从而让法官作出相对更加客观的判断。家事调查员制度的建立,有利于公正、高效地处理家事纠纷,促进社会和谐稳定。

(二)引入离婚财产申报制度和子女抚养意向申报制度

开展财产申报,子女抚养申报,化解家事纷争难题。婚姻案件中的财产分配是家事审判中非常重要的一部分,对于减少内耗,保证诉讼顺利进行,维护当事人合法权益具有重要的意义。原告起诉要求离婚,但为了规避诉讼费而存在侥幸心理,在起诉时明知家庭共同财产,但并不在起诉时列举,造成最明显的障碍就是诉讼费用不能统一依法收取,如果被告主张答辩期,准备好的开庭就没有办法顺利进行。针对这样的情况,我院探索实施了财产申报制度,要求在立案时原告方本人签署财产申报表,被告在领取开庭传票后到开庭前签署财产申报表,如果有不签、漏签等事实后要承担法律后果,这样既可以保证诉讼的顺利进行,又能进一步维护社会诚信。

引导当事人诚信诉讼,利用该制度对妇女等弱势群体进行保护,建立有效的离婚衡平机制,实现对离婚财产分割的利益平衡;经过立案时填写的财产申报表和子女抚养意向书,有效地避免在诉讼过程中转移、隐匿财产,漏缴诉讼费用,在开庭过程中提出新财产而对方需要答辩期而延期开庭。

(三)引入心理测试心理疏导机制

法院对离婚案件当事人,特别是离异家庭的未成年人,妇联在妇女维权工作中遇到长期受家暴的妇女,委托专业的心理咨询师、心理咨询机构进行心理测试和心理辅导,对于有心理问题的当事人给予专业的心理疏导和干预,然后再更加有针对性地做工作,科学的工作方案让案件办理效果更加合理。

目前我院已建立起专业的心理咨询室,及时帮助当事人解决心理问题。我院引入了专业的调解员参与到家事案件的调解工作中,调解员依托自身的社会阅历协助法官与当事人进行沟通交流,疏通当事人之间的对抗情绪,帮助当事人修复情感创伤。调解员、调查员及法院工作人员在调解、调查、审理过程中,发现当事人情绪波动较大、行为反常的,法院会及时启动心理疏导机制,委托专业心理咨询师或委托有关机构,对当事人开展心理疏导工作。

（四）引入人身安全保护机制

坚决制止家庭暴力，形成公安、妇联、法院等部门的协调工作机制。家事案件中，很多家庭存在家庭暴力，主流观点认为，发生在家庭中的事情并不都属于公民个人的合法隐私，对于家庭暴力，公权力介入时，法院的力量显得单薄，所以必须发动社会力量，共同来完成反对家暴的艰巨任务。为此，我院联系了区妇联和区公安局，准备开展联席会议，一同开展反家暴行动。

针对家庭暴力案件不断增加的情况，我院高度重视《反家庭暴力法》的实施和宣传工作，多次组织干警到农村、社区进行普法宣传，营造了依法维护妇女儿童权益的良好氛围。办案法官针对家暴案件发生频率高、隐秘性强、对夫妻感情伤害大、当事人难以举证甚至难以启齿、在审理过程中不好定性和处理的情形，在家暴的认定上加大了法官的职权调查力度，将法官的经验判断、当事人的陈述、对方当事人的态度等因素进行综合考虑，在抚养孩子、财产分配时充分考虑、保护受暴一方的各项权利。对于被认定为家暴的案件，法院不进行调解而是直接进行到审判阶段，如果受暴方明显感到不安全，法院经过核实会向施暴方发出人身安全保护令。将反家暴工作从事后惩治变成事前预防，让家暴受害者不再遭遇维权尴尬，我院联合公安和妇联设置了人身安全惩戒制度，加大了对施暴方的威慑力。

（五）实行离婚生效证明书制度

根据当事人的申请，我院于 2018 年 11 月 6 日向一起离婚案件当事人发放了首份离婚证明书。在发放离婚证明书之前，很多离婚案件当事人反映，在办理再婚、出国签证、房屋过户、就业、财产登记等事务使用离婚判决书、调解书时，离婚起诉答辩的争议、子女抚养和财产分割的诉讼过程中涉及的当事人情感纠葛和个人隐私内容暴露无遗，给当事人造成诸多困扰。

为解决这一问题，更好地保护离婚案件当事人的个人隐私，我院家事审判庭创新做法，向离婚案件当事人发放特别设计的离婚证明书，作为当事人对外公示婚姻状况的证明。我院发放的离婚证明书正面载明“呼和浩特市新城区人民法院离婚证明书”，包含双方当事人姓名、性别、身份证号、判决离婚的裁判文书案号、生效日期，落款处加盖了呼和浩特市新城区人民法院院印；反面载有一段温馨的法官寄语。离婚证明书小小一本，方便当事人保管和携带，不涉及离婚案件的具体事实，隐去了个人隐私等信息，展现了我院家事审判“柔性司法”的温情一面。

以往人民群众选择在法院解除双方的婚姻关系，最终不论是调解解决还是判决解除婚姻关系，都是出具人民法院制作的判决书或者调解书。很多时候是否生效不详；当事人在法院诉讼离婚后，在办理户口变更、再婚登记、房屋买卖、银行贷款等需要证明婚姻状况的事项时，须提供法院判决书或调解书，而这些法律文书的内容多涉及夫妻感情破裂的原因、财产分割情况等个人隐私，暴露出来后会给当事人带来尴尬和不便。如今，随着我院离婚证明书的推出，这个尴尬的问题就迎刃而解了。

离婚证明书与法院制作的判决书及民政部门颁发的离婚证具有同等的法律效力，有效保障了当事人的隐私权。此外，离婚证明书还附有人情味的法官寄语，希望通过情感化解当事人的心结，走出阴霾，幸福生活。

（六）推行家事回访制度

委托相关部门人员对特定案件进行回访，增强家事审判的辐射功能。为了增强家事案件的社会辐射功能和影响力，延伸司法服务触角，我院对于涉及特定案件类型，比如涉及老年人、未成年人、家暴、经过心理疏导等案件进行定期回访。由家事调查员观察生效判决或调解书的履行情况，督促当事人履行义务，并进行必要的法制、伦理道德的宣传，发现当事人权益可能被侵害的，及时反馈法院，介入处置。对于人身安全保护令案件，法院与基层妇联共同指派家事调查员在三个月内对执行情况进行回访。通过回访，一方面了解当事人经过法院处理后情况发展，另一方面通过相关社区、妇联等部门，可以对一些异常情况进行排查和定向帮扶，让家庭矛盾尽量在家庭内部得到最终处理。

（七）实行庭审不公开审理

改革开放后，经济的迅猛发展让人们的物质生活急剧丰富，中国社会对于家庭的重视自古有之，上一代人经历过的苦难是他们人生的一部分，所以对于子女这一代人有着非同寻常的爱护方式，然后社会上出现了一大批“妈宝男”“中国式巨婴”。类似这样的家庭，家事案件演变成了家族案件，脱离了案件本身需要解决的问题，实行庭审不公开，让家族之间的闹剧刹车，让矛盾的双方冷静地将他们的问题回归自然，让他们之间的尴尬不再接受家族的拷问，最终矛盾在家事审判过程中得以解决。

(八)贯彻当事人亲自到庭原则

为贯彻当事人亲自到庭原则,慎用公告送达,最大限度防止被离婚现象出现。家事案件当事人不到庭、缺席审理会,案件事实难以查清,审判质量难以保证。离婚案件不同于普通的民事案件,其案件涉及双方的人身关系以及财产关系等重大事项的变动,双方不到庭不足以表达他们内心真实意思。故对于除本人不能表达意思及因特殊情况无法出庭向本院提交书面意见获得准许的情形外,涉及身份关系争议的家事案件的当事人及法定代理人应当亲自到庭参加诉讼。无正当理由拒不到庭的,人民法院可以拘传其到庭。对于确有特殊情况无法出庭的当事人、重要证人和鉴定人,可以向本院申请以声音或影像传输技术的形式,参加开庭审理及其他诉讼活动。

实践中,尤其在离婚案件里,一方当事人为了达到拿一张离婚判决书的目的,不择手段,谎称对方找不到,然后编造一些貌似找不到的证据,然后对方在毫不知情的情况下被离婚。对于涉及身份关系的案件,我们目前贯彻的是当事人亲自到庭,比如离婚案件,双方当事人必须亲自到庭,如果确实发生一方无法找到,我们会启动非常严苛的公告程序。在特殊程序案件审理过程中,尤其是指定监护人案件中,我们发现,此类案件其实多数是在争取被监护人身后的财产权益,而且特殊程序案件的程序是一审终审,并且不适合用再审程序纠错,所以,监护人这个身份非常重要。实践中,此类案件我们会要求相关人员全部出庭,防止偏听偏判。

(九)坚持未成年人利益最大化原则

在家事审判实践中,我院始终坚持未成年人利益最大化原则,将父母离婚对子女的伤害降到最低程度,法律也将保障父母在离婚后继续履行对子女应尽的义务和责任。

家事案件审理过程中,涉及未成年人利益的,工作人员充分倾听未成年子女的意见。未成年子女在向我院表达意愿或者陈述事实时,我院会指令未成年人父母等相关人员回避,提供适宜未成年人心理特点的友善环境,确保其隐私及安全,并指派人员在场陪同未成年人,被指派人员可以辅助未成年子女表达意愿。

离异家庭未成年子女,有的因为原生家庭环境的影响缺爱、监护失管、学习失教等原因,成长过程中容易误入歧途,成为社会关注的问题。离婚往往会给未成年子女心理造成一定内心伤害,而控制和争抢孩子的行为会让孩子产生恐惧、焦虑情绪,没有安全感,更让孩子长期得不到另一方的关爱,这种伤害是难以弥合的。而对于占我国人口比例一般人数的妇女,虽然在各行各业中不乏佼佼者,但总体而言,由于在生理方面的自然原因甚至传统社会中的观念、歧视,女性依旧在体力、智力、机会等方面都处于不利地位。对于特定的相对弱势群体,理应格外加以保护,以维护公平。

(十)家事案件审限松紧相济,最大限度做调解工作

目前家事案件整体数量增加,个案审理难度加大,审理要求增多,人们对法院处理案件的程序和结果更是增加了期待,导致案件审理时间和审限制度的矛盾日益凸显。但家事案件不能机械适用严格审限制度,审理家事案件要重视案件的处理效果,适当放宽婚姻家庭案件的审理期限,为彻底化解家庭纠纷和修复家庭成员心理创伤提供条件。

在接下来的工作中,我们将尝试给审限进行松绑,建立一种弹性审限制度。同时,在现有审限制度下提高审判质量和效率,继续推进诉调对接工作,将各方当事人均同意诉前调解的案件委派我院婚姻调解人员进行调解,尽量把矛盾和纠纷化解在诉讼之外,把更加专业的纠纷留给法官来解决,促进家事纠纷一次性解决。

(十一)明确婚姻危机和死亡客观标准

对危机婚姻,要以修复感情,挽救婚姻为目标。对于死亡婚姻,应以和平分手,将孩子受伤害的程度降至最低为目标。在目前审判实践中,我们的工作人员对离婚案件进行繁简分流,对婚姻状况进行判断,在此基础上区分婚姻危机和婚姻死亡,保护婚姻自由与维护家庭稳定的关系。对于危机婚姻,确定弹性审限,投入更多的时间进行夫妻情感修复;对于死亡婚姻,且事实清楚,争议不大,对子女抚养进行妥善安排的,则快审快结。区分婚姻危机和死亡客观标准有利于全面保护当事人的身份利益、财产利益、人格利益、安全利益和情感利益,切实满足人民群众的司法需求。

(十二)为涉老案件开设绿色通道

对于涉老案件,尤其是行动不便的老人,开通“绿色通道”,在诉讼环节尽量不让老人跑路或者让老人少跑路。家事案件中常涉及老年人合法权利的保护。老年人的生理、心理特点,决定了他们在诉讼中往往处于弱势地位。爱老、尊老、护老是中华民族的传统美德。对法官来说,需要在不偏不倚地居中裁判的前提下,对老年当事人倾注更多的关心和爱护,让老年人感受到更多的社会温暖。

对于行动不便的老人,我们到家走访、开庭,开展微信视频开庭。在审判过程中,主动释明涉老案件中关键的法律概念和法律规定,将审判与普法相结合;反复审核对老年人不利的书面证据,努力还原案件事实;增大依职权调查取证的力度,我们到家中、医院、他们生活中去走访他们的子女、邻居、老干部处等了解情况,以最为客观地了解老人们的真实意思和需求。对于外地的老人,我们开展微信视频询问与会见,并同步用执法记录仪进行记录。对于涉老家事案件,接触其主要亲属,以调解为主线,以审判为底线,努力把源于家庭的矛盾解决在家庭中,保护老年人与子女的亲情联系,防止出现老年人“赢了案子,却丢了孩子”的不利情况。

家庭是社会的细胞,审理好家事案件关系到家庭和睦、社会和谐。我院立足实际,服务大局,不断探索和创新,力争将家事审判工作做得更细、更实、更好,切实为人民群众提供更优质的司法服务,推进家事审判工作不断取得新成效。

让家事审判温情理念在北疆民族地区落地生根

——苏尼特左旗人民法院家事审判改革经验

胡 超*

“家是最小国，国是千万家”，家庭的和谐稳定是国家发展、社会进步、民族繁荣的基石。党和国家近年来对家庭文化建设、家风建设重视有加，习近平总书记也指出，无论时代如何变化，无论经济社会如何发展，对一个社会来说，家庭的生活依托都不可替代；家庭的社会功能都不可替代，家庭的文明作用都不可替代；他强调，家庭是社会的细胞，家庭和睦则社会安定，家庭幸福则社会祥和，家庭文明则社会文明，家庭的前途命运与国家和民族的前途命运紧密相连。

然而，近年来人民法院受理的婚姻家庭抚养继承纠纷等家事案件持续攀升，根据最高人民法院家事审判方式和工作机制改革试点工作总结大会通报显示，2017 年全国法院共审结一审家事案件 183 万件，其中离婚案件 143.3 万件。因婚姻家庭破裂和家庭危机，所涉相关人员数量十分巨大，导致大量社会问题产生，如未成年人的教育与抚养、妇女权益维护、老年人赡养等社会问题频发，对和谐稳定的家庭建设提出了新的挑战，也给社会治理现代化建设提出新课题。最高人民法院为积极应对家事案件数量逐年上升、类型趋于复杂

---

* 胡超，内蒙古锡林郭勒盟苏尼特左旗人民法院秘书。

多样、矛盾化解难度加大等现实情况所带来的一系列负面影响，开展家事审判方式和工作机制改革工作。

在全国开展家事审判工作机制改革的时代背景下，内蒙古锡林郭勒盟苏尼特左旗人民法院认真贯彻落实习近平总书记关于文明家庭建设指示精神，自觉强化担当，积极探索家事纠纷的新变化，更新审判理念，改进审判方式，着力创新办案机制，结合北疆少数民族家庭生活特性，探索了一套家事审判改革的经验。现通过对我院家事审判工作情况进行梳理总结，为家事案件审理方式提供建议，助力家事审判改革工作。

一、家事纠纷案件的审理情况

（一）2014～2018年我院家事案件结案情况

2014～2018年我院家事案件结案情况如下（见下表）：

2014～2018年我院家事案件结案情况表

案由 年份	2014年	2015年	2016年	2017年	2018年
离婚纠纷	45	39	35	31	46
离婚后财产纠纷	1	5	2	1	0
抚养纠纷	1	3	1	5	3
继承纠纷	1	2	0	1	0
赡养纠纷	0	1	0	0	0
合计	48	50	38	38	49
调撤率	81.25%	78%	86.84%	73.68%	85.71%

（二）家事纠纷案件的特点分析

近五年来，我院受理的家事案件逐年增多，主要呈现以下四个方面的特点。一是家事纠纷案件多发生于牧区，分布广泛，但类型较为集中。家事案件涉及离婚纠纷、离婚后财产纠纷、抚养纠纷、赡养纠纷、继承纠纷等多个案由。其中离婚纠纷占比最高，占案件总数的90%以上。此外，继承纠纷案件中，主要涉及遗嘱继承纠纷和法定继承纠纷两个案由，继承纠纷形成诉讼后，因涉双方当事人情感纠葛、历史遗留问题等因素，致使案件调撤难度较其他家事纠纷大，案件调撤率低。二是多数牧区家事纠纷当事人文化水平较低，法律意识欠缺，受当地风俗习惯的影响较深。如“重男轻女、男尊女卑”的思想观念在一定程度上还存在，使得法官在调解时调解难度增大。三是起诉主体女性居多。我院近三年受理的离婚案件中，近80%的原告为女性，且离婚主要原因多见于双方性格不合、男方酒后存在家庭暴力或牧区文化娱乐活动较较少，一些牧民进入歌舞厅满足精神需求等原因导致婚内出轨、感情淡化、家庭冷暴力等。四是家事案件的调解难度越来越大。如家庭责任感和社会责任感的缺失、家庭其他成员对案件的过度参与、双方在夫妻共同财产和债务分担上斤斤计较等情况，当事人自我意识越来越强，家事纠纷的争议越来越尖锐，家事案件的审理及调解难度加大。

二、针对家事案件的主要做法

（一）配齐配强专业审判队伍：家事审判改革基础保障

目前，人民法院家事审判工作机制的不适应性逐渐凸显，对于家事案件，既缺乏专门的审判机构和人员，也缺乏独立的审判程序，出现了家事审判与财产案件审判在审判机构和程序上高度混同的状况，这种状况难以适应家事审判工作的特殊需要。在家事纠纷案件量与日俱增的背景下，应由更加专业的人化解家事矛盾纠纷。由于家事案件具有强烈的伦理道德色彩和特殊的司法审判规律，家事审判法官需要具有一定的家庭生活经验，理解家事纷争的情感纠葛以及对子女、亲友的巨大影响，善于进行心理疏导和情感沟通，能够最大限度地体谅婚姻家庭危机对于人们心理及未来生活的影响。因此，有必要设立专门的家事审判团队或者家事审判合议庭，组建成相对稳定的专业化家事审判团队。承担家事纠纷审判的法官，应当选调工作经验丰富、责任心强、亲和力强、具有一定家庭生活经验、善于进行心理疏导和沟通的法官担任，要保证女法官的比例，同时要选聘有丰富社会服务经验的妇联干部、社区工作者、嘎查两委班子成员[1]担任人民陪审员或特邀调解员，提高合议庭的亲民成

---

〔1〕 嘎查相当于村级，嘎查两委班子指村级党支部委员会和村民委员会，两委班子成员称为村干部，由村支书、村主任（以前称为村长）、副书记、副主任和委员组成。

分。在化解家事纠纷的过程中,法官应秉承以人为本、消除对立、柔性司法、化解矛盾的家事审判新理念。在这个司法理念指导下,打造专业的家事纠纷案件审理的法官队伍,能够更加高效地发挥审判职能作用。专业的家事法官,能够充分运用其独有的社会经验结合正确的法律适用,针对纠纷作出准确的裁判,这是依靠司法救济途径妥善处理家事矛盾纠纷的基础保障。

苏尼特左旗人民法院于 2018 年 3 月 8 日国际劳动妇女节之日正式揭牌成立“家事法庭”,甄选 4 名优秀法官作为家事法官,3 名资深家事调解员负责婚姻、家庭、继承、赡养等家庭成员之间家事纠纷案件以及重婚、遗弃、虐待、家庭暴力和未成年人犯罪等刑事案件,充分依托家事法庭平台整合资源,成立“家事纠纷诉调对接中心”,创建“人民调解 + 行政调解 + 司法调解”多部门联动审判的“立体式维权”模式。积极改变家事审判理念,注重社会建设,倡导家庭和谐,依法保护未成年人、妇女和老年人的合法权益,维护婚姻家庭稳定。发挥家事审判新职能作用,建设专业队伍,妥善处理各种家事矛盾纠纷,积极修复婚姻家庭关系,妥善安置老人,实现未成年人利益最大化,为构建和谐社会作出积极贡献。

(二)调试家事审判文化底色:家事审判改革精神引领

儒家文化为中国传统文化的核心,儒家思想对中国的影响根深蒂固,在“天下之本在国,国之本在家”的影响下,家庭一直被看作国家、社会的最重要元素。家事审判方式改革,也要注重与儒家文化相衔接、相融通,牢牢把握儒家文化的一个核心“仁”,用儒家文化的丰富养料,涵养家事审判方式改革的深厚根基,以防改革出现“水土不服”现象。

一是我院在家事法庭的设置方面,创新打造“家和万事兴”主题家事审判法庭,设置“会客厅”式的家事法庭、圆桌少年法庭、儿童娱乐休闲区、温馨舒适的调解室及心理辅导室等体现“家庭化”特点的审判场所。通过细致入微的硬件设施和场景布置,弱化传统审判场所的庄严肃穆,营造出浓厚的家庭氛围,以满足家事审判改革的人性化需求,为审判改革提供充分的硬件保障。

二是设立家事案件心理疏导室,由取得二级心理咨询师资格的院长亲自为家事案件当事人进行心理疏导,通过专业心理咨询方法对当事人进行心理咨询和疏导,包括情绪管理、婚姻家庭、情感、亲子关系、青少年心理干预等。

一方面,重视偏激当事人心理调整,化解当事人不良情绪,有利于案件审理、执行程序的顺利推进;另一方面,运用心理疏导机制尽量减少或平复因情感纠纷导致的心灵创伤,有利于受损家庭亲情关系的修复或重建,促进家庭和谐,维护社会稳定。

三是我院在家事法庭设置了具有民族特色的双语“家事审判文化长廊”,通过文字、图片,宣讲传统美德文化、家庭和谐文化、社会主义核心价值观以及好家风、好家训,展示家事审判改革的新理念、新思想、新做法,让当事人置身其中时思想有所感悟,灵魂有所触动,行动有所反思,从而减缓对立情绪,助力法官平和化解家事纠纷。

(三)创新探索家事审判机制:家事审判改革核心支撑

司法实践中,传统家事审判采用财产类案件的审判模式,重裁判、轻婚姻家庭关系的修复,主要表现在审理方式、证据规则、事实认定及调解模式等方面,未将家事纠纷化解的特殊性需求考虑进去,因而效果并不理想。传统审理婚姻家庭案件,仍沿用《民事诉讼法》及司法解释。当前,案多人少矛盾一时无法破解。在审限和程序的双重压力下,为了尽快结案,法官无暇区分家事、普通民事案件,所办理案件过于程序化、简单化,并未关注家事审判的人身属性、伦理色彩,而家事纠纷解决的根本目标和价值取向,是促成当事人之间恢复感情、消除对立、实现和解、弥合家庭伤口,因此,使得案件审理显得比较仓促。

对此,苏尼特左旗人民法院创新探索了“三书一卷”(指《离婚证明书》《承诺书》《感情冷静期通知书》《婚姻家庭考试卷》)特色家事审判机制。

1.《离婚证明书》

通过法院离婚,只能使用法院的裁判文书即判决书、调解书来证明离婚事实。判决书或调解书涉及大量的个人隐私信息,当办理再婚登记、户口变更、房屋买卖、银行贷款等需证明婚姻状况时,会泄露一些个人隐私。只记载身份信息、裁判文书案号和生效时间,有着与裁判文书相同证明效力的《离婚证明书》,旨在充分考虑当事人的感受,切实保护当事人的利益,让离婚案件当事人感受到法院司法为民、服务为民这一宗旨,彰显司法温暖。

2.《承诺书》

《婚姻法》第21条第1款、第2款规定:“父母对子女有抚养教育的义务;

子女对父母有赡养扶助的义务。父母不履行抚养义务时,未成年的或不能独立生活的子女,有要求父母付给抚养费的权利。”尽管我国有约束父母抚养子女义务的法律条例,但对于抚养义务并不是所有的人都能很好地履行。近年来,离婚案件中不乏有不履行儿童抚养费的情况发生。在离婚时,在裁判文书的基础上,双方签署《承诺书》,承诺内容不违反法律的强制性规定和社会风俗,对义务方起到双重约束的效力。根据《承诺书》的内容再次表现双方对未成年子女的抚养义务,督促抚养方履行配合义务,保障另一方探望权的实现,对最大限度保障孩子身心健康成长有其独到作用。同时,承诺人之间可进行互相监督,出现违反承诺情形,可以《承诺书》为依据,要求对方承担相应的法律责任。

3.《感情冷静期通知书》

苏尼特左旗人民法院探索创新感情冷静修复期工作机制,不是法官的心血来潮。近几年,我国离婚率不断攀升,最高人民法院下发了《关于开展家事审判方式和工作机制改革试点工作的意见》,明确提出了维护婚姻关系稳定等改革目标。此前,人民法院办理离婚案件的关注焦点往往集中于财产分割和子女抚养等问题,却忽视了婚姻危机的诊断、治疗和修复等工作。

我院的感情冷静修复期是指夫妻双方在准备离婚时,法院强制要求双方暂时考虑清楚后再行决定是否离婚,在这期间通过各种渠道及办法来挽救危机婚姻。实质就是在一段时间内,给婚姻状况的改变提供一个时间,在双方没有情绪上的动力或偏见的情况下,能够在充分考虑的基础上做一个更加理智的决定。

苏尼特左旗人民法院针对“草率离婚”“冲动离婚”现象较为普遍的问题,设置了“婚姻冷静期”制度,通过在离婚案件审理过程中设置情感修复期,即婚姻冷静期,对冲动型离婚“踩刹车”。法官在审理案件过程中,可根据个案情况,通过下达《感情冷静期通知书》的方式,为申请离婚的夫妻设立“冷静期”,放缓诉讼进程,以利于感情修复。但冷静期不是诉讼活动的简单停止,而是法官暂不对案件进行开庭审理,启动调查、调解等程序,为婚姻关系能否和好做基础工作。对于矛盾激化、冲突性的离婚诉讼,一方面,设立冷静期可以使双方情绪稳定下来,理性对待感情纠纷;另一方面,防止家庭暴力和矛盾升级,保证弱势一方的人身安全,防止发生家庭暴力和矛盾转化事件。

4.《婚姻家庭考试卷》

俗话说,清官难断家务事。审理离婚案件的复杂性和难度不言而喻,尤其审判涉及未成年子女,更是让判决背负法律、情感双重压力。《婚姻家庭考试卷》的试卷由家事法官命题,试卷内容包括夫妻双方的情感回忆、家庭矛盾梳理、夫妻与父母子女的相处情况等,由离婚当事人答卷。从试卷的回答情况,可以初步分析婚姻的真实情况,对于矛盾不大的、夫妻感情没有破裂的,先由家事法官进行调解,力争调和。对于矛盾较大、调解无效的案件,再开庭审理,快审快结,从而有效节约了庭审时间和司法资源。

(四)建立完善多元化纠纷解决机制:家事审判改革的重要环节

家事审判改革是一项系统的社会工程,家事案件的处理应从司法解决、政府解决和社会解决的大视野中看待,司法外资源调动的广度与深度会影响家事审判改革的成效。为此,苏尼特左旗人民法院建立了家事审判联动工作机制,与妇联、公安、司法、民政及社区等相关单位和基层组织协调,初步形成旗委领导、政府支持、法院为主、各职能部门联动、社会力量参与的综合解决机制,整合了社会各界力量来化解家事纠纷,提高了各部门对家事纠纷化解的参与度,从源头上预防和减少了家事纠纷。

三、家事审判改革取得的成效

近两年,我院根据上级法院的相关指示精神,大力实施家事审判改革,逐步建立家事审判工作机制和规则制度,精心打造成特色品牌,积极推进家事少年审判一体化改革,打造未成年人、妇女和老年人一体化审判模式,依法保护未成年人、妇女及老年人的合法权益,积极完善家事纠纷多元化解机制,真正实现以审判促和谐、精审判定纷争,为构建家庭和睦、社会和谐的社会关系作出了积极贡献。一是家事审判质效明显提高,人民群众满意度进一步增强。自我院家事法庭成立以来,家事案件审判呈现出调撤率高、服判息诉率高,发改率低的良好态势,2018 年 3 月 8 日以来,苏尼特左旗人民法院受理家事案件 90 件,审结 85 件,结案率 94.4%,其中调解结案 55 件,撤诉 27 件,调撤率 91.1%,有效维护了婚姻家庭关系的和谐稳定。二是家事审判机制逐步健全,人性化工作模式进一步延伸。我们始终坚持以人为本的理念,充分关注当事人诉求,从工作态度、作风、语言等方面,在立案、审理、执行等各个环节,给予当事人更多的人文关怀。建立了人性化的家事审判环境,融入家的元素,体现家的文化,为当事人营造温馨环境,消除对立,化解纷争。三是家事审判品牌初步确立,社会影响力进一步扩大。我院家事审判改革工作推行以来,经过一年多的精耕细作、探索发展,得到了社会各界的广泛好评,也被《人民法院报》《中国法院网》《中国新闻网》等国家级媒体、自治区级媒体进行报道。

“千家万户都好,国家才能好,民族才能好”,习近平总书记深刻阐述了国家、家庭与个人的深层联系。只有充分认识到家事审判改革的必要性和紧迫性,积极改革、探索家事审判规律,创新家事审判工作模式,才能从根本上提升家事审判工作的质量与效果,努力满足北疆民族地区人民的新期待、新要求,将家事审判温情理念深深扎根在北疆民族地区。

转变家事审判方式　构建和谐家庭

——包头市昆都仑区人民法院家事审判改革经验

郝小燕*

2016年，最高人民法院作出《关于在部分法院开展家事审判方式和工作机制改革试点工作的通知》，最高人民法院决定在全国范围内选择100个左右基层人民法院和中级人民法院，自2016年6月1日起开展为期两年的家事审判方式改革和工作机制改革试点工作。自此，家事审判方式改革拉开了大幕。包头市昆都仑区人民法院（以下简称昆区法院）作为内蒙古自治区四家试点法院之一，参与到改革工作中。昆区法院在不断地探索中创新了家事案件审判方式，切实解决了家庭矛盾。为期两年的家事审判方式和工作机制改革试点工作已告一段落，因此，有必要总结家事审判方式改革经验，梳理改革中存在的问题，为家事审判方式进一步创新提供可行性建议，进一步推进家事审判方式和工作机制的改革，解决家庭矛盾，构建和谐社会。

经自治区高级人民法院推荐，我们组团参加了2018年11月9日在呼和浩特市举办的2018内蒙古法律文化论坛——首届家事审判专题会，并在会上介绍了审判工作改革经验。我们的做法和探索，引起组委会领导及专家学者的关注，并从法律文化视角给予了理论指导，使我们对家事司法有了新的理论

* 郝小燕，内蒙古包头市昆都仑区人民法院法官。

觉悟和新的实践思考。当年，我院决定申请承办2019内蒙古法律文化论坛第二届家事审判专题会，并获得自治区法学会法律文化研究会批准同意。

一、昆区法院案件受理情况

2016年我院被确立为家事审判方式改革试点法院之后，我院将原民一庭更名为家事审判庭，受理案件范围相应调整为家事案件及涉及未成年人的刑事、民事案件。从2016年10月至今，家事审判庭共受理未成年人刑事案件26件，已结26件；受理民事案件303件（其中婚姻家庭、继承纠纷131件，物权纠纷4件，合同、无因管理、不当得利95件，人格权20件，侵权责任52件，劳动争议1件），已结303件。

从收结案情况来看，离婚纠纷案件在家事案件中所占比重仍然是最大的。子女抚养纠纷包括抚养费纠纷、探望权纠纷、变更抚养关系纠纷等案件的比重逐年增加，并且调解难度加大。离婚夫妻在离婚中对于未成年子女的权益越来越重视，特别是对子女的探望权越来越关注，对于探望的诉求越来越具体。离婚后财产纠纷案件也在逐年增加，财产的种类、形式越来越多样化，财产的处理较过去更加复杂，处理难度不断增大。

二、我院家事审判方式改革情况

（一）转变审判理念

家事审判方式改革工作开展后，昆区法院要求从事家事纠纷案件的法官认识到家事审判方式改革的必要性，转变审判理念，从过去重审判、轻服务，重效率、轻事了，重是非评判、轻婚姻家庭关系和情感修复，对家庭的稳定性重视不够的观念转变为以修复当事人的情感、切实解决家庭矛盾为目的，推动建立司法力量、行政力量和社会力量相结合的新型家事纠纷综合协调解决机制，完善多元化纠纷解决机制，形成有效社会合力，切实妥善化解家事纠纷。在审理案件中，法官们充分发挥自身优势，通过面对面调解、微信聊天心理辅导等多种方式，缓和当事人情绪，根本解决家庭矛盾。家事审判庭法官连倩曾受理一起离婚纠纷案件，妻子张某诉至法院坚持离婚，丈夫李某性格偏激，坚决不同意离婚。妻子提出离婚后，丈夫拒不应诉，采取过激手段，砍掉了自己的左手小指。连倩法官加了丈夫的微信，不间断地与李某沟通，从情理、法理多方面进行心理疏导，经过连倩法官一个多月的努力，李某终于从偏执的情感中走出来，认识到双方感情存在的问题，双方最终协议离婚。

（二）设立了专业的审判团队

2016 年 10 月，我院将原民一庭更名为家事审判庭，对庭室成员进行了相应地调整，选任了经验丰富的法官担任家事案件法官，采取老带新的模式。庭室共有 5 名法官，3 名法官长期从事婚姻、家庭纠纷案件的审理，有丰富的经验，2 名年轻法官虽审判经验较少，但学习能力强，敢于探索。5 名法官均为已婚女性，对于夫妻关系均有深刻、细腻的认识，能够在案件中设身处地地考虑当事人的状况，提出合理的解决建议。此外，昆区法院为家事法官提供了心理课程培训机会，现已有三名法官取得国家心理咨询师二级的资质。两名年轻法官被聘为包头市昆都仑区少先队 2018 ~2019 年度法制辅导员，三名法官被聘为包头市法学会青少年校园欺凌问题研究会理事。

（三）聘请社会调查员、人民调解员、心理咨询师

目前，我院从各行各业聘请社会调查员及人民调解员 34 名，其中社区工作者（包括社区人员、义工等）占 47%，司法工作人员（包括公证员、司法局工作人员、法律援助律师等）占 18%，其他人员（包括妇联、团委、工会工作人员、教师等）占 35%；聘请心理咨询师 4 名，均为工作经验丰富、从事心理咨询工作多年、具有相关资质的专业人员。

通过社会调查员对当事人的家庭情况进行调查，改变过去仅依靠当事人陈述就判断双方婚姻情况的简单方式，为审判人员更加客观地对当事人家庭作出评判提供依据。通过心理咨询师介入，及时疏导未成年人、婚姻案件中偏执当事人的心理问题，协助法官对危机婚姻进行感情修复。通过人民调解员贴近群众进行调解，在法律之外、情理之内给双方做工作，多角度、多渠道地进行调解，从情感方面解决家庭矛盾。

2017 年 10 月，家事审判庭邀请院聘任的心理咨询师崔俊芳、贾琳到我院为部分离婚纠纷案件的当事人进行专题讲座，并为当事人提供心理咨询。心理咨询师崔俊芳从心理学的角度讲述了树立正确婚恋观的必要性，夫妻之间相处的注意事项以及如何在婚姻中调适自身情绪，温和、妥善地解决家庭矛盾

等内容。讲座结束后,崔俊芳老师与贾琳老师耐心地解答了当事人咨询的问题,对一些当事人进行了心理疏导,获得了当事人的好评。聘任的心理咨询师在对当事人的心理疏导方面起到了很大的作用。家事审判庭曾受理一起离婚纠纷案件,丈夫王某与妻子李某感情很好,但是丈夫王某有家庭暴力行为,每次对妻子使用暴力后都十分后悔。双方到了法院要求协议离婚。但因双方仍有感情,离婚后双方并未分开,继续共同生活。丈夫对自己的行为十分自责,妻子认为丈夫的行为是心理问题。法官安排心理咨询师对丈夫进行了定期的心理咨询。经过一段时间的心理咨询,丈夫心理渐渐平静,家庭暴力行为有所改善。妻子与丈夫和平相处,经回访半年后未发生家庭矛盾。

在审理涉及未成年人刑事案件中,昆区法院家事审判庭以教育、挽救、稳定、化解的八字方针统领工作全局,奉行少年利益优先,少年利益最大化原则。对于涉及不满十八周岁当事人的刑事案件均由家事审判庭统一归口审理。每个未成年人刑事案件,都安排了社会调查员在开庭前对未成年被告人的家庭情况、成长经历、受教育情况、父母情况进行调查,针对调查结果对未成年被告人开展法庭教育,对未成年被告人的父母开展亲职教育。

(四)设立了专门的家事法庭和专业化的心理咨询室

1. 设立专门的家事调解法庭

法庭的布置上采取圆桌沙发形式,法庭的座签由原告的审判员、书记员、原告、被告等变更为丈夫、妻子、调解员等,这样的布置弱化一般法庭的对抗性质,强调合作、协商的氛围,让当事人从心里放松,放弃敌对情绪,以“话家常”的方式解决家庭矛盾。

2. 设立专业的心理咨询室

心理咨询室的设计摒弃了法庭严肃的风格,通过暖色调的壁纸和舒适的沙发,为当事人提供一个舒适、温暖、便于沟通的环境。同时,还准备了心理学方面的书籍,设立了心理咨询沙盘游戏,帮助心理咨询师快速了解当事人的心理状况,进行心理疏导,缓解当事人的心理压力,弥合家庭矛盾。

(五)探索亲职教育新模式

家事审判庭自受理未成年人刑事案件后,针对涉罪未成年人及其监护人,创新未成年人刑事审判工作方式,积极探索多种多样的教育方式,建立亲职教育新模式,通过对未成年被告人及其父母进行亲职教育,旨在提升父母监护教育能力,营造良好的家庭氛围,教导未成年人正视自己的问题,树立正确的人生观、世界观,让涉罪的未成年人迷途知返,健康成长。2017年12月,家事审判庭对一名判处有期徒刑,宣告缓刑的未成年被告人及其父母开展为期一周的亲职教育课。法官安排被告人及其父母观看了未成年人犯罪的相关法制节目,邀请有经验的社会调查员和心理咨询师对未成年人及其父母进行谈话;由法官对未成年人及其父母进行法制教育,让他们意识到违法犯罪的严重性,做遵纪守法的好公民。

（六）对宣告缓刑的未成年人开展回访帮教

为及时了解被判处缓刑的未成年被告人在社区矫正期间的学习、生活情况和思想动态,家事审判庭法官对宣告缓刑的未成年被告人进行了回访帮教,并邀请其家长参与。在回访过程中,法官们对以下三个方面的情况进行着重了解:一是接受社区矫正的具体方式以及参加教育学习、社区服务的情况;二是工作、学习、思想现状;三是对于未来的规划。法官们认真听取了未成年被告人的陈述,并对未成年被告人提出以下几点希望:一是希望他们本着对自身、对家庭、对社会负责的态度,继续配合社区矫正管理人员的工作,自觉遵守监督管理制度;二是希望他们认真学习法律法规知识,进而明辨是非、自我警醒,不断提高判断能力和自控能力,远离违法犯罪,成为学法、明法、守法的好公民;三是希望家长尽到监护责任,帮助孩子树立正确的人生目标,使其更快地融入社会。通过回访帮教,让法官对未成年被告人的现状进行了解,让未成年人自觉接受监督管理,做一名守法的好公民。

（七）建立多元纠纷解决机制

一是昆区法院家事审判庭入驻昆区前进街道办事处社会治理服务中心和昆区黄河西路社会治理服务中心,设置家事巡回法庭,派有经验的法官入驻服务中心,进行法律服务、法律宣传、调处纠纷等;选取具有典型性、有普法教育意义的案件,或当事人居住地点距巡回法庭较近的案件,在家事巡回法庭进行审理,将司法触角延伸至基层前沿,为基层群众就地化解矛盾纠纷,打通服务群众的“最后一公里”。

二是与前进街道办事处、钢32号街坊社区建立多元纠纷解决和长效合作机制，鼓励社区工作人员参与到家事审判中，发挥社区调解功能，为家庭矛盾提供多元救济渠道。

三是与公证处接洽，推动诉讼与非诉讼纠纷解决方式在送达、调解等方面的有机衔接，为当事人提供便捷、有效的纠纷解决渠道，从根本上解决家庭矛盾。

四是昆区法院与包头民商事调解中心合作，就多元化纠纷解决机制签订战略合作协议书。昆区法院邀请包头民商事调解中心作为多元化纠纷解决机制特邀调解组织，开展委派、委托调解，构建民商事纠纷“一站式”解决平台，推动诉讼与非诉讼纠纷解决方式有机衔接。

五是 2016 年 4 月 13 日，昆区法院与包头市天泽公证处合作设立了自治区首家诉防对接中心，将法院定分止争的职能与公证处预防化解纠纷的功能很好地结合起来。截至目前，共接待群众咨询 848 件，其中公证服务咨询 392 件、法律咨询及其他咨询 456 件，通过咨询放弃或者调解纠纷 184 件。诉防对接中心在协助当事人做好证据收集及锁定、解答当事人专业问题咨询、实现案件诉前分流等方面发挥了重要作用。

六是我院民一庭与黄河西路街道丰盈社区达成共建协议。双方发挥各自资源优势，协商共建，互助互补。民一庭将定期为社区开展法律讲堂和法制宣传、诉前调解。丰盈社区的张大爷和张大娘都 80 多岁了，育有四个女儿，张大爷和张大娘自己生活。张大爷年轻时脾气暴躁，经常与张大娘吵架；张大娘性格泼辣，年轻时也互不相让。两人磕磕绊绊共同生活 60 多年。从去年开始时，张大爷动手打张大娘，社区和子女多次劝解没有效果。因张大爷和张大娘均不同意离婚，社区向法院求助。昆区法院家事法官到社区进行诉前调解，了解家庭情况后，法官向张大爷和张大娘提出多种解决方案。张大爷和张大娘以及四个女儿商量后，选择其中一个方案，张大娘暂时到养老院生活，张大爷由大女儿照顾，双方在保留婚姻关系的情况下，分开安度晚年。

（八）加强法制宣传，开展法律培训

一是家事审判庭不定期深入基层，针对群众在家事审判方面的实际需求开展法律宣传和法律讲堂。前往社区为居民开展主题讲座，法官通过讲述具体案例，结合相关法律知识讲解生活中遇到纠纷应如何解决，避免产生矛盾。

同时,法官还耐心细致地解答了居民们提出的有关家庭纠纷、邻里纠纷等法律问题,受到了居民们的热情欢迎和一致好评。

二是做好审判延伸工作。从 2017 年至今,昆区法院民一庭的法官们定期在内蒙古交通广播 105.6《轻语飞扬》录制节目,每期节目一个主题,通过案例讲解相关的法律知识。例如,一期《关注非法使用童工,助力未成年安全成长》的节目,通过以案说法的形式,深入探讨用人单位非法使用童工造成童工伤残、死亡的情况下,童工或其直系亲属应当如何保护童工的合法权益,提醒家长、学校加强日常教育、防范与监管,同时呼吁全社会为未成年人的合法权益保护提供更多制度保障和支撑。

三、家事审判方式改革后存在的问题

(一)社会调查员、心理咨询师参与度不够,难以发挥作用

首先,从各地法院的实践来看,社会调查员与人民调解员在角色定位以及职责范围上没有进行十分明确的划分,导致社会调查员和人民调解员在工作中对工作内容不明确,所做调查及调解与法官预期有所出入,难以发挥其作用,有时甚至不利于案件的解决。同时,社会调查员和人民调解员的专业素质不够,所做工作并不能完全达到专业水平,有时在调查中反而会受被调查人影响,得出的结论不能客观地反映情况,这导致多数承办法官不愿意使用社会调查员和人民调解员参与案件。

其次,因我国现行法律对社会调查员地位、调查结果的效力以及当事人的配合义务均没有明确的规定,导致社会调查员在进行调查时,当事人不予认可、不予配合,难以独立地完成调查取证工作。

最后,我国对于家事纠纷案件没有特别的诉讼程序予以保障,家事案件在审理过程中仍然受限于一般民事案件的审限,而家事调查需要较长的时间,所以承办法官受限于结案率、简易程序适用率等考核指标,主观上不愿意进行家事调查。

(二)心理咨询师参与度不高

与社会调查员相比,心理咨询师的定位比较明确,开展工作较社会调查员顺利。目前,我院心理咨询工作一般是由法官建议,当事人同意,再接受心理

咨询。这样当事人的接受程度较高,取得的效果较好。但是有些当事人排斥心理咨询,不愿接受,心理咨询师参与案件没有固定的标准,这导致心理咨询师的参与度不高,对当事人心理调节的作用有限。

(三)法院调解与诉讼外调解之间衔接不畅

家事审判方式改革后,各家法院在家事纠纷案件调解上希望继承和发展中国调解传统,重视辖区本土经验的实践理性,统合社会力量,并积极运用风俗习惯等以妥善化解家事纠纷,促进家庭成员间、邻里之间关系和睦稳定。但是在实际工作中,家事纠纷仍主要由法院第一时间介入,实际承担着家事纠纷的化解工作。这样无法在程序上与法院诉前调解相区分,法院的工作压力并没有得到缓解。此外,专业人士(如心理咨询师)的参与度不高,影响到纠纷化解工作的专业化程度。人民调解委员会等部门协作作用发挥不足,参与调解工作的积极性不高,非诉调解的社会资源并没有完全得到调动,没有达到调解员和法官在家事纠纷工作中各司其职的预期目标,无法实现非诉调解、诉讼调解与诉讼程序的衔接。

(四)当事人选择多元纠纷解决机制的意愿性、主动性不够

当事人之所以趋向运用诉讼的方式解决纠纷,而不是选择多元纠纷解决机制来解决,最重要的一个原因就是在于对于调解结果的不信任。由于缺乏法律的明确规定,当事人有理由相信判决的效力更高。同时,人们受传统文化的影响是深远而根深蒂固的,由于各种历史和社会原因,人们对家事纠纷普遍缺乏全面的认识,因此在日常生活和司法实践中产生很多误区。在试点工作开展之初,新理念新举措的实施也很难在短时间内让人接纳。“家丑不可外扬”,排斥外人的介入,无论在调查调解过程中还是心理疏导过程中,均表现出抵触的心理,隐瞒事实真相,不配合法院和司法辅助人员的工作。许多当事人文化水平低、法律意识淡薄,要在短时间内提高当事人的认知程度,转变当事人的理念存在很大的难度。

(五)法院与其他社会组织协调不够,难以形成联动工作机制

多元纠纷解决机制要求在化解家事纠纷时体现出多元协作的特征,即有效利用其他社会资源促成家事争议的解决。可见,要想真正化解家事纠纷并取得良好的社会效果,单靠法院自身力量是难以实现,需要法院与其他社会机

构建立长效合作机制加以完成。反观我国,在目前阶段,虽然社会各界均表示将配合法院家事改革工作,但法院并没有与妇联、教育机构、共青团机构、公安机关等组织真正形成联动的工作机制。大部分家事纠纷案件仍由法院自行解决,社会机构并没有真正地参与进来。除此之外,由于政府或其他社会机关对自身职责的严格划分,对于协助法院处理家事纠纷,往往被其划为职责之外的事项,所以呈现出消极处理的态度,并不积极配合法院的工作。尽管一些社会组织、团体、社区服务机构在化解家事纠纷中发挥了一定作用,但由于欠缺专业人员,缺少足够资金的支持,这些机构在解决家庭纠纷中的局限性日益凸显。因此,调动解决家事纠纷的传统力量,在制度层面上建立起一种依托当地民间机构和社区组织、政府机构等,充分利用现有本土资源的多元化协作性机制是十分紧迫和必要的。

法院在形成多部门联动机制中承担着不可或缺的角色。一方面,法院应当承担起为相关组织和人员进行法律知识普及和调解技巧培训的职责,使之能够利用组织优势或个人生活经验更好地服务有需要的当事人,从而达到化解家庭矛盾,妥善解决纠纷的目的;另一方面,法院可以引导相关部门和民间组织为当事人提供一定的预防性和修复性法律服务,充分调动和整合资源,为家事审判体制专业化构建予以保障。

(六)缺乏资金保障

目前,多数试点法院都没有家事审判改革工作的专项经费预算,多数法院的预算从法院的办案经费里拨付,这在一定程度上限制了改革工作的推进,使解决家事纠纷的相关司法实践很难形成规模。对于法院聘任的社会调查员、人民调解员、心理咨询师的相关费用,一部分法院自己象征性地付一些,另一部分法院没有报酬,社会调查员、人民调解员和心理咨询师免费进行调查或进行调解。没有专门的经费保障会抑制这些司法辅助人员的工作热情,从而影响他们发挥作用。

四、关于家事审判方式改革的几点建议

(一)制定专门的家事审判诉讼程序

根据目前各试点法院的做法,可以考虑以下几点:

一是要充分保护当事人及利害关系人的隐私,实行以不公开审理为原则、以公开审理为例外的审理方式,在审判过程中重感情修复、轻是非判断。

二是将调解作为家事案件审理的前置程序,坚持调解优先原则,调解可扣除审理期限。多角度多方位的调解,轻审判效率、重矛盾解决和情感修复,变单纯强调审限内结案为彻底化解家庭纠纷,努力修复家庭成员心理创伤。同时,重视诉前调解和结案后的延伸服务。

三是设置灵活的审判期限。在家事审判中应当转变单纯强调审限内结案而忽视矛盾纠纷化解的审判理念。对于涉及家庭暴力等受害人身处困境急需解决的案件,应当优先受理;对于争议财产多、矛盾较深、当事人情绪激烈、涉及未成年子女权益的家事纠纷案件,可以适当放宽审判期限,为法官或社会调查员深入了解当事人实际家庭状况,作出合乎客观实际并使当事人利益最大化的裁判,预留合理期限,也为通过多种途径彻底化解家庭纠纷、修复家庭成员心理创伤提供条件;对于一方要求离婚另一方坚决不同意离婚的案件,经当事人同意可以设置不计入审理期限的冷静期,防止冲动离婚。

四是明确审判工作向外延伸。从事家事审判的法官应当尽量通过耐心细致的工作将审判战线向诉前和诉后两端延伸。一方面重视诉前调解和纠纷的防范、化解,另一方面重视结案后的延伸服务,真正做到为民解忧,避免因短期化、简单化处理而造成矛盾纠纷转化升级。

五是明确多元化纠纷解决机制的工作规程,赋予社会调查员、人民调解员、心理咨询师法律上的权力,可以在制度设计上对多元纠纷解决机制予以支持。

(二)建立专业化解决纠纷的人才队伍

一是提高社会调查员、心理咨询师的参与度。通过法律规定,明确社会调查员的职责范围,赋予社会调查员的调查权力,明确当事人不配合调查产生的法律后果,加强社会调查员的参与度。

在调解过程中引入心理咨询人员,特别是心理咨询专家,以尊重、接纳、将心比心的态度,对纠纷主体的叙述认真听取,并且适时地对其进行情感的疏导,有助于调解的进行。在调解过程中,由专业的心理咨询师介入,通过心理咨询师的关心、陪伴、引导和催化,可以察觉到纠纷主体的心理动力、动机、想要获得的权利和利益。同时,通过对当事人持续的关心、接纳、鼓舞,当事人的心理感觉会较舒畅,当事人在专业人员持续肯定的理解和沟通及提供必要资讯下,情绪渐趋稳定,思绪渐趋清楚,较能掌握与危机有关的问题,专业人员可以就其所为、为何作为及其后果与当事人选择怎样解决纠纷的策略。此外,有心理咨询专业人员参与调解,可以稳定纠纷双方情绪,引导理性面对纠纷,减小调解障碍。

二是培养专业的调解员队伍。法院系统要注重培养专职调解员队伍,以司法人员分类管理制度改革为契机,强调审判与调解相对分离,让擅长调解的法官和司法辅助人员专司调解。调解力量向诉讼服务中心集中,实现纠纷在立案前的有效分流。

(三)建立多元纠纷化解机制

家事审判的专业化需要承载公众参与集聚社会资源的大众化来保障。要一揽子解决家事争议,法院就要向家事争议的诉前和结案后两端延伸服务。从根本上解决家事争议,单靠法院自身力量难以实现,需要法院与心理辅导机构、社区服务机构及其他公益组织建立长效合作机制加以完成。真正化解家事纠纷并取得良好的社会效果,需要跨部门的综合性救济手段保障,需要多元的专业化人才及社会力量支撑。要真正解决家事纠纷,需要熟知法律规则的法官、复合型人才的家事调查官、擅长情感修复的心理专家、链接社会资源的社会工作师,甚至深谙当地民俗习惯的社区人士。因此,探索多元纠纷化解机制,借助心理咨询师、社会工作师、律师等专业人员化解部分家庭矛盾,推动在更广阔范围内构建化解家事纠纷的共同体,具有重要的意义。

首先,在多元纠纷化解决机制改革之下,要把家事审判专业化和群众路线结合起来。动员人民群众和社会各界参与家事审判,让人民群众参与司法、认识司法、理解司法、支持司法。

其次,建立多层次的调解制度。一是建立法院外的强制诉前调停机制,即起诉状应包括的内容有:起诉之前是否尝试进行过调解或者其他法院外非诉纠纷解决途径。二是构建综合调解模式,可以探索建立特邀家事调解组织,建立家事调解员的资格认证制度与培训制度,动员社会各方面力量参与家事纠纷化解,实现家事纠纷调解规范化、社会化、常态化运行。

最后，设立专业咨询和辅导机构，建立程序辅佐人制度。家事纠纷不能单纯地以权威性的裁判来分辨是非，而必须把促成当事人之间恢复感情、消除对立、实现和解作为纠纷解决的根本目标和价值取向。

附：昆都仑区人民法院改革文件（见附录）

包头市昆都仑区人民法院家事案件审理规程（见附录第 314 页）

实施家事案件集中管辖　推动家事审判改革

——辽源市西安区人民法院的改革经验

鞠　伟*　伍敬君**

一、家事审判集中管辖有序实施

2016 年 10 月，为响应最高人民法院关于家事审判方式和工作机制改革的工作要求，经吉林省辽源市中级人民法院党组研究决定、吉林省高院审委会批准，我院正式成为试点法院，集中管辖辽源市龙山区、西安区两区和东丰县、东辽县两县婚姻家庭继承类纠纷案件。我院作为试点法院的可行性分析如下：

第一，辽源地域较小，人口相对集中，便于集中管辖。

辽源市总面积 5139 平方公里，辖东丰、东辽两县，龙山、西安两区和一个省级经济开发区，总人口 130 万人，是吉林省最小的地级市，市区人口相对集中，两县离市区较近且交通便利，最远属东丰县，公共交通平均不到一小时车程。

第二，辽源市未成年人刑事案件由我院少年法庭集中管辖，为家事审判改革提供基础。

在充分考虑未成年人案件与家事案件同根同源以及审判理念、诉因机理、

* 鞠伟，吉林省辽源市西安区人民法院副院长。

** 伍敬君，吉林省辽源市西安区人民法院法官。

裁判方式相通等因素，改变少年审判单一试点模式，采取少年审判与家事审判合并试点模式。

第三，缓解人案不均衡矛盾。

西安区法院管辖范围正属于原煤炭开采区，受资源枯竭、厂矿迁移、居民锐减等因素影响，西安区法院逐渐成为辽源地区受案数量最少的法院。家事审判改革后，西安区法院年人均受理案件数均在200件左右，已超全省平均值，与本市辖区内其他法院持平。

二、更新家事审判理念

在改革深化推进过程中，我院坚持最高人民法院确定的改革方向，不断深化践行现代化家事审判理念，在工作方向、审判理念等方面实现转型升级：实行少年审判和家事审判融合发展。这一改革符合家事审判改革建立家事少年法院的最终目标。站在推进社会治理高度，将争取当地党委高度重视、各部门协调联动、构建新型家事纠纷综合调解模式作为改革方向，努力推动家事纠纷化解由单凭法院一己之力向统合社会力量的转变。牢牢把握家事案件的特殊性，将审判重点从之前的“财”转向“人”，审判价值取向从侧重财产权益保护，转变为全面关注当事人身份利益、人格利益、情感利益和财产权益，案件审理中，采取更为灵活的处理方式。

三、强化法庭功能保障

结合家事审判的特点和需求，我们新建了800余平米家事审理中心，为家事审判改革提供了必要的实践平台和物质保障。一是实行功能分区多元化。将家事案件审理中心分设审判区、工作区、文化区三个区域，建立了集未成年人教育、家风、家事为一体，学校、家庭、社会相融合的少年家事法治教育基地。二是实行法庭布置温馨化。改进传统的审判法庭布置模式，以家庭责任担当、亲情维系、宽容理解等为内涵，设置了审判法庭、家事调解室、多功能调解室、心理咨询室、儿童关护室、情感课堂等功能室，充分体现司法的宽容、包容，构建浓郁的“家”的温馨氛围。三是实行法庭布置人性化。以“圆桌式”“座谈式”场景布置代替传统的审判台，以“丈夫”“妻子”等家庭成员称谓来代替

"原告""被告"等专业法律术语，有利于当事人摆脱传统庭审模式下的压迫感与疏离感，搭建情感沟通桥梁。目前共进行心理辅导232人次，对326名未成年人实行照顾关怀，为165对夫妻进行情感课堂教育。

四、大力构建新型审判团队

在员额制改革和专业化审判背景下，我院以一盘棋思维，对内设机构、人员配置进行全方位改革，积极探索"专业人员办专案"的发展之路，为家事审判工作提供了坚强的组织保障。一是及时补充审判力量。改革后，我院案件总数同比增长120%，家事案件占比达60%。院党组及时抽调专业知识过硬、审判经验丰富、办案耐心细致的法官组成专门家事审判团队，并积极探索组建心理咨询员、家事调解员、家事调查员、家事回访员"四员"团队，通过向社会购买服务方式开发外部资源。二是优化资源配置。在审判团队配置上实行"1+1+1+N"，即一名主审法官、一名助理法官，一名书记员和若干名"四员"人员，推动法官实现专业化的知识储备、思维运用、人际协调、精力分配，充分发挥业务专长，指导"四员"进行心理测试，心理辅导，开展诉前调查、调解工作，对特定的事项进行回访，有效推动家事审判专业化，纠纷解决快速化，审判效益高效化。

五、探索创新审判方式方法

不断创新完善庭审方式，转变办案思路，改革审判方式，全面优化各项工作措施。一是以不公开为原则，公开为例外，突出家事案件主体的特别属性，充分保护当事人家庭隐私，避免案件处理后对家庭成员心理及家庭关系和睦造成不良后续影响。二是推行当事人亲自到庭原则，突出权利义务内容的特别保护，充分体现对当事人人格、亲情利益的关切和成熟司法应有的温度。三是坚持保护弱势成员利益原则，对于确认婚姻死亡案件力求做到未成年子女、老人利益最大化，依法对确有困难当事人实施法律援助，为困难当事人减免缓诉讼费用，充分体现司法人文关怀。四是采取非对抗性措施，庭审模式尽可能体现柔和性，注重创设性运用审判技巧，设置审中"离婚冷静期""挽救婚姻计划书"等手段，避免赌气离婚、冲动离婚，施行审后裁判文书"柔性论理"，为当事人解析法理、论明事理、沟通情理。

六、人身安全保护裁定的程序规定

为预防和制止家庭暴力,保护家庭成员的合法权益,维护平等、和睦、文明的家庭关系,保护家庭暴力受害人的人身安全,依照《民法通则》《侵权责任法》《民事诉讼法》《婚姻法》《妇女权益保障法》《反家庭暴力法》的相关规定,对人身安全保护裁定案件的审理和执行作出具体规定,具体规定如下:

(一)人身安全保护裁定的一般规定

人身安全保护裁定是一种民事强制措施,是人民法院为保护家庭暴力受害人及其子女和特定亲属的人身安全,确保民事诉讼程序正常进行而作出的民事裁定。这里的家庭暴力,是指家庭成员之间以殴打、捆绑、残害、限制人身自由以及经常性谩骂、恐吓等方式实施的身体、精神等侵害行为。家庭成员以外共同生活的人之间实施的家庭暴力行为,参照执行。

(二)受害人居所、联系方式及对报案人的保密

人民法院应当对受害人的有关信息保密,不得将受害人的行踪及联系方式告诉加害人,以防止加害人继续威胁、恐吓或伤害受害人。受害人已搬离与加害人共同居所的,人民法院不得在人身安全保护裁定书或其他需要送达加害人的文书中列明申请人现居住地址。

学校、幼儿园、医疗机构、居民委员会、村民委员会、社会工作服务机构、救助管理机构、福利机构及其工作人员在工作中发现无民事行为能力人、限制民事行为能力人遭受或者疑似遭受家庭暴力的,应当及时向公安机关报案。公安机关应当对报案人的信息予以保密。

(三)人身安全保护令的申请及形式

当事人因遭受家庭暴力或者面临家庭暴力的现实危险,在提起诉讼之前或者诉讼过程中,向人民法院申请人身安全保护令的,人民法院应当受理。当事人是无民事行为能力人、限制民事行为能力人,或者因受到强制、威吓等原因无法申请人身安全保护令的,其近亲属、公安机关、妇女联合会、居民委员会、村民委员会、救助管理机构可以代为申请。申请人身安全保护令应当以书面方式提出;书面申请确有困难的,可以口头申请,由人民法院记入笔录。

(四)人身安全保护令的管辖

人身安全保护令案件由申请人或者被申请人居住地、家庭暴力发生地的基层人民法院管辖。

(五)申请人身安全保护令的条件

申请人身安全保护令,应当符合下列条件:(1)有明确的被申请人;(2)有具体的请求;(3)有遭受家庭暴力或者面临家庭暴力现实危险的情形。

(六)人身安全保护令的作出期限及有效期

人身安全保护令分为紧急保护令和长期保护令。人民法院受理申请后,应当在72小时内作出人身安全保护令或者驳回申请;情况紧急的,应当在24小时内作出。人身安全保护令的有效期不超过6个月,自作出之日起生效。人身安全保护令失效前,人民法院可以根据申请人的申请撤销、变更或者延长。

(七)人身安全保护令的证据

申请人身安全保护令的,应当提交以下证据:(1)证明婚姻家庭关系的证据;(2)证明存在家庭暴力危险的证据,包括但不限于:照片、病历、法医鉴定、报警证明、证人证言、社会机构的相关证据(比如公安机关的出警记录、告诫书、伤情鉴定意见等)或证明、加害人保证书、加害人带有威胁内容的手机短信等。

未成年子女作为证人提供证言,可不出庭作证,由审判人员单独对该未成年子女进行询问。受害人因客观原因不能自行收集证据的,经受害人申请,或者人民法院认为确有必要时,人民法院可以依职权调查、收集、保全相关证据。

(八)对人身安全保护措施申请的审查

人身安全保护裁定案件可以由审判员一人独任审查,也可以组成合议庭进行审查。组成合议庭进行审查的,可以邀请妇联系统或从事妇女工作的人民陪审员参加。人民法院接到人身安全保护申请后,应当在72小时内完成书面审查。人民法院经书面审查,确认申请人曾遭受家庭暴力或正面临家庭暴力危险的,直接作出人身安全保护裁定。人民法院经书面审查,认为申请人提供证据不足以确认存在前款情形的,可以作出举行听证的书面决定。人民法院经审查认为人身安全保护申请不符合条件的,应当裁定驳回申请。未经听证,人民法院不得直接作出驳回人身安全保护申请的裁定。

（九）人身安全保护令的内容

人身安全保护令可以包括下列措施中的一项或多项:(1)禁止被申请人殴打、威胁申请人或申请人的子女及特定亲属;(2)禁止被申请人利用骚扰、跟踪等手段,妨碍申请人或者其子女、特定亲属的正常生活;(3)禁止被申请人对其未成年受害子女行使监护权或者探望权;(4)禁止被申请人在距离下列场所200米内活动:申请人的住所、教育机构、工作单位或其他申请人经常出入的场所;(5)人身安全保护令有效期间,任何一方不得擅自处理价值较大的家庭共同财产;(6)责令被申请人暂时搬出双方共同的住处;(7)必要时,责令被申请人自费接受心理治疗;(8)保护申请人及其特定亲属人身安全的其他措施。

（十）复议

申请人对驳回申请不服或者被申请人对人身安全保护令不服的,可以自裁定生效之日起五日内向作出裁定的人民法院申请复议一次。人民法院依法作出人身安全保护令的,复议期间不停止人身安全保护令的执行。人民法院在作出人身安全保护令前已经举行听证的,复议时可不再进行听证;人民法院在作出人身安全保护令前没有举行过听证的,复议时应当举行听证。

（十一）听证

听证分为是否作出人身安全保护裁定的裁定前听证和被申请人不服人身安全保护裁定的复议听证。裁定前听证,适用以下规定:(1)人民法院举行听证,应当在听证前将听证通知送达申请人和被申请人。(2)对于是否存在家庭暴力或者家庭暴力威胁,申请人和被申请人均可以提交证明自己主张的证据。经人民法院准许,当事人可以在听证时提交证据。(3)听证一律不公开进行。经人民法院许可,双方当事人均可由一至两名亲友陪伴出庭,但陪伴当事人出庭听证的亲友有妨碍诉讼秩序的除外。(4)听证通知送达后,申请人无正当理由拒不到庭的,可视为其放弃申请。经核实,申请人受到加害人胁迫或恐吓无法到庭的除外。(5)被申请人无正当理由拒不到庭的,不影响听证进行。

复议听证,适用以下规定:(1)被申请人申请复议后拒不到庭参加听证的,可视为撤回复议申请。(2)有证据证明存在家庭暴力,受害人处于极度恐惧之中,出席听证可能导致申请人重新受制于被申请人的,或可能使申请人的人身安全处于危险之中的,人民法院可以应受害人的申请,单独听取其口头陈述意见,并提交书面意见,或者由其委托代理人代为出席。(3)申请人无正当理由不出席复议听证的,不影响听证的进行。

(十二)对撤回人身安全保护令申请的审查

安全保护令申请可以撤回,经审查,确属自愿、合法的,予以准许。

(十三)送达、生效与执行

人身安全保护令及听证通知等相关材料的送达,一般以书面形式直接送达、邮寄送达或委托送达,拒绝签收的可以留置送达。紧急情况下,也可采取电话、传真、电子邮件、手机短信等方式送达,并将送达情况记录在案。

人民法院作出人身安全保护令后,应当送达申请人、被申请人或者其同住成家家属、公安机关以及居民委员会、村民委员会等有关组织。

人身安全保护令应当在作出后48小时内送达完毕。对被申请人的送达,必要时可在法警协助下进行。人身安全保护令自送达之日起生效。

人身安全保护令由人民法院执行,公安机关以及居民委员会、村民委员会等应当协助执行。

(十四)法律责任

被申请人违反人身安全保护令,构成犯罪的,依法追究刑事责任;尚不构成犯罪的,人民法院应当给予训诫,可以根据情节轻重处以一千元以下罚款、十五日以下拘留。

七、家事纠纷心理辅导员工作规程

(一)心理辅导员的职责、义务

在家事案件审理过程中,心理辅导员经家庭成员(夫妻双方、未成年人、老年人等)申请,接受人民法院委托,利用自身专业知识,有针对性地对申请人的心理危机、生活问题、身心疾病等进行辅导,向法院出具心理辅导报告,提出纠纷解决方案等。心理辅导员在辅导过程中知悉他人个人隐私的,应保守秘密。心理辅导员不得有以下行为:(1)在辅导过程中借机招揽业务;(2)向申请人收取费用;(3)不当履行职务,损害申请人合法权益的其他行为。人民法院发现心理辅导员有上述行为的,应当立即停止其辅导工作,对其提交的辅导报告不予采用,情节严重的取消其心理辅导员资格。

(二)心理辅导员的任职要求

心理辅导员应当具有丰富的专业知识和高度的责任意识。心理辅导员符合下列情形之一的,应当优先选择:(1)具有法律从业经历或者法学专业背景;(2)具有教育学专业背景;(3)具有相关心理学工作经历;(4)其他具有适宜家事纠纷处理的专业背景。

(三)心理辅导员的选任

心理辅导员由辽源市西安区司法社工团体、司法局、教育局、妇联等部门推荐,人民法院选任。人民法院制作心理辅导员名册,并附心理辅导员的简历及联络方式。心理辅导员名册确定或变更后应通过报纸、法院官方网站等途径向社会公众公布。

(四)心理辅导的适用范围

具有下列情形的,可以根据实际情况建议当事人进行心理疏导:(1)一方当事人起诉离婚,对方当事人不同意离婚情绪异常激烈的,或者不明确表示是否同意离婚及意见反复的;(2)离婚纠纷中涉及的未成年人情绪波动较大或者有反常行为,需要心理疏导的;(3)未成年人探望权纠纷以及亲子关系案件中的当事人及近亲属情绪波动较大的;(4)家庭暴力持续时间较长,对当事人身心健康造成不良影响的;(5)其他需要进行心理疏导的情形。

(五)心理辅导员的辅导事项

心理辅导员对申请人的心理成长、人格发展、智力、社会化及家庭、婚姻生活事件等进行全面评估,根据心理和生理测查,对申请人的心理危机(夫妻关系、亲子关系之间的恶化导致急剧的精神崩溃)、生活问题(婚姻、家庭等生活环境改变导致的心理问题)、身心疾病(遇重大疾病如肿瘤等导致心理压力过大)等一系列问题进行疏导,通过心理辅导能够对家庭关系感情修复起作用。

(六)心理辅导员出具情况登记表及其运用

心理辅导员对申请人完成辅导后,应当向人民法院出具《家事纠纷心理疏导情况登记表》,登记表应当对申请人的心理状况作出分析,通过心理辅导给申请人带来的积极作用，对解决纠纷提供哪些帮助，尤其是在夫妻感情修复及未成年子女抚养方面。登记表要根据申请人的心理特点分析，对解决家事纠纷提出合理性建议。

《家事纠纷心理疏导情况登记表》应当在法庭上出示，人民法院可结合案件的其他证据对登记表全部采纳、部分采纳或不予采纳，从而认定是婚姻危机还是婚姻死亡，并遵循未成年人的意愿确定抚养权、解决探望权纠纷等问题。

《家事纠纷心理疏导情况登记表》中显示申请人通过辅导性格存在偏激、有暴力倾向、危害未成年人合法权益等情形的，应当及时报告人民法院，及时采取措施。

如案件当事人对《家事纠纷心理疏导情况登记表》的内容提出异议，人民法院可要求心理辅导员出庭说明情况或者由心理辅导员对当事人的异议进行书面说明。

（七）心理辅导期限

申请进行心理辅导的，应当自申请之日起5日内随机选取心理辅导员，心理辅导员应当自人民法院委托之日起10日内完成辅导工作，制作心理辅导报告，并提交法院。如在上述期限内完成辅导事项确有困难的，可以向人民法院申请延长辅导期限。

（八）培训、交流

人民法院会同妇联、司法等部门定期组织心理辅导员参加法律、教育学、心理学等方面的培训。定期组织交流会，对实践中遇到的问题共同研判，好的经验共同分享。

（九）考核、报酬

人民法院会同有关部门制定心理辅导员考核办法，对于成绩优秀的心理辅导员，应当奖励表彰，成绩较差的不再列入下一年心理辅导员名册。

心理辅导员在家事审判方式及工作机制改革试点期间，以奉献爱心、无偿提供服务为原则，试点工作结束后根据相关政策发放报酬。

八、家事调解员工作规程

(一)家事调解员的任职要求

家事调解员应当品行端正,具有丰富的社会知识、经验和高度的责任意识。家事调解员符合下列情形之一的,应当优先选择:(1)具有教育学背景;(2)具有心理学背景;(3)具有调解、和解技能培训背景;(4)其他具有适宜家庭纠纷处理的专业背景。

(二)家事调解员的选任

家事调解员由辽源市西安区司法社工团体、妇联、司法局等单位及基层群众组织推荐,人民法院选任。人民法院制作家事调解员名册,并附家事调解员的简历及联系方式。家事调解员名册经确定或变更后应通过报纸、法院官方网站等途经向社会公众公布。

(三)家事调解员的选择

家事法官根据家事纠纷的性质、家事调解员的知识背景、能力素质、技能专长等因素在家事调解员名册中选择案件的委托家事调解员。当事人对法官选择的家事调解员有异议,或者双方当事人合意选择其他家事调解员的,法官可以另行选择确定。

(四)家事调解员的回避

家事调解员的回避适用《民事诉讼法》第四章的规定。

(五)家事调解员的工作要求

家事调解员执行职务时,应当遵守以下工作要求:(1)服从安排,遵守法律、法规及相关工作规定;(2)态度平和恳切,平等、宽容地对待当事人,以适当方式进行劝导,并提出公平、合理的调解方案;(3)保持中立,不得与当事人、代理人及其他利害关系人有案外接触、来往应酬等不当行为;(4)不得以个人言行代表人民法院。

(六)诉前委托调解

人民法院在立案前,经双方当事人同意,可将案件委托家事调解员调解。

双方当事人书面签字同意诉前委托调解的,人民法院应当在 3 日内办理委托手续,并移交有关案件材料。

在家事调解员主持下达成调解协议的，当事人可向人民法院申请司法确认。

(七)诉中委托调解

人民法院在审理案件过程中，如发现双方当事人有和好可能，或经法院审理后，当事人之间争议焦点明确，双方当事人有调解意愿或确有调解可能，基于当事人的申请或法院依职权可将案件委托家事调解员调解，但当事人明确反对的除外。

(八)委托调解期限

委托调解期限不超过 15 日，经当事人双方同意的除外，具体由人民法院指定。

家事调解员在委托期限内不能完成调解工作，当事人不能达成调解协议的，家事调解员应当及时向人民法院说明情况，并将案件材料于委托调解期限届满 3 日内交回人民法院。人民法院收到案件材料后应当及时立案或及时审理。

家事调解员在调解过程中，如确认没有达成调解协议的可能，或当事人明确表示没有调解意愿的，应及时向人民法院说明情况并提前结束委托调解工作。

委托调解期限不计入审理期限。

委托调解以一次为限，如调解不成，法院应及时处理。

(九)协助调解

人民法院在审理案件过程中，发现有下列情形之一的，可以指定家事调解员到庭协助调解：(1)妇女、老年人、未成年人的合法权益可能受到严重侵害的；(2)涉案标的较大，或案情较为复杂，当事人未委托律师参与诉讼的；(3)当事人情绪不稳定，可能出现不理智行为的；(4)协助调解有利于促成纠纷解决的其他情形。

(十)调解地点

调解应在法院进行，也可在司法社工团体、妇联、司法局等受委托的调解组织的办公场所进行。考虑到案件的实际情况，必要时经人民法院同意也可在其他适当场所进行。

(十一)心理咨询、治疗

经当事人同意的,人民法院或家事调解员可邀请专业社工为当事人提供心理矫治帮扶服务。

(十二)特定事项的报告职责

家事调解员在调解过程中,发现有疑似家庭暴力或侵害未成年人合法权益的情形,应立即报告人民法院。

(十三)家事调解员的义务

家事调解员在调解过程中知悉他人商业秘密、职务秘密或个人隐私的,应保守秘密。家事调解员不得有以下行为:(1)在调解过程中借机招揽业务;(2)向当事人收取费用;(3)接受当事人请托或收受不正当利益;(4)无正当理由延迟调解程序,损害当事人合法权益;(5)其他损害当事人权益的行为。人民法院发现家事调解员有上述行为的,应当立即停止其调解工作,情节严重的取消其家事调解员资格。

(十四)培训、考核、报酬

人民法院会同妇联、司法等部门定期组织家事调解员参加法律、心理学、调解技能等方面的培训。

人民法院会同有关部门制定家事调解员的考核办法。对于成绩优秀的家事调解员,应当奖励表彰,成绩较差的不再列入下一年家事调解员名册。

家事调解员在家事审判方式及工作机制改革期间,以奉献爱心,无偿提供服务为原则,试点工作结束后根据相关政策发放报酬。

九、设置便民诉讼机制

为回应当事人对家事案件集中管辖专业化审判的新期待、新要求,切实解决好方便当事人诉讼的现实需要,我院积极探索集中管辖下家事审判各环节的便民举措。

(一)开设专门家事案件立案窗口

选任优秀的立案法官,专职负责家事案件的审查、立案工作。设立专门的家事案件接待处,设置家事案件当事人休息区,由专职人员负责家事案件当事人的来信来访工作,实行电话预约接待,午休时间家事立案窗口由专人接待。

开通家事案件立案绿色通道,为困难当事人实行减免缓交诉讼费用,对不方便来院立案又不能进行网上立案操作的老、弱、病、残、孕的家事案件当事人,由立案法官上门立案,零距离服务百姓,解决家事案件弱势群体立案难的问题。

(二)实现多途径、跨区域立案

目前,我院的立案模式是两区窗口立案、两县委托立案、电子法院立案三种模式。我院将在2019年5月正式在东丰县设立我院的立案窗口,以方便东丰县的当事人立案。我院将加大力度争取两级政府、法院、政法委等尤其是司法部门及村组织的支持,争取做到立案到村,即村民可以不出村户就可以在当地司法所或者村委会立案。通过法治宣传、下乡办案和送达法律文书等方式向当事人普及网上立案的优势和便利。结合智能化手段如吉林微法院、APP软件、QQ等工具的辅助进行网上立案。现已形成低龄化群体互联网立案、五保人员上门立案、跨地区巡回立案和多元便民立案方式,切实满足针对家事案件群体多元化司法需求。

(三)建立巡回法庭,增强巡回审判力度

目前我院的巡回审判力度已经达到66.7%,涉诉已结的2547件案件中,已有1694件院均通过下乡、进村的方式审理。同时,选派三名业务能力强、审判经验丰富的家事法官驻东丰法院办理巡回案件。下一步,我院在得到省院的支持后,将借助巡回审判车的帮助并加派人员普及巡回办案,让当事人的纠纷在田间地头、房屋炕头就能得到解决。

(四)提升智慧法院建设,加强便民举措

针对智慧法院已从服务人民群众方面着手建立,信息化服务大厅、电子政务网站、微信微博公众号等均在运行。我院与北京华宇公司共同研发建立“吉林家事案件精细化审判平台”,开创深化家事案件改革探索要素式智慧审判新局面。下一步要强化服务审判执行方面,尤其是网上办案版块。电子卷宗随案生成的深度应用将使法官办案彻底公开透明,当事人可以通过电子终端设备了解案件流程、进程,进行送达、举证、质证、调解等。通过审判工作的便捷、及时和高效,使当事人打消网上办案的顾虑,消除当事人对法官职业的误解,与巡回法庭相配合使用,争取做到案未到事已了,人未到案已结的便民效果。

(五)落实各部门联动诉前调解机制

目前辽源市已建立由市综治办、人民法院、人民检察院、司法行政、公安机关等部门共同组成的诉调对接机构,指导辽源市公共法律服务中心内设辽源市专业人民调解委员会,指派调解员受理诉调对接工作。下一步,我院将与全市 82 个社区、59 个乡镇司法所建立对接,合力构建家事案件区域立案、调解调查工作机制,借助信息化手段,依托智慧法院建设共享平台,将大大提高诉前调查、诉前调解的力度,将纠纷以春风化雨的方式化解在矛盾初期。

(六)开展定期多途径回访和自我评估机制

针对此次人民群众反映的情况,我院将扩大案件回访的案件类型范围,不仅局限于当事人矛盾冲突大的案件进行回访。同时,建立员额法官、审判团队、审委会、院党组定期开展主审案件评估制度,形成月、季、半年、整年的家事案件审理情况评估报告,通过相关数据分析说明问题,解决难题,形成良好的反馈指导机制。

十、建立家事法官科学考评体系的指导意见

2017 年 10 月,西安区人民法院集中管辖审理辽源地区的家事案件,为优质高效地推进家事审判工作,我院在第一时间成立领导小组,组成专门审判团队,借鉴各地的先进经验,结合本院家事审判工作的实际,初步探索并建立了家事法官科学考评体系;为充分体现家事审判工作的特殊性,我院按照最高人民法院家事审判方式和工作机制改革的总体要求,对从事家事审判的法官进行了单独序列的考评体系。具体意见如下:

1. 家事法官对当事人进行有针对性的心理辅导,每件加 1 分;对当事人进行情感干预并修复的,每件加 1 分;对危机婚姻经修复和好的,每件加 2 分。

2. 对未成年子女、老人的抚养、赡养问题,能够持续进行判后跟踪回访的,每件加 1 分;由此收到良好的法律效果和社会效果,得到社会公众广泛认同的加 2 分。

3. 家事法官办案到乡、镇、村、屯进行巡回开庭审判的案件,每件加 1 分;

由此,起到感化、教育当地百姓,收到良好社会效果的案件,每件加2分。

4. 为充分体现家事审判的人文关怀,突出体现家事案件的伦理性、社会性,对家事法官承办的老、弱、病、残、孕等系列弱势群体性案件,对当事人进行耐心、细致的关怀、救助的,每件加1分;家事法官的上述行为,让当事人态度产生明显改变,并使案件得以调解结案的,每件加2分。

5. 根据当事人申请,并结合案件的实际情况,及时作出人身安全保护令裁定,有效制止家暴,依法保障家庭成员的合法权益,并收到良好社会效果的,每件加1分。

6. 网上调解、网上审理的案件,每件加1分。

7. 办理存在一定风险的案件,每件加1分。

8. 鼓励家事法官在工作中积极探索家事审判改革制度构建、工作机制创新的积极性,对于积极参加省、市两级法院家事审判调研并出具调研报告的法官,每件加5分;在省级以上报刊上发表家事审判改革探索方面的文章、案例分析的,每件加10分;对于所写的文章、调研报告被选入《人民司法》《中国审判》等刊物发表的,每件加20分。

9. 家事法官所承办的案件,有被发回、改判、超审限等情形的,依照本院制定的绩效考核办法的规定执行。

附:西安区人民法院改革文件(见附录)

辽源市西安区人民法院人身安全保护裁定的程序规定(见附录第318页)

家事纠纷心理辅导员工作规程(见附录第322页)

家事调解员工作规程(见附录第325页)

坚持突破创新　推动家事审判改革向纵深发展

顾双彦*　杨晓惠**　边坤***

2016年5月,最高人民法院召开家事审判方式和机制改革试点工作视频会议,下发了《关于在部分法院开展家事审判方式和工作机制改革试点工作的通知》,将黑龙江省大庆市中级人民法院(以下简称大庆中院)列为全国118家试点法院之一。大庆中院充分认识到探索家事审判方式和工作机制改革,对于修复社会关系、促进家庭社会和谐稳定的重要意义,牢固树立以人民为中心的发展理念,积极探索、大胆实践,家事审判工作取得显著成效。大庆中院于2017年11月在最高人民法院在河南新乡召开的家事审判方式机制改革推进会议上做了经验交流,又于2018年7月19日被最高人民法院评为"全国法院家事审判工作先进集体"。自2016年6月1日至2019年6月30日,大庆法院系统共审结一审家事案件20249件,其中判决结案4221件,判决率20.85%,调解、撤诉结案15755件,调撤率77.81%;一审息诉服判率达到90.66%,二审息诉服判率达到97.64%。下面将大庆市两级法院家事审判改革情况介绍如下:

* 顾双彦,黑龙江省大庆市中级人民法院副院长。

** 杨晓惠,黑龙江省大庆市中级人民法院研究室主任。

*** 边坤,黑龙江省大庆市中级人民法院民事审判一庭副庭长。

一、围绕“三个一”布局,推进工作机制改革

(一)组建一个团队,确保专业审判

大庆中院将试点工作与推动审判专项化和专业化相结合,在中院民一庭设立专门家事审判团队,选任4名35周岁以上经验丰富、善于做群众工作、通晓社会风俗习惯的资深法官,专门审理婚姻家事案件并负责对下指导工作,推动家事审判更加专业化、精细化。注重发挥高新区法院建设少年法庭、让胡路区法院开展诉调对接积累的经验,在这两个基层法院同步开展试点工作,其中让胡路区法院已设家事审判庭,配备法官4人、法官助理4人,审理家事纠纷案件。市辖区内的其他各基层法院也完成了由专门审判团队审理家事案件的布局。

(二)出台一套制度,规范工作流程

大庆中院结合家事审判工作实际,制定出台《关于家事案件的审判操作规程》,并出台《离婚案件财产申报制度》,要求当事人庭前分别填写自己的经济状况,并告知故意隐匿、虚报财产要承担相应法律责任;出台《家事调查员工作规程》及《家事调解员工作规程》,发挥家事纠纷联动合作机制作用,保护当事人的合法权益;出台《家事纠纷心理测试员工作规程》及《家事纠纷心理疏导员工作规程》,对双方矛盾对抗激烈、情绪波动很大的当事人以及持续时间较长的家暴受害人等当事人,由法院聘请专业心理咨询人员进行心理测评和心理疏导,找到矛盾根源、抚平创伤、缓和关系。这些规范性文件的制定,为全市法院家事审判工作的开展提供了指引。

(三)辟建一个专门区域,凸显温情司法

大庆中院在办公楼四层集中规划建设了家事审判区域,用家庭身份关系替换了诉讼地位标识牌,突出“平等化”;配备电脑、打印机、法律援助小册子等便民设施,突出“便民化”;摆设沙发、沙盘等用品以及盆花、字画等装饰,突出“家居化”;自主设计了“大庆家事审判”徽章;为方便当事人,辟建了儿童托管区;为审理家事案件建设了家事法庭,并对法庭进行了“感染性”装饰,改变原有法庭的单一严肃性,采用“圆桌”审判台布设,在四周悬挂了“致离婚父母的一封信”“法官寄语”等,营造宽容、缓和的诉讼环境;为了解未成年人心理

状况,设立了未成年人观察室、心理咨询室及单面镜室;为营造和睦氛围、唤醒当事人家感意识,建设了专门用于调解的家事调解室;为弘扬传统家事文化,展示好家风、家训对于个人成长的重要意义,建设了家事文化长廊,用古今名人名言及感人故事,向参观者讲述和谐稳定家庭对个人、孩子及社会的重要性。通过精心规划设计,在家事审判中融入"家"的元素,体现"和"的文化,彰显柔性司法、温情司法的特点,营造温馨和谐的审判氛围。

二、探索"六步法"模式,推进审判方式改革

在审理家事案件时,探索实施感情预修复、情绪先疏导、调查同介入、私密重保护、设立冷静期、案后必回访"情感弥合六步法",突出司法过程的柔性和程序的弹性,将家事审判的职能从单纯的司法裁判延伸到家庭情感的修复治愈职能及未成年人的监护职能,对当事人的保护从身份利益、财产利益延伸到人格利益、情感利益。

(一)感情预修复

除当事人拒绝调解外,对家事案件进行诉前调解,委托在法院设立的民事纠纷调解委员会或者委托辖区内的乡镇、企事业和行业性调解组织进行调解。在案件审理过程中,发现妇女、老年人、未成年人的合法权益可能受到严重侵害的案件、涉案标的较大或者案情较为复杂而当事人未委托律师参与诉讼的案件、当事人情绪不稳定可能出现不理智行为的案件以及协助调解有利于促成纠纷解决的案件,邀请家事调解员到庭协助调解。

(二)情绪先疏导

建立心理咨询干预机制。建立心理咨询师队伍,聘请10余名专业心理咨询师,对于家事审判中情绪异常的当事人,引导其进行心理疏导。心理咨询师亦即心理疏导员有针对性地对申请人的心理危机、生活问题、身心疾病等进行疏导,向法院出具心理疏导报告,提出纠纷解决方案。经家庭成员(夫妻双方、未成年人、老年人等)申请,法官还可以组织心理测试员对申请人的心理成长、人格发展、智力、社会化及家庭、婚姻生活事件等进行全面测试,并向法院出具心理测试报告,对申请人的心理状况作出分析,对婚姻危机还是婚姻死亡作出认定,并结合婚姻当事人的实际情况、未成年人的意愿和最大利益,对

法院提出解决抚养权、探望权纠纷的建议，以便于顺利和谐解决纠纷。

（三）调查同介入

法院聘请家事调查员等对家事案件的起因、夫妻感情和未成年子女的生活及监护等情况进行调查，提出调查报告和建议方案、出庭陈述意见，以供法官作出公正合理的裁判。家事案件审理过程中，合议庭可以委托家事调查员对特定事实问题进行调查。委托调查范围包括：各方当事人或关系人的性格、身心状况、家庭关系、经济状况、居住环境、个人经历、教育程度、工作情况；子女生活现状；老年人生活现状；离婚案件当事人双方对家庭、子女所尽义务情况；法院认为需要调查的其他特定事项。家事调查员通常是由从事妇联、工会、社区等相关会做群众工作的人员担任，利用他们自身的专业知识和社会经验，对法院委托的事项，通过走访邻居、亲友、社区、工作单位等方式，了解相关情况，给法院出具书面的调查报告，提出解决纠纷的意见或建议。

（四）私密重保护

在家事案件审理过程中，注重依法平等保护家庭成员的合法权益，并结合案件具有人身属性和伦理、情感色彩的特点，大力弘扬社会主义核心价值观和良好的道德风尚。同时，建立人身保护令制度，法官应正在遭受家庭暴力或者面临家庭暴力现实危险的当事人的申请，签发人身安全保护令，使得公权力的介入由事后惩罚变为事前保护，将以往离婚案件诉讼中对家庭暴力仅有财产性惩罚措施转向对受害人财产、人身进行全面保护，将对人身的司法保护拓展至诉讼全过程。建立离婚证明书制度，经法院调解或判决离婚的案件，在调解书或判决书生效后，双方当事人持本人身份证、裁判文书并向法院提交书面申请，法院经核实无误后，即可出具离婚证明书，离婚证明书隐去当事人起诉答辩的诉讼过程，隐去当事人关于子女抚养和财产分割的争议内容，隐去当事人情感纠葛和个人隐私，仅载明当事人的姓名、性别、居民身份证号、案号、案件生效日期及双方当事人解除婚姻关系这一身份事实，当事人持证可以在买房、再婚、贷款、出国等情况下证明自己的婚姻状况，从而最大限度保护了当事人隐私，最大限度方便了当事人保管和使用，彰显了司法温情和人性化关怀。

（五）设立冷静期

在离婚案件中，对一些感情破裂尚不够确定、有缓和可能的离婚案件，设置冷静期制度，给予离婚双方一定的冷静期限，引导双方慎重考虑婚姻问题，以一线的希望尽百分百的努力妥善调处矛盾，无论结果是合是分，都能让双方无怨无悔。经当事人同意可以设置最长6个月的冷静期。冷静期不计入审限。在冷静期内给离婚当事人发放《子女给离婚父母的一封信》，对当事人进行情感感化，勾起当事人对美好家庭生活的回忆，引导当事人从有利于未成年子女身心健康发展的角度理性诉讼。从效果上看，《离婚冷静期告知书》是一种有效的手段，无论调解和好还是调解离婚，双方当事人的利益都能够得到相对周全的照顾。离婚案件既因双方矛盾激化而起，双方当事人也就难以自主地选择“回去冷静”，法官在双方之间便可“有所作为”，在案件细节中寻找调解点，在调解过程中寻找最佳点，在矛盾纠纷中寻找关键点，指出婚姻的症结，提出改善的路径，再辅以心理的沟通辅导，充分发挥法院法官的主观能动性，促使当事人转而乐于接受冷静期间。

（六）案后必回访

对经调解和好或判决不准离婚案件、涉及未成年子女改变原来生活环境、赡养案件等进行诉后回访，了解亲情修复情况，扩大家事审判的社会功能。在设置的婚姻冷静期内，每月进行回访；判决不准离婚的案件，每月进行回访，回访不低于6次；赡养、抚养、扶养案件，自结案后，每月回访1次，回访不低于6次；涉及家庭暴力案件，当事人申请人身保护令的，自人身保护裁定送达之日起1年内，回访不低于6次；对涉及未成年人矫正情况的，回访期间不低于2年，回访次数不低于10次。

三、坚持“三突出”方向，推进裁判文书改革

大庆两级法院在家事裁判文书形式、内容等方面进行了大胆突破和创新，使之成为司法温情、法律温度、社会温暖的重要载体和集中体现。

（一）突出繁简分流，坚持“要素式”文书改革方向

近年来，大庆两级法院年受案增幅均超过10%以上，继2017年突破6万件、2018年突破7万件之后，2019年上半年收案达到41767件，同比增长10.5%。按此趋势，年底收案将逼近甚至突破8万件，在员额法官、在编人数不增反降的情况下，人案矛盾持续激化。故大庆两级法院高度重视推进“分

调裁审”改革，体现在裁判文书上，就是积极推进“要素式”裁判文书改革。一是深入调研，审慎启动改革。在全市两级法院进行深入调研，在中院以及占全市家事案件1/4的让胡路区法院同步试点，针对部分家事案件争议不大、事实清晰的审判实际，在落实繁简分流的基础上，对于适用简易程序、速裁程序审理的抚养费、赡养费、遗产继承等类型化特征明显的案件，不再按照传统模式分别载明原告诉称、被告辩称、本院查明和本院认为部分，而是围绕具体的案件要素，写明原被告意见及证据、法院认定理由及依据，推动裁判文书由“诉辩式”向“要素式”转变。二是及时规范，稳妥推进改革。伴随改革实践，先后针对离婚纠纷、离婚后财产纠纷、抚（扶）养纠纷、继承纠纷共四类案由，制作了要素式庭审笔录及裁判文书模板，所涉及的要素内容最少的17项，最多的48项。当事人可通过填充要素，自行总结情感状况和财产状况，避免隐瞒或遗漏。法官则通过审查要素，略去不证自明的事项，在快速确定关键事项、固定诉讼要素和相关证据的基础上，简化裁判文书，提高裁判效率。三是注重效果，全面深化改革。改革启动三年来，让胡路区法院家事审判法庭适用要素式审理案件1200余件，约占家事案件收案总数的1/4。适用要素式审理的案件平均庭审时长不超45分钟，庭审节奏紧凑，平均审理时限显著缩短，当事人接受调解率和认可度、满意度都比较高。目前，市中院正在总结归纳让胡路区法院改革试点经验，拟在全市基层法院予以推广。

（二）突出辨法析理，坚持“争点型”文书改革方向

除要素式审理的案件外，针对判决结案的案件占一审、二审受案数的1/5的实际，大庆两级法院家事裁判文书普遍采用“争点型”论理模式，即法官合理引导诉讼程序，明确双方请求权基础，并结合双方举证、质证以及辩论情况，确定双方对于事实认定及法律适用方面的争点，逐一进行论理。一是找准法律争点。相对于其他民事案件而言，家事案件涉及的法律关系具有多重性，既有人身关系，又存在财产关系，一起普通的离婚案件，往往会涉及夫妻感情、家庭财产、子女抚养、损害赔偿等诸多法律问题，故法官采取“争点型”论理模式，针对双方当事人因就法律规范的构成要件、法律效果存在不同认识而产生的争点逐项论理，让当事人在阅读的过程中感受到裁判文书的说理性和公正性，提升当事人的息诉服判率。二是找准事实争点。从当事人对案件事实情

况的不同主张和陈述中，归纳梳理出其请求权所依据法律规范的构成要件、能够引起法律规范效果的事实，以找准庭审重点和文书核心争点。在这个过程中，注重发挥与工青妇、民政等机关合作建立的家事调查员、家事调解员、心理测试员、心理疏导员队伍作用，将委托上述人员开展工作形成的家事调查报告、心理测试报告、特定事项报告等文件，作为认定事实的重要依据。法官在案件办理过程中签发的《人身保护令》《离婚冷静期告知书》，亦可作为认定事实的依据。三是找准证据争点。围绕双方当事人对于证据"三性"和证明力大小，以及举证责任的分配、无须证明的事实等争点，撰写裁判文书，开示心证过程和认证依据。如大庆中院审理的徐某和姜某离婚案件，双方情绪非常对立，合议庭梳理诉辩意见，就双方争议的问题归纳出：姜某在婚姻存续期间是否存在过错、在财产分割上是否存在少分或不分情形、姜某是否应给付徐某经济帮助费等 7 个争点，判决围绕争点，结合举证情况、社区调查情况，分别依法详细进行了论证，宣判后双方均表示接受裁判结果，并理性妥善地处理了判后事宜。

（三）突出融情入法，坚持"情理性"文书改革方向

家事审判涉及家庭聚散和社会稳定，实现"案断情不断"是家事审判不懈追求的目标，这就需要法官在裁判文书中，主动回应当事人的情感，通过说理传递法治文化和社会主流价值观，兑现裁判文书所应承载的社会价值，起到成风化人的作用。一是在裁判文书中说情论理。让当事人体会到，虽然所诉争的是"家里事"，但社会道德和法律对其行为自有定性和评价，让道德高尚者受到尊重，让道德败坏者遭到谴责。如中院审理的一起变更抚养关系案件，一审法院判决由女方抚养孩子，但男方不服上诉至中院。庭审过程中，法官了解到女方饱受男方长期不当行为的困扰，导致家中老人茶饭不香、心情抑郁，孩子出现与他人相处的心理障碍。法官没有简单维持一审判决，而是在裁判文书中，对男方行为进行评价、给予谴责。收到文书后，女方父母评价文书"既严厉又不失委婉、既严肃庄重又不失柔情万丈、既措辞犀利又循循善诱地批评男方的不当行为，为社会树立一个做父母应当遵守的准则，为老百姓维护权利作出一个合理规范"，送来感谢的锦旗。而男方也认识到自身行为的不当，撤回了与本案相关联案件的诉讼请求，决心像裁判文书要求的那样，"勤勉、审

慎地履行父亲应尽的责任,给孩子树立一个正直、善良、高大、伟岸的父亲形象,营造一个舒适、温暖、充满爱心的生活和学习环境”。二是在法官寄语中说情论理。根据案件情况在裁判文书尾部附“法官寄语”,用一种柔化、感性、道德的力量来感染和教化当事人,告知家事双方当事人裁判理由的正当性、后果及如何把对彼此和家人的伤害后果降到最低程度,并提出相关建议,指明未来努力的方向。帮助当事人把对彼此和家人的伤害降到最低程度。通过这种形式弥补裁判文书说明的严肃性,尽可能在法言法语之外增加适度的规劝、引导等内容,用当事人看得见、听得懂、信得过的语言与当事人交流,用柔化、感性、道德的力量来感染和教育当事人,让其充分感受到法律之外的人情味,做到情理法相结合,实现社会效果和法律效果相统一。

四、落实“三联合”举措,推进多元解纷机制改革

(一)联合社会各界打造“三员合一”队伍

市法院与市司法局联合制发《关于建立人民调解员、人民陪审员和司法协助员“三员合一”队伍的意见》,把家事审判需要的监督员、调解员、调查员、心理咨询师等专业人员,与其他审判战线需要的人员进行统筹安排考虑,通过向妇联、工会、民政、消协以及医学会等机构发函,有针对性地引入心理学、社会学等专业领域人才。将司法力量、行政力量和社会力量有机整合起来,打造了一支人员相对固定、专业性较强的外部力量,不仅能够对法院审理的民事案件提供专业化、技术性咨询意见,而且能够在法院文书送达、诉讼调解、案件执行、信访维稳等方面发挥重要作用。

(二)联合调解组织建设专门调解室

为解决案多人少的难题,大庆法院在推行繁简分流、专业化审判改革的背景之下,加大人民调解工作力度,还尝试了“专业化调解”的工作思路。2016年3月,让胡路区法院率先成立了以人民调解员涂江华命名的“华姐调解室”,工作开展至今,共受理各类纠纷3627件,成功调解2229件,其中家事案件500余件,调解成功率达70%以上,很多案件通过专业调解室的调解实现了判决所达不到的效果,让矛盾处理从“案结事了”走向“案结事好”。《黑龙江日报》以《人民调解员调出案结事好》为题,头版刊发了“华姐调解室”的工

作经验与做法,涂江华本人也先后被授予“大庆市调解能手”“大庆市金牌调解员”等荣誉。而“老丁调解室”则是大庆高新区法院与区司法局共同打造的人民调解品牌,人民调解员丁树山注重发挥人民调解方便快捷、成本低、不伤感情的优势,让许多当事人满面愁容来、握手言和去,也深受辖区群众欢迎。

(三)联合相关部门开展特色法律宣传

通过本市广播、电视台、报社等传统媒体及法院系统微信公众号、微博、网站新媒体,以新闻发布会、专题报道的形式对法院家事审判工作进行宣传报道,让广大市民了解有关家事法律规定及维权途径。积极邀请社会各界以公众开放日活动为契机,来法院进行参观,向参观者介绍两级法院的家事审判工作。联合妇联举办模拟庭审,如市中院与市妇联举办“尚德守法 · 共筑和谐”家事审判模拟庭审,对模拟案例涉及的离婚、子女抚养及家庭暴力等问题,当庭由家事调查员提交家事调查报告,并当庭下达了人身保护令,直观地向社会宣传介绍试点工作。在全市各县、区开展进社区、进校园、进企业讲法宣传活动。联合民政部门制发《婚前法律辅导》《离婚前法律辅导》宣传册,在全市婚姻登记处网点进行发放宣传,详细介绍我国婚姻制度、结婚条件、家庭关系、财产制度、离婚以及救助措施、法律责任等,把握最佳普法节点,争取最佳普法效果,为家事审判工作开展营造良好的社会舆论环境。院主管领导还受邀参加黑龙江省妇联系统举办的婚姻家庭纠纷预防化解工作推进会暨调解员培训班,就试点工作进行专题讲解,为妇联系统全方位协助全省法院审理好家事案件和改革试点工作奠定坚实基础。

经过3年试点工作,大庆家事审判方式和工作机制改革初见成效。在全市民事案件大幅增长的情况下,家事案件数量呈现下降趋势,且案件调撤率大体呈现上升趋势。这些成绩的取得,与上述改革制度的落实具有密切联系。在今后工作中,大庆两级法院将继续落实上级法院部署要求,学习兄弟法院先进经验,推动家事审判方式和工作机制改革取得更大成效,为维护家庭和谐和社会稳定做出应有贡献。

家事审判改革的“宁陵经验”

卢炳霖*

近年来,河南省宁陵县人民法院坚持“重审判、强管理、树品牌、创一流”工作思路,确立“审判专业化,管理规范化”工作理念,坚持公正司法,廉洁司法,认真履行审判职责,稳妥推进改革创新。

2014 年 3 月 17 日,宁陵县人民法院率先成立全省首家家事法庭,五年来,宁陵县人民法院家事法庭共审理各类家事案件 4000 余件,调撤率 75% 以上,服判息诉率达 95% 以上,得到人民群众和社会各界广泛赞誉,《人民日报》《人民法院报》《法制日报》等上百家媒体予以关注和报道,全国 130 余家法院前来学习交流。

2017 年 12 月 14 日,最高人民法院党组书记、院长周强在宁陵县人民法院调研时,对我院家事审判工作给予高度评价,“家庭是社会的细胞,审理好家事案件关系到家庭和睦、社会和谐。做好家事审判工作能够切实保障未成年人、妇女、老年人合法权益,更好地维护社会婚姻家庭的和谐稳定”,称赞我院的家事审判工作为“宁陵经验”,并要求在全国推广。时任最高人民法院党组副书记、常务副院长沈德咏,最高人民法院党组成员、副院长张述元,中央纪委国家监委驻最高人民法院纪检监察组组长、最高人民法院党组成员刘海泉,

---

* 卢炳霖,河南省宁陵县人民法院办公室副主任。

时任河南省委常委、组织部长夏杰，河南省高级人民法院党组书记、院长胡道才，商丘市委书记王战营，商丘市委常委、宣传部长王全周，商丘市中级人民法院党组书记、院长陈殿福等先后到宁陵县人民法院家事法庭考察调研，均给予高度评价。

5年来，宁陵县人民法院家事法庭先后荣获河南省维护妇女儿童先进集体、商丘市维护妇女儿童权益贡献先进集体、宁陵县十佳政法单位、宁陵县“三八”红旗先进集体等荣誉称号，2014年和2017年，分别被商丘市中级人民法院授予“集体三等功”荣誉称号，2017年9月，我院家事审判制度改革被评为“2017年全国社会治安综合治理创新典范案例”。

一、家事审判改革的背景

家庭是社会的细胞，婚姻关系是家庭的核心。近年来，大量家事纠纷案件涌向法院，数量一直居于高位，且普遍呈现上升趋势。宁陵县人民法院通过调研统计分析，该县辖区人口65万人，年均受理民事案件近3800件，其中涉及离婚、赡养、抚养等家事纠纷案件就占到35%左右，且家事案件不断递增。俗话说，清官难断家务事，每一起家事纠纷对家庭来说都是幸福的杀手，审理好家事案件关系到家庭和睦，关系到社会和谐。作为基层法院如何担当起化解家事矛盾的重担？这是宁陵县人民法院一直在思考的命题。

为此，宁陵县人民法院积极探索家事审判方式和工作机制改革，结合家事审判特殊性，把专业审判作为发展方向，2014年3月17日，成立河南省首个家事法庭，专门审理离婚、“三养”（赡养、抚养、扶养）、继承、家庭析产、收养关系、亲子关系、家暴遗弃、干涉婚姻自由、侵犯未成年人教育成长权利、家庭成员之间债务等10余类因家庭矛盾纠纷引发的案件。家事法庭结合家事纠纷的特点，采取五项专业审判措施，积极探索专案专办的特色之路。

二、宁陵县人民法院家事审判改革的做法

（一）围绕“谁来办案”主体，着力打造专业化队伍

一是家事审判机构的专业化。家事纠纷特殊而复杂，它涉及身份、财产、情感、伦理等多种关系，不能简单地把家事案件等同于其他普通民事案件，用

审理财产案件的理念和方式审理家事案件。需要根据家事案件独有的特点，建立与之相对称的专门机构和诉讼程序。为此，院党组决定成立专门审理家事案件的“家事法庭”，把家事案件从普通民事案件中分离出来，实现了“专业法庭办专案”。

二是家事审判队伍的专业化。选择什么样法官审理家事案件，是家事法庭的核心和关键。家事法官除了具备一定的法学理论知识和司法实践技能，更重要的是熟悉家庭关系学、社会学、伦理学、心理学等。我院决定挑选女法官来处理家事案件。经过层层筛选，确定由4名审判经验丰富、性格温和、责任心强、善于做调解工作的女法官，专门审理家事案件，实现了审判人员的专业化。

三是家事审判设施的专业化。建设1个家事调解工作室及2个家事审判庭，设立反家暴庇护室、儿童观察室、心理咨询室、社会介入室、茶座式调解室，布置了亲情课堂及亲情文化长廊等，为家事审判工作创造良好的环境和条件。

（二）围绕“如何办案”过程，大力开展人性化司法

一是法庭布置人性化。家事案件具有鲜明的血缘、亲情特点，所以更需要温馨的亲情氛围来化解。我院全力打造“家庭式”审判庭，采取“圆桌式”“会客式”场景布置，代替传统的审判台；用“丈夫”“妻子”“儿子”“父亲”“母亲”等温暖的家庭成员称谓代替原告、被告等专业法律术语；在家具摆设、灯光色调、法庭布置上突出浓厚的家庭氛围，让当事人感觉“到了法庭像到了家”，彰显了柔性司法，减少了双方的对立情绪，无形中为矛盾化解增添了助力。

二是调解方式人性化。家事案件具有强烈的伦理性，案件中掺杂着亲情，如果仅凭一纸判决，不能从根本上解决当事人之间的矛盾。基于此，我院采取调解融合情理，开庭流程如唠家长里短，以交谈说家常话等为主要内容的“拉家常式调解经”，让当事人感觉“开庭就像拉家常”。调解中坚持“和”的理念，总结出即“视频再教育、亲情齐规劝、社会同介入、诉讼冷静期、亲情必回访、不利即割除”的亲情弥合法，有效地弥合了感情，消除了双方对立，有利于家事案件的化解。

三是亲情教育人性化。家事纠纷不是简单的你输我赢，也不是绝对的谁对谁错。我院以“孝”“礼”“让”“德”为主题，为当事人开辟了亲情教育的第

二课堂,邀请婚姻情感专业人士开展亲情讲座,或者把结婚录像资料、旅游照片、生活情景照片等制作幻灯片播放,让他们重温过去美好的时光,修复破裂的感情。在审判庭外布置了以家文化为主题的文化长廊,处处营造父子情、兄弟情、姐妹情、夫妻情的氛围,用亲情文化唤起当事人内心的真善美。

(三)围绕“家事预防”目的,全面搭建社会化平台

一是完善诉调对接机制。在各乡镇和社区设置诉调对接中心,挑选当地有威望、热心调解、群众信服的居民作为调解员。对到家事法庭起诉的案件,委托给诉调对接中心进行调解。如果能够调解和好,家事法庭可根据其要求经审查后出具调解书或司法确认决定书。如果不能调解和好,及时审理并作出判决。

二是完善家事纠纷预防机制。在民政部门婚姻登记处设立宣传栏,举办法官讲堂,开展婚姻观念引导和婚姻风险告知,引导他们树立正确的婚姻观、价值观、感情观。同时,充分发挥村民委员会和人民调解委员会职能作用,对婚姻家庭中出现的矛盾及时发现、及时教育疏导、及时调处,防止小吵小闹催化离婚纠纷,减少离婚案件的发生。建立普法宣传长效机制,家事法官不定期走进社区、乡村,开展法律讲座及街头普法活动,提高妇女、儿童、老人维权意识。

三是完善家事纠纷多元化化解机制。整合资源,形成合力,强化社会参与家事纠纷的化解。设立“法官+”社会介入工作室,广泛邀请妇联、民政、司法及村委或街道办人员等多方力量参与陪审、调解、调查及未成年心理修复、法律咨询等,实现行政力量、司法力量、民间力量无缝隙对接,情、理、法相互融合。

(四)围绕“案件效果”评价,探索专业化程序

一是坚持“家事必调”原则。把调解作为优先结案方式和庭审前置程序,聘请有心理咨询资格和心理疏导特长的专家作为人民陪审员、特邀调解员和家事调查员参与案件的调解,提倡以调撤方式结案,以达到案结事了人和的效果。

二是坚持不公开审理原则。“家丑不可外扬”,家事纠纷案件大多涉及当事人的家庭隐私,他们许多内心深处的想法,并不愿意让外人知道,这不利于

信息充分质证辩论，使得法官不能更好地掌握案情和当事人的真实意思，而且公开审理对参加庭审的未成年人的身心健康也不利。因此，审理时坚持不公开开庭的原则和方式，注重照顾当事人的隐私，尽可能缩小知情人的范围，让家务事在家人之间解决。

三是坚持不利人群隔离原则。“解铃还须系铃人”，家事的和谐稳定最终要依靠的是双方当事人，离婚案件更是如此。为了减少外界的不利干预和诱导，在案件调解参与人员选择上，对一些容易激化双方当事人矛盾的亲属朋友等不利人群进行隔离或排除，避免部分不利于矛盾化解的亲属朋友对双方当事人产生不利诱导。

（五）围绕“家事特点”规律，深入推进改革创新

一是探索和完善“离婚诉讼冷静期”。出台《关于适用“感情冷静期”处理离婚纠纷案件的实施意见》，设立离婚诉讼冷静期，对离婚案件不急于开庭或下判，适当地推迟2~3个星期开庭或开完庭之后推迟2~3个星期再作出判决，给当事人留出一定的时间和空间思考；对有婚姻危机但不至于“死亡”的离婚案件，探索适用“6个月‘感情冷静期’内不再要求离婚”的调解方法和结案方式，让提出离婚的当事人给不愿意离婚的当事人6个月的时间，让其通过在“感情冷静期”内反省、改过，取得提出离婚者的谅解，同时让提出离婚者冷静思考、能够更加理性地表达是否离婚。调解“感情冷静期”内不得再要求离婚，是对调解和好结案方式的补充与完善。通过设立“离婚诉讼冷静期”，让当事人能够理性对待家庭矛盾，便于婚姻、家庭矛盾纠纷的和好与化解，维护家庭和谐和婚姻关系的稳定。

二是注重妇女儿童老人权益保护。为保护妇女合法权益，一方面联合妇联开展反家暴宣传工作，并在诉讼中及时给对方下达人身安全保护令；另一方面，设立家暴庇护室，在情况紧急时，可以为遭受家庭暴力的受害人提供基本的生活服务和安全保障。为切实降低离婚纠纷对儿童的心理伤害，避免法庭庄严、肃穆的环境对儿童心理造成不良影响，建立了儿童观察室，在处理家事案件特别是离婚案件涉及孩子抚养权和查明案件事实时，单独倾听儿童真实的意愿和想法，对儿童的不良情绪进行疏导，保护儿童的心理隐私及安全。

三是完善和探索家事审判证据规则。由于家事案件具有私密性和人身依

附性,存在举证难、认定难等问题,对于家事纠纷不能片面地套用证据规则,适当地降低证明标准,合理地分配举证责任,强化诉讼风险引导,法院适当地发挥依职能取证的作用,同时充分地吸收和吸纳当事人周边亲属朋友的意见,结合当地群众价值观念、基本的是非判断和融入法官的自由心证,综合进行裁判。

四是注重“课堂式”亲情文化教育。积极打造司法文化品牌,将优秀的亲情传统文化引进庭审,发挥亲情传统文化在家事纠纷中的渗透力、感染力。通过在庭审前后有针对性地进行家文化、和文化、孝文化、让文化等传统文化教育,启迪、感悟、警示当事人,使得一些毫无必要的家庭纷争得以化解,发挥了文化“和风细雨”“润物细无声”的功能。

五是建立多元化纠纷解决机制。由于家事案件错综复杂,涉及方方面面,单靠法律、法院、法官的力量很难起到案结事了人和的效果。因此,必须建立多元化化解家事案件的长效机制,坚持“党委领导、政府支持、法院主导、综合协调、多方参与的”多元化解决机制,调动社会各方力量,共同参与家事纠纷的化解工作。建立“法官+”社会介入模式,聘请司法调解所、妇联、律师、社会法官、社区志愿者等,参与化解家事矛盾纠纷,负责庭前调查评估、诉讼调解、陪审、协助申请人身安全保护令、个案帮教回访、普法教育、心理咨询、家庭关系指导、困难救助等工作,并以社会介入工作室为载体,全面提升其功能设施,深入融合其他工作职能,把社会介入工作打造成“普法教育平台、诉与非诉分流平台、诉调对接平台、困难救助平台、社会监督平台、心理矫治平台”六大平台一体化。

三、家事审判改革的成效

一是从案件的审理效果来看。宁陵县人民法院家事法庭成立5年多来,共裁判家事案件4000余件,案件的调撤率75%以上,服判息诉率95%以上,有力地引导和帮助当事人修补、改善家庭、婚姻、亲情关系,取得了“案结、事了、人和、无访”的社会效果,得到社会各界广泛赞誉。

二是从家事法官的审判理念来看。刚开始审理家事案件时,法官的出发点是审结案件,但是,随着审判家事纠纷的增多,家事法官重新树立了新的审判理念：家庭和睦、社会和谐。在此审判理念指引下，家事法官在审理案件时就会延伸法官职权，强化司法的能动作用，能更加主动地依职权进行调查取证，细致把握案情，从而更好地为实现调解和公正判决打好基础。

三是初步探索出了适合家事审判的诉讼程序。对抗式诉讼模式不适合处理家事案件，因此，通过5年多来的实践和探索，我们现在审理家事案件基本上有了适合家事审判的程序，不公开审理、调解贯穿全程、人身保护令的使用、家事调查制度、离婚证明书、财产报告令、婚姻冷静期、心理测试、社会介入等。

四是取得了一定的社会影响。最高人民法院党组书记、院长周强，时任最高人民法院党组副书记、常务副院长沈德咏，最高人民法院党组成员、副院长张述元，中央纪委国家监委驻最高人民法院纪检监察组组长、最高人民法院党组成员刘海泉，时任河南省委常委、组织部长夏杰，河南省高级人民法院党组书记、院长胡道才，商丘市委书记王战营，商丘市委常委、宣传部长王全周，商丘市中级人民法院党组书记、院长陈殿福等先后到宁陵县人民法院家事法庭考察调研，均给予高度评价。全国130余家法院前来交流学习，新华社、《人民日报》、《法制日报》、《人民法院报》、《河南日报》、《河南法制报》、《大河报》、《商丘日报》等全国上百家新闻媒体和网站给予关注。

四、家事审判改革中存在的问题及建议

做好家事审判工作使命光荣、职责神圣、任务艰巨。在家事审判工作方面还面临着诸如具备心理学知识的高素质法官的缺乏、证据规则的不完善、程序设定的法律缺位、司法辅助人员的引进难等问题很突出的情形。另外，由于受工作机制所限，法院一家难以充分解决家事纠纷，而且很多纠纷通过法院反而不利于解决。

一是整合社会力量难度大。处理家事纠纷是一个社会性的问题，解决这个问题需要社会各界共同参与，不能仅从法院层面就能让当事人案结事了，整合社会各界力量，建立统一的长效机制是解决家事纠纷的必然之路。但在实践中，家事审判的长效机制缺乏顶层设计，缺乏更高级别的机构进行协调统筹，同时也缺乏相应的机制，人员、经费等难以保障，导致社会各方面的力量热情不高，现在的做法也难以取得更好的社会效果。

二是法院内部法官对审理家事案件的积极性不高。家事纠纷过于琐碎，而且相比较其他案件风险性很大，很多当事人会把自己的问题迁怒于法官身上，甚至会发生法官被伤害案件，造成部分法官不愿意从事家事审判。

三是缺少独立的诉讼程序。我国现行民事审判程序是按照《民事诉讼法》进行的，但是，家事纠纷因其独有的特点，仅依照《民事诉讼法》的一般规定，法官在处理家事纠纷的时候就会有很多限制，如审限的问题，不公开审理的问题，诉前调解的问题，未成年人的权益保护问题，家事调查问题、探望权的实现问题等等，很难突破《民事诉讼法》的一般规定。

四是证据的认定问题。由于家事纠纷的私密性，很多证据的形成和保留让当事人难以提供，法官居中裁判的要求和对证据认定的把握，对家事审判的法官是个很高的要求。

针对上述问题，我们建议，从以下几个方面进一步探索和完善家事审判工作：

一是引入多元纠纷解决机制。由于家事矛盾背后的原因错综复杂，因此，单靠法律、法院、法官的力量很难起到案结事了人和的效果，所以要动员社会各方面力量参与家事纠纷化解，特别是发挥妇联、基层司法、村委等的调解作用。

二是设置专门的家事审判机构、审判程序。家事案件有其独立的特点，需要有与之相对应的专门机构和诉讼程序。而我国现有法律和司法解释不够全面和系统，不适应家事诉讼的需要。因此，要设立专门的家事法庭，进一步完善家事审判诉讼制度，如探索设立离婚冷静期、诉前财产申报、不公开审理、亲情文化教育环节、不利人员不得旁听或参与调解、判后心理干预等。

三是推进家事审判组织专业化和辅助化。家事审判法官除了需要深厚的法学理论知识和司法实践技能，还需要深谙家庭关系学、社会学、伦理学、民风民俗等综合素质，因此，建立家事审判专业队伍，设置专门的人员专职从事家事审判工作，如专业女法官、特邀调解员、陪审员等。探索建立司法辅助人员制度，比如家事调查官、心理修复师。毕竟，我们现在所探索的社会介入模式是法院自己请社会专业人士帮忙在做，没有形成一个机制体制，社会工作者的工作态度和工作时间很难保证。

四是完善证据规则。由于家事纠纷的高度隐秘和人身依附，对于家事纠纷不能片面地套用证据规则，应当适当地降低证明标准，对证明对象和证据种类恰当地释明，合理地分配举证责任，强化诉讼风险引导，法院适当地发挥依职能取证的作用，同时还要充分地吸收和吸纳当事人周边亲属朋友的意见，结合普世价值观、基本的是非判断和融入法官的自由心证，综合进行裁判。但是，这样做法官就会面临很大的风险，很容易让当事人不满意的时候迁怒于法官。

五是调动社会力量，加强婚姻家庭的“保健”措施，变“治疗、手术”为“保健、预防”。婚姻家庭出现纠纷、矛盾才想到解决，就犹如人的身体出现了病症再加以治疗、手术，势必会比较痛苦。因此，要在出现疾病前加强保健功能，防患于未然。很多年轻人步入婚姻后，不能及时适应角色的转换，摆不正自己的位置，其父母也不能尽快进入角色，对新组建家庭干涉过多，由此而导致的家庭纠纷不再少数。建议在社区、村民委员会等基层举办婚前培训班，对即将步入婚姻的男女和即将升级为公婆、岳父、岳母的人员加以培训，告知其在家庭中的角色定位及应尽义务，并尽快适应。当然这一切都需要借助社会各界的力量，做好延伸工作。

春风化雨巧解纠纷　筑牢家庭和睦根基

——深圳市宝安区人民法院家事审判改革经验

宝安区人民法院家事审判庭

“天下之本在家”，家庭是社会的细胞，家庭的和谐稳定是国家发展、社会进步、民族繁荣的重要基石。在广东高院、深圳中院的正确指导下，宝安法院家事审判改革起步早，2012 年即已启动家事审判改革。近年来，宝安法院不断更新理念，大胆创新探索，构建“党委牵头、部门负责、社会协同、公众参与、法治保障”的工作格局，努力实现家事审判的统一化、专业化、规范化，取得了良好的工作成效，得到上级法院领导的高度肯定。2016 年 5 月，宝安法院成为全国家事审判方式和工作机制改革试点法院之一，同时宝安法院也承担了深圳法院重点改革项目——深化家事审判方式改革，家事审判改革进入新征程、取得新突破、实现新飞跃。

一、理念先行，以更加科学的理念指导家事审判改革

家庭关系具有较强的公益性，家事案件的判决结果不仅涉及当事人本人，还常常涉及当事人之外的未成年子女和其他家庭成员。宝安法院的家事审判改革以转变司法理念为切入口，还原家事纠纷社会性、公益性、基础性的特质，为妥善解决家事纠纷提供积极、持久的方法。

(一)从单纯调整功能向调整、修复、救治复合功能转变

以往,家事纠纷的处理更多侧重于单纯的法律调整功能,法官将家事纠纷与普通财产纠纷的处理模式混同,对于家事纠纷背后复杂的情感上、心理上、非经济上的因素关注度不够。宝安法院在家事审判改革中,重点着力于法院(审判)功能上的关键转变,逐步向调整、修复、救治复合功能转变,形成了法律关系调整、社会关系修复、心理创伤救治等多重功能复合的价值追求,裁判上注重反映当事人基本利益诉求、社会基本价值追求,同时以专业干预、同理互助为当事人提供最佳社会关系修复模式,帮助当事家庭在经历矛盾纠葛后以最佳效果、最快速度恢复,帮助当事人正确对待情感波折以及家庭纠纷,及时以健康心态回归社会。宝安法院始终贯彻治疗性司法理念,建立了一整套心理干预治疗机制,最大限度平复婚姻家庭纠纷各方因感情危机形成的心灵创伤。

(二)从单纯关注当事人双方权益向关注子女、家庭、当事人双方、社会利益转变

家事纠纷的基础是身份关系,其背后隐藏着复杂的人际关系、利益关系和社会价值。宝安法院在家事纠纷处理过程中构建起多元利益的反馈、调整、维护机制。一是更加坚定树立"未成年子女最大利益保护原则"。在涉及子女抚养问题时,充分考虑未成年子女的利益,作出最有利于未成年子女的裁判,更加有效地保护未成年子女的合法权益。建立社工关爱制度,尤其重视未成年人的庭前、庭中、庭后陪同。二是更加注重家庭文明及家风建设。举办家庭成长课堂,发挥心理咨询师、社工的作用,为当事人提供家风建设指导服务。三是更加高效维护当事双方合法权益。贯彻落实财产申报、离婚证明书等制度。

(三)从一元裁判向家事纠纷综合性、多元化解决转变

宝安法院既是"全国多元化纠纷解决机制改革示范法院",又是"全国家事审判方式和工作机制改革试点法院",在家事纠纷解决机制探索上具有得天独厚的优势。一直以来,宝安法院不断推进两项改革制度的衔接,大力提高调解工作水平,实现在调解中促进亲情弥合,挽救关系。一是贯彻调解优先原则。将家事纠纷引入诉调对接机制,试行家事案件调解前置制度,建立诉前、

审前、审中多层次、多阶段调解制度。二是构建家事纠纷综合协调解决机制。充分利用妇联、人民调解等强大社会资源,在辖区党委政府的统筹协调下,构建起以司法为主导的多方参与的家事纠纷综合协调解决"大格局"。

二、功能聚合,着力打造家事诉讼中心运作新模式

为实现家事审判功能上的聚合、集成,打造一站式、立体式家事纠纷处理中心,宝安法院以"服务家事审判"为宗旨,着力打造家事诉讼中心。家事诉讼中心以现代化家事审判理念"信任、保护、关怀、温暖"为指导,在功能设置、装修风格等方面锐意创新。一是在功能室设置上,内设当事人接待大厅、圆桌审判庭、社工工作室、调查室、调解室、单面镜观察室及心理疏导室,购置了整套的沙盘设备用于心理测评和心理疏导,力争为各项改革举措的落实提供物质保障。二是在装修布置上,审判庭采用圆桌审判台,墙面采用淡蓝色和淡黄色,墙面装饰温馨的彩画,力求为当事人提供一个温馨的家事审判环境,利于家事纠纷的化解和当事人的情感修复。三是在信息化硬件配置上,在接待大厅配置了多媒体宣传设备,以生动、直观的方式宣传特色家事审判模式及正确的家庭观、婚姻观。宝安法院家事诉讼中心承担了家事审判功能,同时还具备了心理咨询、家庭建设等功能,概括起来为"两个平台、一所学校"。

(一)家事纠纷专业调解平台

创设"婚调委 + 调解工作室 + 专职调解员"新模式。为进一步充分发挥法院和妇联各自的职能优势,加强整合婚姻家庭纠纷调解资源,有效遏制辖区内婚姻家庭纠纷多发态势,形成协调配合、通力合作的工作新格局,2016 年 3 月,宝安法院与妇联共同成立婚姻家庭纠纷人民调解委员会,负责辖区内婚姻家庭纠纷人民调解和整体情况分析报告工作。2016 年 10 月初,区婚调委在宝安法院设立婚姻调解员工作室,一名具有国家二级心理咨询师资质的婚调员常驻工作室参与我院婚姻家庭纠纷的诉前联调。婚调委工作室已参与调解了 716 宗家事案件,其中,调解和好案件 415 宗,达成调解协议案件 301 宗。为贯彻家事案件全程调解原则,我院于 2017 年 5 月聘请了两名专职家事调解员参与家事案件的全程调解,截至目前,已达成调解协议 712 宗。

（二）统一的家庭暴力预防与处理平台

一是搭建家庭暴力预防与处理联动机制。宝安法院与妇联、公安共同签署了《家庭暴力预防与处理工作体系工作方案》，搭建全区统一的家庭暴力预防与处理平台。将反家暴纳入“智慧宝安”网络化平台，与“85908590”服务热线对接，构建行之有效的针对家庭暴力的预防、报告、反应、救助机制，为当事人及其家庭提供专业化、精细化、个性化的服务。宝安法院在这一平台中主要负责处理人身安全保护令案件、为家暴施暴者和受害人提供心理疏导服务、家暴案件的统计等工作。二是依法审理反家暴案件。在《反家庭暴力法》施行之前，宝安法院就建立了人身安全保护令制度，发出人身安全保护令 6 份，制定施行了《人身安全保护令实施细则》，与公安会签了《关于执行人身安全保护裁定的办法》，与民政合作设立家暴受害者临时庇护室，增加家庭暴力的事前预防机制，有效遏制家庭暴力行为，依法保护家暴受害者。从《反家暴法》实施后至今，宝安法院共受理了 71 宗“民保令”案件，依法发出 50 份人身安全保护令，执行效果良好，尚未出现被申请人违反人身安全保护令的情况。

（三）家庭成长大讲堂

2018 年 1 月，与区妇联签订《关于成立“重启幸福”工作室框架合作协议》，成立“重启幸福”工作室，并举行“幸福成长计划”百场公益课堂第一场课程，建立家事纠纷幸福家庭教育长效机制。制定个性幸福家庭计划，依托区妇联“妇女儿童服务中心”内设项目和课程，对“判决不准离婚”或“调解和好”的当事人，鼓励参与“花好月圆夫妻成长营”项目，引导夫妻有效沟通、增强家庭经营能力；对“判决离婚”的当事人，鼓励参加“单亲家庭关爱计划”“宝妈成长计划”等项目，帮助当事人抚平心灵创伤。特设未成年人守护机制，案件涉及未成年人的，由专业师资团队采取“线上教学”＋“线下体验”服务模式，举办单亲家庭亲子活动，鼓励加入儿童社区共融共建成长计划，为单亲家庭及未成年人子女提供专业的心灵重建、关系辅导等幸福教育与守护陪伴。2018 年 5 月 15 日，宝安法院举办“国际家庭日”体验活动，开展“幸福成长计划”并开展百场公益课堂第三场课程，持续深化家事审判方式改革，创新体制机制，重视家庭建设，有力维护婚姻、家庭和谐，弘扬良好家风，提升幸福指数，助力建设幸福宝安。

三、创新机制,全力推进家事审判专业化

(一)审判模式和司法人员的专业化

一是建立具有独立编制的家事审判庭。挑选熟悉婚姻家庭审判业务、审判工作经验丰富、协调能力强、善于做群众工作并且责任心强的法官及司法辅助人员组成家事审判团队,形成一支以家事法官为核心,司法辅助人员为依靠,社工、家事调查员、心理辅导师等社会专业人士为补充的专业化队伍。二是家事与少年强强联合。宝安法院少年审判工作一直以来在全国都具有较大影响力,少年综合审判庭被评为全国法院先进集体、"全国青少年维权岗"等。少年审判主要办理涉及未成年人刑事、民事案件,其中民事案件引入社会观护制度,与家事审判的社工观护制度共享共建,充分实现功能互补。三是加强法官的专项培训。家事法官除必须掌握处理家事纠纷所需要的法律知识,还要接受包括离婚对未成年人影响、家庭暴力和保护未成年人等内容的专项培训。

(二)建立符合家事审判规律的工作机制

一是家事案件立案流转绿色通道。设立专门窗口受理家事案件,强化家事纠纷诉讼指引与提示,特别提示三项制度,即家庭财产申报制度、人身安全保护令制度、离婚证明书制度;推行调解前置程序,从案件入口环节引导当事人选择诉前联调和审前调解;制定《关于受理及流转家事案件的相关规定》,严格规范家事案件受理及流转;启用区别于其他案件的特色档案袋,方便案卷识别,提高案件流转效率。二是独特的家事案件审理程序。制定并施行家事案件办理"1+5"文件,包括《家事案件审理规程》《关于受理及流转家事案件的相关规定》《人身安全保护令实施细则》《家事调解员工作规程》《家事调查员工作规程》《家事审判社工工作规程》,创设了财产申报、冷静期、人身安全保护令、家事调查员等制度,实行符合家事案件特点的举证、质证规则,并对程序设计的前瞻性、综合性和保密性等特性进行综合考量。三是财产申报制度。为有效打击故意隐匿、转移家庭共同财产等违法行为,在所有涉及财产分割的婚姻家庭案件中实行财产申报制度,在立案和送达传票环节向当事人送达《离婚财产申报告知书》《离婚财产申报表》,要求当事人如实填写财产状况,固定争议财产范围,明确告知不实申报财产的诉讼风险,并依法对财产申报不

实、故意隐匿财产的当事人分别予以少分或不分财产、罚款、拘留等惩处措施，促进诚信诉讼和夫妻共同财产的公平分割。四是离婚证明书制度。向解除婚姻关系的当事人出具离婚证明书。离婚证明书只包含案号、当事人基本信息、结婚及离婚时间，而不涉及当事人的其他信息，有利于保护当事人的个人隐私，也便于当事人携带和保管。

（三）构建家事纠纷综合协调解决机制

家事纠纷综合协调解决机制是宝安法院家事审判改革的一大亮点，即有效利用其他社会资源促成家事纠纷的解决。宝安区委区政府多年来积极推进建立以家事审判机制改革为核心的家事纠纷综合协调解决机制。2013 年 4 月，宝安区委区政府将“建立家事纠纷综合协调解决机制”列入《宝安区 2013 年改革创新工作计划》。2013 年 9 月 26 日，宝安区委区政府发布《关于推进建立家事纠纷综合协调解决机制的意见》，宝安法院分别与公安、妇联、司法、民政等部门会签了《关于建立家事纠纷联动化解机制备忘录》，构建了人身保护、心理疏导、人民调解和社会救助等综合协调解决机制制度框架，司法服务、行政服务与公益服务相结合的新型家事纠纷综合协调解决机制得以确立。

一是反家暴联动机制。2013 年 7 月 12 日，宝安法院即与深圳市公安局宝安分局共同印发了《关于执行人身安全保护裁定的办法》，明确了法院和公安局在人身安全保护上的协作机制；2013 年 7 月 30 日，宝安法院发出了第一份人身安全保护令。2016 年 11 月 24 日，宝安法院与妇女儿童工作委员会、区妇联、公安共同签署了《家庭暴力预防与处理工作体系工作方案》，搭建全区统一的家庭暴力预防与处理平台。2019 年 3 月，宝安法院与区妇联、民政局、司法局、公安局、区信息管理中心、网格办等部门合作建立了宝安区家庭暴力预防救助智慧管控平台，多次召开宝安区家庭暴力预防救助智慧管控体系工作推进会，基于区网格化工程，对家事情感纠纷案件实现闭环处置模式，实现防止情感纠纷转化为家庭暴力，控制民事案件转化为刑事案件的“两防控”目标。该体系能整合基层力量，发挥基层优势，充分调动社会综合治理的末梢，对家庭纠纷早发现、早介入、早预防、早化解，将预防、化解工作充分前移，做好前端调和、分流、监管工作，现该系统运行效果良好。

二是家事调解员、家事调查员制度。经各街道司法所推荐，从机关干部、社区挂点律师、人民调解员中选任53名家事调解员、76名家事调查员。家事调解员制度即诉中委托调解制度，在案件审理过程中，法官可根据需要将案件委托家事调解员调解，注重发挥社区组织、家庭成员、亲朋好友在调解中的作用。法官在庭审中无法查清案件事实的，可委托律师、社区调解员等组成调查员团队，通过实地走访邻居、向有关机关调查等方式查清事实，形成家事调查报告，供法官裁判参考。2013年至今，70余宗家事案件适用家事调查员制度，家事调查报告对于法官查清案件事实具有较大帮助，试行效果良好。

三是社工观护制度。与政法委、团区委、社工机构合作，建立社工观护制度。

1. 社工陪同。未成年人参与庭审的，由社工为其提供庭前、庭中、庭后陪同服务。庭前进行未成年人庭审心理建设；庭中陪同未成年人出庭或在庭外照看未成年人；庭后安抚未成年人的情绪。

2. 民事观护。通过选聘社会观护员对涉案未成年人进行社会调查、心理评估和观护，抚平涉案未成年人的心理创伤，实现未成年人民事权益最大化。“部门联动+专业观护”：加强与多部门联动，构建民事观护联动协调机制，聘请社工、义工、律师等担任社会观护员，注重社会观护员队伍的专业化。“一个方案+两个报告”：通过对民事案件中的未成年人进行专业化心理测试，形成《心理评估报告》。根据心理评估报告结果，形成《心理疏导方案》。专业社会观护员根据心理评估报告结果及心理疏导方案，形成个案《社会观护报告》。“定期回访+个性建档”：注重后续观护，定期回访未成年人，根据全程观护情况制定个案观护档案，确保实时记录、全程跟踪。截至目前，累计开展民事观护案件100余件，家访15余次，进一步增强家事审判的社会辐射功能。

四是心理疏导制度。从审判实务来看，经历家庭纠纷的当事人普遍陷入“信任危机”，对伦理常情把握不够、重建幸福信心不足等导致当事人难以快速走出心理阴影。鉴于此，2013年，宝安法院即开始推行家事案件心理疏导制度，由法官、调解员或调查员提供个案心理辅导服务。2016年6月，宝安法院与深圳市心理咨询师协会合作成立家事纠纷心理疏导工作室，由国家专业心理咨询师驻点办公，为当事人提供专业、个性的心理测评与疏导服务。2017年9月，宝安法院出台全省首份《家事案件心理咨询工作规程》，进一步明确咨询案件类型、工作流程和案结回访等内容，心理疏导工作进一步规范化、制度化。2013 年以来，宝安法院共为当事人提供心理疏导服务 615 人次，获得当事人一致好评。

五是建立当事人亲自出庭长效机制。宝安区户籍人口严重倒挂，大量外来务工人员流动性强，文书送达、当事人亲自出庭困难较大。2015 年年初，宝安法院与区流动人口和出租屋管理机构共同建立流动人员居住信息共享制度，由区出租屋办向法院提供流动人口和出租屋综合管理系统查询端口，有效协助法院准确查找当事人在宝安区的最新居住地址及历史租住信息，有效解决流动人口法律文书送达难问题，严格实行当事人亲自出庭制度。

经过多年的精耕细作，宝安法院的家事审判改革取得了显著成效。2016 ~ 2019 年 6 月共审结家事案件 5052 件，结案率达 87.11%，调撤率达53.46%，2016 ~ 2019 年 6 月的服判息诉率均在 90% 以上。同时，创新家事审判改革入选深圳 2013 年度“十大政法创新”；《人民法院报》以《宝安：创家事纠纷综合解决机制》《专业化破解家事难案瓶颈》为题进行专题报道等，取得了良好的法律效果和社会效果。2015 年，最高人民法院原审判委员会专职委员杜万华到宝安法院指导家事审判改革工作，对改革成效给予充分肯定，指出要敢于先行先试，为家事审判专业化改革奠定坚实基础。广东省高院副院长谭玲也多次到宝安法院调研家事审判工作，指出宝安法院家事审判改革工作是全省家事审判改革的优秀基层样本，许多好经验、好做法值得肯定。2017 年 9 月，宝安法院洪胜元同志荣获“全国维护妇女权益儿童先进个人”称号。2018 年 4 月 2 日，深圳市中院召开新闻发布会，发布《宝安法院家事审判改革状况》白皮书，反映了六年来宝安法院家事审判改革中采取的各项改革举措和取得的突出成效。2018 年 7 月，宝安法院家事审判庭荣获“全国法院家事审判工作先进集体”荣誉称号，家事庭庭长张力英同志被评为“全国法院家事审判工作先进个人”。2018 年 5 月，宝安法院家事庭庭长张力英同志与助理龙美君同志投稿的文章《论我国家事纠纷综合协调解决机制的完善》荣获《人民司法》杂志社举办的“德州杯”家事审判有奖征文一等奖。

附：宝安区人民法院改革文件（见附录）

深圳法院创新家事案件审理方式改革方案（见附录第 328 页）

关于印发《深圳市宝安区人民法院　关于设立家事审判合议庭的工作方案》的通知（见附录第 332 页）

关于印发《关于进一步推进家事纠纷综合协调解决机制改革的意见》的通知（见附录第 338 页）

关于设立家事审判庭的通知（见附录第 343 页）

关于印发《深圳市宝安区人民法院　深化家事审判方式改革实施方案》的通知（见附录第 343 页）

关于建立家事纠纷综合协调解决机制的合作备忘录（见附录第 349 页）

关于执行人身安全保护裁定的办法（见附录第 350 页）

关于建立家事纠纷联动化解机制备忘录（见附录第 352 页）

深圳市宝安区人民法院家事案件审理规程（见附录第 357 页）

深圳市宝安区人民法院人身安全保护令实施细则（见附录第 367 页）

深圳市宝安区人民法院家事调解员工作规程（见附录第 379 页）

深圳市宝安区人民法院家事调查员工作规程（见附录第 382 页）

深圳市宝安区人民法院家事审判社工工作规程（见附录第 384 页）

深圳市宝安区人民法院家事案件心理咨询工作规程（见附录第 387 页）

深圳市宝安区人民法院深圳市心理咨询师协会关于建立心理疏导机制、创新纠纷处理模式的框架合作协议（见附录第 393 页）

家事审判改革的“中山模式”

王　念[*]　钟劲松[**]

党的十八大以来,以习近平同志为核心的党中央高度重视家庭文明建设。2010 年,广东省中山市第一人民法院作为广东省首批家事审判改革七个试点法院之一,开启了家事审判机制改革的创新历程。2016 年 4 月,中山市第一人民法院被最高人民法院指定为全国家事审判改革试点单位,是最高人民法院原审判委员会专职委员杜万华的挂点改革单位。

“婚姻家庭是社会和谐稳定的细胞”,是最能体现法律温情的审判领域。中山市第一人民法院不断完善家事审判方式和工作机制,营建“温情审判文化”。一是打磨温情融冰的专业审判,全国首创“离前一课”制度,率先探索“人身保护令”“冷静期”“亲子关系评估”“心理疏导”等一系列创新举措,打造情理法相融的家事审判,让法官善断家务事。二是升级暖心宣教的功能设施,家事审判硬件设施融合国内外家事审判法庭亮点,打造全新的温情家事审判区域,设置 10 个功能室,特别增加了家暴审判开庭室、调查室、宣教室等。三是打磨衡情说理的家事文化,全面总结梳理试点经验,整理编辑审判实务材料,先后编撰《中山市第一人民法院家事审判白皮书(2016)》《2017 家事审判实务手册》《2017 家事审判改革汇编》,形成了一整套可复制的经验,注重案件

---

* 王念,广东省中山市第一人民法院研究室主任。

** 钟劲松,广东省中山市第一人民法院法官。

的社会效果,积极主动做好宣传,以案释法,在妇女节、儿童节等节日,开展宣传活动,召开新闻发布会,受到社会广泛好评。四是建立多元化、社会化解决家事纠纷机制,推动社工、心理咨询师等专业人士推进与市妇联、民政局等15个部门的联席会议制度,在婚姻家事案件审理中引入家事调查员、家事调解员化解纠纷。因成效显著,2017年中山市第一人民法院被全国妇联评为"全国妇女儿童权益先进集体",2018年负责家事审判的民一庭荣获"全国法院家事审判工作先进集体"称号;家事法官钟劲松荣获全国法院家事审判工作"先进个人"称号。

自试点以来,中山市第一人民法院准确把握家事审判特点,妥善审结家事案件,许多改革创新举措走在全国法院前列。

一、家事审判改革目标和路径

家庭是社会的细胞,家事案件不仅关乎个人及家庭的幸福,同时也影响着社会和谐稳定。基于婚姻家庭亲属关系所具有的伦理性、情感性的特点,传统民事审判方式已无法满足家事案件日渐突出的特殊需要。中山市第一人民法院通过探索家事审判规律,不断深入开展家事审判方式和工作机制改革,力求达到维护家庭稳定,依法保护未成年人、妇女和老人的合法权益,进而促进社会和谐稳定的总体目标。

自2010年起,中山市第一人民法院通过三个路径不断深入推进家事审判改革。一是以司法改革为契机,探索建立一套符合家事案件审判规律的工作机制;二是以人员分类管理为契机,努力打造一支具有社会公信力的专业化家事审判队伍;三是以改革试点工作为助力,推动建立司法力量、行政力量和社会力量相结合的新型家事纠纷综合协调解决机制和家庭危机援助体系。

二、家事专业机构设置及人员分类管理

(一)建立专业化的家事审判机构

根据广东省高级人民法院粤高法〔2010〕94号文《关于试点设立家事审判合议庭的通知》,决定选取中山市两级法院在内的7家人民法院设立家事审判合议庭,开展试点工作,中山市第一人民法院成为2010年广东省首批家事

审判改革试点单位。结合实际情况，我院于2010年4月在民一庭和四个人民法庭成立相对固定的家事合议庭，人民法庭指定专人主要审理家事案件，并保证合议庭成员至少有一名女法官。如案件适用普通程序，则以该家事法官为主审法官，与另外两名审判人员（可以为人民陪审员）组成合议庭。2016年起，中山市第一人民法院进一步推进专业化家事审判机构建设：一是明确家事审判的职能、定位及受理范围。二是组建结构为"3法官+N助理"的审判单元。三是落实和完善以法官为中心的审判权力运行机制。四是家事审判事务购买社会服务并实行集中管理。五是出台一系列家事审判改革相关工作规程，包括指导原则、审判组织、审判管理、证据规则、特别程序等内容。目前院机关设家事审判单元，由3名法官+3名法官助理组成，1名速录员、2名社工专职服务家事审判单元。此外，信息录入、排期开庭、送达等审判辅助事务由社会化审判服务团队负责。人民法庭亦按"3法官+N助理"模式组建家事审判单元，设家事法官专门审理家事案件。

（二）启动家事审判团队专业化改革

2016年4月，中山市第一人民法院启动审判权运行机制改革，落实司法责任制，出台《审判职权配置规定》等14个规范性文件和《家事审判改革实施方案》，明晰法官、法官助理和服务团队的职权，形成法官专注于审判、法官助理尽责协助法官、服务团队提供优质审判服务的工作格局，推进家事审判专业化发展。一是法官负责"审、判、写"。法官只做审判中最核心的工作，即开庭、签发文书和撰写部分判决书，负责主持庭审、案件评议、实体审查案件等，把法官从烦琐的辅助性事务中解放出来。二是法官助理负责"管、核、写"。法官助理协助管理法官案件事务、审核审判服务结果、撰写大部分判决书和全部其他文书，负责审查诉讼材料、组织证据交换、召集庭前会议、主持调解等工作。三是专业服务团队负责法院剥离的辅助性事务。将审判辅助事务从法官团队中剥离，通过集约化管理和购买服务解决。其中，送达、信息录入、庭审排期等50项事务实现社会化解决。

此外，中山市第一人民法院还建立了一套完备的家事审判司法人员分类管理制度：一是设置家事审判司法人员任职条件。二是通过双向选择优化家事审判单元人员组合。三是规范岗位职责和考核指标。四是落实导师制，培养专业化的家事审判队伍。五是积极探索通过引入社工、社会团体工作人员和政府向社会购买服务等方式充实家事调查员、家事调解员等司法辅助人员。六是定期对家事审判司法人员进行家事审判、调解技能、心理学等多方面的系统培训,不断推进家事审判专业化发展。

三、家事审判诉讼程序制度不断创新

2010 年广东省家事审判改革拉开序幕,中山市第一人民法院首次提出“不公开审理原则”“当事人亲自到庭原则”“加强职权探知主义”原则,全国首创“离婚证明书”制度,全国首例对违反人身安全保护令的当事人实施司法拘留,成为目前全国家事审判理念的雏形。此后,家事审判单元永不停歇改革的步子,根据实践经验不断探索,继续以问题为导向,不断创新,自 2013 年以来,陆续创设推行下列制度,形成一套特有的“中山模式”的家事审判特别程序,被最高人民法院杜万华专委高度评价为“可复制可推广”的经验,在全国法院推广。

(一)被告信息申报制度

在按原告诉状提供的地址不能向被告送达时,要求原告填写被告信息登记表,并书面保证陈述属实,不存在隐瞒、虚构被告信息等情形,否则愿意接受法院处罚。2015 年试行后的两年期间,要求原告填写地址信息保证书的数量为 70 多份,其中 10% 的案件属于送达不成功后通过此种方式成功送达被告,且没有出现隐瞒被告信息的行为,大大提高了当事人亲自到庭率,离婚案件当事人到庭率达 97% 以上,有效防范司法实践中因原告虚构隐瞒被告下落导致被告被离婚的情形。

(二)庭前强制调解制度

2016 年 4 月,家事单元借鉴台湾地区法院“预先和解”制度经验,研究多年来家事纠纷的审理规律,将“强制调解”的概念率先运用于审判实践。除法律、司法解释规定的婚姻关系、身份关系确认案件不能调解外,其余家事案件,法院均依职权组织双方当事人进行庭前调解,家事案件当事人于开庭前须至少参加一次调解活动。该机制的核心是家事调解程序的开启不依赖于当事人是否同意但调解协议的签订仍遵守当事人自愿原则;该程序设置的时间点在

“庭前”；调解人员非审判法官，实现调判分离。自2016年4月创设以来，家事单元进行庭前调解3000多人次，庭前调解率达60%以上。

（三）婚姻修复指导制度

离婚诉讼中，法院须在诊断婚姻状况的基础上，区分婚姻危机还是婚姻死亡。对婚姻危机的当事人指出婚姻出现问题的症结，提出婚姻修复指导计划，并尽可能调解和好处理。对于被告认为感情尚未破裂，不同意离婚的，法院可要求被告出具婚姻修复计划。3年来，中山市第一人民法院通过婚姻修复指导制度，共促进300多对婚姻重归于好。

（四）冷静期制度

在审理的明星团体原“至上励合”组合成员离婚案中，中山市第一人民法院向双方发出广东省首份冷静期告知书，获得当事人律师及舆论媒体的一致好评。自此，中山市第一人民法院建立了完整的冷静期制度和流程。我院冷静期分为两种：(1)“情绪冷静期”，诉讼中（包括调解、庭审过程中），当事人因情绪激动甚至失控，出现哄闹法庭、未经许可发言、人身攻击、肢体冲突等扰乱法庭秩序情形时，可强制给予当事人一定时间的情绪冷静期，在该期间内可安排心理咨询师进行心理干预；(2)情感修复冷静期，针对离婚案件，我院普遍给予双方一个月以上的冷静期，即开庭时间安排在被告收到开庭传票后一个月，在该冷静期内，由调解人员进行婚姻修复和指导。

（五）心理疏导制度

在法院家事审判中，经征询当事人意见，在当事人同意的情况下，由法官自行选择法院的合作机构，向该机构送达联系函。该机构指派人员到法院进行心理疏导或心理评估，并在疏导、评估结束后向法院出具报告。具体的事项由承办人与合作机构联系“订制内容”，由具有心理咨询资质的心理咨询师等专业辅助人员对家事案件当事人进行心理疏导，近两年共提供心理干预服务近30个家庭。法院家事审判引入心理干预机制，与心理咨询机构达成合作，极大减少了双方当事人的对立和冲突，有利于婚姻家庭的修复和稳定。

（六）离婚财产申报制度

2013年家事单元在全国首创离婚财产申报制度，经过两年的实施后，效果明显。2015年，最高人民法院杜万华专委对该项制度予以肯定，后逐步在全国推广，成为全国法院目前通用的制度。该制度根本上解决实践中隐瞒夫妻财产难取证难认定难制裁，且导致法官审理周期长、百姓怨言多的司法实践困境，弘扬诚信价值观同时极大提高司法权威。自实施离婚财产申报后，中山市第一人民法院基本上能一次性确定夫妻共同财产的范围，减少因财产分割问题形成新矛盾，也减少由此引发二次诉讼的可能性。该制度实施初期，中山市第一人民法院对1例未如实申报财产的当事人进行处罚，对1例隐瞒债权的当事人少分财产，并且加大宣传力度，至今再未出现隐瞒财产的行为，且离婚涉财产案件调解率大幅提升，服判率、发改率大幅降低，收到良好的社会效果。

（七）亲子关系评估制度

推行亲子关系评估制度，精准化解抚养权归属难题。家事审判过程中，许多案件当事人对离婚、财产分割比较容易协商，但对于孩子的归属很难作出让步。亲子关系评估制度能够精准判断亲子之间关系，找到最合适的抚养权归属方。在涉及抚养权的家事纠纷中，对于当事人双方争议较大而其子女尚小无法独立表达意志时，法院引入专业的心理咨询机构，通过心理干预、单面镜观测、沙盘游戏等专业手段，评估父母双方的性格心理及子女的情感依赖程度，结合对父母双方经济、教育、家庭关系等综合作出亲子关系评估报告，作为法院判断子女更适宜由谁直接抚养的重要依据和参考。2018年，我院进行亲子关系评估20多人次，均获当事人好评。

（八）子女规划抚养制度

为解决离婚后子女的权利难以保障这一难题，中山市第一人民法院推行子女抚养规划制度，督促享有抚养权的一方将子女的抚养落到实处，否则可能面临变更抚养权的法律后果。在涉抚养权的家事纠纷中，双方对抚养子女有争议均要求直接抚养子女的，由法院视具体案情要求当事人双方出具子女抚养规划（假设子女离婚后归自己抚养，自己计划如何抚养）。法院从未成年人利益最大化出发，结合该抚养规划确定子女抚养权的归属。并且，抚养规划的实施情况将作为法院未来判断变更抚养权事由是否成立的重要参考。该制度彻底将传统子女争议审理方式从“断过去是非”向“展未来规划”的理念转变，设计理念来自于“两人离婚前合作抚养与离婚后分开抚养的形势出现根本不同”，符合用发展眼光看待事物的辩证法原理。

（九）探望方案明晰制度

在涉及子女抚养、探望的诉讼中，为保障不直接抚养一方的亲子权利得以落实，法院根据子女的作息生活规律及其父母的工作生活安排等等，应当事人的要求，因人因案制宜确定详细明晰有操作性的探望方案，将探望的权利进行细化，明确各自权利义务，供双方遵照执行，保障非抚养权归属方的探望权利和儿童的权利。该制度彻底解决过去数年来因司法机关忽略探望权的保障导致争抢抚养权的司法困境，是减少杜绝离异家庭未成年人不健康心理的破冰之举。

子女的抚养、探望权问题往往是离婚案件审理的难点。2017 年中山市第一人民法院创立了亲子关系评估、子女抚养规划、探望方案明晰制度，三管齐下保障未成年人权益。目前，已做亲子评估案例约 30 例，让当事人填写子女抚养规划表 50 多份。

（十）人身安全保护令制度

针对涉及家暴案件，中山市第一人民法院制定《中山市第一人民法院人身安全保护令裁定实施细则》，为当事人申请“人身安全保护令”单独立案，48 小时内作出人身安全保护令裁定。2016 年《反家庭暴力法》实施以来至 2019 年 4 月，我院共发出人身安全保护令 38 例，其中家事单元共发出人身安全保护令 29 份。

四、多元化纠纷解决机制深入开展

中山市第一人民法院积极探索建立家事纠纷多元化解决机制，与当地妇联、司法、公安等部门和心理咨询机构创建了形式多样、效果明显的合作项目。

（一）建立家事审判改革联席会议制度

自 2015 年起，中山市第一人民法院先行先试，率先与市妇联、市司法局、民政局等部门加大联动力度，推进家事审判多个项目合作，成效显著。2018 年 2 月，中山中院牵头与中山市 15 个部门签订《关于建立家事审判方式和工作机制改革联席会议制度的意见》，自此搭建全市多元化解家事纠纷机制的框架，全面建立案后回访和帮扶制度、反家庭暴力庇护对接机制、困境未成年人救助保护机制、法律援助及司法救助机制,开启了在家事案件审理中引入家事调查员、家事调解员的实践。

(二)与心理咨询机构签订合作协议

2015年开始,中山市第一人民法院与中山市北斗星咨询有限公司、中山市启明星婚姻家庭咨询服务中心、中山市博睿社会服务中心、中山市阳光心理咨询服务中心等多家心理咨询机构达成合作协议,合作项目包括婚姻修复、心理疏导、亲子关系评估等。聘请心理咨询师从事心理疏导、测评、婚姻亲子评估、案后情感辅导等工作。2015年项目启动后,中山市第一人民法院争取当地党委政府和上级法院的财政支持,按照每宗案件500~800元的标准支付社会化服务费用,为项目持续开展奠定坚实基础。自2019年起,中山市第一人民法院进一步深化家事审判社会化改革,向广东省财政厅申请“家事审判社工服务专项经费”购买2名专业的心理咨询师/婚姻家庭咨询师常驻法院,从事婚姻家庭案件的心理疏导、庭前调解、未成年人陪护、亲子评估、案后回访等辅助工作。2019年6月该项目正式运行,并实现了常态化、标准化。

(三)开设“离前一课”婚姻指导课堂

2018年与市妇联、北斗星心理咨询机构合作,针对离婚案件在庭前开设“离前一课”婚姻指导课堂,传授婚姻家庭经营技巧,化解矛盾,首创集中调解新模式,为高质效化解离婚纠纷开辟新路径。2018年3月8日,“离前一课”首次开课,为10对离婚夫妻现场调解,成功调解夫妻和好5对,调解离婚4对。参与了“离前一课”的原被告均表示获益匪浅,无论是和是离都好聚好散。2018年,家事审判单元通过开展“离前一课”集中辅导修复婚姻92对,首次离婚婚姻修复率达80%以上,改变过去数十年来几乎调解和好为零的历史,彻底将理念从传统“着眼过去断是非”的一般民事诉讼审判理念向“展望未来重修复”的婚姻诊疗模式转变,受到《中国妇女报》《南方日报》《南方都市报》等媒体聚焦报道。对于调解和好等需要跟踪辅导的案件,由市妇联维权站“12338”热线继续跟踪对接,为个案咨询辅导提供跟踪服务案后回访及婚姻指导。

(四)建立家事调查员、家事调解员、心理咨询师等专业辅助队伍

组建由各界人士组成的家事调解委员会,在妇联、民政、高等院校、司法所、村(居)委会等组织机构选聘具有丰富调解经验的人员作为特邀调解员。

建立特邀家事调解组织或家事调解员名册，明确入册组织与人员的具体要求以及入册选拔与管理机制，吸纳法学、心理学、社会学、教育学等方面的专业人员进入名册，综合利用诉前调解、诉讼调解化解纠纷，通过招聘、推荐等多途径，建立家事调查员、家事调解员、心理咨询师等组成的具备专业特长的家事审判辅助队伍。2018 年 6 月，中山两级法院公开选聘了 200 多名家事调查员，这些家事调查员来自不同工作岗位，由中山市妇联从全市各镇区妇联推荐，每个社区约 2 名，均具备调解特长。此外，由中山市妇联从各个镇区推荐，另成立了近 40 名特约家事调解员组成的调解队伍。同时，还面向社会公开招聘了 10 名心理咨询师。2018 年 6 月，中山两级法院为上述家事调查员、家事调解员、心理咨询师举行了聘任仪式，标志着家事审判辅助队伍建立并走向专业化、正规化、常态化。

（五）推行案后回访与帮扶

建立定期回访重大敏感家事案件案后跟踪及社会帮抚制度。与政府社区部门、民政部门和妇联组织建立协作关系，共同开展判后跟踪、回访及帮抚工作，延伸家事审判的社会辐射功能。通过心理咨询师、调解员、法官助理的电话或面谈回访，两年来案后回访约 40 人次（其中后续心理回访 10 人次，后续情感指导 30 余人次）。

五、家事审判功能区硬件建设

中山市第一人民法院家事审判单元经考察台湾地区法院及山东、浙江等法院后，主导设计实施一系列家事硬件配套功能区改造，建立了圆桌审判庭、家暴专用庭审室、婚姻家庭辅导室、心理咨询室、儿童观察室、家事调查室、家事调解室、情绪放松室等 10 个家事审判特色功能区，以硬件功能区为载体，有力保障了服务质量和审判质量。于 2018 年首次实现远程视频庭审，最短时间在 7 日内审理、调解越洋离婚案件。

六、家事审判改革成效

（一）审判质效显著提高

经过改革实践，家事单元调撤率由 2015 年的 58.3%，提升至 2016 年

73%,2017 年 80%,2018 年 78.4%,连续两年稳定保持在 78%以上。其中 60%以上的离婚案件庭前调解,其中首次离婚调解和好率达 80%以上,彻底改变传统审理调解和好为零的历史,三年来修复婚姻 300 余对,挽救近千个家庭。案件数量质量同步上升,上诉率明显下降,服判息诉率达 90%以上,整个单元 3 名法官 2016 年改判案件仅 2 件。2018 年,单元三名法官结案 826 件,结案率 80%以上,单元改判合计仅 6 件,案件质量领先于全院各团队。以上指标反馈改革促进案件数量、质量、效果的三提升。以上数据体现家事审判单元案件审理质效得到飞跃提升。

(二)群众满意舆论点赞

中山市第一人民法院近期受理的 25 例当事人情绪过激、矛盾冲突较大的家事案件中,通过将心理疏导与婚姻评估、亲子关系调查相结合后,均达到了当事人息诉服判的效果。近年来,中山市第一人民法院家事审判各项创新机制受到《中国妇女报》《人民法院报》《南方日报》、中山电视台等全国众多媒体的采访及报道近 30 次,得到社会各界一致好评。改革试点以来,先后有河北、辽宁、重庆等 20 余家法院前来参观学习,多项制度成为全国法院审理家事案件的通行制度。2016 年 7 月,全国妇联权益部部长高沙薇经实地调研后,对家事审判改革的“中山模式”予以充分肯定。全国妇联于 2016 年 11 月 24 日在北京召开《反家庭暴力法》宣传倡导会,我院是全省推荐的两个成员单位之一。家事审判改革经验被广东省妇联采纳并在 2016 年全国妇联《反家庭暴力法》宣传倡导会上推介。2017 年,中山市第一人民法院被市妇联推荐评为“全国维护妇女权益先进集体单位”。2018 年,家事审判单元获“中山市巾帼文明岗”荣誉。

(三)上级肯定同行认可

中山市第一人民法院自 2010 年以来原创的诸多制度及理念系全国首创并得到最高人民法院认可和采纳,被各地法院吸收、借鉴和复制,目前已成为全国法院普遍推行的制度。如 2010 年开创的不公开审理原则、职权主义探知原则、未成年人利益最大化原则、离婚证明书制度,2013 年原创的离婚财产申报制度,2016 年至 2017 年创设的被告信息申报、冷静期、婚姻修复指导、亲子关系评估、子女抚养规划、探望方案明晰制度被吸纳为 2017 年 7 月 16 日颁发的《广东法院审理离婚案件程序指引》,成为该程序指引的亮点。2018 年 7 月,中山市第一人民法院民一庭被最高人民法院评为"全国法院家事审判工作先进集体",家事审判法官钟劲松被评为"全国法院家事审判工作先进个人"。

附:中山市第一人民法院改革文件(见附录)

中山市第一人民法院家事审判改革实施方案(见附录第 397 页)

中山市第一人民法院家事审判工作规程(见附录第 402 页)

广东省中山市第一人民法院家事调查员工作规程(征求意见稿)(见附录第 432 页)

中山市第一人民法院家事调解委员会管理办法(见附录第 434 页)

中山市第一人民法院人身安全保护令裁定实施细则(见附录第 437 页)

推进家事审判改革，打造反家暴“香洲模式”

代　敏[*]

珠海市香洲区人民法院(以下简称香洲法院)于2008年12月被最高人民法院中国应用法学研究所确定为“全国反家暴试点法院”,2010年3月被广东高院确定为广东省首批家事审判改革试点法院,2016年5月被最高人民法院确定为“全国家事审判方式和工作机制改革试点法院”。香洲法院积极应对婚姻家庭案件迅猛增长、案情渐趋复杂、人民群众的司法需求日趋多元化的形势,大胆探索家事审判创新举措,在审理程序、证据规则、家事调解、家事调查、多元化纠纷解决机制方面推陈出新、打造品牌,切实提高反家暴和家事审判的专业化水平,逐步形成反家暴和家事审判的“香洲模式”,取得了良好的法律效果与社会效果。

一、家事审判试点工作的基本情况

香洲法院于2008年成立反家暴合议庭,2010年3月在广东高院指导下在民一庭内设立家事审判合议庭,由三名法官组成,负责审理全院(基层法庭除外)的离婚纠纷,抚养,赡养纠纷,监护权,探视权纠纷,同居关系纠纷,收养关系纠纷,分家析产纠纷,继承纠纷等各类家事案件。2017年7月,经广东高

---

* 代敏,广东省珠海市香洲区人民法院家事少年审判庭庭长。

院批准成立了有独立建制的家事少年审判庭。家事少年审判庭负责审理香洲法院辖区内的全部家事案件（含人身安全保护令案件）、涉少刑事案件，现有员额法官5名、司法辅助人员9名、专职社工1名，兼职心理专家4名、家事调解员20名、家事调查员20名，初步建成“家事法官+司法辅助人员+社会辅助人员”的多层次专业化家事审判队伍。

作为全国首批反家暴案件试点法院及广东省家事审判试点法院，香洲法院在诉前调解、诉讼指引、举证分配、文书格式、庭审技巧、调解方式等方面大胆探索、先行先试，积累了丰富的实践经验。协助省法院起草完善《人身安全保护裁定适用指引》《广东法院审理离婚案件程序指引》等文件，规范反家暴案件的申请程序、审理流程及配套措施。创新保护令类型，先后发出全国首份反家暴“远离令”“迁出令”“夫妻共同财产使用权令”等新类型保护裁定。2011年4月，香洲法院还承办了全国部分试点法院人身安全保护裁定制度立法调研会，全国人大常委会法工委社会法室陈佳林副主任率立法调研组来到珠海主持会议。2011年以来，香洲法院多次应邀派出法官到北京、重庆、西安、武汉、温州等地参加研讨会并介绍经验，受到国内同行和域外专家一致好评。2014年至2018年，有6宗案件先后入选全国法院反家暴案件典型范例及人民法院案例选编，家事审判诸多创新举措和作法被中央电视台、人民法院报、法制日报、南方日报等新闻媒体广泛报道，赢得了社会各界的一致好评。反家暴工作逐步形成和不断完善以受害人需求为中心的反家暴“香洲模式”。

二、规范反家暴工作，推动反家暴“香洲模式”的形成

香洲法院于2009年5月24日发出该院首份人身安全保护裁定，在《反家庭暴力法》出台前已发出人身安全保护裁定128份，包括广受社会关注的全国首份“迁出令”、“远离令”、广东省首份给男性受害人发出的保护令。香洲法院是《反家庭暴力法》出台前发出人身安全保护令数量最多、种类最全的试点法院。已经发出的裁定保护事项，包括禁止殴打、威胁、跟踪、骚扰、进行不受欢迎的接触，禁止擅自处理价值较大的夫妻共同财产，禁止毁损财物，禁止在申请人现居住地100米范围内活动，暂定夫妻共同财产使用权，限期搬出双方共同居住房屋等多个方面。

(一)人身安全保护令的适用

从2009年5月至2019年6月,香洲法院共受理人身安全保护令申请250宗,发出保护令202份。香洲法院已发出的人身保护令呈现以下特点:(1)获准申请率高,申请复议率及复议成功率低。反映出绝大多数申请人为真正的家庭暴力受害人,恶意申请保护令的情况并不多见。(2)有效保护率高,保护令确实起到了保护家庭暴力受害人的作用。2018年前,保护令有效期内无一违反,有效保护率100%。2018年至2019年6月,共有4起违反保护令案件,每一起均由法官对施暴人进行了训诫。2019年5月对1名训诫后再次违反保护令的施暴人采取司法拘留措施,拘留完毕后被申请人停止施暴,未再骚扰申请人。(3)发出保护令的案件中,后经法院判决或调解离婚的占比为59%,其他未起诉离婚,发出保护令后当事人并不必然离婚。(4)2011年起每年申请量较平稳,人身安全保护令已经得到辖区群众广泛认可,以受害人需求为中心的反家暴“香洲模式”已经形成。人身安全保护令现行做法包括:

1.建章立制,立、审、执高效联动

香洲法院于2009年起先后制定了《关于人身安全保护裁定的程序规定》《家事案件审判程序规则》《当事人须知》《反家庭暴力人身安全保护裁定申请指引》等文件,规范保护令的申请、核发、复议、执行程序。在立案庭、执行局设置专人负责人身安全保护令的立案、执行,与主审法官加强沟通,密切配合,力求实现人身安全保护令案件的迅速、妥当处理,为家暴受害人提供更好、更全面的保护。

2.设立立案专窗,单独立案,提供申请辅导

加强诉讼指引,编印宣传手册,对涉家暴案件特点,人身安全保护裁定的概念、内容、作用、申请流程、违反裁定的法律后果等进行基本介绍,将《当事人须知》《反家庭暴力人身安全保护裁定申请指引》等手册放置在立案大厅供当事人取阅,同时由专人提供申请辅导、咨询、答疑服务。为了让受害人有针对性地提出申请事项,加快审查速度,香洲法院制作并逐步完善人身安全保护令申请书格式。申请书格式主要采用选项式,受害人简要勾选即可,对加害人施暴行为的细节描述则要求申请人自行书写。

3. 快审快结,保障安全

建立“申请—立案—裁定/听证—执行”审理模式,对人身安全保护案件构建“优先立案、优先排期、优先审理”绿色诉讼通道,及时阻断家庭暴力,保障受害人人身安全。对符合立案条件的申请当即立案,立案当天即移交主审法官。主审法官快速审查,对证据充分、通过书面审查显示存在家庭暴力危险的,在72小时内发出人身安全保护裁定。对申请时证据不足的,由主审法官电话联系申请人询问情况,依职权或依申请进行调查取证。裁定作出后,一般于当天送达给申请人和双方当事人居所的辖区派出所,同时向派出所发出协助执行通知书,要求公安机关监督执行,及时提供安全保护。

(二)涉家庭暴力离婚案件的审理

除在人身安全保护令方面的探索外,香洲法院还在涉家暴离婚案件的审理中就举证责任分配、依法准予离婚并支持损害赔偿请求等方面不断探索创新,帮助受害人摆脱暴力关系、阻断家庭暴力的代际传递。

1. 树立性别平等理念,正确识别家庭暴力

受“清官难断家务事”“夫妻床头打架床尾和”“宁拆十座庙,不破一门婚”等传统观念的影响,家庭暴力在离婚案件中容易被忽视或淡化为一般夫妻纠纷。香洲法院转变审判理念,牢固树立性别平等意识,从夫妻双方在家庭中地位是否平等、是否存在暴力控制关系进行审查,准确识别家庭暴力。对于暴力情形较严重或者暴力情形虽然轻微,但施暴人推卸责任、无意悔改的,即使原告是第一次起诉离婚,在查明家暴事实后也立即依法判决准予离婚。对于暴力程度轻微且施暴人有真诚悔改表现的,在原告第一次起诉时判决不准离婚,同时在判决书中警示,如有新的暴力发生,应视为有新情况出现,受暴方可随时再次起诉,督促施暴方停止暴力,实现真正的家庭和谐。

2. 合理分配举证责任,实行一定情况下的举证责任转移

家庭暴力发生在家庭中,具有一定的隐蔽性,除了家人之外通常没有目击证人,也没有录音、录像可以直接证明暴力发生时的情况,举证和认定较难。一方面,香洲法院加大依职权调查取证力度,对警察询问笔录、验伤报告、公共场所监控录像等依法进行调取,对接诊医生、出警民警、邻居等不便于出庭作证的在场人员进行走访调查。另一方面,对受害人已证明受伤又能作出符合

逻辑的陈述指认为施暴人所为的，举证责任转移至施暴人。

3. 探索总结庭审询问技巧与审理方法

在涉家暴离婚案件的庭审中，针对最严重的一次、最近的一次、第一次暴力行为等对双方轮流进行询问，引导双方对事件发生的时间、地点、在场人、受伤情况、施暴工具、殴打经过等进行详细描述。从双方对细节的陈述是否符合逻辑及与伤照、病历、报警回执、公安机关询问笔录等客观证据是否相符，综合作出判断。在夫妻均有受伤的“互殴”案件中，从双方使用暴力的动机、受伤部位、受伤程度、力量对比等进行分析，分清以控制为目的主动攻击的施暴方与受暴后反抗造成对方受伤的受暴方。

4. 坚持儿童利益最大化原则，阻断家暴代际传递

秉持儿童利益最大化理念，多项举措给予未成年人最大保护。通过“禁止未成年人旁听离婚诉讼”“开庭期间儿童托管”“社工陪护儿童笔录”“未成年人作证特别保护”“离异父母强制亲职教育”“推定施暴人不利于直接抚养子女”“探望期间限制特定行为”等举措，预防二次伤害，阻断家庭暴力代际传递。如香洲法院在一起涉家暴案件的审理中，将两名子女均判决由受暴方（女方）直接抚养，同时禁止施暴方（男方）在探视期间饮酒，否则女方及子女均有权拒绝探望，该案入选最高法院2014年公布的司法干预家庭暴力十大典型案例。

5. 抑强扶弱的调解原则

在涉家暴离婚案件中，施暴人与受害人长期处于不平等地位，受害人出于对施暴方的恐惧，难以与施暴人平等协商。香洲法院在涉家暴离婚案件的调解中，抑强扶弱，促使双方达成实质公平的调解协议。需要说明的是，人身安全保护令案件一律不调解，也不与离婚案件一并调解。

（三）引入心理干预机制，修复家暴创伤

香洲法院在2015年12月借助社会力量成立未成年人心理工作室，2016年5月开始在家事案件中引入心理干预机制，2017年5月与华南师范大学建立合作机制，挂牌成立全省首家法律心理研究实践基地，全面探索心理学方法应用于家事审判。涉家暴案件心理干预包括：对施暴人进行心理矫治，对受害人、未成年子女进行心理治疗，陪同有需要的受害人出庭参与庭审。对家庭暴

力情形严重、性格偏激的施暴人进行人身危险性评估，对可能发生的不利情况制定科学应对预案。在开庭后、宣判前、拘留期间、拘留期满释放等关键时间节点安排资深心理专家对施暴人进行心理干预，疏导对立情绪，促使其转变不合理观念，理性解决纠纷。华南师范大学专家团队已为香洲法院家事案件当事人进行心理干预161人次，取得良好效果。

三、家事审判工作方面的有益探索

香洲法院结合审判实践，大胆探索符合法律规定和家事审判规律的改革举措，推动矛盾化解，促进家庭和谐。

（一）调解先行、全程调解

家事案件因其高度人身属性而不同于普通民事争议，如果简单化处理一判了之，极可能导致“案结事不了”，当事人之间彼此怨恨，长期缠讼，甚至发生极端事件。香洲法院把促成家事案件当事人消除对立、实现儿童利益最大化、统筹解决纠纷作为根本目标和价值取向，不断摸索完善各具特色的调解机制和调解技巧。

1. 强化诉前调解

成立调解速裁工作室，出台《诉前调解和小额诉讼工作规程》《诉前调解和小额诉讼审判指南》等规章制度，除保护令案件及涉家暴离婚案件外，对于来香洲法院立案的家事案件一律在立案前先行调解。对诉前调解成功和好的离婚案件，不予正式立案，避免给夫妻感情留下伤痕。对调解离婚或其他类型家事纠纷，在调解员组织达成调解协议后，由调解速裁工作室法官以立案调解形式，立案当天出具调解书。

2. 坚持全程调解

除加强诉前调解、立案调解外，案件进入审判程序，亦注重开展庭前调解、庭审调解、庭后调解工作。如在排定开庭日期双方进行证据交换后，已经对对方的诉求有充分地了解，在开庭前组织调解，避免矛盾因对簿公堂而激化。庭前调解不成的，在庭审中灵活把握调解时机，调解工作不局限于法庭调解阶段，准确识别双方争议焦点，在恰当时机引导当事人谋求双赢的解决方案。经过庭审法庭调解双方仍有调解意愿但对细节尚不能当庭达成一致调解意见的,则转入庭后调解,加强释法析理,阐明利害关系,以理服人,以情动人,解开当事人心结,促进纠纷解决。

3. 充分发挥特邀家事调解员作用

从社区及妇联推荐人选、律师、退休人员选聘热爱调解工作、具有一定人生阅历、善于化解矛盾的特邀家事调解员,于2016年成立家事调解委员会,目前家事调解委员会共有有特邀家事调解员20名。

(1)创新"家事法官+家事调解员"调解模式。对于已经立案的家事案件,由承办法官指导家事调解员进行调解。一方面,充分发挥调解员来源于群众、容易得到群众信任以及时间充沛的优势,弥补法官办案任务重,调解时间有限的不足。另一方面,法官限于身份以及调解不成必须作出公正判决,在调解时不能直接表露对案件处理的态度。稍有不慎还可能激化矛盾或者引起当事人不必要的误会,不利于调解不成后的判决工作。而家事调解员由于对最终裁判结果既不参与更没有决定权,在调解过程中没有上述法官可能存在的顾虑,方便进行调解工作。同时,对于调解员对法律规定不了解的,可及时向法官报告情况,请求法官就法律问题进行说明,有利于推进调解工作。家事调解员来源于社区群众,了解群众心理,加之调解员相对于法官有更多的时间用于倾听当事人倾诉,极大满足了家事案件当事人的倾诉需求,容易取得当事人信任,了解双方矛盾真正的症结所在,促成调解。

(2)以案定人,充分发挥调解员特长。根据家事案件主要争议类型(情感纠纷为主、金钱争议为主、抚养权探望权争议为主),根据不同调解员的职业背景、年龄阅历和专业特长,为不同类型案件匹配最合适的调解员。如某些调解员是律师,精通法律专业知识,特别适合调解主要为金钱争议为主(夫妻共同财产分割、遗产分割、抚养费金额确定)的家事案件。但是如双方主要争议在于感情问题,或者双方均较为年长,那么这位律师可能就会因为年纪轻、阅历不及当事人难以得到当事人信任。再如有些调解员较为年长,调解感情纠纷为主的案件较擅长,但由于其欠缺或者仅了解粗浅的法律规定,如果委托其调解夫妻共同财产争议大的案件就难以成功。

(3)积极开展家事调解员驻庭调解。邀请时间充裕(主要为退休工作人员)、资深家事调解员全天候到家事调解室驻庭调解。一方面,在法院内提供固定场所进行调解,有利于打消当事人对调解员身份正当性的疑虑,帮助调解员迅速与当事人建立关系。另一方面,有了固定的工作场所,也使调解员对法院更有归属感,有利于提高他们的工作积极性,将更多的时间和精力用于调解工作。

(4)委托调解与案后帮扶工作相结合。调解成功后调解员还长期跟踪案件,与双方当事人通过微信、电话等方式保持联系,帮助双方解决在履行调解协议过程中出现的新情况、新问题,帮助当事人在离婚后尽快调整好情绪,协助法官开展各种案后帮扶工作。如香洲法院处理的一起离婚案件中,因为双方闹离婚期间男方父亲心脏病发去世,导致男方母亲认为是儿媳妇害死了自己的丈夫。特邀家事调解员张丽介入进行调解后,经过多轮苦口婆心的劝说、调解,双方终于达成了调解协议,主审法官审查后出具了调解书。但是,男方母亲坚决不同意儿子将孙女从汕头市普宁老家带回珠海交给女方。张丽调解员不辞辛苦,专程陪同女方远赴距珠海 400 余公里外的汕头普宁乡村劝说男方母亲,经过 3 天的艰苦努力,最终化解双方心结,顺利将孩子接回珠海,避免了进入强制执行程序给未成年子女带来伤害。

4. 创新调解方式

根据离婚、抚养、赡养、继承等不同案件类型,探索完善背靠背法、代理人劝说法、亲友外力法、冷处理法、互换位置法等调解方法。从当事人感情现状实际情况出发,不预设立场。对于确实无法和好的案件,及时做调解离婚工作。对于有和好可能的案件,尽最大努力化解矛盾、调解和好。创设“冷静期”制度,对原告不同意调解和好,被告坚决不同意离婚,请求给予一次和好机会的案件,香洲法院家事合议庭早在 2010 年就创设了“冷静期”制度,以及“原告同意暂不离婚”的新调解方式。向双方释明相应法律后果,同时被告承诺,如果原告 6 个月后仍要求离婚并再次起诉的,被告则同意离婚。经过 6 个月的冷静和缓冲,有利于双方纠纷的和平解决。调解不局限于当事人的诉讼请求,对调解过程中双方提及的合理诉求,只要不侵害案外人权益,有利于案结事了,均纳入调解范围。如抚养案件中的探望权问题、离婚案件中的当事人与其他家庭成员的债务纠纷、返还证件、离婚后户口迁移、特定财物等诉求,法官均不嫌烦琐,尽量一并解决。

(二)设置人性化家事审判设施

香洲法院致力于为当事人提供更人性化、有利于保护儿童权益和当事人隐私的特色化家事审判设施。香洲法院在现有办公条件下,于2016年设置儿童询问及托管室、单面镜室、心理咨询室、圆桌审判法庭,并在上述区域外墙布置心理学知识宣传栏。2019年,香洲法院新审判大楼启用,家事审判设施全面升级。香洲法院在新审判大楼四楼设置400平方米家事审判专区,包括:沟通式家事审判法庭、家事调解室、心理辅导室、社工室、儿童托管及谈话室、单面镜观察室、等候区、家暴受害人保护性隔离审理室。

1. 沟通式家事审判法庭

对于有和好可能的离婚案件,为避免传统民事审判法庭对抗式的审理方式加大双方裂痕,以沟通式(圆桌)法庭审理,有助于淡化双方对簿公堂的感觉,有利于促成双方消除矛盾,达成调解。但对于涉家暴离婚案件开庭及保护令的听证,避免采用沟通式(圆桌)法庭审判,确保受害人人身安全,减轻受害人精神压力。此外,对于继承、离婚后财产、变更抚养、增加抚养费、探望权纠纷等,由于这类案件当事人之间本身矛盾已经十分激烈,夫妻关系也已经解体,如果使用沟通式(圆桌)法庭审理,不能起到淡化矛盾的作用,反而可能使双方和法官都感觉到尴尬,因此对于这类案件视情况而定是否使用沟通式(圆桌)法庭审理。

2. 心晴屋心理咨询室

鉴于我国社会公众目前对心理咨询的了解和接受程度,为了避免当事人走进挂牌的“心理咨询室”感受到压力、心存顾虑,香洲法院将心理咨询室命名为“心晴屋”,寓意在心理咨询室内消除烦恼,“心情由阴转晴”。心晴屋整体布置温馨,色彩柔和,分为沙盘区和座谈区两个部分。沙盘区有两个沙盘和两个沙架,2000余件沙具,主要由年龄较小不善表达的孩子进行个人及与父母的团体沙盘使用。会谈区由三个舒适的独位沙发、小圆桌组成,当事人既可以单独与心理咨询师进行会谈,心理咨询师认为必要且双方同意时,也可以夫妻双方一起进行会谈,使当事人可以用尽可能舒适的姿势和放松的心情与咨询师面谈,说出困扰、打开心结。

3. 社工室

香洲法院在2017年家事少年审判庭成立后开始实行司法社工常驻法院工作制度。通过向社会组织购买岗位服务,由具有大学本科社工专业的社工常驻法院开展工作。社工主要工作内容包括:开庭期间儿童托管及笔录陪护、涉未成年子女离婚辅导、家事调查(开展调查及管理社区家事调查员)、回访帮扶、心理辅导。社工室为常驻法院社工开展工作场所,分为办公区和谈话区。谈话区用于社工进行离婚辅导以及回访、家事调查时社工与当事人、子女进行会谈,其摆设布置仍然采用会客厅式。谈话区内还预留有电视,用于播放亲职教育、保护儿童权益、反家暴视频短片、微电影。

4. 儿童室

儿童室也包括两个区域。一是托管玩耍区,用于开庭期间的儿童托管。离婚、抚养诉讼中,当事人出于将子女拉到自己阵营"让子女评理"的目的或者特殊情况下确实无人帮忙在开庭期间照顾子女,有时会在开庭时将子女带来法院。为避免旁听父母诉讼给子女造成二次伤害,香洲法院专门设置儿童托管室,为家事案件当事人提供开庭时的儿童托管服务。二是儿童谈话区。对于8岁以上需向法官反映对探望、抚养意见的案件,由法官着便装在儿童室内与儿童谈话(为避免对儿童表达意愿造成影响,父母双方均不得参与,全程录音、录像),避免在法庭或法官办公室等较为正式的地方给儿童造成心理压力。

5. 家事调解室

有别于传统的调解室会议室式的布局,家事调解室采用客厅式布置。以沙发、茶几代替传统调解室的原告、被告席位,会议桌,书记员记录位置也从法官、当事人身旁挪至距离法官、原告、被告双方较远的调解室一隅,双方在谈话时不会有"被审问"的感觉。同时,调解室中不设置"原告"、"被告"或其他任何称谓的名牌,双方当事人可以自由挑选座位,从各种细节营造在家中商量事情而不是身在法院的感觉。常有当事人在调解结束后表示,"新法院的调解室与我在电视里看到和想象中的完全不同。在这里就像在家中商量事情一样,氛围轻松,没有了压抑和两军对垒的感觉"。

6. 独立等候区

家事审判专区与其他审判区域完全隔开,等候区即在调解、审判区域门外，既方便当事人就近参加庭审、调解，又与其他大部分审判庭隔开，保护当事人隐私。等候区有软椅，6 个椅子为一个相对独立的单独单元，当事人双方可视情选择原、被告一同就座或分别就座。

7. 家暴受害人保护性隔离审理室及安全通道

对涉家暴案件，为确保受害人安全，不安排在家事审判专区的两个审判法庭审理，而是在普通民事审判法庭（位于法院新审判大楼 1 楼至 3 楼）审理。对家庭暴力情形严重或受害人处于极度恐惧中的案件，采用视讯方式进行隔离审理。具体为法官、陪审员、施暴人及其代理人、法警在普通民事审判法庭，受害人及其代理人、陪同亲属在保护性隔离审理室，以数字法庭设备连接，采用视讯方式进行审理。施暴人可以看到受害人的表情、听到声音，但受害人可以选择仅看到法官的影像还是同时看到法官和施暴人的影像。此外，还为受害人规划安全通道，由社工陪同受害人以单独路径出入法院，避免与施暴人相遇发生极端事件。

8. 单面镜观察室

单面镜观察室学习自我国台湾地区高雄少年家事法院，其功能在于父母双方对于抚养权、探望权争议较大时，由父母双方轮流带孩子在室内，在社工指引协助下完成一定任务或游戏，法官透过单面镜（法官可以看到当事人和子女，但当事人看不到法官）观察亲子互动情形，以作为抚养权、探望权判决参考。

（三）探索完善家事调查员制度

香洲法院早在 2016 年《香洲区人民法院家事案件审理程序规定》中已经专章规定家事调查工作的开展。2017 年 10 月广东高院制定《家事调查员工作规程试行》后，香洲法院于 2017 年年底与香洲区妇联签订合作协议，在香洲区 9 个镇街共聘任家事调查员 19 名（8 个镇街每个镇街 2 名，1 个镇街 3 名），加社工同时被聘任为家事调查员，共 20 名。

1. 建立社工统筹协调机制

社区家事调查员由于都来源于社区，具有深入基层、了解群众的优势，但他们基本不具备法律知识，文化程度和调查、写作能力各不相同，难以迅速适应工作。如果直接与法官对接，每个法官在不同案件中要面对不同调查员，每个调查员在不同案件中也要适应不同的法官,沟通成本过高,容易造成“法官不愿用、调查员不敢接”的局面(来香洲法院调研的多家法院法官谈到家事调查员不能及时领会法官要求,家事调查工作难开展的问题)。建立社工统筹协调机制,一方面,由于社工常驻法院,在其他的儿童笔录陪护、回访帮扶工作中已与法官有相当接触,彼此了解和熟悉对方的语言体系,能够迅速领会法官的调查需求,帮助法官解决审判中的问题。另一方面,社工在每一个案件中统筹安排,可以在短时间内迅速积累相当数量的家事调查,便于积累经验,发现问题,不断总结提高家事调查水平。社工不需要参与案件审理工作,有更多的时间用于与各社区家事调查员进行沟通,帮助社区家事调查员逐步提高家事调查水平和报告制作能力。

2. 合理确定调查事项

法官对于调查事项的委托应当具体、明确,确定在具体的事项,避免采用“原、被告是否适合抚养孩子”“被告是否多次对原告实施家庭暴力”“被告是否有婚外情出轨”等较为笼统的要求,使家事调查员不知从何开展调查工作。而应当结合案情,提供尽量多的线索由家事调查员逐一进行走访核实,将被调查人、调查方法、需具体核实事实发生的时间地点等列明,由调查员逐一走访调查。如对于核实一方是否下落不明的家事调查,调查事项确定为:(1)与子女及被告父母等亲属进行面谈,核实最后一次见到被告的时间。(2)到被告单位走访,了解被告是否离职、离职时有无留下联系方式。(3)走访邻居、小区物业管理处工作人员、保安,了解近期是否见到以及最后一次见到被告时间。对于子女抚养意愿的调查,则常常包括:(1)家访,与儿童本人会谈了解其意愿及查看儿童生活环境。(2)与祖父母、外祖父母、保姆等帮助照顾儿童的人员面谈,了解子女日常生活起居情况及与儿童关系的亲疏、教育理念是否正确。(3)到学校与班主任老师面谈,了解在校情况及父母对子女的教育参与情况。

3. 规范调查制度

严格执行《广东法院家事调查员工作操作规程(试行)》,加强家事调查员队伍专业化和工作规范化建设,促进家事案件公正、高效审理。

(1)实行名册管理。对本院聘任的家事调查员姓名、出生年月、政治面貌、工作单位、推荐单位等内容制定名册,通过微信公号、官网向社会公布。

(2)规范委托手续。所有家事调查员持证调查,法官在确定委托事项后出具委托调查函,载明案件基本信息、调查事项、完成期限、承办法官联系方式等内容。方便家事调查员开展工作,被调查人对家事调查有异议时也可及时与承办法官反映。

(3)规范家事报告的使用。组织双方当事人对家事调查报告进行质证,对质证后的家事调查报告作为证据使用。为保护被调查人特别是未成年子女的人身安全,对涉及家庭暴力的家事调查报告内容,有选择性地不对施暴人公开。

4. 充分发挥跨市家事调查员作用

依托广东高院与广东省妇联签订的省级家事调查员开展跨市家事调查机制,充分发挥跨市家事调查作用,提高审判效率,节约司法资源,保护当事人权益。目前已开展的7起跨市家事调查中,涉及未成年子女生活情况,继承人放弃继承的真实性,未成年子女对抚养、探望的意愿等。

(四)完善联动机制,构建家事纠纷多元化解决机制

香洲法院家事审判立足职能、主动作为,积极与妇联、公安、司法、民政等部门协调沟通,探索建立家事纠纷多元化解决机制。

1. 与市、区妇联加强合作

挂牌成立全市职能部门首个"妇女之家",畅通与基层妇联组织的转介救助服务。联合区妇联在珠海法院率先选任20名家事调查员,建立联席会议制度、情况通报制度和家事调查台账,共同开展家事调查工作。与珠海市妇联婚姻调解委员会建立家事案件诉调对接机制。定期派出法官为婚调委工作人员讲解婚姻家庭案件法律知识与调解技巧,提升婚调委调解员家事纠纷处理能力。委托婚调委对立案的家事案件进行调解,调解成功的案件由主审法官出具调解书。对未进入法院直接向婚调委寻求帮助的调解案件,调解成功后需要人民法院以民事调解书固定双方权利义务的,开通绿色通道,当天立案,当天出具调解书。为受家暴妇女联系市妇联妇女儿童维权站提供救助,帮助受害人申请法律援助和社会救助等资源。

2. 在反家暴工作中加强与公安机关、辖区居委会的协调联动

与公安机关建立合作机制,完善涉家暴案件的证据固定、保护令送达、执

行等工作。对依法作出保护令的案件，送达当事人同时，抄送施暴人、受害人所属辖区派出所及居委会。在2019年5月首起违反保护令司法拘留决定的执行中，通过珠海市公安局治安部门协调，在辖区派出所配合下顺利对施暴人实施抓捕，执行拘留。对可能发生极端事件的案件，宣判前向公安机关、居委会通报案情，函告辖区派出所、居委会密切留意施暴人动向，预防宣判后发生极端事件。

3. 携手知名高校，完善心理干预工作机制

与暨南大学珠海校区开展合作，成功举办儿童保护论坛（珠海）暨海峡两岸少年及家事法研讨会，促进司法一线办案经验与理论、社会实践前沿成果的交流共享，携手推动保护体系建设。2017年5月，挂牌成立华南师范大学全省首家法律心理研究与服务中心校外实践基地，与华南师范大学签署协议建立合作关系，探索心理学方法应用于家事少年审判的科学化道路。高校的心理专家团队定期到法院心理辅导室开展工作，包括对遭遇婚姻危机当事人进行情绪疏导，对家庭暴力施暴人、受害人进行心理干预，对未成年刑事犯罪被告人进行心理测评等。探索心理专家意见作为处理抚养权的参考，对于抚养权争议较大的案件，由心理专家通过面谈、游戏、沙盘等方法进行观察测评后形成报告，作为法官调解和判决抚养权的参考。

（五）不断完善适应家事案件裁判的审判执行制度

1. 强化不公开审理原则

为了更好地保护当事人隐私，发现案件真实，2016年香洲法院制定实施《家事案件审判程序规则》以后，在家事审判中全面贯彻不公开审理原则。个别案件中双方均要求公开审理的，由独任法官或合议庭视情况决定是否准许。

2. 强调当事人亲自到庭原则

为实现纠纷的彻底化解和查明案件事实，强调当事人原则上应当亲自到庭参加诉讼。香洲法院离婚案件亲自到庭率达到100%，其他家事案件当事人亲自到庭率达90%以上。

3. 施行离婚证明书制度

为了保护当事人隐私，香洲法院在2016年开始为当事人出具离婚证明书。对于调解离婚的，送达调解书同时发放离婚证明书，无须另行申请；判决

离婚的,判决生效后当事人申请开具生效证明时一并送达离婚证明书,同样无须另行申请。当事人普遍认为这一举措体现了法院工作的人性化,广受欢迎。2018 年共为当事人开具离婚证明书 229 份。

4. 试行离婚冷静期制度

为减少当事人冲动离婚,对于有和好可能的离婚案件,经双方同意后指定 3 ~6 个月冷静期,期间由心理咨询师介入进行心理辅导,主审法官也定期跟进了解案件进展。冷静期结束后,根据双方意愿对案件作出处理。

5. 试行回访帮扶制度

为帮助当事人化解纠纷,注重家事审判工作实效,香洲法院还试行回访帮扶制度。回访主体为家事法官、心理咨询师、社工或家事调解员,通过电话回访和上门回访相结合的方式,切实为家事案件当事人排忧解难,让司法更加有温度。2018 年共回访帮扶 38 人次。

6. 坚持未成年人利益最大化原则

香洲法院在 2016 年制定了《家事案件审判程序规则》,其中专章规定"儿童权益保护",切实保护儿童权益,努力将父母离婚对儿童的伤害降至最低。具体包括:(1)绝对禁止未成年人旁听父母离婚诉讼,避免二次伤害。(2)询问儿童关于对抚养权的意愿时由社工事先进行情绪安抚并全程陪同,帮助儿童减轻心理压力。(3)提供开庭时的儿童托管服务。(4)对涉及未成年人的离婚案件实行离婚辅导制度,教育双方共同致力于减少离婚对子女的伤害。

7. 适当放宽家事案件审限

经征求当事人同意后,将冷静期、心理咨询期计入调解期扣除审限,使案件尽可能有充足的时间开展心理干预、调解等工作,努力修复家庭关系、钝化矛盾。

8. 推行适时财产申报制度

考虑到离婚诉讼中有相当一部分案件尤其是首次起诉离婚的案件,当事人基于种种考虑并不提出分割夫妻共同财产的请求,如果一律要求强制申报,可能使双方从单纯的感情纠纷转向财产争夺,激化矛盾,失去原本可能的和好机会。鉴于此,香洲法院施行适时强制申报制度,并不要求当事人在起诉或答辩时立即申报财产,而是根据双方提出的具体诉讼请求和案件审理进程,适时要求双方申报。力争既提高司法效率,又不扩大激化矛盾。对于责令申报后又不如实申报的,以隐瞒夫妻共同财产论,予以少分或不分财产。

9. 积极探索完善家事案件审执对接与执行机制

执行局安排专门团队负责家事案件的执行,通过家事执行团队与家事法官定期座谈、个案沟通,统一家事案件审判、执行理念,打通家事案件柔性司法最后一公里。对于涉及子女交付、抚养费支付、配合探望等问题的执行案件,实行"社工—家事法官—执行法官"三级预警机制,力争以柔性方式解决涉及未成年人的家事执行案件,减少父母离婚给未成年人造成的伤害。对于经过社工、审判法官劝告仍拒不主动履行义务的案件,依法进入强制执行程序。2018 年 1 月至 2019 年 6 月,香洲法院共对两起拒不支付抚养费、配合探望未成年子女的当事人采取拘留措施,依法保护了当事人及未成年子女合法权益,维护了司法权威。

(六)创新法治宣传载体,强化法治宣传

通过香洲法院微信公号、网络、报纸等进行法治宣传,定期派出法官到社区、妇联妇女儿童维权站、中小学开展形式多样的普法宣传。在"三八"国际妇女节、国际反家暴日等派出法官到电台参与专题节目,开展反家暴宣传活动。根据香洲法院、珠海市中级人民法院审理的两起因家暴致死、致残刑事案件改编拍摄反家暴法治微电影《无声》,从施暴人视角展现家暴对个人、家庭和社会的危害,促使施暴人转变思想,停止暴力。策划拍摄珠海市首部家事审判改革题材法治微电影《一念之间》,倡导离异父母、社会公众关注离婚给儿童带来的伤害,理性解决纠纷,在离婚后子女抚养、探望问题中摒弃成见,充分合作。《一念之间》获首届广东法院微电影微视频优秀作品征集三等奖。反家暴工作宣传片《阻断暴力,助力重生——香洲区法院反家暴工作十年纪事》在最高人民法院"家事审判方式和工作机制改革试点工作总结大会暨家事审判方式和工作机制改革联系会议第二次全体会议(2018 年 7 月 19 日)"上播放,由院党组书记、院长徐素平出镜向全国法院介绍香洲法院反家暴工作经验。

四、推进家事审判改革下一步工作计划

尽管香洲法院家事审判工作取得了一定成绩,但不少工作仍处于摸索阶段,还面临不少困难和问题:家事审判的专业化、集约化水平还有待提高;家事审判的程序规则和证据规则设计在不违背法律规定的前提下,还有待丰富完善;家事审判的长效协作和社会参与机制建设还有待提升等。

(一)进一步推动家事审判专业化建设

在机构改革之后,要进一步充实家事审判力量,科学合理界定家事纠纷的受案范围。对实体处理方面的父母为子女购房部分出资性质、夫妻共同债务的认定、打印遗嘱、夫妻共同遗嘱效力、被查封房屋的夫妻共同财产析产等新情况、新问题,统一裁判标准。要积极选调具有丰富审判实践经验、法律知识和生活阅历,善于进行心理疏导、情感沟通的人员担任家事审判法官和审判辅助人员,从人员编制、工作机制、审判法庭等方面给予充分保障,提升家事审判的专业化水平,为该项工作的长效开展和规范化运行奠定坚实基础。

(二)进一步完善家事调查员与家事调解员制度

婚姻家庭纠纷普遍存在证据收集难、固定难的问题,由法院委托家事调查员针对特定事项,通过走访邻居、亲属、社区、工作单位等方式了解当事人的婚姻家庭情况及未成年人抚养状况,向法院出具书面调查报告,出庭陈述意见,提出纠纷解决方案,有利于法官全面客观评估案情,正确裁断。目前,香洲法院在家事调查工作中虽已取得较大成效,但还存在家事调查员专业能力及经验不足、家事调查工作过分依赖法院社工、家事调查内容有限等问题,下一步将着重培养提升社区家事调查员的家事调查能力与报告撰写能力,力争在未来一段时间内实现所有家事调查员均可独立开展家事调查工作,家事调查工作经验可复制可借鉴。此外,由于家事案件通常关涉当事人复杂的情感纠葛、伦理道德、社会关系,加强调解制度仍然刻不容缓。香洲法院原有的 20 名家事调解员,人员流动较大,专业家事调解员队伍建设仍需进一步加强,要精心挑选在情感处置、社会阅历、人性观察方面具有优势,善于化解家事矛盾的调解员专职从事家事调解工作,加强培训指引,完善激励机制,妥善化解家事纠纷。进一步加强家事调解员驻庭调解工作,不断发掘优秀的驻庭家事调解员,

在充分利用调解员的亲和力和原有专业背景优势的同时，进一步提升驻庭家事调解员法律知识水平，使他们能在更多、范围更广的家事案件中发挥作用。

(三)积极构建家事纠纷综合协调解决机制

家事审判是一项社会性很强的工作，当前由于相关单位职能分配呈条块分割的状况，家事审判的联动机制建设仍然滞后。家事纠纷综合协调解决机制应依托法院家事审判这一专业化平台，有效整合公安、妇联、司法、民政等机构的力量，建立多方长效协作机制，发挥各自优势，形成家事纠纷社会管理新格局。如加强与妇联、居委会等合作，建立纠纷的先司法解决机制；与公安、司法、民政等部门合作，建立案件审理过程中的协作配合机制，如反家暴案件中受害人的场所安置，对违反人身安全保护令施暴方的快速处置，民事诉讼强制措施与治安管理处罚的顺畅衔接等；又如离婚财产分割案件中银行、证券、工商、支付宝、余额宝等系统的快速查询协助机制建设。这些联动机制均需要在实践中不断探索完善，畅通渠道，形成合力。

(四)努力推动家事审判与少年审判工作协同发展

未成年人违法犯罪和婚姻家庭纠纷案件密切相关，家事案件能否得到妥善解决，直接关系到未成年人能否健康成长。家事审判和少年审判在审判理念、工作目标、审判方式和审判资源等方面有共通之处，应当协同发展、共同提高。香洲法院已通过设立家事少年审判庭实现了家事审判与少年审判的统一审理。今后要在家事审判改革中继续稳固并发展少年审判经验，突出少年审判工作特色，实现“教育、感化、挽救”失足未成年人和全面维护未成年人权益的目标，为未成年人司法权益保障作出应有的贡献。

(五)认真贯彻实施《反家庭暴力法》

香洲法院在反家暴工作中已经积累了丰富的实践经验，并作了诸多富有成效的探索。但由于《反家庭暴力法》《民事诉讼法》未对保护令的审理程序作出具体规定，实践中对保护令审查应适用的程序、审理期限、举证期限、复议审判组织、公告送达、听证启动条件及进行程序、管辖权异议的处理等还存在不确定、不统一的问题。在人身安全保护令的执行方面，《反家庭暴力法》虽然规定公安、居委会有配合执行保护令的义务，但缺少实施细则，这导致容易出现部门间衔接不畅、对受害人保护缺位的问题。今后，香洲法院将继续加强在保护令审理、执行程序方面的探索,为将来出台司法解释或保护令程序立法提供实践经验。

附:香洲区人民法院改革文件(见附录)

广东省珠海市香洲区人民法院关于人身安全保护裁定的程序规定(见附录第451页)

广东省珠海市香洲区人民法院反家庭暴力人身安全保护裁定申请指引(见附录第455页)

广东省珠海市香洲区人民法院紧急人身安全保护裁定申请书(提起离婚诉讼前申请用)(见附录第457页)

广东省珠海市香洲区人民法院长期人身安全保护裁定申请书(提起离婚诉讼后申请用)(见附录第459页)

家事审判改革的“良庆模式”

黄艳芳*

广西壮族自治区南宁市良庆区位于南宁市南部，辖区内有两个街道、五个乡镇，城镇居民与农村居民比例约为47%：53%，城区内既有经济欠发达的乡镇农村，也有靠近城市中心城区的街道社区，还有自治区重点开发建设的新区。总体上，城区内经济发展水平不平衡，家事纠纷的形态也比较复杂多样。

南宁市良庆区人民法院（以下简称良庆法院）自2014年年底启动家事审判改革工作，于2015～2016年先后被确立为广西、全国的家事审判改革试点法院，2018年获得“全国法院家事审判工作先进集体”荣誉称号。经过四年多的探索与实践，逐渐形成了家事审判改革的“良庆模式”。

一、主要改革做法与经验

（一）设立以“和”为主题的家事少年审判中心

在硬件配套方面，设立家事少年审判中心，使之集审判、调解、评测、宣传等功能于一体。家事审判中心设置了家事法庭、家事调解工作室、家事多功能工作室、家事文化长廊等专门场所，其中，家事法庭的布置以暖色调为主，铺设地毯，摆放了沙发、茶几、书架、绿色植物、书画等，弱化了传统审判场所的庄严

---

* 黄艳芳，广西南宁市良庆区人民法院法官。

肃穆，营造出浓厚的家庭氛围，缓解当事人之间的紧张、对立情绪；调解工作室和多功能工作室添加了诸多家的元素，布置得更为温馨舒适，同时，安装摄像传输设备，在心理咨询师或法官与未成年子女沟通谈话时，父母可同步视听，促进亲情弥合。在法庭外墙和中厅区域，有中国传统文化、审判团队、改革进程、家事案例等宣传板块。

此外，还在法院一楼的诉讼服务中心设立家事立案专窗和心理咨询师专岗，负责给到立案庭的当事人提供立案、咨询、调解服务。为方便开展诉前调解，还在立案窗口附近的办公室设立家事调解室。

家事巡回法庭设立在良庆区婚姻登记处，配备有一间法官/调解员工作室和一间心理咨询室，设有沙发、办公设备、绿植等，满足日常咨询调解工作需要。

（二）联合开展“法律、心理双干预”

针对家事纠纷的伦理、情感等非理性因素，创立“法律、心理双干预”机制。良庆法院先后与妇联“惜缘工作室”、广西婚姻家庭研究会开展合作，引入 18 名专业心理咨询师、婚嫁家庭咨询师开展心理测评与干预工作。设置值班点和办公场所，保证每个工作日均有 2 名咨询师分别在法院与家事巡回法庭值班。无论是起诉到法院的家事纠纷，还是民政、妇联、庇护中心接到的家事纠纷，心理干预均可全程介入。心理干预主要是由心理咨询师对纠纷当事人开展倾听、疏导、咨询工作，了解双方婚姻家庭状况的变化与情感纠葛，掌握双方的矛盾深浅程度，并根据矛盾可调和度开展咨询与劝解工作；法律干预则由法官或专职调解员对当事人的调解协议进行法律审查，纠正违反法律规定或侵害一方合法权益的协议内容，并根据实际情况出具调解书。通过法律、心理双干预，一方面有助于化解婚姻家庭矛盾，帮助当事人重归于好；另一方面对于死亡婚姻，有助于消解当事人的对立情绪，法律干预更是可以直接有效地维护妇女儿童的合法权益。

对于起诉至法院的案件，心理咨询师、调解员对纠纷进行诉前调解和疏导，调解不成的，则出具《心理评估报告》，为法官审理案件提供参考。

（三）多举措保障妇女儿童权益

在审判调解工作中，坚持依法维护妇女正当权益和未成年人最大利益原则。

1. 审判方面

在涉及家庭暴力、虐待、重婚等案件中依法保障妇女离婚自由,在涉及征地拆迁补偿案件中保障妇女、外嫁女的合法权益,保障女性的法定继承权。离婚案件中,保护未成年人的权益,对夫妻双方均拒绝抚养子女的不予离婚,同时明确离婚后抚养权、探望权的行使与保障。

2. 调解方面

审查经调解达成协议的合法性,对其中违法侵害妇女权益的条款或损害未成年子女利益的条款不予确认,并对当事人开展批评教育。

3. 程序方面

在诉前发放《离婚劝解书》《婚姻状况调查问卷》《家事案件诉讼指南》《涉家庭暴力家事案件诉讼指南》等材料,指导妇女开展家事诉讼活动。

4. 辅助机构

与南宁市救助管理站、良庆区民政局、妇联联合设立反家暴庇护中心、法院探视中心。"两个中心"均设立在市救助管理站内。庇护中心免费为家暴受害人提供紧急庇护居所、心理疏导、法律咨询、诉讼指导等服务,中心设有心理辅导室,可安排心理咨询师为受害人进行心理疏导。探视中心旨在帮助不直接抚养子女的父或母实现探望权,解决一方阻挠另一方行使探望权的问题,进而保障离异家庭的孩子能够得到父母双方的关爱,呵护未成年人身心健康成长。

(四)探索家事审判新程序

良庆法院自开展家事审判改革起,就特别重视程序和制度的制定,对每一项程序改革,均设定工作方案,制定工作职责、工作流程,落实相关人员负责实施。在家事审判程序上,根据家事纠纷特点,以实现家事纠纷矛盾化解的治愈性和整体性为目的,改革家事审判方式,不断探索建立家事审判新程序。

1. 调解前置程序

家事纠纷是非难断,具有财产关系与身份关系的双重属性,此外还与当事人、未成年人的未来生活安排有密切关系,这些特别属性决定了调解在解决家事纠纷中的优越性。良庆法院主要从家事纠纷调解专业化、程序化、强制化三方面确立起调解前置程序。

专业化方面。正如加拿大调解协会会长岳云教授所说,“调解是通过一个公正的第三方,即受过培训的专业人员,促进夫妻双方谈判,尽力帮助他们解决分歧的过程”。[1] 调解主体为心理咨询师、法官、法律工作者和退休法官,心理咨询师主要运用专业知识和技巧就情感问题进行调解,法官和法律工作者则可就财产分割、子女抚养探望等问题作法律方面的解释。

程序化方面。将调解前置纳入程序化轨道,使各项工作权责明确、对接顺畅,完善调解程序。良庆法院共设置三大调解渠道:(1)家事巡回法庭和婚调委工作室,将大部分矛盾不深的纠纷调解在立案前;(2)法院家事调解中心,设置一个月的调解期,在立案阶段开展调解;(3)村镇调解,人民法庭的家事案件可组织当事人所属村镇人民调解员或家事调查员进行调解(见表1)。

表1 良庆法院家事纠纷调解三大渠道

调解单元	调解主体	案件类型	调解结果
家事巡回法庭、婚姻家庭纠纷人民调解委员会工作室	心理咨询师、退休法官、法律工作者	冲动型离婚纠纷;当事人争议不大的离婚纠纷	(1)调解和好 (2)调解婚姻并出具民事调解书
院部家事调解中心(个案跟进制)	心理咨询师、诉前法官	起诉至法院的案件	(1)调解和好 (2)达成调解协议并由法官出具民事调解书 (3)调解不成,立案并进入庭审程序
派出法庭	村镇家事调解员、法官	起诉至派出法庭的案件	(1)调解和好 (2)达成调解协议并由法官出具民事调解书 (3)调解不成,立案并进入庭审程序

[1] 参见[加]岳云编著:《家庭调解——适用于华人家庭的理论与实践》,筱英丽、王振福、袁菊花译,中国社会科学出版社2005年版,第16页。

强制化方面。跟以往当事人自愿选择调解不同,强制性要求当事人必须经过调解程序,未调解不得审判。专业化、程序化是强制化的前提,如果缺少专业、有效的调解,那么单纯规定调解程序即不能解决矛盾,也会损害当事人的程序权益。强制性地要求先行调解,既为调解员开展工作提供正当性依据,又能客观上提升调解率,节约诉讼资源。目前,良庆法院对起诉至法院的离婚案件,除禁止调解、不宜调解的案件外,均交由心理咨询师和庭前法官开展调解。

2. 当事人隐私保护机制

对家事纠纷,实行不公开审理为主、公开审理为例外的审判原则。对调解离婚或判决离婚的案件,实行离婚证明书制度。

3. 离婚劝解与婚姻状况调查机制

对离婚纠纷当事人发放离婚劝解书——《致离婚门外徘徊的你》,呼吁当事人珍惜婚姻家庭,理性看待纠纷。制作《婚姻状况调查问卷》,由夫妻双方各自填写,既可引导当事人回顾婚姻中的美好时光,又能让法官、咨询师快速地了解当事人的婚姻家庭与感情状况。

4. 家事调查与财产申报制度

家事调查员制度是法官职权探知主义的辅助制度,根据案件需要,法官可将涉及婚姻家庭矛盾、家庭暴力、子女抚养相关等问题交由调查员开展调查,调查员可以通过入户调查、乡邻访谈、学校走访等方式进行调查。

在改革探索中,良庆法院首先在文书无法送达被告的家事案件中启用家事调查制度。庭前法官将《婚姻状况调查表》《未成年子女情况调查表》《家事调查报告书》《介绍信》等材料交给调查员,规定 3 ~ 5 日之内完成调查工作。调查员可持《介绍信》到村(居)委会、学校寻求协助,由其工作人员带领入户或走访学校、邻居调查。调查完成后,调查员填写报告书,并将材料一并交回庭前法官。主办法官还可交代调查员调查其他事项。

实行财产申报制度,要求当事人主动申报财产,并告知其他转移、隐匿财产的后果。

这两项制度在实践中能起到弥补当事人诉讼能力不足、举证能力弱的作用。

5. 教育、回访制度

开展探望回访。一些夫妻因恩怨过深，往往会在离婚时表现出排斥子女与对方交往，拒绝配合对方行使探望权等倾向。在调解时发现当事人有此类倾向的，法官可安排其接受心理咨询师一对一的辅导，让其了解未成年子女有可能因此遭受的心理伤害与性格变化，并从未成年人利益最大化的角度对当事人进行劝导教育。设置案后回访制度，可跟踪了解抚养费支付和探望情况。

开展婚前教育。联合民政、妇联部门，在“5·20”“2·14”等结婚高峰期不定期地开展以夫妻相处、生育、婚姻法、反家庭暴力法等为内容的教育活动，发放相关宣传资料。

(五)组建专业化家事审判调解团队

1. 在改革之初成立家事审判团队

良庆法院对改革工作高度重视，在改革之初便成立了以院长为组长的家事审判改革领导小组，出台《家事审判机制改革试点工作方案》，从庭室抽调精干力量，组建家事审判团队，同时，整合全院资源，立、审、执全程跟进。

改革初时，我院从民一庭、刑庭、未审庭、立案庭抽调6名审判经验、婚姻家庭生活经验较为丰富的法官，其中2名法官具有心理咨询师(三级)资质，组建两个合议庭——家事合议庭、反家暴合议庭，分别负责普通家事案件和涉及家庭暴力的刑民事家事案件的审理。另外，对于立案前调解成功的家事案件和进入执行程序的家事案件，也分别安排有立案庭、执行局1名法官专门对口负责。在改革进程中，我院还根据实际情况适时调整各业务庭收案范围与工作职责，不断探索与优化改革工作。

2. 成立家事案件与未成年人案件审判庭

我院根据收结案情况，将进入诉讼程序的家事案件统一归口未审庭审理。未审庭采取“2+1+1”的团队模式，即配备2名员额法官、1名法官助理、1名书记员，基本能够满足家事案件审理需要。2017年，经市机构编委会同意，良庆法院未审庭正式调整为“家事案件与未成年人案件审判庭”，负责家事纠纷与涉未成年案件的审理。自此，家事审判有了相对独立的编制与审判机构。

3. 壮大家事调解、调查、陪审团队

家事调解员以18名心理咨询师为主力，负责家事巡回法庭和法院诉前调解的主要工作；此外，聘请1名退休法官和1名法律工作者作为调解员，对家事巡回法庭的案件进行法律专业调解；在派出法庭，则是聘请62名村干作为调解员对派出法庭的家事案件进行调解。

家事调查员则是由1名心理咨询师担任，负责对诉前法官委托的案件进行调查；在派出法庭，则是聘请44名村妇代会主任作为家事调查员。

家事案件的陪审员主要由心理咨询师经“报名—考核—人大任命”等法定程序后任职，开庭过程中兼具情感观察职能。

此外，良庆法院还与广西律师协会合作，引入青年实习律师，设置“青年律师志愿岗”，承担对当事人的诉讼指引、法律咨询工作。

（六）构建家事纠纷联动式、多元化解决机制

在构建家事纠纷联动式、多元化解决机制过程中，良庆法院依靠城区党委的力量，在政法委的组织协调下，由良庆区综治办印发《关于创建家事纠纷联合化解机制工作方案》，组织协调城区法院、检察、公安、司法、民政、妇联、团委、各镇（街道）办等组织机构，建立起相对稳定的联合工作机制，将处理家事案件所需的调解、调查、救助庇护、心理咨询、法律援助、普法教育、辅助申请人身保护令等职能明确为不同组织机构的工作职责，同时将家事案件联合化解机制创建工作纳入综治和平安建设考评体系，有效推进各部门落实工作职责。通过与多个组织单位进行沟通合作，良庆区建立起家事纠纷协作解决的“八大联合”模式（见下图）。

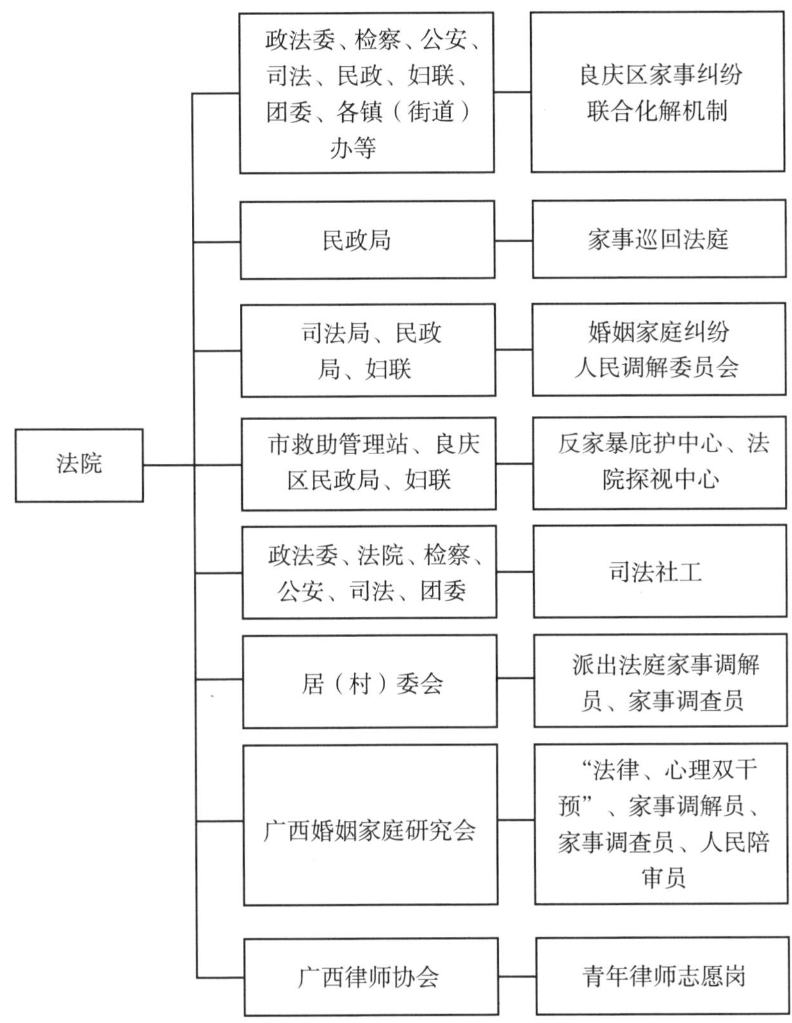

良庆区家事纠纷协作解决"八大联合"模式

（七）组建具有公共服务职能的家事纠纷调处中心

在家事纠纷联合化解机制运行良好、家事巡回法庭工作模式日趋成熟的情况下，良庆法院适时于 2017 年 5 月推进设立婚姻家庭纠纷人民调解委员会，并使之成为兼具调解与公共服务职能的家事纠纷调处中心。

良庆法院于 2015 年 3 月联合民政部门在婚姻登记处挂牌成立家事巡回法庭，派一名法官、一名心理咨询师常驻。将司法服务关口前移后，一方面，可以通过咨询师温情调解，帮助处于婚姻危机的当事人重建和谐的家庭关系；另一方面，减少了以往因协议不清、遗漏等问题又起诉至法院的情况，法院受理的离婚后财产纠纷、子女抚养纠纷大幅减少，通过法官专业处理，实现对死亡婚姻相关纠纷的一次性解决。

2017 年 5 月，家事巡回法庭调整为婚姻家庭纠纷人民调解委员会，原先的法官调解改为“调解员调解、法官审核”的模式，由法官对调解员工作进行指导并审核调解员制作的法律文书。该模式也解决了员额制改革后法官数量减少的问题。

目前，婚调委已经逐步发展为县区一级的家事纠纷调处中心。实施该项改革后，改变了以往法院、民政、妇联各自为阵的局面，对同一类型的纠纷，三部门整合专家资源集中开展工作，既节约了人力物力，也让民众享受到了更为优质的法律、心理服务——以往不容易调解的纠纷，现在有了专业咨询师提供咨询；以往不知道的法律知识，现在有了法官和调解员的解答。而且，调解内容以民事调解书的方式确定下来，赋予司法强制力保障，既强化了当事人的遵守意愿，又降低今后再产生纠纷的可能性。

二、改革成效

良庆法院各项改革举措的推进，不仅能构建良好的家事纠纷综合解决机制，而且对促进婚姻家庭稳定和社会和谐、保护妇女儿童合法权益具有重要的现实意义，具体表现在：

（一）化解矛盾，促进家庭社会和谐

通过开展心理疏导、关系修复等工作，帮助当事人重建良好沟通，提升了当事人处理矛盾的能力，大大提高了和好劝退率。良庆法院联合民政、妇联等单位在婚姻登记处设置家事巡回法庭、婚调委工作室、惜缘工作室，形成了一个综合性、公共性家事纠纷化解平台。一方面，通过对离婚协议内容进行法律干预，对当事人错误的观念进行矫正，并以民事调解书的方式确认协议内容，有效地维护了妇女、儿童的合法权益；另一方面，通过对冲动型离婚的夫妻开展心理干预，有效地帮助当事人化解了婚姻危机，使和好劝退率提升到 40% 以上。此外，为民众提供“一对一”的法律、心理、反家暴咨询，既解决了群众

迫切关心的问题,又能达到良好的普法效果,咨询人数因此呈逐年上升趋势(见表2)。

表2 2015~2017年良庆法院家事巡回法庭及婚调会工作室化解纠纷情况

	2015年	2016年	2017年
出具调解书(份)	253	263	280
和好劝退(对)	109	149	189
调解和好率	30.11%	37.06%	40.3%
提供法律、心理、反家暴咨询(人次)	169	267	686
总共接待来访(人次)	893	891	1624

在法院家事调解中心,自2017年5月起,良庆法院对离婚纠纷设置为期1个月的诉前调解期,由咨询师组织当事人开展调解工作,效果亦有所显现:通过诉前调解化解一批案件,进入诉讼案件减少了将近40%;在我院民商事案件收案数上升近48%的情况下,家事案件总体收案数仍与上一年度基本持平(见表3)。通过及时、有效、妥善地解决家事纠纷,有力地促进了婚姻家庭的稳定与社会和谐。

表3 2017年5~12月与2016年5~12月起诉至良庆法院的离婚纠纷调解情况

单位:件

办案阶段	办理结果	2017年5~12月	2016年5~12月
诉前调解阶段	调解和好	9	—
	达成调解协议或撤诉	62	—
进入诉讼程序	调解	22	42
	撤诉	4	5
	判决	39	81

(二)及时调整了家事审判理念

一般民事审判的目的在于查明案件事实,判决是非对错,维护公民的人身权利和财产权利,实现公平与正义。与之相比,家事审判中当事人之间关系、审理方式与目的均与一般民事审判有所不同,表现在:(1)当事人往往是有血缘、婚姻关系的家庭成员,有很大一部分案件并没有是非对错,很多纠纷是由日常生活琐事或日积月累的矛盾而引发的;(2)家事审判有时不以追求绝对的公平为目的,例如在子女抚养问题上,男女双方抚养能力与条件相近的情况下,判决所要考虑的通常不是公平,而是未成年人利益、意愿与情感等因素;(3)帮助当事人修复关系、重建良好沟通在家事审判中有独特的意义,例如,确定抚养关系、判决作出后,当事人之间的关系并不因此而终结,因为双方还有可能因为支付抚养费和探望问题需在子女成年前保持联系,这种联系是长期的,甚至有可能长达十几年的时间,这也决定了家事纠纷应更多地适用调解、协商等平和性、修复性方式加以解决;(4)家事纠纷的解决要求家庭成员相互协同、体谅,尤其是需要科学地进行情感干预,让当事人达到心理与情感的相容,满足其情感需求,同时还要关注未成年人的身心健康。

家事审判改革工作使司法者对家事纠纷的特殊属性和家事审判的特殊要求有了新的认识,进而调整了审判理念。家事审判改革的基本定位是:维护婚姻家庭关系的稳定,依法保护未成年人、妇女、老年人的合法权益。维护婚姻家庭关系的稳定,并不意味着放弃离婚自由,而是针对当前冲动型离婚增多的实际,去区分婚姻危机与婚姻死亡。对于婚姻危机的情况,需要通过心理咨询、情感疏导等方式去修复婚姻家庭关系。对于婚姻死亡及其他类型家事纠纷,应充分尊重当事人的离婚自由,妥善通过法律干预解决子女抚养、财产、债务问题,维护未成年人、妇女、老年人的合法权益。通过改革,逐步摒弃传统家事审判中的辩论主义、对抗制庭审、重财产分割、强调审限内结案的做法,转向加强法官职权探知主义、重婚姻修复与情感疗愈。

在新理念指导下,审判调解工作也同步进行了调整:一方面,从解决纠纷的整体性出发,法院在处理家事纠纷时不仅判断是非曲直,履行好司法裁判职能,而且通过纠纷化解,进一步救治婚姻家庭、调整家庭成员间人际关系、保障未成年人最大利益,使矛盾得到整体性解决;另一方面,从解决机制的系统性出发,健全纠纷解决机制的人员、机构配置,通过吸收专业人士、经验丰富者,设置咨询、调停委员会等专门的婚姻家庭纠纷调解组织,弥补现有机制的不足,同时,优化相关主体之间的职能、分工,理顺合作、衔接机制,并最终形成家事纠纷化解整体机制。

（三）使审判方式和工作机制更能满足现实需要

家事审判改革的目的之一即在于改变审判方式与工作机制中不适应家事纠纷的形态、特点的环节，使其更符合矛盾化解的需要。改革举措与家事纠纷的契合之处体现在：

首先，与重大群体性纠纷、系列案相比，家事纠纷的案件标的总体较小、纠纷复杂程度相对较低，因此大多数家事纠纷属于细小纠纷。解决细小纠纷，出于经济成本的考虑，一是要选择成本较低的解决途径，使一部分纠纷从诉讼转入非诉讼机制中；二是要确保非诉讼机制解决纠纷的有效性、及时性和彻底性，避免因诉讼外机制无法解决而对当事人造成损伤。通过改革加大诉前调解力度、增加调解渠道、确认调解协议的效力，有效地实现了案件繁简分流，调解中的法律干预也降低了诉讼费用，为当事人提供了接近司法的机会和正义性的保护。

其次，审判方式与工作机制向“家事”属性倾斜。改革以“家事”为出发点，在以下三方面进行平衡——司法的刚性与家事的柔性、保障个人处分权利自由与兼顾未成年人利益、法律的公平正义与婚姻家庭的维护。通过改革，调整理念与程序，满足解决家事纠纷的特殊要求，使司法“公”权力在干预婚姻家庭“私”领域的过程中更加人性化。

（四）运用心理咨询机制有效化解家事纠纷的非理性因素

西南政法大学的陈苇教授建议：“无论当事人是否愿意接受调解，我们都应为其提供较为全面、专业的咨询服务。”[1]咨询是一个引导当事人认识自我、理清问题的过程。与司法调解不同，咨询机制的目的并不是一味地对当事人进行劝和或要求双方达成一致，而是通过咨询与分析让当事人发现问题所在，让处于离婚危机的夫妻，尤其是青年夫妻学会如何理解对方，习得一些有用的相处技巧，可以有效化解大量矛盾。在矛盾确实无法调和的情况下，心理咨询与婚姻家庭咨询能够引导双方更冷静、理性地处理矛盾，处理好未成年子女抚养与探望的问题。对家事纠纷引入心理咨询、婚姻家庭咨询服务，既能起

---

〔1〕 陈苇、来文彬：《论我国家事纠纷人民调解的新机制——以澳大利亚“家庭关系中心”之家事纠纷调解为视角》，载《学术交流》2009年第7期。

到“筛子”作用——对夫妻感情是否已经完全破裂进行初步甄别，筛选出冲动型离婚的夫妻，帮助化解其矛盾，使其打消离婚念头；又能起到“缓冲带”作用——对感情确已破裂的夫妻，缓和双方对立情绪，增进相互理解，减少憎恨感，引导当事人理性处理问题。

良庆法院引入专业心理咨询师参与家事纠纷化解，作用体现在：(1)化解了大批婚姻危机，尽可能地维护了婚姻家庭稳定；(2)通过开展心理咨询，缓解了婚姻死亡及其他类型家事纠纷的当事人的对抗情绪，为法官开展审判工作提前“灭火”；(3)对调解不成的家事纠纷，提供《心理评估报告》，为法官审判提供专业参考；(4)缓解了法院的工作压力。

此次家事审判改革中，不少试点法院通过引入专业心理咨询人才或购买社会服务的方式，推进心理咨询在婚姻家庭领域的应用，其有效性也得到了当事人的认可，不少当事人在接触心理咨询后还主动地引导家人、朋友去寻求咨询师帮助。

(五)以改革为契机推动了社会治理机制创新

家事审判改革的目的之一是建立社会广泛参与的家事纠纷多元调解机制，途径是“党委领导、政府尽责、法院牵头、社会参与”。多元调解机制有四方面内容：一是在党委领导与支持下，促进政府部门、民间组织、社会团体等有序参与家事纠纷化解，制定落实不同组织单位间的配合与协作方案，重构家事纠纷化解社会体系；二是引入心理学、社会学等专业人才参与纠纷化解，为当事人提供心理咨询、情感修复等服务；三是与司法社工、社区工作人员等基层人员协作，对家事纠纷，尤其是涉及未成年人的案件开展回访、帮教，关注夫妻感情修复情况和未成年人成长情况；四是推动建立反家暴联合工作机制，在家暴受害者救助、人身安全保护令执行等方面形成协作机制。

在化解婚姻家庭纠纷过程当中，良庆法院不局限于“单兵作战”，而是从宏观角度出发，努力推进纠纷化解的社会化协作机制，尤其是在探索过程中不断修正与调解，促进社会组织和民间专业人才更积极地参与到纠纷化解当中，以改革为契机，推动了社会治理机制创新。

附:良庆区人民法院改革文件(见附录)

关于做好婚姻家庭纠纷预防工作,设立婚姻家庭纠纷人民调解委员会的工作方案(见附录第 462 页)

家事案件调查工作规则(试行)(见附录第 465 页)

关于联合设立庇护中心、探视中心工作方案(见附录第 470 页)

家事纠纷心理咨询、心理疏导工作规程(见附录第 474 页)

广西壮族自治区南宁市良庆区人民法院离婚纠纷问卷调查(必填)(见附录第 477 页)

柳州市法院家事审判改革实践

——“柳州模式”的探索

柳州市中级人民法院　柳州市柳北区人民法院

2015 年 8 月，广西壮族自治区高级人民法院将柳州市柳北区人民法院等三家基层法院确定为家事审判改革试点法院。2016 年 5 月，柳州市中级人民法院成为最高人民法院指定的全国家事审判改革试点中级法院，带领和指导全市法院，在审理方式、审判场所、审判队伍等多个方面积极探索家事审判改革新路径。柳州市法院以转变家事审判理念、推进家事审判集中管辖、构建家事纠纷多元化解决机制、实施部门协作常态机制等改革突破点，建立起适合自身发展的家事工作“柳州模式”。

一、柳州市法院家事审判方式改革全景描述

（一）柳州市法院家事审判改革的路径

2015 年，柳州中院开始推进家事审判改革的试点工作，并于 2017 年将家事审判改革向全市推广，鼓励各基层法院开展工作机制创新，在制度层面上对原有的审判组织结构进行了调整，2018 年开始又部署家事审判改革向人民法庭延伸。经过四年的实践，形成“一个中心、两级多点、全面铺开”的格局，探索出三种家事审判改革路径。

1. 一个中心——柳州市家事少年案件审理中心

在广西壮族自治区高级人民法院的指导以及柳州中院的统一规划下，柳州市率先成立了实行家事少审案件集中管辖和归口审理的专业审判机构，2016 年 6 月，柳州市家事少年案件审理中心（以下简称家少中心）开始正式运行，成为柳州市四个城区（城中区、鱼峰区、柳南区、柳北区）一审家事案件及未成年人刑事案件“集中管辖、调解、审理和执行”的综合一体化平台。该举措在全国尚属首次，具有重要的实践意义。

2. 两级多点——建立全市法院的专业审判机构

柳州市两级法院已经建立了覆盖全市的家事少年审判团队，目前具有家事少年法庭 11 个，[1]家事少审合议庭 25 个、员额法官 40 名、司法辅助人员 78 名，遍布于全市各基层法院，建立了全市家事少年审判人才库，形成了合理、规范、专业的家事少审办案体系。同时，在家事少年审判人才库中选择人员到案件量大、类型多、法律关系复杂的家少中心办案，为全市法院培养专业人才，统一家事审判理念的转变。

3. 全面铺开——家事审判改革向人民法庭延伸

柳州市法院针对相当比例家事案件由人民法庭审理的情况，从实际出发，因地制宜，统筹好家事审判机构和人民法庭建设，积极探索家事审判庭集中审理和家事法庭、派出法庭共同管辖等不同的发展模式，将人民法庭建设和家事审判有机结合，充分发挥人民法庭的独特优势和作用，推动家事审判与人民法庭工作协同发展。通过制定“有场所、有团队、有机制、有联动、有宣传”的标准，在人民法庭内加挂“家事审判法庭”的牌匾，逐步确立全市 24 个人民法庭家事审判的专业模式。

（二）柳州市法院家事审判改革的基本思路

1. 工作理念

（1）弘扬社会主义核心价值观

维护善良风俗、社会伦理和传统道德，充分尊重中华民族伦理道德规范在

---

〔1〕 柳州市共有五县（柳城、鹿寨、融安、融水、三江）五区（城中、鱼峰、柳南、柳北、柳江），其中城中、鱼峰、柳南、柳北区家事少审案件实行集中管辖，上述城区法院本部已不设置家事少年法庭。家事少年法庭设置在市中院、家少中心、其他基层法院本部以及全市部分派出人民法庭。

家庭秩序架构和矛盾处理指引中的作用,将社会主义核心价值观融入家事案件的审理和家事纠纷的化解过程,培育良好家风,重视家庭教育,突出家庭文明建设。

(2)坚持家事审判改革的专业化和科技化进程

建立专业的审判团队,设立专业的功能庭室,制定专门的审理规程,开发网络办理家事诉讼业务平台。如柳州市多个法院针对子女抚养难题,设置了具有单面镜的儿童活动室,便于观察当事人与子女之间关系的真实状态,判断当事人的抚养条件。

(3)彰显家事审判司法人性化

充分认识家事审判以消除对立、修复情感、实现家庭和睦为工作目标,构建人性化、柔性化的诉讼环境,减轻对立情绪,关注当事人的情感症结和心理需求;着重以调解方式化解矛盾,引导当事人以平和、理性的心态参与诉讼。对于存在诉讼困难的当事人应及时给予需求回应。

2. 基本原则

(1)保护家庭弱势群体权益原则

在审理家事案件过程中,严格依照法律规定,结合家事案件具有人身属性和伦理、情感色彩的特点,从择优抚养赡养、财产酌情分割、反家庭暴力等方面努力实现未成年人、妇女、老年人利益最大化。

(2)维护家庭和谐稳定原则

通过案件不公开审理、规避当事人称谓、适用冷静期、开展婚姻情感咨询、心理疏导等方式,修复危机情感、维系家庭亲情,让问题家庭转危为安,减轻破裂家庭矛盾双方的对立情绪。

(3)家事纠纷多元化解决原则

2016 年 4 月,在市委政法委的牵头下,柳州中院与全市 17 个职能部门商议如何开展联动工作,共同形成了《关于推进柳州市家事纠纷及未成年人犯罪案件相关部门联动工作的实施方案》。2017 年 11 月 1 日,柳州中院召集全市联动单位召开现场工作会,重点就设立家事调解员、家事调查员和心理疏导员“三员制度”(工作规程)、建立名册等相关事宜予以规范,率先在广西以全市各联动单位会签方式统一确立家事“三员制度”,搭建家事纠纷社会化解决专业化平台,拓宽处理家事案件的方法和路径,妥善化解家事矛盾。目前,全市在册的家事调解员有255名、家事调查员有136名、心理疏导员有57名。

(4)法院职权探知主义原则

在审理家事案件过程中主动向当事人释明举证义务,必要时依职权进行调查取证,弥补当事人举证能力之不足,以查明案件事实。对于双方当事人认可的身份关系、子女抚养情况等案件事实,仍进行必要审查。

(三)柳州市法院家事审判改革的主要举措

1. 制定审判操作规范指引

柳州中院制定并向全市两级法院下发了《家事案件办案手册》,该手册包含家事案件审理工作规程、离婚纠纷办案手册、抚养赡养纠纷办案手册、关于审理涉及家庭暴力家事案件的实施意见、探视权诉讼规程、监护案件审理流程、人身安全保护令实施细则、家事案件财产申报规程、家事案件举证指引、离婚案件情感冷静期工作规程、关于发放离婚证明书的工作规程、家事案件回访制度、家事调查员工作规程、家事调解员工作规程、家事案件心理疏导员工作规程15个方面的内容及14份功能文书样式附件。

2. 开展家事纠纷部门联动合作

(1)邀请联动部门驻点办公

为方便群众、就地解决家事纠纷,法院主动邀请司法、妇联等部门进驻家事少年审判场所,发挥联动部门的专业解纷能力。如家少中心积极与妇联合作设立首家驻点法院的"惜缘工作室",结合惜缘工作室周一至周五的工作安排,提供情感咨询、心理疏导、法律咨询、家事调解等特色服务,有效缓解当事人矛盾症结、情感纠葛。同时聘请惜缘工作室的心理咨询师为人民陪审员共同审理家事案件。又如该中心与司法局开展联动工作,由司法局指导律师协会委派优秀律师进驻该中心导诉台,为家事案件当事人提供相关法律咨询服务。对生活困难、身体残疾或者遭遇家庭暴力的家事案件当事人提供法律咨询,在必要时为其提供法律援助,指定代理人参与诉讼或代为申请人身安全保护令。

(2)引入联动工作人员参与家事审判办案流程

柳州市两级法院充分利用家事纠纷及未成年人案件联动调处平台,邀请相关联动部门中具有专业知识、社会经验丰富的人员组成“家事调解委员会”“家事调查组”“社会调查组”等专门机构,负责对家事案件中的婚姻家庭状况、未成年人抚养状况、生活社会环境等进行调查,分担家事审判合议庭的调解和调查取证工作,为快速准确地处理纠纷提供了强有力的辅助支撑。如针对家事案件证据收集难、固定难等问题,加强与街道、社区合作力度,通过委托熟悉社情民意的家事调查员即社区网格员介入案件调查,帮助法官审判家事案件提供客观的参考和依据。通过该联动方式,最大限度地保证了家事案件得到公平、公正的审判。让双方当事人服判息诉,使家事案件真正实现“案结事了人和”。三江县法院积极与当地“寨老”联系,利用他们熟悉当地民风民俗的优势协助法官调解家事案件,调解率达到70%以上,2018以来实现家事案件零上诉的良好效果。

(3)依靠联动部门拓展家事审判延伸功能

依靠联动部门的专业力量,我市试点法院不断拓展家事少年审判延伸功能,弥补了法院在妥善化解纠纷上的空白点和薄弱点。如柳江区法院则将人身安全保护令裁定书同时送达申请人所在地的派出所和居(村)委会,严格监督被申请人的行为。柳城县法院积极动员社会各方面力量参与家事纠纷化解工作,我院与柳城县公安局联合挂牌成立全区首家“反家暴快速反应工作室”,可为家暴受害人提供出警、处置、收集固定证据、调解、协助法院执行人身安全保护裁定,并对被申请人进行警示等。同时,柳城县法院还强化家事司法救助工作,积极争取县委政法委的支持,设立涉家事执行案件专项经费,对部分生活极其困难的家事案件申请执行人先行予以司法救助,有效地解决了申请执行人的燃眉之急。柳州中院与市民政局在柳州市婚姻登记中心共同设立婚姻家庭法律咨询室,联合各方力量,为陷入危机的婚姻或家庭提供咨询服务,并引入专业的团队对危机婚姻、家庭开展专业辅导,引导当事人通过心理疏导或法律途径等方式走出婚姻家庭危机,重塑积极、乐观心态,切实提升家庭幸福感。市中院与市民政局还在柳州市救助站共同设立了柳州市反家暴联动庇护中心,为柳州市市辖区范围内遭受家庭暴力或面临家暴威胁的家庭成员提供临时庇护。

3. 创建家事纠纷网络处理平台

柳城县法院搭建家事纠纷多部门诉调对接网络平台，与县妇联、司法局共建“家事纠纷网络联动调解平台”，以我院家事视频调解中心终端设备为基点，与司法局、妇联等部门分端，当事人移动端相连接，实现法官、调解员、当事人“点对点”或“点对多”当面调解。鹿寨法院自主研发的“鹿寨微法院”移动互联业务平台，为群众提供可移动的“指尖司法服务”，当事人只需要扫一扫二维码，通过微信公众号，或直接搜索“鹿寨微法院”登录，完成身份认证后，即可在微信平台预约和办理所需业务。该平台中的“微家事”板块主要涵盖了家暴投诉、纠纷调解、妇女儿童维权、老年人权益保护等模块内容，当事人发送业务需求后，法院相关业务庭承办人将会及时跟进处理或联系相关联动部门提供专业化服务。该平台的运用，给家事纠纷化解工作带来诸多便利，将联络、告知、送达、调解等互动型事项，全部延伸到手机移动终端，可以充分利用法官和当事人的碎片化时间，实现时时互动、随时在线。

4. 拓宽家事法制教育方式

为进一步规范和创新家事审判工作的延伸职能，拓宽处理家事案件的方式、方法和路径，柳州两级法院始终坚持家庭法制宣传教育的力度，积极引导民众树立家庭法制观念。法院不仅在审理家事少年案件过程中向当事人传达“家庭和睦”“男女平等”“尊老爱幼”等内容的家庭观念，充分发挥家事少年审判工作场所中“文化区”的宣传作用，布置以“家庭文明建设”“保障未成年人、妇女、老年人合法权益”等为主题的文化长廊和宣传橱窗，同时充分运用多媒体手段（如微信、朋友圈、微电影、宣传片等）提升宣传水平，扩大家事少年审判改革影响力；通过制作微电影方式扩大反家暴、预防未成年人犯罪、家事案件执行的影响力。柳城法院还完善家事案件法制教育前置程序，规定在家事案件当事人在庭前必须观看我院制作的家事法制教育短片，然后再开庭审理案件，帮助双方当事人发现自身不足和矛盾根源，以便更好地化解纠纷。

二、家少中心的实证考察

在柳州市法院家事审判改革措施当中，最重要的一环就是推进家事案件、未成年刑事案件的集中管辖审理。为此，市中院在原郊区法院办公楼旧址的基础上改造建立家少中心,集中受理我市四城区基层法院(城中、柳北、柳南、鱼峰,除派出法庭外)家事少审案件,形成家事审判专业法院的雏形,开创多项改革先河。经过三年多来的改革实践,家少中心创造性地实现了案件管辖集中化、解纷资源集约化、审判机构专门化、审判人员专业化以及程序机制特别化的"五化目标"。

(一)家少中心概况

1. 办公区域总体情况

从地理位置来看,家少中心地处柳州市四城区核心位置,当事人诉讼便利,无论从任一城区前往家少中心办事,路程均在一小时以内。从审判场所审级设置、人员配备、场所建设方面来看,家少中心系独栋建筑,在原柳州市郊区法院办公楼旧址基础上改建而成,有别于其他法院依附民一庭隔层设立格局。办公区第一层为安检、导诉、立案服务窗口、法警监控、诉前调解委员会等功能室,在导诉台设有律师值班服务岗;第二层为柳州市青少年法治教育基地,设有法律知识展示区、安全防范展示区、模拟羁押室、模拟法庭等四个功能区,采用文字、漫画、动画、视频相组合的表现形式,将法律知识与案例、模具、游戏等有机衔接;第三层为未成年人刑事案件审判区,设有"圆桌法庭"、"心灵港湾"、"成长加油站"和"安逸阁"等四个功能区,其中心灵港湾分别由亲情会见室和心理疏导室组成,成长加油站是对少年犯的回访和帮教功能室,安逸阁用于给前来参加诉讼活动的当事人、检察官、律师等提供休息场所,法官和社会调查员还可以在这里对未成年被告人的家属进行庭前调查;第四层为家事案件审判区,设有客厅式家事法庭和调解室、人民陪审员办公室、探望室、单面镜儿童活动观察室、家暴临时庇护室、打印室、中央等候区等功能区;第五层以上为干警办公室。此外,在办公区主楼东侧是柳州市家事纠纷及未成年人案件联动调处中心办公区域,主要是妇联惜缘工作室的情感咨询、委托调解、心理疏导工作点。

2. 受理案件情况

2016年6月成立至2019年6月,家少中心共受理各类家事案件5671件,结案5030件,结案率达88.7%,其中诉讼案件判决4709件、调解2074件、撤诉706件,调撤率为59.04%;受理人身保护令案件85件,民事特别程序案件

236 件;受理未成年人犯罪案件 278 件 405 人,审结 248 件 341 人,结案率为 89.21%。

3. 人员构成基本情况

家少中心目前共有在编干警及工作人员 53 人。其中员额法官 7 名(包括柳州中院挂职领导),其中柳北区 2 名,柳州中院、柳江区、柳城县、融水县、融安县法院各 1 名。其他司法辅助和行政人员 46 名,除向鹿寨县、三江县各抽调 1 名法官助理外,其余 44 人均为柳北法院配备的立案人员、书记员、法官助理、法警、网络技术人员及其他司法行政人员,其中在编人员 5 人,其余均为聘用人员。各县区法院抽调人员占家少中心总人数的比例为 11.32%,柳北法院人员占比 86.79%。

(二)家少中心的工作团队架构

1. 法院专业审判团队

(1)家事员额法官

家少中心共有 7 名员额法官,其中 4 名女性法官,以充分发挥女性在家事审判方面的优势及特长。专业化的人员配备在社会生活经验、家事法律素养、个人性情等方面满足了家事解纷的特殊要求。同时,由 2 名员额法官、3 名法官助理和 4 名司法辅助人员组成家事简案小组,将案件重心放在调解工作上。2019 年建立以来,收案 372 件,结案 164 件,结案率为 44.09%,判决 22 件,调解 121 件,撤诉 21 件,调撤率为 86.59%。

(2)家事人民陪审员(诉前调解委员会)

家少中心邀请退休法官作为诉前调解委员会成员参与案件的调解,同时吸纳其作为人民陪审员参与案件的审理,解决了人民陪审员专业性不足的难题,也减轻了特邀调解的经费压力。家事案件经过甄别后交由诉前调解处理,成为审理的前置程序。成立以来共受理案件 4190 件,调解成功 253 件,撤诉 311 件,诉前调撤率始终保持在 15% 左右。

(3)法官助理、书记员

家少中心现有法官助理 10 人,主要负责导诉、立案审查、送达文书、庭前询问、开展调解、调取证据、财产保全、草拟文书等大量辅助性工作,其中 1 名法官助理具有三级心理咨询师资质,可以对当事人进行心理疏导和评估。家少中心现有书记员13人,主要负责送达文书、庭审(询问)记录、案卷整理、归档移送等辅助性工作。

2. 院外合作机构和人员

(1)整合建立联动调处中心

由政法委牵头,法院与公安、司法、民政、妇联等单位和各街道办事处下的社区、村委共同组成多元化纠纷解决工作框架,共建家暴回访"防暴墙",启动街道、社区家事调查信息网,开展家事调解前置化纷争等,建立起一套相互衔接、配合运行的多元化纠纷解决机制。为方便当事人获得更好的司法和社会服务,柳州中院与全市各职能部门在家少中心联合设立"柳州市家事纠纷及未成年人案件联动调处中心",集中资源和力量开展家事纠纷化解工作(见表1)。

表1　家少中心开展合作机构及事项表

合作部门	合作事项
公安	签署《执行人身保护令合作备忘录》,跟进保护令的执行工作
司法	(1)实习律师在导诉台接受当事人法律咨询;(2)参与家事案件诉前调解
民政	联合成立了柳州市反家暴救助站,为家暴受害人提供临时庇护和必要救济
妇联	(1)设立妇联惜缘工作室,为当事人提供情感咨询、纠纷调解、心理疏导服务;(2)法院抄送人身安全保护令,妇联协助监督实施
团委	对涉及未成年人案件进行社会观护(包含社会调查、心理咨询、回访帮扶)
社区、村委	(1)网格员作为家事调查员对家事纠纷当事人的基本情况进行调查了解;(2)法院抄送人身安全保护令,社区、村委协助监督实施

(2)"三员"工作体系

柳州中院与司法局、民政局、妇联、街道办、社区、村委等部门和组织共同创立了涵盖了全市范围的柳州市"家事调解员""家事调查员""心理疏导员"名册,该名册可供全市法院使用,家少中心也可以委托该名册上与当事人住处相近的"三员"成员开展家事调查、心理疏导、家事调解,经费来源由柳北区政法委支持解决。

(三)家少中心的工作机制架构

1. 鉴别婚姻家庭状况,建立心理干预机制

在案件审理中,首先"鉴别"婚姻危机还是死亡婚姻,"诊断"矛盾冲突点,

有针对性地对当事人进行心理疏导。一方面,根据离婚案件应当进行调解的法律规定,通过严格履行调解程序对离婚案件普遍加强心理疏导;另一方面,根据具体案件的情况,邀请专业心理咨询师对当事人进行心理疏导。在以法律解决利益冲突、身份争议的同时,通过心理疏导化解当事人情感矛盾和不良情绪,力争做到如果婚姻不能维系,分也要分得平和,以消除潜在的社会不稳定隐患。

2. 适用家事案件财产申报制度

家事案件财产申报是指涉及财产分割家事案件的双方当事人对个人财产、共同财产、共有财产,如实地向受案法院申报的制度。案件受理后,法院向双方当事人送达《财产申报表》,告知需要申报的财产内容、逾期不报或隐瞒不报的法律后果等,以遏制隐匿、转移家庭财产的行为;同时,在财产分割问题上减少新的矛盾产生和引发二次诉讼的可能性,也减少了法院大量调查取证工作,不仅节约了当事人的诉讼成本,也节省了司法资源。

3. 强化法官依职权查证力度

由于家事案件当事人及其利害关系人之间多具有紧密而又复杂的亲缘、血缘关系,举证能力较弱,若仅依照“谁主张,谁举证”的原则,难以查明事实,有效保障弱势群体的合法权益。因此,根据家事审判改革的要求,扩大了法院依职权调查取证的范围。干预力度的加大,虽然大幅增加了法官的工作量,但有利于厘清家庭矛盾,及时为家庭弱势一方的合法权利提供司法保护。

4. 推进家事调查制度

在案件审理过程中,家事调查员接受人民法院委托,利用自身专业知识和社会经验对当事人的婚姻状况、未成年子女抚养情况、亲属关系等特定事项进行调查,通过走访邻居、亲属、社区、工作单位等方式了解当事人的婚姻家庭状况及未成年人的抚养情况。家事调查员还可以根据当事人的身心状况、家庭关系、经济状况、居住环境、个人经历、教育程度及其他必要事项进行调查,以探明矛盾的真正根源。家事调查员经过调查向法院出具书面调查报告、出庭陈述意见,提出纠纷解决方案等。该制度弥补了当事人举证能力的不足,有利于对案件事实的了解更全面准确。

5. 探索离婚案件冷静期制度

为避免家庭关系因双方的一时意气而破裂,在离婚案件中制定了冷静期制度。根据不同案件情况设置1～3个月的冷静期,在冷静期间,法官根据双方矛盾焦点,给予不同建议,并根据需要引入婚姻家庭咨询及心理辅导。在此期间,对双方进行至少一次电话回访,及时跟踪了解双方的思想状况变化。这一措施使离婚双方在诉讼中有充分时间慎重考虑离婚事宜,有效预防冲动、草率离婚。

6. 离婚生效证明书机制

因判决书和调解书含有当事人大量信息,为保护离婚案件当事人隐私,法院推行离婚生效证明书机制,该项制度能有效保护当事人隐私,避免隐私泄露对当事人造成不良影响。同时,将离婚生效证明书向婚姻登记部门备案,实现婚姻信息的共享。

7. 建立未成年人成长档案

(1)建立涉案未成年人成长档案

家少中心针对当前涉抚养关系案件中,普遍存在的抚养孩子的一方阻止另一方探望小孩,而不直接抚养孩子的一方也因为没能行使探望权,发生了中止或是迟延向小孩支付抚养费等情况,为最大限度减少父母离异对孩子成长造成的影响,通过司法的力量努力帮助孩子与父母之间继续维系"家"的感觉,家少中心采取建立离异子女成长档案的办法,通过定期或不定期的回访方式,及时掌握离异子女的成长近况,并督促抚养子女一方依法履行探望权。

(2)建立《未成年人犯罪成长档案》制度

《未成年人犯罪成长档案》是以独立建档的方式,对被依法判处刑罚的少年犯进行帮教,定期回访及时掌握情况并记录在案。法院有针对性地开展帮教工作,尽最大努力去帮助他们重新回归家庭、回归校园、回归社会,走上人生正轨。目前,少审法官成功帮助15名被判非监禁刑未成年罪犯重归校园生活,帮助7名被判缓刑未成年罪犯找到了工作单位。

8. 打造柳州家事少审综合网

为适应信息化时代的形势,满足群众需求,家少中心研发柳州家事少审综合网,通过有资质的运营商搭建网站运行平台。该网站已在2017年5月底上线为民服务,并与微信APP实时同步。目前,当事人利用手机、电脑、网络智能电视等移动终端已经可以实现“网上预立案”和“人身安全保护令申请”。网站的第二期开发目标是实现与公安、检察院、司法局、妇联、团委、民政等联席部门的数据共享,目前网站二期招投标事宜正在积极推进中。未来,法院可以通过网站,从相关职能部门处直接掌握案件当事人基本资料、常住地址、婚姻状况、婚史、犯罪记录等等一系列基本信息,切实发挥多元化纠纷解决机制联席效应,为强化法官职权干预力度提供有力支持。网站还将作为家事少年案件审理机制改革普法宣传教育的据点,通过门户网站或微信公众号,发布家事少年案件审理机制改革的最新动态,法律知识、相关案例等。

9. 开展“涵养家文化”和“少年法治梦”系列活动

家少中心在案件专业化审判基础上,十分注重“涵养家文化”和“少年法治梦”两项文化建设工作。“涵养家文化”活动通过按季度、节日、节点入社区村屯,打好家事法制教育“常规牌”;加强与相关部门的沟通协作,利用专业方式打好家庭文化“说理牌”;针对新婚夫妻、35周岁至45周岁生活压力较大家庭群体,打响涵养正确家庭观“惜缘牌”;加大在微信、报刊上对典型案例的报道力度,打稳涵养好家风“典型牌”等。通过以上四种形式,持续发挥倡导良好家风正能量的法治效应。“少年法治梦”活动注重青少年法治观念的塑造和法律禁区的警示,将家少中心二楼大法庭和办公场地,改建成为一个注重体验式、实践性教学的高科技智能型青少年法治教育示范基地,于2018年3月揭牌启用。该基地占地500平米,分为法律知识、安全防范、模拟羁押室、模拟法庭四个功能区。各功能区将法律知识采用文字、漫画、动画、视频相组合的表现形式,全面、多维、系统地向青少年进行法治教育。此外,法治基地还融入了智能机器人、热感应《毒品消消乐》等高科技小游戏和互动环节,让青少年能够在寓教于乐之际有所收获。

截至2019年6月,家少中心已开展各类法治常规活动21次,教育7000多人;开展各类法治实践活动39次,教育1000多人;举办惜缘讲座5次,教育目标群体4000多人;组织召开新闻发布会5次;在央视二套播出一期典型案例;在“柳北法苑”微信、《柳州晚报》纸媒刊登案例20多篇;摄制微电影两部。

附：柳州市中级人民法院改革文件(见附录)

关于印发《关于推进柳州市家事纠纷及未成年人犯罪案件相关部门联动工作的实施方案》的通知(见附录第 481 页)

柳州市中级人民法院关于一审家事审判案件与涉未成年人刑事案件集中管辖的通知(见附录第 489 页)

柳州市中级人民法院关于在全市法院推进家事审判改革的实施方案(见附录第 490 页)

柳州市中级人民法院关于全面深化家事少年审判改革的实施方案(见附录第 495 页)

柳州市中级人民法院关于家事审判改革向人民法庭延伸推进的实施方案(见附录第 504 页)

家事案件审理工作规程(试行)(见附录第 508 页)

关于发放离婚证明书的工作规程(试行)(见附录第 517 页)

抚养、赡养纠纷办案手册(试行)(见附录第 518 页)

关于审理涉及家庭暴力家事案件的实施意见(试行)(见附录第 522 页)

家事案件财产申报规程(试行)(见附录第 528 页)

家事案件回访制度(试行)(见附录第 530 页)

家事案件举证指引(试行)(见附录第 531 页)

监护案件审理流程(试行)(见附录第 539 页)

离婚案件情感冷静期工作规程(试行)(见附录第 546 页)

离婚纠纷办案手册(试行)(见附录第 548 页)

柳州市家事案件心理疏导员工作规程(见附录第 552 页)

柳州市家事调查员工作规程(见附录第 554 页)

柳州市家事调解员工作规程(见附录第 557 页)

人身安全保护令实施细则(试行)(见附录第 560 页)

探视权诉讼规程(试行)(见附录第 562 页)

柔性司法　温情审判

——海口市琼山区人民法院家事审判改革经验

马传煌*　杨　新**　贾　璇***　王川凡****

自2016年以来，按照最高人民法院及海南省高级人民法院的统一部署和要求，我院成为全国法院家事审判方式和工作机制改革试点单位，院党组及时制定改革试点工作方案，明确改革指导思想、改革目标及工作步骤，统筹指挥抓落实，扎实推进家事审判改革工作。目前，我院已构建了较为成熟的家事审判运行模式，具体做法如下：

一、打基础，找问题，摸清家事纠纷的工作底数

为夯实家事审判庭的制度基础，找准家事纠纷的敏感点，瞧准家事纠纷当事人的关注面，我院在改革前期成立调研组，召开法官座谈会，走访社区，问询群众，回访家事案件当事人，梳理历年来家事案件的办案情况，了解历年家事纠纷的问题焦点和矛盾冲突点，发现传统家事案件存在重审判轻调解，重结案轻回访，重法理轻人情，重财产分割、财产利益保护轻身份利益、弱势群体利益

* 马传煌，海南省海口市琼山区人民法院院长。

** 杨新，海南省海口市琼山区人民法院民一庭庭长。

*** 贾璇，海南省海口市琼山区人民法院法官助理。

**** 王川凡，海南省海口市琼山区人民法院法官助理。

保护等问题。改革前,自2015年6月至2016年6月,我院共受理家事案件221件,结案193件,审结率达87.73%。调撤结案100件,调撤率为51.81%。

二、求长远,建制度,探索家事纠纷的有效途径

改革过程中,我院力求转换家事审判理念,探索建立家事审判新方式。将审判理念从单纯地审理判决转变为以修复感情、弥合亲情为主,审判方式从对抗式转变为谈话询问式为主,工作机制从法院单方化解转变为与社会联动合力化解,审理的关注重点从财产分割、财产利益保护为主转变为偏重保护身份利益、人格利益和未成年人、妇女、老年人合法权益。

(一)建立调解前置机制,将调解贯穿解决家事纠纷的始终

审前,由退休法官担任的家事专职调解员进行审前必调,以其丰富的办案经验和人生阅历,对当事人进行法律释明和情感疏导,并对当事人之间的婚姻状况、财产情况、子女生活现状等事实进行初步确认,以便家事审判法官在开庭前快速了解案情,提高工作效率。审中,家事法官结合开庭时审理案件的情况,对前期的调解进行综合分析,必要时协同调解员及家庭代表再次调解,一同做好、做通当事人的工作,尽最大可能把案件和平解决。构建新型的劝、批、谈、教的调解模式。增加法官和当事人分别谈心、析理、教育的环节,出具化解家庭问题的方案,增强法官和当事人之间的情感交流,以情动人,以理服人。

(二)建立财产申报机制,保护好当事人的合法权益

要求当事人在案件审理前签署《财产申报情况表》,固定夫妻共同财产和共同债务的状况,释明不准确申报、隐匿财产应承担的诉讼风险和采取的强制措施,对隐瞒、谎报财产情况的当事人少分或不分财产,以最大限度保护当事人的合法权益。

(三)建立冷静期机制,确保当事人慎重对待婚姻

在调解过程中,与当事人双方积极沟通,在征得当事人同意后,向当事人发放《冷静期制度告知书》,限定双方当事人在冷静期间原则上不得向对方提出离婚。同时,引导当事人在六个月的冷静期进行反思、修复并回归家庭,确保当事人不会因一时激愤而冲动离婚。这一离婚诉求的“暂停按钮”,旨在弥合、修复双方当事人的情感。

（四）建立反家暴人身保护机制，防止因情感而引发恶性案件的发生

立案之初，对原告进行简单询问，开展家暴问题排查，并进行反家庭暴力法制宣传。如遇遭家庭暴力的当事人，我院可根据当事人的申请及《反家庭暴力法》规定，对长期遭受家庭暴力的被害人实行人身安全保护令制度，并加大与公安、司法、民政、妇联等部门的合作力度，在向申请人、被申请人送达裁定的同时，将裁定书抄送当事人所在地的派出所、居民委员会，对违反人身安全保护令的犯罪行为形成强大的震慑效果，保护受害人特别是妇女、未成年人和老年人的合法权益。

（五）建立离婚生效证明机制，温情保护当事人隐私

我院在离婚裁判文书生效后，向当事人出具《离婚证明书》，其仅载明当事人的身份信息和案号，更好地保护当事人的个人隐私，方便当事人携带，用《离婚证明书》来办理有关事宜。

（六）建立未成年保护机制，实现未成年人利益最大化

在子女抚养问题上，坚持未成年子女利益最大化原则，明确双方当事人在离婚时不能妥善安置未成年子女的，不得调解和判决离婚。若双方当事人均要求直接抚养未成年子女的，须举证证明其拥有更适合抚养未成年子女的条件，法官也将结合前期家事调解员走访调查的结果，综合分析双方财力、成长环境等因素，裁决子女由哪一方抚养。在子女探视问题上，执行法官和家事法官联动配合解决探视权如何有效履行的问题，以确保儿童利益获得最大保障。例如，我院在判后定期回访案件时发现几起离婚纠纷，经调解后对方探视孩子时一方不能积极协助，双方因探视孩子引发矛盾，导致孩子在一方的影响下疏远对方，孩子的心理产生阴影。我院立即对离婚家长进行培训，告知他们未成年孩子的利益需要双方和谐相处才能得以维护，希望双方为了孩子内心的感受，和谐探视，共同为孩子撑起一片平静的天空。同时分别对个案给出了最佳探视方案，双方均欣然接受，握手言和。

三、抓落实，求实效，建立家事纠纷的组织保障机制

（一）加强领导，明确职责，力求家事审判创新举措落实到位

一是组织保障，成立家事审判改革工作领导小组。由院长担任组长，分管

副院长担任副组长,其他院党组成员为小组成员,为家事审判改革提供了有力的领导保障。二是建立家事纠纷调解联席制度,形成各部门联动的新格局。家事纠纷化解不能只依靠法院的"硬调硬判",家庭的和谐直接影响了社会的和谐,应当是将消除对立、恢复感情、实现和解作为解决纠纷的最终目的和价值取向,用社会化大调解的柔性手段实现法律的刚性要求。我院与区政法委、教育局、民政局、司法局、公安局、检察院、妇联、关工委及各街道办,结合自身职能,多机关支持、多部门配合、多主体参与、多资源利用,打造家事审判改革合作平台,共建联席会议制度,统筹建设家事纠纷化解大格局,使各方的目标使命再聚合,优质资源再整合,工作机制再融合。依托家事纠纷调解联席工作小组的平台,司法局落实家事调解员、调查员的选任、培训,制定统一的考核奖惩办法;民政局实施家庭婚姻指导,设立家暴庇护所,接受、救治家暴受害人;公安强化家暴禁止令制发;妇联、社会公益组织开展心理救助、心理疏导等。三是建章立制,力求家事审判制度化。以多元化调解、和谐处理家事纠纷为原则,在结合审判实践及借鉴兄弟法院先进工作经验的基础上,研究制定了一系列我院家事审判工作规范文件和家事审判格式化诉讼文书,先后制定《家事案件审理规程》《家事专职调解员工作规程》,以指导审判团队开展家事审判工作;制作《家事案件当事人财产申报表》《家事纠纷心理疏导情况登记表及疏导情况信息反馈表》《家事案件家庭情况确认表》《家事案件诉讼指引手册》《离婚证明书》《家事案件回访表》等格式化文书及表格,便利开展家事审判工作。四是奖惩得当,建立科学合理的考评机制。家事审判不仅要达到定分止争的效果,更担负着修复救治婚姻家庭的功能,在程序上也多了调解前置、冷静期、心理疏导等环节,因此在考核方面,针对其特色将家事案件与其他民商事案件的传统考核标准区别对待,将调和率、回访满意度等因素纳入到考核体系中,作为司法绩效考评的重要指标之一。

（二）夯实基础,经费下沉,力求打造温暖舒心的家事审判环境

一是突出家事审判庭的和谐理念,建设家事审判特有的工作区域。我院结合家事纠纷的特点,落脚"和谐"理念,建设"圆桌式"审判法庭,取代以往分离对立的各方席位,以妻子、丈夫的席位取代原被告席位,另设男女方双方家庭代表席位,让出庭当事人及其选派的亲属围坐一起,以"唠家常"形式解决

家庭纠纷，力求营造温馨、感性、和谐的环境气氛；调解桌旁摆放家事纠纷的典型案例册；庭审席对墙挂着投影器，必要时播放婚礼纪念片、交往回忆录或案例微电影，唤起当事人对感情的回忆和对家庭的不舍，淡化双方对抗的情绪。二是积极运用心理干预机制，及时疏通心理或情绪问题。设立心理辅导室及沙盘辅助治疗室，特聘心理咨询师和情感观察员定时坐阵，对可能存在较严重心理问题或情绪较激动的未成年人或婚姻双方当事人提供咨询服务，进行心理干预，帮助当事人查找矛盾根源，化解心理症结，理性解决纠纷，修复情感裂痕。

（三）组建队伍，强化培训，力求打造素质过硬、调解一流的家事审判团队

一是立足本院资源，建立专业过硬的法官团队。从民一庭、民二庭、环资庭、云龙法庭、三门坡法庭等部门，挑选熟悉婚姻家庭生活、审判经验丰富、综合素质高、协调能力强并擅于做群众工作的已婚法官，组建本院的家事审判队伍。二是辐射全区资源，汇集多方社会力量。为克服刚性过强的司法审判在修复家庭矛盾方面显得能力不足，妥善解决家事纠纷，发挥多元共治优势，共同建立家事纠纷的多元化解机制，我院与司法局、妇联合作，建立完善了覆盖96个村（居）委会的法律服务联系点，搭建可辐射全辖区的家事联络员（调查员）平台，从全区的街道社区中组织选聘具有处理家事纠纷专业背景、热衷家事案件调解工作的人员担任特聘家事调解员兼家事调查员，借助家事调解员、调查员在社区的地缘优势，努力实现法院与社区的“无缝对接”，构建网格化、全覆盖的家事调解与调查新格局。三是发挥退休资深法官的一线助力作用，全力保障调解前置机制的实施。我院聘请了两名已退休的高级法官作为家事专职调解员，专门处理家事纠纷的审前调解、了解案情、固定证据、疏导当事人情绪、确定婚姻财产状况等工作。目前，家事法庭形成以家事法官为主导，配备家事联络员、家事专职调解员、家事心理疏导员参与家事纠纷处理的“四位一体”工作模式，对家事案件以调解贯穿始终，对当事人进行“劝、批、谈、教”的方式进行婚姻状况的分析，对存在的问题给出对策，进行情感沟通交流及化解。改革以来，家事专职调解员调解、撤诉292件，占已结案件的60%。案件审理中除心理专家帮助当事人心理疏导6次之外，有丰富经验的专职调解员及家事法官进行谈心疏导50余次，充分实现了柔性司法，温情审判，和谐解纷

的目标。四是加强培训,力求家事审判团队的优质性。建立家事审判团队微信群,及时发布家事审判前沿热点问题,对审理难点集思广义,交流全国先进法院的工作方式;定期召开家事审判工作总结推进会,互相交流家事案件纠纷处理心得及典型案例的集中讨论分析;派员参加全国家事审判培训学习,加强家事审判团队成员的心理学、社会学、家事审判业务学习,以建立专业的家事审判团队。

(四)强化宣传,力求营造人人参与、支持的家事审判舆论氛围

一是开通了琼山区人民法院家事审判的微信公众号,分享家事审判动态,交流家事审判改革经验,提供家事法律咨询、在线调解等功能。我院通过互联网微信平台宣传家事审判工作二十余期,其中《柔性审判　修复亲情——琼山区法院举行“家事审判法庭”揭牌仪式》被海南省委办公厅以《海口市琼山区法院家事审判试点效果明显》刊载。二是汇编本院家事审判案例荟萃两期,每年更新一期典型家事纠纷处理案例,方便大家参阅交流学习,同时提供给家事纠纷当事人,发挥警醒、学习的作用。三是阶段性分析改革成果,在认真调研的基础上,撰写《家事审判机制和审判方式改革初探》,发表于内部刊物《海口审判》,供兄弟法院互相学习交流。四是利用电视媒体、自媒体、法律专刊等平台进行宣传推广,提高知晓率,扩大影响力。在海口广播电视台《法官零距离》和海南新闻广播《海南法治之声》进行我院家事审判改革宣传 6 期;在《海口审判》《法制时报》等法律专刊中对我院家事审判改革工作纪实进行专版宣传,撰写新闻稿件 20 余篇,纪实简报 15 期;在全国第五届家事审判微视频大赛中,制作一期名为《家》的微视频,以弘扬宣传家事审判改革的主旨——儿童利益最大化。

(五)注重总结,及时回访,力求家事审判改革取得实效

家事案件具有强烈的伦理情感色彩,我院根据案件的实际情况,对后期夫妻感情状况和子女抚养、探视情况建档跟踪回访,对发生纠纷时间长、矛盾尖锐的当事人进行回访帮扶,解释裁判依据,做好疏导工作,化解判后矛盾,延伸审判服务,力求案件事了、息诉止纷。

我院家事审判改革以来,在各单位的大力配合下,获得较为明显的成绩,大多数当事人对我院的家事审判改革机制较为认可,对我院服务的满意度也

大大提升,社会反响效果良好,包括政府部门、律师界、新闻媒体等对我院家事审判方式的改革都拍手称赞。这三年来,家事专职调解员审前开展家庭情况调查116件,财产申报113件,家事案件回访帮扶146件,发出人身安全保护令5份,适用冷静期制度36次,发放《离婚证明书》129份,判后执行法官和家事法官联动化解帮扶3次,对未成年儿童在离婚后的学习生活情况进行跟踪随访7次。三年来共受理婚姻家庭案件950件,结案895件,调撤结案537件(包含调解和好、离婚、撤诉),调撤率达到60%,较改革前增加了10%左右。今后,我院将继续总结经验,梳理问题,凝心聚力,砥砺前行,进一步深入推动家事审判改革,为实现家庭美满的融洽及琼山辖区的和谐作出应有的贡献。

家事审判改革的实践探索:“梁平经验”*

重庆市梁平区人民法院课题组**

重庆市梁平区人民法院(以下简称梁平区法院)自被最高人民法院确定为家事审判方式和工作机制改革试点法院以来,构建起了从制度到实践层面全方位的家事审判新格局,包括审判机构、审判理念、审判程序、审判方式、审判队伍以及多元化纠纷解决机制的建立,为家事审判改革做了大量有益的探索,已经形成了一批卓有成效且特色鲜明的家事审判实践经验。

一、家事审判改革试点的背景

家庭作为社会的重要组成部分,关系着人类的繁衍生息和人类社会的发展,对维护社会和谐稳定起着至关重要的作用,而家庭关系稳定与否是影响构建社会主义和谐社会的一大因素。随着经济的快速发展,人们生活方式随之发生改变,家庭婚姻观念的转变使家事纠纷案件的内容及类型逐渐趋于复杂化和多样化。积极探索家事审判方式和工作机制的改革有利于实现案件审理的专业化,提高案件审理的效率;同时促进案件审理的公平性以及合理性,有

---

* 本文系重庆市高级人民法院2018年度重点调研课题《家事审判多元化解问题研究》(cqfykt201815)阶段性成果。

** 重庆市梁平区人民法院课题组:主持人,石溅泉(重庆市梁平区人民法院院长);课题组成员:胡松、龚专、张庆庆、程塬、詹亮;执笔人:詹亮。

利于维护未成年人、妇女、老年人的合法权益,从而维护家庭的和谐与社会的稳定。家事审判改革是适应新时代社会发展需求的一项重要举措,对弘扬社会主义核心价值观起着重要作用。

(一)家事案件在民事案件中占比逐年提升

伴随着我国改革开放40多年的巨大发展,经济高速增长,特别是市场经济的发展,同时这一时期也是社会观念发生重大转变的时期。自由主义、利己主义等观念也冲击着传统的婚恋观,传统意义上的家庭观念也在发生着巨大的变化;女性生活地位的提高,使得人们对于家庭的依附性降低;生活节奏的加快和西方婚恋观也在另一个侧面起到了一定的助推的作用。闪婚、闪离、婚外恋等层出不穷,我国传统的婚姻家庭在慢慢走向解体的同时,居高不下的离婚率更突显了传统婚姻和家庭的式微。根据民政部统计,2015年,依法办理离婚手续的共有384.1万对,比上年增长5.6%,其中民政部门登记离婚314.9万对、法院办理离婚69.3万对。离婚率为2.8‰,比上年增加0.1个千分点。[1] 2016年,依法办理离婚手续的共有415.8万对,比上年增长8.3%,其中民政部门登记离婚348.6万对,法院判决、调解离婚67.2万对。离婚率为3.0‰,比上年增加0.2个千分点。[2]

我国离婚率的逐年持续增长和居高不下,无形之中增加了离婚案件在民事诉讼中的占比,起诉到人民法院的家事纠纷案件也呈现井喷现象。“案多人少”问题突出,法院的既有资源无力应对案件审理和执行,面临诸多挑战。2013~2018年,全国法院每年一审审结的家事案件数量分别为161.2万件、161.9万件、173.3万件、175.2万件、183.0万件和181.4万件。每年都在160万件以上,除2018年外,案件数量每年都有大幅增加(见表1)。

---

〔1〕 参见中华人民共和国民政部:《2015年社会服务发展统计公报》,载民政部网:http://www.mca.gov.cn/article/sj/tjgb/201607/20160715001136.shtml,最后访问日期:2019年3月25日。

〔2〕 参见中华人民共和国民政部:《2016年社会服务发展统计公报》,载民政部网:http://www.mca.gov.cn/article/sj/tjgb/201708/20170815005382.shtml,最后访问日期:2019年3月25日。

表1 2013～2017年全国法院一审婚姻家庭案件统计表〔1〕 单位：件

年份	收案	结案	结案方式					
			判决	调解	移送	驳回	撤诉	其他
2013	1651666	1611903	441084	770437	4326	6761	381538	7757
2014	1635244	1618904	494784	724776	4903	7644	379034	7763
2015	1758926	1733299	587431	706628	6114	10987	413451	8688
2016	1735516	1752052	623132	674866	7576	15424	420332	10722
2017	1802151	1830023	651196	676606	23692	28279	433185	17065

以重庆市梁平区法院为例，家事审判案件量稳定在2000件以上，占民事案件量的37%。无论从数量上或是比例上，都是梁平区法院审判工作的重要组成部分。在司法改革的大背景下，家事审判制度的建构与探索势在必行，如何减轻法院专业审判之外的负担，推动建立司法力量、行政力量和社会力量相结合的新型家事纠纷综合协调解决机制，完善多元化纠纷解决机制，形成有效社会合力是梁平区法院需认真思考的一个问题。

（二）倡导文明进步婚姻家庭伦理道德的需要

离婚率的逐年提高和居高不下，一方面使得我国传统婚姻家庭面临着巨大转变，另一方面使外出务工逐渐常态化。城市流动人口增多，空巢老人、留守儿童、单亲家庭、丁克家庭的比例逐年增加，由此引发的家事纠纷案件随之增加，婚姻关系的破裂也往往引发一系列社会问题，比如，未成年子女抚养问题、老年人赡养问题及妇女权益保护问题等。其原因在于家庭关系引发的家事纠纷案件除涉及案件当事人的利益外还关系到其他近亲属的利益。以2016年国家民政部门的统计数据为例，该年度登记离婚以及法院判决、调解离婚数为418.5万对，涉及的离婚夫妻人数多达800余万人，受离婚案件影响的未成年子女以及老年人的数量更是极为庞大。不仅如此，家庭关系的破裂也是引发暴力性事件、伤害性事件、杀人事件等恶性事件的诱因之一。调查显示，未成年人犯罪中实施犯罪的未成年人大多来自单亲或关系不和谐的家庭。社会问题的不断涌现以及恶性事件的频发势必成为维护社会主义和谐的一大阻碍。由此可见，如何处理好家事纠纷案件，维护家庭关系的和谐是构建和谐

〔1〕 该统计表数据来源于最高人民法院公布的2013年至2017年的全国法院司法统计公报。

社会亟须解决的问题。

家是最小国,国是千万家。家庭是社会的细胞,家庭和谐稳定是国家发展、社会进步、民族繁荣的基石。加强家事审判工作对于推进国家治理体系和治理能力现代化、维护社会和谐稳定,具有十分重要的意义。家事审判改革的重要出发点就是维护婚姻家庭关系稳定,依法保护未成年人、妇女和老年人合法权益,弘扬社会主义核心价值观,促进社会建设健康和谐发展,倡导文明进步的婚姻家庭伦理道德观念,维护健康向上的婚姻家庭关系,积极培育和践行社会主义核心价值观,弘扬中华民族传统家庭美德,维护公序良俗。

(三)家事纠纷的特殊性和专业性呼唤新型诉讼制度

家事纠纷往往不同于普通的民事纠纷,往往涉及面比较广,哪怕是简单的离婚问题也会引发其他一系列连锁反应,比如抚养问题、赡养问题、继承问题、收养问题等。家事纠纷案件不仅涉及财产问题,还涉及人身关系以及情感问题。“因发生在家庭成员之间,基于长期的、非单一的、与情感密切联系的关系,许多问题是非理性、不规则和不确定的”,[1]且家事纠纷基于特定亲缘关系而产生,涉及更多家庭和当事人的私有财产状况、血缘关系情况及情感生活状况等隐私信息,“诸如此类的家事案件常常涉及当事人最不为人知的生活境遇和人生实况,也往往是当事人不情愿为其他第三人所知晓的”。[2] 同时,“尽管家事诉讼表面上纯属家庭内部主体间的问题,但实质上是与国家和社会的根本利益息息相关的”,[3]除涉及当事人间的私益纷争问题外,其既涉及未成年子女、妇女、老人及其他利害关系人的合法权益保护问题,又涉及社会伦理和公共秩序的维护问题。综合以观,与普通民事财产类案件不同,家事纠纷具备复杂性、私隐性及公益性等鲜明特质,囿于此,家事案件中普遍存在证据材料难以收集、事实真相难以查明、是非判断难以厘定等诸多困局,如此,需设置专门的家事调查员,对案件事实和深层原因进行探知并出具调查意见,以便为公正和妥当地处理家事纠纷提供客观依据。

我国司法实践中,长期将家事纠纷作为普通的案件来处理,在诉讼期间、

---

〔1〕 傅郁林:《民事司法制度的功能与结构》,北京大学出版社2006年版,第289页。

〔2〕 曹思婕:《我国家事审判改革路径之探析》,载《法学论坛》2016年第5期。

〔3〕 范愉:《非诉讼纠纷解决机制研究》,中国人民大学出版社2000年版,第208页。

举证责任、职权主义和辩论中心主义、诉讼制度等方面越来越不能适应日益复杂的家事审判的工作现实需要。普通的民事案件往往具有更强的财产属性，人身属性涉及较少，而家事纠纷虽具有更强的人身属性，但也同时具有财产属性的特点，这种财产属性又带有很强的人身属性。以举证责任为例，民事领域往往采取“谁主张，谁举证”的原则，但在家事纠纷案件中，特别是家庭暴力或婚外恋案件中，被害人一方往往很难举证，导致在实践中被害人由于举证不利，而让自己处于败诉的不利地位。针对家事纠纷案件的特殊性和专业性，就需要在证据搜集、举证责任等方面采取不同于普通民事案件的诉讼制度，才能达到对家事纠纷案件的正确处理。家事纠纷案件既具有财产属性，也具有人身属性和伦理属性。这就对构建新型的家事审判方式、举证责任、工作机制、审判程序、诉讼制度等方面提出了新的要求。一方面，树立家庭本位的裁判理念，对家庭财产关系的处理以有利于家庭成员共同生活的团体主义为价值追求。坚持以人为本，发挥家事审判的诊断、修复、治疗作用，实现家事审判司法功能与社会功能的有机结合。另一方面，适应家事案件特点，全面保护当事人的身份利益、财产利益、人格利益、安全利益和情感利益，切实满足人民群众的司法需求。要在诊断婚姻状况的基础上，注意区分婚姻危机和婚姻死亡，积极化解婚姻危机，正确处理保护婚姻自由与维护家庭稳定的关系。家事案件的审理不仅关系到家庭成员利益的衡量，还影响到社会秩序和社会价值观念的确立。如何在对案件进行合法合理审判的同时，帮助当事人缓和家庭矛盾、化解家庭纠纷、挽救岌岌可危的家庭关系已成为家事审判工作面临的全新挑战。

二、家事审判改革的实践探索

家事审判方式以及工作机制的改革是顺应时代发展潮流的，不仅体现了司法改革的要求，更同我国倡导文明进步的婚姻家庭伦理道德观和培育践行社会主义核心价值观相符合。自开展家事审判方式和工作机制改革试点工作以来，重庆市梁平区人民法院按照打造共建、共治、共享社会治理新格局的要求，牢牢把握新时代“枫桥经验”的时代特征和精髓内涵，自觉将创新发展新时代的“枫桥经验”融入人民法院家事审判方式和工作机制改革工作，在独立设置家事审判法庭和择优配备家事审判团队之基础上，推动构建家事审判社会化格局,积极引入社会力量组建家事审判辅助专业队伍,参与家事纠纷化解,实现矛盾纠纷的源头治理,形成家事审判改革实践探索的特有形式——“梁平模式”。

(一)构建符合家庭伦理特质的家事审判制度

梁平区法院针对家事审判试点工作,结合本区实际,制定《梁平区人民法院开展家事审判方式和工作机制改革试点工作的实施方案》,明确了“1127”(“1”种工作理念——“唤醒人性、增进亲情、化解矛盾、促进和谐”;“1”个工作格局——“党委领导、政府支持、部门联动、社会参与”;“2”张工作网络——由法院、民政、妇联等部门参与“横向联动网络”和由区到乡(镇、街道)共同参与“纵向联动网络”;“7”项工作措施——“裁判理念人性化、审判流程制度化、审判队伍专业化、工作力量联动化、审判场所情景化、管理机制规范化、审判公信可量化”)的改革思路,一方面积极推进和探索创新家事审判方式和工作机制,另一方面重点突出司法服务与家事纠纷同行的司法理念,努力构建家事审判新格局。

以审判流程制度化为例,其涵盖了立案、调解、开庭审理、作出裁判等多个重要审判工作环节,每一个诉讼节点的规范化管理均对整个审判过程的有效推进及最终的裁判质效具有重要意义,甚至是决定性作用。家事审判因其案件的身份关系属性而呈现区别于普通民事审判的特定目的,此即决定了家事案件诉讼程序的开展不应继续依附于传统民事审判程序,亦不应继续按照财产关系诉讼的审理规则予以裁判,而应借以制度化建设对其办案程序予以专门设置。梁平区法院根据最高人民法院和市高级法院相关文件精神要求,结合审判工作实际,依法制定了《办理家事案件指导规则(试行)》,对家事案件办理实施程序和具体行为作出细化规制:

1. 调解前置

家事案件应当进行调解,对未经人民调解、妇联等家事组织调解即诉讼至人民法院的家事案件,立案前人民法院应委托前述组织进行诉前调解或者立案后交家事调解组织先行调解,未经调解的案件不得径行裁判(婚姻关系、身份关系确认等不适宜调解的案件除外)。

2. 申报义务

家事案件当事人应当以填报《家事案件当事人申报一本通》(包括当事人基本信息、财产状况、债权债务及子女抚养情况等)等书面形式,全面准确地申报夫妻共同财产、债权债务及未成年子女抚养,并在举证期限届满前提交家事法官,逾期不申报或者申报不实的,酌情少分财产、多担债务、消减权利。同时,当事人申报情况应当在庭前会议或者法庭上出示,并由双方当事人对其真实性、合法性、关联性进行质证,记入笔录后可以作为裁判证据使用。截至目前,共计发放申报一本通6608份,申报准确率达98.18%。

3. 亲自出庭

家事案件审理坚持“出庭为原则、不出庭为例外”,除本人不能表达意志外,家事案件的当事人应当到庭参加诉讼,确因重大疾病等原因无法出庭的,应当向人民法院提交不能到庭的书面申请及相应证据。

4. 特别保护

建立不公开审理制度,除当事人合意要求公开或者具有重大社会影响及特殊教育意义的家事案件外,一律实行不公开审理。实行人身安全保护令制度,经当事人申请,家事法官可依法发布旨在保护家庭暴力受害人及其特定亲属人身安全的人身安全保护裁定。截至目前,发出人身安全保护令12份,并及时向当事人及当地派出所送达裁定书,协助监督被申请人履行人身安全保护令。实行解除婚姻关系证明书制度,经当事人申请,家事法官应当制发仅载明当事人身份、解除婚姻关系的时间等的《解除婚姻证明书》。

5. 疏导干预

设置家事法官办理家事案件可以根据案件需要,委托家事纠纷调处室及调解疏导员对当事人进行心理疏导。梁平区法院制作了《家事审判辅助人员履职一本通》,规定需要心理疏导的,家事法官应当从《家事审判辅助人员履职一本通》中签发《心理疏导委托书》,并送家事纠纷调处室进行心理疏导,家事纠纷调处室在收到委托书十日内完成心理疏导,在《家事审判辅助人员履职一本通》中填制《心理疏导情况反馈表》,并在3日内提交家事法官,作为审理案件的参考。

6. 创设冷静期制度

当事人双方将案件诉至人民法院后进入诉讼程序之前,法院预先设置一定的冷静期,在此期间由专业的人员对当事人进行心理疏导,使当事人平复情绪,冷静思考家庭纠纷的解决办法,缓和当事人双方的矛盾。在离婚案件中给予双方当事人一定的冷静期限,可以尽量避免当事人由于一时冲动作出诉讼离婚行为。冷静期的设置为挽救即将破裂的家庭关系起到了黏和剂的作用。梁平区法院试行冷静期修复制度,对于设计亲子关系和子女抚养的离婚、赡养等案件,经当事人协商或者家事法官指定可以设置不超过30日的修复关系冷静期。在原告魏某诉被告金某离婚诉讼案件中,承办法官全面了解案情后,认为原、被告感情基础较好,虽有争议但并非实质矛盾,遂为原、被告指定30日的冷静期,并针对双方婚姻中存在的问题提出意见和建议,冷静期限未完结,原告魏某即主动撤回起诉。

7. 社会调查

家事法官办理家事案件可以根据案件需要,委托家事纠纷调处室及家事调查员(具体办理程序同心理疏导),对当事人或者关系人的性格、个人经历、身心状况、家庭情况、夫妻关系、财产状况、受教育程度、居住环境、工作情况、子女抚养现状、老人赡养情况等特定事项进行调查,调查情况应当在庭前会议或者法庭上出示,并由各方当事人进行质证,记入笔录后可以作为裁判证据使用。

8. 回访帮教

家事案件办理后,家事法官应当委托家事纠纷调处室及回访帮教人员(具体办理程序同心理疏导)通过电话回访、上门回访等多种形式了解被回访当事人现状、裁判文书执行情况、对家事法官的意见建议等,并根据回访情况或者帮教建议实施针对性帮教。

9. 司法救济

家事案件办理过程中,积极建立应急司法救济机制。案前依照法律规定对符合财产保全、先予执行条件的家事案件积极采取财产保全和先予执行救济措施;案中,依法对经济确有困难的家事案件当事人缓、减、免交诉讼费用;案后,建立帮扶制度,对确有经济困难的,会同相关乡镇(街道)、民政部门或所在单位给予适当帮扶,符合司法救助条件的,由人民法院按程序及时进行司法救助。

(二)成立家事审判庭,建设"1 + X"模式的专业化审判队伍

为了加强审判机构以及审判队伍的专业化,梁平区法院成立家事审判法庭,家事审判团队开始编入业务能力强、具有丰富家事审判经验的法官作为队伍成员进行案件的审理。选用持有心理咨询师资格证或熟练掌握相关心理学知识的人员作为审判辅助人,对于当事人进行心理疏导工作以及案后的回访调查等工作。

在家事纠纷处理愈加呈现专业化及复杂化的新情势下,诸如民事审判庭等捆绑式或组合式的审判机构模式已然难以契合民众对家事审判的合理期待,家事审判的特定价值功能亦难以得到全面实现,此即要求强化家事审判专业化建设。第一,家事审判机构专门化。设置专门家事审判机构——家事审判庭,专司家事纠纷案件审理职能,同时家事审判庭应当具有独立建制,其不再依附于民事审判部门或者其他内设机构,而系隶属于审判机关的一个职能部门。梁平区法院在院机关按照 1 个家事审判庭 + 若干家事法官的"1 + X"模式和人民法庭从优选任若干名家事审判法官的模式,积极推进家事审判专门组织建设。2016 年 9 月,经区编委批准成立家事审判庭,配备庭长、副庭长各 1 名,同时抽调 2 名员额法官,按照 1 : 1 的比例组成 4 个专业审判团队。在 4 个人民法庭分别选任 1 名家事法官,专门负责审理各辖区家事案件。第二,家事审判人员专业化。家事案件审理既涉及法学理论和法律实务专业知识和技能,又涉及社会学、伦理学、民风民俗、心理学等综合知识,此即要求家事审判庭或者从事家事案件办理的法官应当具备较高的专业化程度,其不仅应当具备深厚的法学理论功底,又要具备丰富的审判经验和人生阅历,同时也应当具备较强的沟通和协调能力。梁平区法院充分考虑家事案件的特点,抽调具有较高法律素养、人生阅历和调解经验的优秀法官到家事审判庭工作,同时选择谙熟家事关系、善于思想疏导的人民陪审员参与普通程序家事案件审理。为提高家事审判队伍的专业化水平,梁平区法院会同相关部门建立长效培训机构,组织家事审判法官、家事审判辅助人员参加新法律法规、审判实务技巧、心理疏导等业务培训,提高法官及辅助人员的办案能力和水平。

(三)改进审判方式,构建“春风化雨”圆桌审判新模式

我国传统的审判方式与世界上大部分国家的审判方式相类似,皆采用对抗模式进行审理,即当事人双方列坐法庭两侧,以对辩的方式进行庭审活动。如此激烈的对抗方式在家事审判过程中显然不利于纠纷的解决。对抗模式的审判方式不仅容易激化当事人之间的矛盾,更易造成当事人心理上以及精神上的二次伤害。传统的审判方式从根本上同家庭伦理性特质相违背。法院采用圆桌审判的方式进行家事纠纷案件的审理,即当事人双方及法官围坐在圆形会议桌旁,以平和对话的方式完成案件的审理程序。审判过程中采用圆形会议桌审判方式既有利于缓和当事人针锋相对的紧张气氛,又有助于法官在平和的氛围下查清案件事实,进而作出合法合理的判决。

传统的原、被告双方对抗的审判场所并未契合家事案件纠纷的特质,有必要设置以家庭责任、亲情维系、宽容理解为内涵的体现“家庭化”特点的审判场所。梁平区法院根据家事案件办理需要,按照“1+3+X”的模式,打造专业的家事案件办理场所:“1”,即一庭,在院机关及四个人民法庭分别设置改造一个专用的“圆桌式”家事案件审判庭,对法庭进行“家庭化”布置,通过悬挂匾额、绘制壁画、张贴标语、播放音乐或图片等多种方式营造舒缓、温馨、和谐的家庭氛围,缓解当事人双方对立情绪,拉近家事法官与当事人间的“距离”,使之更具“亲和性”;“3”,即三室,在院机关及四个人民法庭分别设置家事调解室、心理疏导室及未成年人看护室,更好地适应家事审判的多种司法需求;“X”,即积极推动家事纠纷调处室的设置,司法局和妇联联合设置家事纠纷中心调处室,各乡镇(街道)设置家事纠纷调处室,专门用于家事辅助人员开展家事纠纷综合调处工作。2017 年 3 月,院机关“一庭”和“三室”建设完成并正式投入使用。

圆桌审判等“春风化雨”审判新模式的构建,打破了传统法庭的设置和对抗式诉讼模式,从根本上同家庭伦理的本质特性相符合。一方面,创设了一种平等交流,注重打亲情牌,不仅是距离的拉近,更是情感的拉近;另一方面,“春风化雨”式的审判方式和工作方式,有利于打开双方的心结,认识到家庭的重要性,真正做到不以判决为导向,既促进了家事纠纷的解决,又有利于家庭伦理的重构。比如在原告杨某诉张某离婚案件中,杨某与张某因两地分居、

育儿压力、赡养老人等矛盾而长期争吵并最终导致诉诸法院。家事法官首先即是将被告（丈夫）带到调解室在“世界再大，也要回家”等情景化氛围中进行“场景熏陶”，并将其带到法院的亲情感化室进行“情感感召”，看到两年多未见面的三胞胎儿子，个个活泼健康、聪明伶俐，张某甚是欣慰；而看到一旁照顾的原告（妻子）憔悴的面容，张某亦感到惭愧。遂后，家事法官与家事调解员、心理疏导员等共同组织原、被告进行“背对背”和“面对面”沟通交流，对症下药、解剖问题，并针对性提出解决方案。最终，原告杨某主动撤回离婚的诉讼请求，一个濒临破碎的家庭在“场景熏陶”和“情感感召”下团圆了。

（四）推进案件类型化处理，建立家事审判证据规则

家事案件是指确定身份关系的案件及基于身份关系而产生的家庭纠纷案件，依据最高人民法院《关于开展家事审判方式和工作机制改革试点工作的意见》，主要包括有：婚姻案件及其附带案件，抚养、扶养及赡养纠纷案件，亲子关系纠纷案件，收养关系纠纷案件，同居关系纠纷案件，继承和分家析产纠纷案件六种案件类型。梁平区法院在《重庆市梁平区人民法院办理家事案件指导规则（试行）》中将家事案件的范围进一步细化，除了将最高人民法院的六大类案件归入家事案件之外，又设置了“其他涉及家事纠纷的案件”这一兜底条款。从2016～2018年各类案件数量来看，家事审判主要以婚姻家庭纠纷和继承纠纷为主。针对不同的家事案件应采取不同的审判方式，有针对性地制定审判策略。

建立符合家事审判特点的证据规则，降低家庭暴力案件的证明标准，并根据公开原则和诚实信用原则合理分配举证责任，同时扩大法院依职权调查证据的范围，弥补当事人诉讼能力的不足。梁平区法院从家事审判的特点出发，特别是在涉及财产等相关证明责任上，强调双方的主动申报义务。家事案件当事人应当按照相关要求，全面准确地申报夫妻共同财产、债权债务及未成年子女抚养，并在举证期限届满前提交家事法官，逾期不申报或者申报不实的，酌情少分财产、多担债务、削减权利。梁平区法院制作了《家事案件当事人申报一本通》，载明当事人所应予申报的具体内容，包括当事人基本信息、财产状况、债权债务及子女抚养情况等，同时规定当事人申报情况应当在庭前会议或者法庭上出示，并由双方当事人对其真实性、合法性、关联性进行质证，记入

笔录后可以作为裁判证据使用。

(五)构建多元化纠纷解决机制

家事纠纷案件具备较强的社会性,此即决定家事审判除承担司法职能外亦要承担一定的社会功能。在当前体制下,法院社会职能的实现必须坚持党委领导,与政府及相关部门协调配合并形成合力,构建审判机关与行政机关、基层组织、社会力量相结合的家事纠纷综合协调解决机制。梁平区法院根据家事审判方式和工作机制改革的实际需要,积极争取党政支持、部门联动、社会参与,多渠道地组建家事审判辅助队伍,协同家事法官开展家事调查、心理疏导、调解、回访、帮教等工作。第一,组建家事专家咨询员队伍。[1] 梁平区法院加强与西南政法大学、中国政法大学、武汉大学等院校协作,从优选聘理论功底深厚、实证分析能力强、从事家事纠纷处理专业研究的专家学者、知名教授作为家事案件专家咨询员,为家事法官办案、人民法院推进家事审判方式和工作机制改革提供理论指导和咨询服务。第二,组建家事调解疏导员队伍。[2] 协调司法局会同妇联、教委、卫计委等有关部门和乡镇(街道),在现有人民调解员的基础上,择优选择一批调解能力强、善做群众工作、具有家事纠纷处理经验、具有心理疏导专业知识或者从业经历的人员作为家事调解疏导员,开展家事纠纷调解工作或为家事案件当事人提供心理疏导服务。第三,组建家事调查帮教员队伍。[3] 协调综治办会同司法局、妇联等有关部门和乡镇(街道),在现有综合治理干部、社区矫正干部、妇联干部中择优选择经验丰富、德高望重的人员作为家事调查帮教员,受人民法院委托,对家事案件当事人的特点事项进行调查评估,对家事案件当事人裁判文书执行情况、家事案件办理情况等进行针对性回访,对家事案件当事人进行跟踪帮教。2016 年 10 月,从区妇联、区司法局和乡镇(街道)等择优选聘 233 名担任家事审判辅助

〔1〕 主要职责为接受法院或家事法官委托,为办理家事纠纷案件及家事审判方式和工作机制改革提供理论指导和咨询服务。

〔2〕 主要职责为接受法院或家事法官委托,对家事案件当事人开展调解或心理疏导,并按照要求填制《调解情况反馈表》或《心理疏导情况反馈表》,如实反映调解或疏导过程信息和结果信息。

〔3〕 主要职责为接受法院或家事法官委托,对涉及家事纠纷案件的特定事项进行调查评估,或者在案件审结后对裁判文书执行情况、婚姻家庭关系恢复情况等进行针对性回访并对案件当事人进行跟踪帮教,并将调查和帮教信息如实记载、及时反馈。

人员，平均年龄 45.8 岁，男女比例 1∶1.3，基层一线有 159 人，所占比率为 68.24%，协同家事法官开展家事审判工作。

2016 年 6 月～2018 年 12 月，梁平区法院共委托家事审判辅助人员参与案件调解、社会调查、心理疏导共计 216 件，264 人次，与区妇联、区民政局在婚姻登记处设置婚姻家庭调解室，调解涉及子女抚养、财产分割的离婚案件 526 件，调解撤诉案件 4365 件，调撤率达 81.63%，法律效果和社会效果显著。

（六）提升管理机制规范化建设

一个规范、有效、合理的审判管理制度不仅能够规范法官及其他工作人员的司法行为，提高司法裁判的效率和质量，更加能够形成一种良好的司法裁判文化。梁平区法院注重从制度规范层面为家事法官，特别是家事审判辅助人员的规范管理和实质履职提供保障。第一，明确工作职责。制定《家事审判辅助人员管理考核办法》，对调解疏导员、调查帮教员、专家咨询员的具体职能予以明确列举，同时对“家事三员”履行职责时所应予遵守的工作要求作出规定，包括禁止借机招揽业务、提供有偿服务、接受请托或收受不当利益、无正当理由不履行职务或延迟履职、泄露国家秘密、审判秘密和个人隐私等。第二，规范履职流程。制定《办理家事案件指导规则》，严格规范家事审判辅助人员的履职行为及其流程节点，调解疏导员、调查帮教员、专家咨询员等“家事三员”，在收到法院或家事法官的委托后，应当在十日内完成调解、疏导、调查、回访、帮教等事项，并在《家事审判辅助人员履职一本通》中全面准确填制相关工作完成情况反馈表，且须于三日内提交家事法官。第三，明确行为效力。根据家事审判辅助人员的职能特点，分别对其履职行为的效力作出界定。调解情况反馈表记载内容应当作为审查、判断和确认调解协议自愿、合法、有效的重要依据；调查情况报告应当在庭前会议或法庭上出示，经当事人双方质证并记入笔录后可以作为裁判证据使用；心理疏导情况报告可以作为审理案件的参考，但所记载内容资料不得对外公开；回访帮教情况或建议可以作为家事法官指导时或者对困难当事人救助时的参考依据。第四，加强业绩考评。根据家事审判辅助人员的群体特质及各自职责，建立单独的职务序列考评机制，并以规范性文件的形式予以固定。一则明确业绩考评方法和内容。坚持“个案考核、件次计酬、季度分析、年度反馈”的方法，重点参照家事审判辅助人员履行调解、调查、疏导、回访、帮教等职责的实际效果，并结合其填制"履职一本通"的规范和完整程度进行综合认定。二则强化业绩评估结果的运用。家事审判辅助人员业绩评估结果将纳入个人业绩评估档案，作为计算、核发或扣减报酬的主要依据和续聘或解除"三员"资格、年度评先评优的重要依据。

（七）审判公信可量化建设成效显著

审判公信力即是表征社会公众对审判过程和审判结果的充分尊重、信赖和认同，其并非抽象与原则的司法概念，而系可借以量化指标予以清晰厘定。梁平区法院为确保家事案件办理质效，在全国推进家事审判方式和工作机制改革工作的同时制定了"三升三降"的改革目标，即"999110"——调解撤诉率达到90%以上、服判息诉率达到90%以上、执行兑现率达到90%以上、赡养案件巡回审判率达到100%、实际执行率达到100%、家事案件引起恶性事件0发生。2016年6月以来，特别是2017年、2018年，审判公信力提升效果清晰可见，共审结婚姻继承等家事案件5405件，其中调撤案件4636件，调撤率为85.77%，上诉案件25件，服判息诉率为96.75%，尤其是委托调解的赡养案件达成调解协议成功率达98.89%，赡养案件巡回审判率亦达至100%。

因家事审判方式和工作机制改革中的探索创新成果及系列优异成绩，2018年5月，在云南昆明召开的全国法院家事审判方式和工作机制改革试点工作座谈会上，梁平区法院代表重庆法院系统作了经验交流。2018年7月，梁平区法院家事审判庭被最高人民法院表彰为全国家事审判改革先进集体。

附：梁平区人民法院改革文件（见附录）

重庆市梁平区人民法院家事案件当事人申报一本通（见附录第570页）

重庆市梁平区人民法院家事审判辅助人员履职一本通（见附录第576页）

构建“全流程、递进式、体系化”的家事审判改革模式

四川省彭州市人民法院

彭州法院自2016年年底被四川省高院确定为家事审判改革试点基层法院以来，确立“规则性、创新性、社会性、专业化、可视化、数据化”的“三性三化”改革思路，创新形成融前端城乡社区“家和促进”共治体系、中端“五步规程、十项机制”特色审判机制、后端家事文化渲染为一体“全流程、递进式、体系化”的家事审判改革“彭州模式”。改革以来共受理婚姻家事案件2636件，调撤率为73.26%，改革做法受到上级法院领导多次批示肯定，在四川省、成都市相关会议上作经验交流，《四川改革专刊》《成都改革》《成都市委每日要情》予以推介，《法制日报》《人民法院报》《四川日报》《成都日报》等媒体宣传报道，广受群众好评，荣获全国、全省家事审判工作先进集体。

一、前端：前延改革触角，全国首创城乡社区“家和促进”共治体系

坚持以人民为中心，将家事审判改革与城乡社区发展治理有机融合，全国首创“社治+法院”的城乡社区“家和促进”前端共治体系，以基层家事纠纷服务需求为导向，激发基层治理内生动力，构建前端多元解纷新机制，系统创新基层共治服务，有效实现家事纠纷的“诉源治理”，树立良好的家规家风，促进

社区和谐家庭构建。2018 年 5 月在彭州 4 个社区试点运行以来,多元共治实效显著,目前改革试点已扩大至彭州市的 73 个社区。

(一)有机众筹"三治"力量,奏响基层治理"大合唱"

坚持全局谋划,明确共治导向,社治、法治、自治有机融合,激发基层治理内生动力。

1. 社治助力,凸显治理体系开放性

社治委统筹,法院为支点,成立城乡社区"家和促进"前端共治工作领导小组,撬动民政、检察、公安、司法、卫健等 20 余个部门共治力量,有机集成融合社区、物业管理公司、志愿者组织等在内的社会治理共同体。同步建立工作联席会议和日常工作协调推进机制,已召开推进协调会 13 次,研究出台规范性文件 10 份,及时会商解决重点事项 15 件。

2. 法治引领,凸显治理体系保障性

法院充分发挥司法利民、护民的职能,创新法治指导方式,选派优秀法官驻试点社区值班,进行现场法治辅导和咨询,引导群众自我教育、自我管理,在预防和化解矛盾纠纷中不断迸发出法治引领的新活力。常态性深入社区开展"牡丹讲坛"专题法治讲座 28 次,巡回审判 19 次,以案说法 18 次,全方位引导群众依法处理社区纠纷。构建常态化培训机制,开展专题培训 2 次,组织司法调解专家、法官"点对点"传授调解技能和经验 128 人次,确保社区增强依法治理源动力。

3. 自治奠基,凸显治理体系内生性

高效统筹政府、社会和市民三大主体,并重点调动 67 名家事调查员、65 名家事调解员、10 名心理疏导员、16 名社区乡贤等社会自治力量参与社区治理。通过常态化的共治活动和纠纷化解,社区自我教育、管理、服务、解纷的实战能力不断提升。试点以来,自治力量参与社区纠纷共治率达 100%,有效激发自治新动能。

(二)全程紧盯"三前"目标,画出基层解纷"同心圆"

坚持视角前移,突出防控导向,形成前端"诉源治理"多元解纷新机制。

1. 前端防控,密织矛盾防护网

搭建市级"家和促进"基地、镇级"家和促进"中心、社区"家和促进"单元三级新型载体，并重点运行社区“家和促进”单元。以社区乡贤为主体，全天候及时掌握社区纠纷发展动态。以家事纠纷为核心，同步辐射防控邻里、物业、侵权等社区其他常见纠纷。试点以来，通过密织前端纠纷防控网已防控各类纠纷383件，前端防控率达100%，夯实基层矛盾就地发现、分流、化解基础。三级“家和促进”载体职能分别为：

(1)建立“家和促进”基地。法院、民政局联合建立“家和促进”基地，对城乡社区“家和促进”前端共治工作的宏观指导，统筹谋划开展婚姻家庭教育辅导促进活动，发挥结婚、离婚家事活动关键关口作用，加强新婚夫妻对家庭责任感的认识，促使珍惜婚姻家庭。

(2)建好“家和促进”中心。在各镇设立“家和促进”中心，人民法庭、派出所、司法所、镇妇联等共同参与，在市“家和促进”基地指导下组织开展大型家庭教育促进活动，协调辖区范围内各社区灵活自主开展各类与社区实际相匹配的婚姻家庭教育促进活动，并统筹各方力量对辖区内矛盾突出的家事纠纷进行联合共治。

(3)建强“家和促进”单元。在市“家和促进”基地指导和镇“家和促进”中心统筹下，充分利用社区现有平台和资源，大力发挥家事调解员、家事调查员、社区乡贤、心理疏导员等作用，借助社区居民议事会、道德讲堂、妇女之家、亲子空间、心理咨询室、青年之家载体，设立“家和促进”单元，公布定点家事法官、家事调解员、社区乡贤等相关信息，通过现场辅导、电话辅导、网络辅导等多种形式，提供城乡社区“家和促进”前端共治各项具体服务。

2. 前端化解，打造纠纷联调组

以“家和促进”单元为基点建立纠纷属地下沉吸附平台，由社区自治组织和社区乡贤等自治力量先行化解纠纷，确实无法化解的引导群众依法解决，并提请法官提前介入联调。试点以来，法院联合共治力量为纠纷双方提供全方位的咨询、调解和服务610余人次，383件纠纷全部有效化解，化解率达100%，成功阻断一般社区纠纷向涉诉涉法纠纷的演变转化，彻底将矛盾纠纷化解在源头。

3. 前端管理，破译案件解纷码

健全矛盾纠纷前端管理机制，由“家和促进”单元详细登记社区群众来电、来访情况,对咨询性事项、纠纷性事项和帮扶性事项进行分类管理,并重点关注纠纷性事项有关线索和前端处理情况。试点以来,向法院移送社区纠纷信息近 140 条,法院掌握后及时组织研判矛盾走向,提供解纷建议,力促纠纷调和。同时,法院建立前端纠纷信息管理台账,充分掌握社情、民意,用于案件审理参考,并在社区开展针对性的家事诉讼案件回访 110 人次,巩固纠纷化解效果。

(三)全力打造“三化”载体,练好基层服务“真功夫”

坚持需求导向,系统创新共治服务,拓展基层服务专业性和实效性。

1. 服务团队专业化

建强由“1 名法官 +1 名社区工作者 +3 名定点辅导员 + ×名共治员”组建的社区工作团队,2019 年试点社区扩大至 73 个后,择优选派 42 名优秀指导法官,择优聘任 73 名经验丰富的社区工作者和 219 名群众口碑好、调解能力强、德高望重、工作负责的基层乡贤等作为定点辅导员,培塑专业化、职业化、规范化的精干共治服务队伍,并在联动解纷中灵活邀请专业对口的共治成员单位参与。

2. 服务内容项目化

广泛整合社会治理优质资源,联合开展家事教育、普法、文化、咨询、疏导、调和、诉讼、帮扶“八大家事服务”,实施全节点、全流程、全链条的多级共治服务,提升法律意识、培育和顺家风、修复纠纷创伤、护航依法维权、解决群众困难。试点以来,常态化开展专项共治活动 49 次,惠及社区群众 5800 余人次,312 余名社区群众受到专业疏导和帮扶。八项服务具体内容分别为:

(1)家事教育服务。对社区群众进行婚姻家庭教育辅导,主要围绕夫妻相处之道、家庭日常矛盾化解技巧、反家庭暴力、父母子女关系、亲子教育等开展教育辅导,增强婚姻家庭成员的家庭责任意识、赡养父母和教育抚养未成年子女的责任意识,充分体现家事纠纷解决的“预防”理念。

(2)家事普法服务。在社区设立家事讲堂,以家事专题讲座、巡回审判、以案说法等灵活多样的形式宣传婚姻家事相关法律知识,提升社区群众法律意识。法官、检察官、律师、家事调解员、家事调查员、基层法律服务工作者等法治共同体成员大力开展送法进社区活动,引导群众依法处理家事纠纷,共同加强社区法治建设。

(3)家事文化服务。积极帮助社区加强群众家规家风建设,收集和讲述“好家训、好家规、好家风”故事,组织开展传播和弘扬优秀家事文化的活动,深挖家事文化内涵,培育良好家风,筑牢和谐家庭的根基。

(4)家事咨询服务。法官、家事调解员、家事调查员定期到社区“家和促进”单元,为社区办事群众现场提供家事法律咨询、情感辅导、纠纷处理、婚恋观教育、家庭观教育等服务,并随时为辖区群众提供电话、网络咨询服务。

(5)家事疏导服务。对社区遭受家庭创伤的家庭成员,特别是妇女、未成年人、老年人等群体,对其进行专业的心理疏导干预、情绪排放、情感修复。对正在遭受家庭暴力的受害人,依法发出人身保护令予以保护,并联合心理疏导员进行心理创伤治疗,充分体现家事纠纷解决的“修复”理念。

(6)家事调和服务。整合纠纷多元化解资源,由家事法官联合社区干部、家事调解员、人民调解员、志愿者、律师等对社区发生的家事纠纷进行诉前联调,借助“和合智解”e网络调解空间等信息化平台和手段,为社区群众提供接地气的家事纠纷化解服务,将服务做到家,最大限度达到劝和效果。

(7)家事诉讼服务。对确实不能调和的家事纠纷,利用网上诉讼服务中心、社区诉讼服务站等网络远程平台,及时提供立案、巧审、执行等诉讼服务,对行动不便的当事人和年龄较大的老年人,实行上门立案或帮助网上立案。在诉讼中,按照家事审判改革机制进行巧审,体现庭审对当事人的人性关爱,实现缓和冲突、搭建化解平台、息诉家和的审理效果。对在社区发生的赡养案件,100%到社区巡回开庭,实现“审理一案,教育一片”的效果,人大代表、政协委员和普通群众共计5000余人旁听庭审。

(8)家事帮扶服务。家事法官联合妇联、关工委、社区干部等在家事纠纷化解后定期或不定期开展跟踪回访。对家事纠纷中涉及的妇女、未成年人、老年人及其他家庭成员开展亲情抚慰和创伤修复工作,避免未成年人因父母离异产生管教缺失或其他心理问题,帮助老年人落实赡养问题。对因父母离异导致就学、就业困难的未成年人以及生活陷入困难的老年人,联合市民政局、社区积极开展救助帮扶工作。

3. 服务模式集成化

采取“固定+灵活”“线上+线下”的工作方式为社区群众提供公开全天

候、全时段、全方位的服务。在社区专设“家和促进”窗口，指导法官和定点辅导员目前已在社区定期坐班并现场开展服务共计 124 天、463 天。公开共治团队联系方式，打造微信线上服务模式，加快在天府市民云 APP 彭州社区部分开设“家和促进”单元板块，提供 24 小时不间断服务。试点以来，开展线上答疑 350 余人次，“线下”上门走访 157 余人次，预约调解 64 人次，不断扩大共治服务半径。

二、中端：立足审判职能，创新形成家事审判独特体系

遵循家事纠纷的特殊性，实行专业化审判，积极探索不同于传统民事审判方式、符合家事纠纷处理规律的独特审判方式，构建融专业化、人性化、社会化为一体的家事审判体系。

（一）优化审判资源，构建家事专业解纷队伍

结合彭州实际，内部将 5 个人民法庭共同组建成一个婚姻家事专业审判团队，配置 6 名家事法官，集中办理婚姻家事案件，牵头探索改革试点，并确定一名资深家事审判法官担任团队总负责人，搭建改革平台。同时将未成年人刑事案件统一归口至婚姻家事审判团队办理，更好实现对未成年人的“教育、感化、挽救”。外部联合多部门共同组建由 67 名家事调查员、65 名家事调解员、10 名家事心理疏导员构成的三支专业化辅助队伍，开展家事调查、调解、心理疏导、回访帮扶及家庭教育等活动。改革以来，专业辅助队伍已协同家事法官开展家事调查 506 人次、家事调解 382 人次、家事回访帮扶 410 人次、心理疏导 36 人次，前端化解基层家事纠纷 510 余件。

（二）转变传统理念，探索家事审判特别程序

总结提炼家事纠纷特点，积极探索适用家事审判特别程序，创建家事审判“五步”规程、十项机制，充分发挥家事审判诊断、修复、治疗的作用。

1. 首创家事审判“五步”规程

依循家事审判的特殊性、规律性，在总结提炼家事审判环节特点的基础上，制定并施行《审理家事案件“五步”规程（试行）》，首创家事案件审理“五步”规程，即审理婚姻家事案件时应当经历“问诊、劝和、巧审、关护、协同”五步流程，突破一般民事案件仅有的调解、审判两个流程，并结合“五步”规程具

体工作，系统形成“十项机制”，推动家事审判改革取得实效。家事审判法官运用“五步”规程，通过庭前调查、全程调解、庭后回访、联动帮扶等举措，妥善审理家事案件，受到当地群众点赞认可，多次被各级媒体报道。

2. 形成家事审判“十项机制”

（1）在“问诊”步，建立家事自问机制和家事调查机制。为掌握当事人情感基础和家庭情况，根据案件的不同性质和特点，在开庭前先由离婚、赡养等当事人分别填写相应的“家事自问”；同时委托家事调查员进村、进社区调查，对案件情况先行“问诊”，摸清纠纷发生的起因、现状等，收集促进当事人情感修复的照片、视频等物品，以“问诊”所掌握的情况确定案件的审理思路和方法。

（2）在“劝和”步，建立家事调解机制和感情融化机制。将调解贯穿全程，调解方法灵活多样，包括邀请亲朋好友参与调解、委托家事调解员调解、电话调解、微信调解等，最大限度地“劝和”。对危机婚姻设置三个月冷静期，不完全执行《民事诉讼法》的六个月审限，已发出离婚冷静期通知书 38 份；将情感空间与实体空间融合，打造回忆、感恩室，引导当事人观看回忆过往温馨生活的片段，帮助缓解对抗情绪。

（3）在“巧审”步，建立分段审理机制和分类审理机制。改变传统一体式审理模式，将庭审分为夫妻身份关系和财产关系两个阶段分段审理，实现案件审判由侧重财产权益保护转变为全面关注身份利益、人格利益、情感利益和财产利益。改变传统无差别对待方式，将诉至法院的婚姻纠纷分类判断，施以不同对策。对于判断为“危机”婚姻的，以修复双方情感为审理重点；对于判断为“死亡”婚姻的，径行审理财产关系。

（4）在“关护”步，建立护爱机制和家事失信惩戒机制。实行心理疏导、回访帮扶、反家暴等护爱机制，聘请心理专家，对遭受家庭创伤的当事人，开展心理缓冲、庭后疏导，帮助情绪排放、情感修复；对夫妻感情、家庭关系的修复情况跟踪回访，并对困难当事人，给予救助帮扶；对家庭中遭受家暴或面临家暴危险的，发出人身保护令予以保护，改革以来已发出人身保护令 14 份。家事法官主动向执行人员移送家事案件中被执行人的有关情况和线索，采取纳入失信被执行人名单、限制高消费、拘留等措施，严格失信惩戒。

(5)在“协同”步，建立家事纠纷综合协调解决机制和婚姻家庭教育促进机制。彭州市委办下发了《关于构建彭州市家事纠纷综合协调解决机制的工作方案》，成立了由政法委书记任组长的领导小组，改革工作纳入司法局、民政局、妇联、各镇街等成员单位依法治市目标考核，形成合力推进、多元共治的局面。与民政局共同建立婚姻家庭教育促进机制，打造婚姻家庭教育促进基地，开设法官辅导日、家事讲堂，联合开展亲子教育等活动，提供婚姻家庭辅导教育和法律帮助，建立婚前提醒、离婚冷静等制度，切实增强夫妻家庭责任意识和法律意识，将家事纠纷化解工作关口前移。

(三)加强整体联动，汇聚多元社会参与力量

高度重视家事关系的社会属性，积极向彭州市委汇报，争取改革支持。2017年8月，彭州市委下发《关于构建彭州市家事纠纷综合协调解决机制的工作方案》，成立由市委政法委书记任组长的领导小组，将改革工作纳入各成员单位依法治市目标考核，形成合力推进、多元共治、社会协同的改革局面，改革机制在全省示范引领。2017年年底，法院与民政局共同建立全国首个婚姻家庭教育促进基地，前移家事纠纷化解工作关口，增强夫妻家庭责任意识和法律意识。基地建立以来，共联合开展婚姻家庭教育500余人次，劝和到市民政局办理离婚手续的夫妻230余人次。

三、后端：深拓改革实效，全面强化家事文化源头熏染

拓展家事审判改革内涵和外延，主动前延后伸改革举措，注重常态性的家事文化教育，培育良好家风，筑牢和谐家庭根基。

(一)打造家事审判“三室一庭”柔性设施

充分认识家事审判重在修复遭到损坏的家庭关系，突出家事和谐氛围的营造，加强家事法庭家事文化建设，并尽可能以看得见的方式展现。突出家事情感的核心元素，将情感空间与实体空间融合，对家事法庭进行了柔性化改造，形成三室一庭，即“情绪舒缓室、回忆调解室、温馨感恩室，对话式审判庭”。在家事审判所涉公共区域的布置、摆设上尽量体现家事审判的独特文化，通过设置家事改革宣传栏，打造具有法院特色、渲染力度的家事文化墙，打造家事文化长廊，充分展现“家和万事兴”的理念，让当事人直观感受家事审

判特有的柔性司法和人文关怀。

(二)建成"彭州市家事文化中心"

2018年,在彭州市委市政府大力支持下,在家事法庭建成占地面积263平方米的"彭州市家事文化中心"并向全社会开放,将家事审判改革与优良家事文化传承、地方家和文化回溯、本土优秀家风案例教学等有机融合并进行多形式展现,营造以"孝、爱、仁、善"为主题的家事和美良好文化氛围,力求改革回归家事活动本源。联合公安、妇联、文广等部门在"彭州市家事文化中心"常态性开展家事文化教育辅导活动,增强家庭责任意识,帮助培育良好家风,筑牢和谐家庭根基,已面向群众开展家事文化教育500余人次,各级领导和兄弟法院调研学习30余次。创新家事文化宣传载体,创设"改革动态""家事典型案例""家和声音"等法院官微改革专栏,借力《今日头条》等媒体平台广泛宣传,改革以来,彭州法院官方微信、微博开展专题宣传290余次,改革举措、成效共被各级媒体宣传报道112篇次。

附:彭州市人民法院改革文件(见附录)

彭州市人民法院审理家事案件"五步"规程(试行)(见附录第583页)

关于印发《彭州市城乡社区"家和促进"前端共治体系试点工作方案》的通知(见附录第589页)

关于构建婚姻家庭教育促进机制的实施意见(见附录第593页)

关于印发家事审判改革相关工作规程的通知(见附录第595页)

婚姻自问卷(见附录第605页)

抚养自问卷(见附录第607页)

赡养自问卷(见附录第608页)

冲突与应对：家事审判改革的转轨之路

——以设立家事审判程序为落脚点

黔南中院和三都县法院家事审判课题组*

诉讼作为规范性的纠纷解决方式，随着我国法治建设的大力推进，社会大众法治意识的提高，传统家庭内部矛盾也跨越“门槛”寻求公力救济，以案件形式大量涌进法院。当下，我国处于世纪性的转型期，经济发展快速更迭和社会大众价值观多元化，不断冲击家事案件的传统审理模式。

我国家事审判改革从基层自主实验到高层宏观指导试点推进，虽然改革实践取得了一定的进展，但由于各种原因，改革经验成果未能促进此项工作发生质的变化。检索家事审判改革经验材料，发现截至目前，改革实践探索仍局限于创设实体法以及审判方式和工作机制中，对于系统化的程序探索很少涉及。本文以黔南法院家事审判工作现状以及最高法 2016 年选取的家事审判改革试点单位三都县法院为基础研究样本，梳理现阶段家事审判改革情况，检视这项改革的发展路径，剖析改革遇到的梗阻，分析进一步推动家事审判改革进路，探讨家事审判工作的未来景象。

---

* 课题主持人：田军，黔南州中级人民法院常务副院长。课题组成员：李德林、包汉琼、韦亚平、王颖、蒙丽华。执笔人：蒙丽华。

一、现状扫描：黔南法院家事案件基本情况

近五年来，黔南法院受理的家事案件处于持续上升趋势，尤其是离婚纠纷案件数量增长较大以及出现新类型家事案件。加之，审理家事案件的适用法律多而杂，给法院办理家事案件增加难度。

（一）家事案件数量大

由于社会交往的高频化、利益关系的复杂化、价值理念冲突等冲击原本简单稳定的家庭关系，“家务事”也不断涌进法院寻求解决。近五年来，黔南法院受理各类民事案件数量呈上升态势，家事纠纷的案件数量也一直保持在高位状态，在部分基层法院占了“半边天”。

（二）家事案件类型分类广

传统的家事审判多以婚姻家庭纠纷，尤其是离婚纠纷为主。然而随着身份关系日益复杂化以及家庭财产来源的多元化，审判实务中，涉及家事案件的类型也在发生变化。近年来，黔南法院审理的家事案件还出现了夫妻财产约定纠纷、监护权纠纷、探望权纠纷、被继承人债务清偿纠纷、遗赠抚养协议纠纷等非传统型的案件。

（三）离婚纠纷占家事案件的绝对多数

从2013年至2017年（1～9月）全州法院受理的一审家事案件来看，离婚案件占据家事案件的绝对多数，并且呈逐年上升的趋势。2013年，全州受理一审离婚纠纷有3718件，约占到家事案件数量的82.8%。2017年前三季度全州受理一审家事案件5661件，其中离婚纠纷就已高达4701件。

随着群众财产形式表现的多样化，法官在办理离婚案件时已从传统的认定感情是否破裂转变为当事人“盘点”家产。离婚纠纷涉案的财产数量大，且类型也较为复杂。财产分割不仅有金钱、商品房、股票、债务等常见财产，审判实务中还出现了宅基地及房屋、公司股权、虚拟商铺、网络游戏、淘宝店面等财产分割。对这些财产进行调查分割，给处理离婚纠纷带来了巨大挑战。

离婚纠纷还带来子女抚养问题，据最高法司法大数据显示，全国离婚纠纷

案件中,96%的案件涉及子女抚养问题。[1]

（四）家事案件多采用简易程序审理

近年来,法院案件数量出现“井喷式”增长,由于家事案件在民事案件中占比高,司法实务中为了加快办理案件速度,减少案件存量,大多数家事案件采用简易程序来审理。

（五）家事案件以调解方式结案多

由于家事案件本身带有人身性与财产性的双重属性,涉及家庭伦理,以“谁主张,谁举证”的对抗诉讼模式并不能有效化解纠纷。俗话说“清官难断家务事”,审判实践中多采用调解的方式处理家事案件。

（六）家事纠纷激化为刑事案件时有发生

因家事小纠纷激起的大矛盾,甚至引发刑事案件的新闻常被媒体大肆予以报道。近年来,社会经济的快速发展,因征地拆迁、婚姻危机、赡养老人等引起的纷争未得到有效解决,部分纠纷激化转变为故意杀人、故意伤害等刑事案件。这类案件给当事人造成的感情创伤无法修复。近五年来,全州因家事纠纷引发的故意杀人有196件,故意伤害157件,故意毁坏财物23件。

二、样本考察:三都县法院家事审判改革概览

家事案件数量增长快,案件类型越发多样,审理难度增大,不断冲击现行家事案件审理模式。为有效化解家事纠纷,稳固好小家促进社会文明和谐,黔南法院把握改革机遇,三都县法院积极争取到全国家事审判改革试点单位。从2016年5月开始,三都县法院在最高法部署下,大胆创新家事审判方式和工作机制,初步形成家事审判改革的“水乡经验”。

（一）设置“一庭五室”完善审判基础设施

将民事审判一庭更改为专业“家事少年审判庭”,注重推动家事审判与少年审判的融合,形成家事案件与未成年人权益保护案件统合受理于同一平台的格局。在审判庭布置上,用家居生活装饰,突出“家和万事兴”主旋律,建成

---

〔1〕 数据来源:最高人民法院大数据管理和服务平台,统计时间为2014年1月1日至2016年9月30日。

以家庭客厅文化为主题、以温馨柔和为理念的客厅式审判场所。同时，在审判庭外，还增设家事调解室、亲情互动室、反家暴庇护室、当事人休息室以及心理咨询室，从审判场所的布置上弱化家事纠纷当事人对抗情绪。

（二）组建"一法三员"强化审判工作队伍

以法官员额制改革为契机，特别明确家事审判法官选任条件，遴选出具有社会阅历、熟悉婚姻家庭审判业务、掌握心理学知识和热爱家事审判工作的法官。为法官配齐审判辅助人员，组建审判团队。与此同时，还从社会上聘请家事调解员、家事调查员以及心理疏导员辅助法官办理家事案件。

1. 选任家事法官

根据少数民族地区审判工作需要，选任3名懂得少数民族语言的"双语"法官和3名书记员组成"3+3"模式的家事少年审判团队，便于形成固定合议庭或独任庭审理案件（见表1）。

表1　家事法官基本情况

人数	女性	男性	民族		年龄			婚姻状况		学历	
			汉族	少数民族	35岁以下	35～50岁	50岁以上	未婚	已婚	大学	研究生
3	1	2	0	3	0	2	1	0	3	3	0

2. 外聘家事调解员

基于少数民族地区"调解手段"解纷的文化渊源，三都县法院跳出"三部曲"式的审判方式，[1]聘请18名（其中3名为全职调解员）热心于群众工作的家事调解员帮助法官对家事纠纷进行调解工作（见表2）。家事调解员按照公序良俗、乡规民约、社区公约等对家事案件进行调解，将调解功能充分运用至诉前、诉中和诉后，防止矛盾纠纷的"二次"发生。

---

〔1〕"三部曲"审理模式是指在离婚纠纷中，法官先问当事人是否同意离婚，如果同意就问财产如何分割，最后问子女由谁抚养的程式化的审理。

表2　家事调解员基本情况

性别	男	10人
	女	8人
来源	退休干部	10人
	妇女工作人员	2人
	社区工作人员	4人
	热心群众	2人

3.聘请家事调查员

家事纠纷的产生多由家庭内部成员间情感纠葛而引起,法院在审理家事纠纷时,不能仅依靠证据规则处理纠纷,而需要深入了解产生纠纷的深层次原因,才能有效化解纠纷。三都县法院委托24名擅长人际沟通,熟悉社区、乡镇工作的基层工作人员作为家事调查员,承担走访调查当事人的成长经历、婚姻家庭、人际关系等状况,形成调查报告,辅助法官审理家事案件。

4.邀请心理疏导员

家事纠纷的情感因素浓厚,由此带来的感情创伤难免过深,容易对家庭成员造成心理创伤,尤其是离婚案件中未成年子女。三都县法院因地制宜,通过与学校合作的形式,邀请3名学校心理疏导员辅助法官办案。心理疏导员为受到心理创伤的当事人提供心理咨询,辅以心理矫正和治疗,以期抚平纠纷带来的创伤。

(三)建立"两平台六制度"审判工作机制

1.建立庭外协作平台

家事纠纷的化解,往往牵扯到更多社会责任、道德,由于审判资源的有限性和局限性,三都县法院构建多元化的反家暴联合协作平台和家事纠纷联合调解平台。

(1)反家暴联合协作平台。由县委、县政府牵头在妇联设立"家庭暴力投诉站",法院以"人身保护令"为家庭暴力受害者提供人身安全保护救济。平台形成反家庭暴力常态化协作机制,确保人身安全保护令得以执行,实现民事诉讼强制措施和治安管理处罚措施的衔接。法院与民政部门、妇联、司法局、公安局联合设立"反家暴临时庇护所"。庇护所内配备床、被褥、毛巾等必要的生活设施，为受害者提供短期生活必需品。庇护场所起到缓冲双方矛盾、避免引起更大伤害发生的作用。

(2)搭建家事纠纷联合调解平台。与司法局联合构建家事纠纷调解机制：首先，构建家事审判与公证合作机制，建立家事调查、家事调解、文书送达、家事回访、家事案件执行等多项协作机制，充分发挥审判与公证两者的优势，以便有效解决家事纠纷；其次，共同在本县外出务工人员集中的地方挂牌成立家事矛盾纠纷调解工作室，聘请婚姻家庭纠纷调解员，开展涉及该县家事纠纷案件的调查、调解、送达等工作，为外出务工当事人化解家庭矛盾；最后，在法院诉讼服务中心及各人民法庭设立法律服务工作室，开展家事纠纷诉前调解及法律咨询工作，同时，成立三都县法律援助中心驻人民法院工作站，延伸法律援助服务。

联合民政局、妇联建立矛盾联调机制，在民政局婚姻登记处设立婚姻矛盾纠纷调处室，建立离婚信息通报、离婚调解、委托调解等协作机制，加强婚姻纠纷的调处和指导工作。

2. 规范工作程序

为在办理家事纠纷中消弭当事人之间的隔阂，三都县法院倡导柔和化的办案理念，先后制定家事案件办理制度，以规范工作程序。

(1)建立调解前置制度。在诉讼服务中心设立诉前调解室，聘请3名家事调解员专司家事案件诉前调解。除一方当事人下落不明或无法联系外，所有家事案件均需经过调解，方可移送少年家事法庭进行审理。

(2)建立当事人隐私保护制度。俗话说家丑不可外扬，由于家事案件尤其是离婚案件有可能涉及当事人的隐私，因此，庭审实行以不公开审理为原则，以公开审理为例外。离婚案件中，双方当事人要求公开审理的，可以公开审理；一方当事人为未成年人的家事案件，一律不公开审理。

(3)建立当事人亲自到庭制度。由于家事纠纷涉及当事人的身份关系，具有不可替代性，因此为查清纠纷症结，只有当事人本人亲自到庭，才有利于法官厘清当事人之间的矛盾，找准焦点，化解纠纷。

(4)实行财产申报制度。制定《离婚案件财产申报制度》，规范财产申报范围、申报时间、申报内容及责任后果等，引导当事人支持和正确申报财产，防范一方隐瞒或转移财产,最大化维护离婚纠纷当事人的合法利益。

(5)创设离婚证明制度。针对裁判文书内容有可能将当事人隐私泄露的情况,创新制定《关于为离婚案件当事人出具离婚证明书的若干意见(试行)》,设计离婚证明书。离婚证明书上只有持证人的姓名、性别、身份证号等信息,证明持证双方已解除婚姻关系,且判决书已经生效,避免判决书隐私外泄给当事人带来二次伤害。

(6)实行家事调查、回访制度。家事调查员协助调查家事纠纷,通过走访邻居、亲属、社区、工作单位等方式,了解当事人的婚姻家庭状况及未成年人的抚养状况,向法院出具书面调查报告,为案件处理提供依据。建立案件回访制度,对已经生效案件进行案后跟踪回访及帮扶,检验办案效果。

(四)三都县法院试点改革的实效

1. 家事审判队伍得到加强

家事诉讼案件的特殊性在于身份关系与财产关系以及法律关系与伦理关系的相互纠葛。审理家事案件的法官不仅需要掌握法律知识,而且还要掌握心理学、社会学,有丰富的社会阅历才有可能将"情理法"相互融合。三都县法院组建专业的家事审判团队。这支专业审判团队由法院审判队伍和社会辅助团队组成,审判力量从理论上来看较为强大。一是在法官的选任上下足功夫,充分考虑家事纠纷中离婚诉讼高发的因素,选任的3名家事法官均是已婚,年龄在35岁以上,审判经验、社会阅历丰富。二是配强审判辅助力量,不仅为家事法官配齐书记员,还建立家事调解委员会,聘请调解员,尤其是聘请的3名全职调解员全天在诉讼服务中心坐班,对涉及家事纠纷的当事人进行诉前调解,防止诉讼带来的对抗性加深当事人的情感隔阂。同时,家事审判团队内还配上家事调查员和心理疏导员,辅助法官调查走访、回访,安抚疏导当事人。

2. 家事审判制度有所创新

三都县法院在试点中创新工作机制,提升家事审判能力和水平。一是探索出一套适用于人身保护令的具体规则。对申请人身保护令作出规范指引,如申请人范围、申请期限、申请内容、应提交申请材料等有细致、简便的规定。二是引入婚姻财产申报制度,有效帮助法官分割财产,在一定程度上避免当事人失信而进行的虚假陈述。三是创设离婚生效证明制度,最大限度实现对家事案件当事人的隐私保护。对生效的离婚调解书和准予离婚判决书,采取签发离婚证明书的方式,用以证明当事人已离婚的法律状态,避免判决书曝光隐私给当事人带来第二次伤害。

3. 家事纠纷解决路径有所拓展

家事纠纷虽然发生在家庭内特定人之间,但其影响却可能扩及家庭或家族,无论是为了修复原有秩序还是彻底划分关系,由于情感的复杂性,法院需要借助一定的外部力量参与调停,避免小纠纷引发大矛盾。三都县法院加强家事纠纷化解的社会联动机制建设,积极与妇联、公安机关、民政、司法、基层组织等加强联系沟通,争取党委支持法院工作,形成由党委领导、政府支持、法院为主、各职能部门联动配合、社会力量参与的多元联动机制。

三、路径检视:家事审判改革问题分析

当下进行的家事审判方式和工作机制的改革尽管给家事审判实践带来一些新举措和新活力,然而经过观察这次改革试点法院的情况来看,仍未抓住家事纠纷中"身份关系"的核心要素。试点法院改革存在着"头痛医头,脚痛医脚"的局限性,缺乏宏观上部署以及对纠纷解决程序的整合统一。

(一)审判场景修饰作用被夸大

审判场景对纠纷化解所起的作用是仁者见仁智者见智,在改革实践探索中,不能夸大审判场景修饰的作用。检索现阶段家事审判改革文献资料,以及各地试点法院的改革举措,各试点法院都不约而同地在审判场景的布置上下足功夫。无论是家庭客厅布局还是圆桌布局,目的是减少当事人之间的对抗性,但这都只能为家事纠纷的化解营造一种沟通的氛围。

试点法院对审判庭、调解室、情亲互动室等基础设施以及改革宣传上投入过多的资源。

(二)家事纠纷辅助制度运行差

试点法院创新设置的家事调解员、心理疏导员以及家事纠纷联合化解机制等家事审判辅助制度和工作机制,从司法实践来看,流于形式,未能达到预期效果。

1. 社会参与群体积极性不高

三都县法院聘请的家事调解员,除在诉讼服务中心工作的“专职”调解员外,其他调解员很少配合法官化解纠纷,也不会主动提前介入其居所地的家事纠纷。家事调查员都是由基层工作者担任,由于社区、村寨事务的繁杂,兼职调查员没有精力提供有帮助性的调查报告。社会参与群体为兼职人员,其本职工作事务已繁杂,且缺乏有效激励机制,鼓励参与法院化解家事纠纷。

2. 联合化解纠纷运行机制不顺畅

由法院牵头或主导建立家事纠纷联合化解平台,属于沟通协商机制,没有约束力。联合化解纠纷平台由于缺乏运行经费保障和“话语权”高的机构统筹,单靠法院一家的力量,难以协调各部门之间互相配合和形成解决家事纠纷的长效机制。

(三)纠纷解决程序创设力不足

家事案件审理不是追求“非黑即白”的实质真相,而是通过一系列程序设计让当事人进行理性对话,为当事人消除对立、和解、恢复情感,维系良好有序的关系。试点法院虽然进行了一些程序探索,但对回应审判需求远远不够。

1. 针对案件较为单一

梳理三都县法院的改革情况,不难发现,大多数制度是为离婚案件而进行的实践探索,对其他家事案件关注度低。

2. 程序创设较为散乱

试点法院对家事案件的审判程序探索缺乏对家事审判规律的深刻把握,导致在探索过程中,仅就单个制度进行改革,未能形成有逻辑性的程序设计。

3. 制度创设存在“重财产,轻身份”

家事纠纷与普通家事案件区分在于其因血缘、姻亲产生独有的“身份关系”,情感因素复杂。改革创新的制度存在着“重财产,轻身份”的倾向,如离婚案件上,可以解决当事人法律层面离婚,却不能化解当事人的情感拉扯,以致部分当事人无法走出离婚困境,做出过激行为。

4. 家事案件涉及公益性权利未得到保护

家事纠纷虽是家务事,但是家庭是社会的基本单元,家庭的安定和睦会影响到社会稳定。家事案件牵扯的不只是私权处分,还涉及社会公益性。改革试点法院缺乏对公益性的保护制度。

5. 未涉及执行程序

执行难问题不仅在财产关系类的案件中存在,家事案件的执行困难也比较突出。改革试点法院很少涉及在这方面的实践探索。

四、前景设想:家事审判改革路径规划

审判实务中,现行单一的民事诉讼程序无法满足家事案件需求。当下进行的家事审判改革虽然在一定程度上缓解冲突,但是从长远制度构建来看,与其对民事诉讼程序进行“修修补补”,还不如对民事程序进行类型化改革,构建专属于家事审判工作需求的家事案件审理程序。

(一)“谁审理”:审判组织专业化

家事案件由“谁”审?这是审理家事案件首要解决的问题。家事纠纷审判态势日益严峻,纵观改革试点法院经验,设立专业化家事审判组织(机构)已是趋势。

1. 建立单独家事审判团队

近年来,由于家事纠纷的高发性,学界对我国建立家事法院的呼吁不断。然而从司法资源的有限来考虑,在现行法院内部对现行民事审判庭进行改造,建立单独的家事案件审判团队会更有利于推进家事审判改革。这样的做法既能节约司法资源,又能“就地取材”选拔家事法官。

2. 明确家事法官遴选条件

家事纠纷源于身份关系影响的情感纠纷,对家事法官的选任要与审理一般民事案件的法官有所区分。审判事务中,可能无法清晰鉴别家事案件产生的“症结”,因此在设定家事法官的选拔条件时,需要考虑法律知识的储备、审判技巧的掌握和社会阅历经验,以及对社会学、心理学和教育学等知识的熟悉程度。选任的家事法官应是博学、博爱和多元价值观的裁判者。

3. 设立检察官参与制度

“诉讼的出现根源于统治者的一个主观判断。任何冲突所危及的不仅仅

是权益享受者个人,而且同时危及到统治秩序。"[1]家事纠纷虽是"家务事",但社会的和谐稳定秩序源于家庭,家庭矛盾对社会的冲击力不可忽视。检察机关具有保护公益的职责,因此,可以建立检察官参与家事审判制度,维护公共利益,保护未成年人和家庭弱势群体的利益。

一是明确检察官主要参与公益性较强的案件,如婚姻无效,涉及父母虐待、遗弃未成年子女,确认亲子关系等案件。

二是明确检察官参与案件的方式。检察官可以根据案件性质,选择作为当事人起诉、应诉参加,或作为一般参与人由法院通知参加或申请参加。[2]

(二)"审什么":案件范围类型化

家事案件"审什么"?采取对家事案件进行类型化划分的措施,解决家事案件适用何种程序审理的问题。从诉讼案件与非讼案件来划分,目的是使诉讼案件适用家事诉讼程序进行审理,非讼事件适用家事非讼程序审理。

1. 家事诉讼案件

家事诉讼案件包括婚姻纠纷案件、亲子关系案件、收养关系和继承纠纷案件。

2. 家事非讼案件

"非讼程序就是在无民事权益争议的情形下,利害关系人依法请求法院确认某种事实或权利是否存在的特殊程序。"[3]依此,家事非讼案件包括宣告死亡和撤销宣告死亡案件、失踪人财产管理案件、监护宣告和撤销案件、指定遗嘱执行人案件。

(三)"怎么审":审理程序改造化

审理程序的建立涉及家事案件的审判流程和当事人权益保障,体现案件程序正义的核心。

1. 建立调解前置制度

改造现行调审合一的审理方式,建立调解前置制度,实行适度调审分离模

[1] 柴发邦主编:《体制改革与完善诉讼制度》,中国人民公安大学出版社1991年版,第25页。
[2] 参见郑振桦:《台湾地区家事审判制度及其启示》,北京理工大学法学院2016年硕士学位论文,第8页。
[3] 江伟主编:《民事诉讼法学原理》,中国人民大学出版社1999年版,第713页。

式,化解家事纠纷。家事调解前置程序是指家事纠纷在进行审判程序之前,原则上都应先经调解,只有在调解失败后,才能进入审判程序,如果未经调解直接向法院起诉的,视为向法院提出调解请求,由家事法官主持调解。由于司法实践中长期存在着和稀泥的“强调”,给调解制度造成很大负面影响,在此需要特别说明的是,调解不等于“调和”。如在调解离婚案件时,对“婚姻死亡”应及时调离。

一是组建家事调解委员会,对家事案件进行调解。因试点改革法院在实践探索中建立的调解委员会和家事调查员的做法未起到实质作用,由此可以考虑,整合二者功能,将家事调解员与调查员合二为一。调解委员会成员从心理咨询师、律师、退休法官、大学教授等群体中选任,并定期为调解人员提供专业知识和调解经验培训。调解委员会一并承担家事案件的调查与调解任务。

二是完善衔接机制,强化调解约束力。调解委员会调解成功的案件移送至法院,由家事法官根据调解笔录制作调解书,当事人据此申请强制执行。对调解不成的案件,及时全案移送法院,法官将对案件进行审理,案件属于诉讼案件的,适用诉讼程序;属于非讼案件的,适用非讼程序。

2. 建立特别审理原则

当事人对诉至法院的纠纷要负担经济成本(诉讼费)、时间成本、败诉风险以及精神耗损。由于当事人精神耗损没有确切的度量办法,审判实务中,很容易被忽略。因家事纠纷带有浓厚的情感因素,在审理家事案件时对当事人的精神耗损给予充分的关注显得尤为重要。因此,审理家事案件适用的原则有别于一般民事案件。

(1)设置适当的感情冷静期。审理家事案件时,基于情感修复、情绪抚平,在案件审理期限内,设置5天至7天的感情冷静期。通过法官、调解员和心理咨询师的“柔性”关怀辅助,帮助当事人消除心理隔阂,挽救陷入“泥潭”的家庭。

(2)确立隐私保护原则。俗话说,家丑不可外扬。由于我国民事诉讼程序设定公开审理为原则,不公开审理为例外,随着裁判文书在互联网上公开,诸多家事案件被曝光于大众,不利于当事人的隐私、名誉和未成年人利益保护等。为此,我国家事审判应贯彻隐私保护原则。一是家事案件应当不公开审理,社会大众、新闻媒体不得旁听案件审理,法院不得对家事案件进行庭审直播。二是家事案件的裁判文书应用要素式、令状式、填充式格式进行简要制作,防止裁判文书保存不当,导致当事人隐私外泄,对当事人产生伤害。

(3)当事人直接参与原则。家事纠纷的最大特征在于身份的不可替代性,产生纠纷的症结包括众多的情感冲动、沟通障碍的生活误解。家事审判的目的不是"明辨是非",而是搭建亲情沟通桥梁,为当事人提供对话渠道。只有当事人直接参与,才有对话的机会。一是限制诉讼代理人权限,家事案件应当限制律师等诉讼代理人权限,尤其是对涉及身份关系的部分禁止诉讼代理人参与。二是强制当事人出庭,家事案件无论是否有诉讼代理人,当事人都必须亲自到庭,对无正当理由不到庭的当事人实行拘传等强制措施。

(四)"借力审":设置审判辅助制度

迅速恢复撕裂的家庭关系,对家庭稳定有着重要作用。由于司法资源的有限性,家事纠纷的化解需要依靠社会力量来辅助解决。一是建立家事调查制度,明确家事调查的对象或范围、调查方式、形成调查报告的要求。二是建立心理评估疏导制度,以购买社会服务的方式,聘请心理咨询师帮助当事人解除因案件纠纷带来的情感创伤和心理障碍。三是建立家事纠纷联合化解机制,由党委主导,建立家事纠纷化解的平台。

(五)"保障审":改进执行措施

近年来,法院执行难已成为社会关注的热点问题,家事案件的执行难集中在离婚案件的财产分割、"三费"案件[1]的支付、对未成年人的探望权等。司法实务中,家事案件采用强制执行措施,不仅要妥善处理财产分割,还要顾及当事人间的情感纠葛。

1. 针对金钱支付执行难,实行调查劝告制度

执行法官秉着"说服教育"的办案理念,在强制执行前,债权人可以申请法院先对债务人状况进行调查,法院根据调查结果进行一定的劝告,以促使债务人自觉自愿地履行。

---

[1] "三费"案件是指涉及赡养费、抚养费、抚育费的案件。

2. 针对“三费”案件执行难，实行先行支付制度

由政府建立一笔保障执行公共经费，对履行确实困难的当事人，可以先从公共经费中支付，然后向被执行人追偿。对恶意逃避的被执行人采取强制措施，并处以惩罚性罚款。

3. 针对身份关系执行难，实行精神损害赔偿制度

如在未成年人子女探望权执行上，对恶意阻碍一方当事人探望子女给对方造成精神损害的，被阻碍方可提起精神损害赔偿。

当下，全国各地法院的家事审判改革在审判理念、体制机制、工作方法等方面取得的经验百花齐放，使得家事审判的司法效果更加符合人民群众的新期待、新要求。家事审判的职能不仅限于裁判，更重要的是对婚姻家庭的救治。为进一步推动家事审判改革的纵深发展，建立家事审判程序势在必行，本课题的研究管中窥豹，盼为司法改革添砖加瓦。

因地制宜　综合统筹

——大理州两级法院多途径化解家事纠纷

普玉松*

大理白族自治州地处云南省中部偏西，下辖大理市和祥云、弥渡、宾川、永平、云龙、洱源、鹤庆、剑川8个县及漾濞、巍山、南涧3个少数民族自治县，共有汉、白、彝、回等13个世居民族，全州总人口近400万。大理位于云贵高原与横断山脉结合部位，辖区内山区较多，人口居住分散，受教育程度普遍较低，属经济欠发达地区。

大理的经济发展水平及独特的地理条件、民族风情使得大理州两级法院在家事案件的处理中呈现出与其他地方不同的特点。

一、大理州家事案件的特点

（一）人员流动不充分，熟人社会的特征仍然较为明显

根据经济发展与人员流动的规律，经济发展水平与人员流动性成正比。大理州经济发展水平较低，外来人口少，对当地的传统、文化等冲击较小，依然保留着很强的熟人社会的特点。熟人社会的特征之一表现为在一定的区域，会存在一部分有威望、有影响力的乡贤能人，将这一部分乡贤能人引入到家事

---

* 普玉松，云南省大理白族自治州中级人民法院法官助理。

案件的调解中，无疑会对家事案件的处理起到事半功倍的效果。

（二）少数民族众多，民族习惯仍在日常生活中占有重要地位

大理州系少数民族聚居区，少数民族众多，民族习惯至今仍不同程度得到保留和传承。比如，巍山彝族回族自治县的回族以及大理市、鹤庆县、剑川县的白族，在涉及婚姻中的彩礼以及分家析产等方面仍然以民族习惯为主。但从习惯本身的内容看，部分民族习惯与现行法律相冲突，导致法院在部分案件处理中陷入困境，如果依法判决，当事人无法接受，如果遵照民族习惯判决，则违反法律规定，故在此类案件中更注重调解。

（三）家事审判物质保障不充分，可利用社会资源有限

大理州属于边疆少数民族地区，经济欠发达。长期以来，受限于经济条件的限制，并无家事审判方面的专项资金，法院在家事案件办理过程中无法以物质激励的方式寻求外力帮助，基层组织、人民调解员参与家事案件的积极性有待提高。家事案件的评判标准并非法律适用及裁判结果正确，而应当是案结、事了、人和，故家事案件办理中需要承办法官付出更多的时间、精力关注家庭成员间的人际关系。这一要求又与现阶段人民法院普遍存在案多人少的现状冲突，导致家事审判改革的部分举措无法落到实处。此外，从发达地方的经验看，社会公益组织在家事案件中对心理调适、未成年人关爱等方面均发挥了重要的作用，而大理州由于经济发展水平的相对落后导致在发达地区较为常见的社会公益组织等机构并未在大理生根、发芽，法院也无从在家事案件审理中引入无偿的第三方公益组织。

二、大理州的主要做法

改革启动后，大理中院结合本地实际制定了《家事案件审判规程》《家事案件财产申报制度实施办法》《关于人身安全保护令申请与执行的实施办法》《家事案件未成年人权益保护实施办法》《家事调查员工作规程》《家事案件心理辅导员工作规程》《家事调解员工作规程》七项制度下发全州两级法院，推动改革工作的开展，并在大理州委政法委牵头下，制定了《大理州建立家事审判方式和工作机制改革联席会议制度的意见》。在具体措施方面，大理州两级法院及时建立专业化审判队伍和人性化审判庭、调解室，推进离婚证明书的

发放，推行离婚案件财产申报制度，推行冷静期制度，推行不公开审理制度。

除上述常规措施外，大理州两级法院还结合本地实际，创造出一系列具有地区、民族特色的做法。

(一)金花调解室

1. 金花调解室的成立背景

喜洲是大理白族文化的发祥地之一，是一个有着一千多年历史的白族历史文化名镇，白族文化底蕴浓厚，有独具特色的民风民俗。走进喜洲古镇，青砖白墙的照壁上书写着"以和为贵""清白传家"等彰显家风的良言警句，良好的风俗源远流长。针对辖区内白族群众"耻讼"、宁愿找人评理也不愿到法院打官司的传统，大理市人民法院喜洲法庭探索成立了全州法院系统首家基层法庭人民调解室——民族特色十分浓郁的金花调解室，由多名熟悉法律政策、通晓白族语言、熟知当地民风的白族女性作为调解员，在法庭设立调解室，辖区内简单民事纠纷先交由金花调解室的人民调解员先行调解，促成当事人通过简单的人民调解程序化解矛盾。

2. 金花调解室的主要做法

金花调解室成立后，金花调解员始终秉持为辖区群众化解矛盾、解决纠纷、促进辖区的和谐的初心，在不断地思考、不断地探索。结合喜洲群众生产生活习惯，金花调解员也会随法官经常深入当事人家中或到田间地头进行纠纷化解。"古藤古藤，休休浓说(白族话："坐下坐下，好好商量"的意思)……"金花调解员经常用这样白族语言与群众交流，人们对法律的距离感缩短了，亲切感和信任感增强了，矛盾化解的成功率也自然能得到提高。此外，在日常工作中，金花调解室与辖区内的村(居)委会、调解组织有一套多元矛盾化解机制平台，当有纠纷产生时，金花调解员会主动介入，参与工作，将矛盾纠纷化解在萌芽状态，结合本地人都认可的公序良俗，将纠纷化解在法庭外，实现"小事不出村、大事不出镇"。金花调解员在长期的工作中，总结出一套行之有效的调解方法，即静心、谈心、掏心、交心、舒心，用"五心"与当事人交流，用情与法打动当事人，将纠纷得到妥善化解。

3. 金花调解室在家事审判改革后的发展

家事审判方式及工作机制改革启动后，金花调解员又被赋予了调查员的职能,也有了新的称呼——金花家事调查员。金花家事调查员一般会采用以下方式完成调查工作:询问当事人及近亲属,通过面谈交流了解情况;观察未成年子女与父母的关系,以适当方式征询未成年子女对于抚养的意愿、态度;走访当事人所在村(居)委会、所在单位,及未成年子女所在学校。通过上述方式,作出书面社会调查报告提交法院。通过金花家事调查员作出的调查报告,法院针对实际情况对未成年子女的抚养作出于法于情的"温情"处理,将父母离婚对未成年子女有可能造成的心理伤害有效降低,切实保护未成年人的身心健康成长,在一定程度上缓解可能出现的隐形矛盾——离异家庭因未成年子女抚养关系处理不当,导致新矛盾,甚至新社会问题的出现。

4.金花调解室的成效

金花调解室成立至今,金花调解室的"金花"们以她们本来的民族形象、和蔼柔性的举止,用柔性疏导、理性引导的方式,为辖区群众及时调处化解婚姻、赡养、抚养等家事纠纷,拉近了法律和群众的距离,取得了法律效果和社会效果的统一。喜洲法庭所审结的案件无一上访或闹访,真正做到了"案结事了"。金花调解室成立至今,调解率一直保持高位,金花调解员已成为喜洲法庭一道亮丽的风景线。

(二)特邀调解员制度

1.特邀调解员的主要做法

特邀调解员首见于云龙县人民法院功果桥法庭,功果桥法庭首先建立了特邀调解员名册和相应的激励机制。在功果桥法庭辖区内的人大代表、政协委员、人民陪审员、村委会干部、社会工作者、退休法律工作者等群体中选择了8名同志,对其进行培训、指导,聘任为特邀调解员,建立特邀调解员名册并在法院公示栏对其相关情况予以公示。特邀调解员的调解工作一般在设置的人民调解工作站、调解室进行,为了鼓励特邀调解员参加案件调解,建立了相应的激励机制。建立调解案件登记簿,对调解员参加调解案件的情况进行登记。对参加案件调解的给予一定经济补助,经调解达成协议的200元/案,达不成协议的100元/案。

其次,建立规范的特邀调解程序,完善案件繁简分流机制,实现简案快审,繁案精审。登记立案后符合调解的案件,当事人双方属同一村委会,且没有经过村级调解的，如特邀调解员中有和当事人属同一村的，则交由该特邀调解员先进行调解，并填写《特邀调解员调解案件情况表》，向法院反馈调解情况。如特邀调解员和当事人不属同一村，则委托当地村人民调解委员会调解，达成协议的，则依法进行确认；达不成协议的，择期开庭审理。当事人双方不属同一村委会，纠纷矛盾不大，有调解可能性的，在开庭审理前通知当事人双方到庭，由法庭选择特邀调解员进行调解。如达成协议，由当事人选择撤诉或经法庭确认后出具调解书结案；如达不成协议，立即开庭审理。

在试点一段时间后，云龙县人民法院总结经验，制定了《特邀调解制度实施办法》《特邀调解员工作规则》《特邀调解员工作衔接制度》《特邀调解员经费管理办法》《特邀调解员聘用管理办法》《特邀调解员文书制作规则》《特邀调解回访制度》《特邀调解流程》《特邀调解员档案管理办法》，并在全院所有民商事案件中推广施行。

2. 特邀调解员的成效

2016 年 6 月试点至今，特邀调解员制度取得了很好的效果，特邀调解员参与调解的案件调解率均在 80% 以上，其中家事案件的调解率将近 100% 。

（三）家事纠纷诉前调解前置

1. 家事纠纷诉前调解前置的主要做法

家事纠纷诉前调解前置首先由祥云县人民法院进行试点，祥云县人民法院首先在辖区内确定米甸镇、刘厂镇作为家事纠纷调处改革试点镇，法院在上述两个镇各安排两名片区法官，在各村（社区）各聘任两名家事调查员、调解员，充分实现诉调对接，共同配合完成家事纠纷的调处任务。

片区法官负责对辖区家事纠纷调处进行业务指导。业务指导采用三种方式进行：一是每年集中家事调查员、调解员业务培训两次以上；二是应村调委会或司法所邀请，对个别疑难复杂案件进行指导；三是根据一段时期某地某类纠纷偏多的情况进行针对性地指导。

除因特殊情况致纠纷无法调解的外，其余所有家事纠纷须先经家事调解员调解。调解员在调解纠纷过程中遇法律适用或其他疑难复杂问题，可以请片区法官进行指导。案件受理后，法院可委托家事调解员调解或邀请其参与调解。

家事调解员调解纠纷成功后,按照法律规定以调委会、司法所名义出具调解书、进行司法确认或到有关机关办理手续;调解不成功,当事人持村调委会出具证明,方能到县法院起诉。未进行调解就到法院起诉的,由法院指定家事案件调解员先行调解。

2. 家事纠纷诉前调解前置的成效

通过改革前后数据对比,呈现家事案件减少、调解率增高的良性发展趋势,两个试点乡镇案件明显减少。

2016 年受理家事案件 677 件,调解撤诉率为 58.64%;2017 年受理家事案件 656 件,调解撤诉率为 64.78%;2018 年受理家事案件 581 件,调解撤诉率为 68.84%。(调解撤诉率均未扣除缺席审理或其他依法不能调解的案件,若扣除,调解撤诉率大约分别在 67%、74%、80%)

(四)“家和万事兴”公益讲坛

祥云县人民法院在试点家事纠纷诉前调解前置的基础上,探索将家事纠纷调处向前延伸的具体举措,开创性地举办了“家和万事兴”公益讲坛。

1. “家和万事兴”公益讲坛的主要做法

“家和万事兴”公益讲坛由政法委牵头,法院主导,会同民政局、妇联、法学会、米甸镇、刘厂镇等机关的工作人员组成“家和万事兴”公益宣讲团队。公益宣讲团队从强化思想品德、倡导社会公德、弘扬家庭美德、推进法治建设等方面入手,促进宣讲对象认真担负起家庭责任,做通情明理守法的公民,预防及妥善化解家事纠纷,实现家庭和睦、社会和谐之目的。

对以新婚夫妇为宣讲对象的宣讲活动,场地设在民政局,活动期间,由民政局负责会场布置、新婚夫妇的组织、后勤保障等工作。以村民代表、村组干部为宣讲对象的宣讲活动,场地设在相应的村委会,活动期间,由涉及的村委会负责会场布置、组织群众、后勤保障等工作。

2. “家和万事兴”公益讲坛的成效

从 2017 年 5 月 15 日讲坛开讲至今,共组织讲坛 43 期,足迹遍布祥云县 10 个乡镇,宣讲对象约 5000 余人次。该项工作得到人大代表、政协委员及社会各界的充分肯定。在 2018 年、2019 年县“两会”期间,代表、委员对祥云县人民法院主导的“家和万事兴”公益讲坛表示高度赞扬,并建议将讲坛的授课范围扩大到全县，把各行各业中的热心人士吸收进入讲师团队，让授课的内容及形式更加丰富。并且，随着“家和万事兴”公益讲坛活动的不断开展，祥云县人民法院的这一做法也颇受群众关注，讲坛活动深入人心，已经有部分村委会主动邀请法院到本村开展公益讲坛，为辖区老百姓传授知识。

大理州两级法院在家事审判方式及工作机制改革启动后，努力探索符合家事案件审判规律、符合大理州情的改革举措，取得了部分成效，但也存在诸多不足。在今后的工作中，大理州两级法院将因地制宜地继续探索符合本地实际的做法，为实现家庭的和谐、社会的长治久安作出自己的贡献。

附：大理州法院改革文件（见附录）

云龙县人民法院特邀调解制度实施办法（见附录第 609 页）
云龙县人民法院特邀调解员工作衔接制度（见附录第 614 页）
云龙县人民法院特邀调解员聘用管理办法（见附录第 615 页）
云龙县人民法院特邀调解员经费管理办法（见附录第 616 页）
云龙县人民法院特邀调解员文书制作规则（见附录第 616 页）
云龙县人民法院特邀调解回访制度（见附录第 617 页）
云南省云龙县人民法院特邀调解员工作规则（见附录第 618 页）

日喀则市桑珠孜区人民法院家事审判方式改革经验

边　珍*

桑珠孜区人民法院自2016年6月被确定为全国、全区家事审判方式和工作机制改革试点单位以来，坚持司法为民理念，以维护家庭、婚姻、亲情关系的稳定与和好为原则，立足本民族婚姻家庭实际，依托多元化纠纷解决机制，努力实现家事纠纷案件的"案结事了人和"，取得了较好的法律效果和社会效果。

2016年5月1日至2019年7月21日，桑珠孜区人民法院共受理家事案件336件，审结322件，结案率为95.83%，占民事案件的16.65%，其中判决45件，驳回起诉3件，调解、撤诉274件，调撤率为85.09%。已结家事案件中离婚案件237件，占家事案件的73.60%；同居关系纠纷案件31件，占家事案件的9.63%；抚养纠纷案件23件，占家事案件的7.14%；分家析产纠纷案件23件，占家事案件的7.14%；其他案件8件，占家事案件的2.48%。

一、桑珠孜区家事审判工作特点

一是家事纠纷案件占比较大。近年来，受理的家事案件数量占民事案件

* 边珍，西藏自治区日喀则市桑珠孜区人民法院院长。

数量比重较大。随着经济的发展,人民生活水平的日益提高,人民对于情感的追求也随之提高,带来的是离婚案件、分家析产案件率的上升。

二是家事纠纷案件审理难度不断增加。出现了分家析产纠纷、离婚后财产分配、非婚同居关系引发的家事纠纷等疑难复杂案件,没有成熟的审判准则可供遵循,需要法官依据具体情况自由裁量,当事人稍有不满便将矛头指向法院,进而增加了审理家事纠纷案件的难度。如本院于 2018 年 5 月 28 日立案受理的(2018)藏 0202 民初 179 号原告洛桑、米玛拉姆与被告拉巴多吉、巴旺、巴琼、仓木吉分家析产纠纷一案。原告洛桑与被告拉巴多吉系兄弟关系,于 1998 年依照西藏旧习俗兄弟俩共同娶了原告米玛拉姆,婚后兄弟俩与原告米玛拉姆并没有单独过日子,而是与两兄弟的父母(被告巴旺与巴琼兄弟亦即共同娶了被告仓木吉)共同生活。1998 年原告米玛拉姆与原告洛桑及被告拉巴多吉兄弟俩同居生活,期间生育 5 个子女,在同居期间共同建造了江当村 48 号住房共 26 间。之后,两原告感情尚好离家单过并外出打工,2017 年因政府征地给予原告家庭征地补偿款,共计 66235.26,该笔征地补偿款中分两部分组成:原有人员征地补偿款和现有人员征地补偿款,原有人员补偿款按原告家庭 7 人予以分配即原告洛桑,被告巴旺、仓木吉、巴琼、拉巴多吉,以及案外人两个女儿。案外人两个女儿系被告巴旺与巴琼兄弟同被告仓木吉同居期间所生子女,现两个女儿已出嫁。现有人员补偿款:按原告家庭 11 人予以分配即 2 个原告和 4 个被告、5 个孩子。两原告向本院提出如下诉讼请求:(1)判令位于江当乡江当村 48 号的房屋面积的 1/3 共 9 间归原告所有;(2)判令位于江当乡江当村 48 号原告购买的拖拉机、冰箱以及生活用品等归原告所有;(3)判令位于江当乡江当村 48 号 10 头牛中的 3 头牛、40 只羊中的 12 只羊、30000 斤粮食中的 10000 斤粮食、130000 元存款中的 50000 归原告所有,耕地补偿款二原告也要求分配。本案在审理中,应不应当将外嫁女两姐妹以及二原告的 5 个子女列为共同被告?原告米玛拉姆与原告洛桑、被告拉巴多吉系同居关系,依照现有婚姻法应不受保护,原告米玛拉姆在本案中有无原告主体资格?最终本院依当地习俗认为原告米玛拉姆具有原告主体资格,对家庭共有财产予以分割。

三是家事纠纷案件类型不断增加。随着桑珠孜区社会经济的发展,家事纠纷案件涵盖了确认婚姻无效、夫妻财产、非婚同居关系、子女抚养、探望权等,家事案件类型不断增加。

四是家事纠纷案件的复杂程度提高。以前审理离婚案件主要是对单纯的身份关系作出判决,夫妻之间的财产关系一般较为简单。现阶段,随着经济的发展,市场经济带给家庭成员通过合法途径获得更多财产,离婚时因家庭财产的分配构成复杂、确认困难、不易分割等问题,导致案件复杂程度提高。如本院受理的(2016)藏0201民初446号原告次旺萨珍和索珍与被告罗布旦增分家析产纠纷一案。被告的父母亲在被告未满一岁左右就离婚,1998年原告次旺萨珍认识了被告父亲(被告满三岁左右),此后原告次旺萨珍的妹妹索珍也与被告父亲一起开始了同居生活。在2013年被告父亲因病去世后不久,上高中二年级的被告因盗窃被判两年徒刑。被告在监狱期间两原告多次探望并给予精神和物质上的关怀,出狱后一段时间还对两原告给予应有的尊重。但是后来被告听信其亲戚的话不断地与两原告发生矛盾,现在也无法共同生活在一起,房子及其财产予以公平分割。被告辩称,两原告与被告父亲系同居关系并未办理结婚登记手续,也不符合事实婚姻关系。房子系祖辈传下来的农村宅基地,2003年被告父亲过世后二原告长期擅自占有父亲的住房,因被告尚小,对父亲的遗产从未分割。二原告无权享有该宅基地,但被告可以向两原告支付因扩建住房后的增值部分。被告因原告次旺萨珍的疏忽照顾,导致被告的右手残疾失去劳动能力,被告应得财产的巨额赔偿。关于本案的原告次旺萨珍和索珍诉讼主体谁适格的问题是个难点,因为即便同居按习惯也是一男一女之间的同居,而非一男与姐妹两女之间的同居。被告也不认可其父亲与索珍有同居关系,只认可其父亲与次旺萨珍有同居关系。本案财产分割是针对被告父亲的遗产,故案由应定遗产纠纷还是分家析产纠纷。本案审理过程中,经本院主持调解,当事人自愿达成调解结案。

二、桑珠孜区法院家事审判工作主要做法

(一)成立专业化家事审判团队

结合审判工作实际,设立了家事审判合议庭,由精通藏语、工作经验丰富、责任心强、具有一定家庭生活经验、善于进行心理疏导和沟通的入额法官4

名,法官助理1名,以及书记员1名组成,专门负责协调化解家庭成员之间的婚姻、赡养、抚养、继承和分家析产等矛盾纠纷,充分发挥车载流动法庭的作用,采取走村入户、席地而坐的方式与当事人零距离接触办案,极大方便当地农牧民群众。同时,邀请年龄较大、从事妇联工作、热心调解工作的人民陪审员,负责调解工作和心理疏导。

(二)建立家事审判方式和工作机制改革联席制度

与桑珠孜区综治办、区人民检察院等十五家单位制定了《桑珠孜区建立家事审判方式和工作机制改革联席会议制度的意见》,明确了各成员单位的职责任务分工,形成了由政法委牵头、法院主导、区直各部门联席的家事审判方式和工作机制改革的合力。

(三)建立多元化纠纷解决机制

立案庭设立家事案件醒目标牌,对家事案件做到快立、快调、快结。民事审判庭对家事纠纷案件实行专门合议庭审理,根据案情到实地开庭,以感化、缓和、平复、修复为原则,以温情、亲情、关爱为要求,促进家庭和谐,提升幸福指数。同时,执行局对家事案件做到优先执行,以化解矛盾为出发点,以利于家庭幸福为重点,以修复破裂民事关系为落脚点,“柔性”司法执行。

(四)将调解优先贯穿家事纠纷始终

不断创新调解方法,通过“劝、批、谈、教”相结合,努力解开当事人的心结,同时疏导各方心理矛盾。充分发挥长辈或年龄较大的女性人民陪审员优势,适时召开家庭会议,从法制、人情、伦理等方面探寻当事人矛盾的根源,寻求解决之策。

(五)设立温馨家事纠纷审判法庭

结合家事纠纷审判实际,专门设立家事纠纷审判法庭场所,突出温馨、庄严和浓厚的本民族地方特色,由专门组成的家事法庭团队进行审理。法庭中将醒目刺眼的“原告”“被告”座签更换为“丈夫”“妻子”,将高高在上的审判席放置于与双方当事人水平的位置,法庭采用温馨的藏式装修风格。这样一来,缓和了双方当事人针锋相对的尖锐状态,审判人员更类似于大家庭中的家长地位,在“家长”的主持下,双方当事人将矛盾、恩怨一一道出,互相理解,共同解决。

（六）多方联动化解家事纠纷案件

2017 年，根据当事人申请，作出了 1 件人身保护裁定，加强了与城区居委会关于维护妇女、儿童合法权益工作的联动机制，积极开辟妇女、儿童维权"绿色通道"，实行"优先立案、优先审理、优先执行"的"三优先"原则，保护妇女、儿童合法权益，减少和预防家庭暴力，取得了良好的效果，受到了社会的好评。

（七）坚持法律与风俗习惯相结合的家事纠纷办案模式

偏远乡村仍然存在"一妻多夫"的风俗习惯，导致在办理离婚、分家析产、小孩抚养等案件中对确认当事人主体资格存在很大困难。针对这一情况，家事审判团队根据办案过程中总结的经验、当地风俗习惯，结合法律规定对此类案件通常采取以下做法：涉及"一妻多夫"无结婚证的，女方起诉分家析产的，通常以有名分的男方作为被告，其余均列为第三人。如有结婚证的，涉及离婚案件则以领结婚证的双方作为当事人，至于其他当事人要求分割财产的，告知当事人以另案提起分家析产诉讼。

（八）实行《离婚证明书》

当事人通过诉讼离婚发生法律效力后，原审法院向当事人出具加盖法院印章的裁判文书虽能够证明双方解除婚姻关系的事实，其形式等同于离婚证，但是在审判实践中，往往存在诸多麻烦，例如有些当事人会因没有离婚证存在顾虑和疑惑，有些当事人拿着法院裁判文书去办理相关事务时，却被行政主管部门以需要离婚证为理由拒绝。这样既增加了当事人要求法院出具生效证明的诉累和困难，也更是暴露了当事人在离婚过程中涉及的隐私。为了保护离异当事人隐私，我院改进工作机制，改变原离婚判决生效证明书的格式，为离婚案件当事人出具《离婚证明书》，证明书上只有持证人的姓名、性别、身份证号码等信息，并不涉及离婚原因等其他因素，不必和判决书捆绑使用，仅此证明双方解除婚姻关系，这样即可避免判决书曝光，从而保护当事人的隐私，也为离婚纠纷案件的各方当事人吃了一颗定心丸，证明婚姻关系经法院判决解除。

（九）完善人身保护令制度

为保护家庭暴力受害人及特定亲属的人身安全，防止家庭暴力继续发生，对于人身保护方式如何落实,目前虽尚无具体规范,但是为了使人身保护制度真正具有可操作性,我院积极加强与辖区派出所、警务站、居委会等机构的衔接,明确法院在作出人身保护裁定后,由辖区派出所、居委会负责协助执行。同时在立案受理后向当事人同时送达双语版人身保护申请宣传手册,其中包含申请流程、注意事项、法律后果等内容。

三、下一步工作思路

一是探索建立财产申报制度。财产分割通常是家事纠纷案件的主要纷争之一。随着经济的发展,居民合法收入的增加,加剧了纠纷审理的难度。因此,借鉴兄弟法院好的经验做法,引入家事纠纷案件财产申报制度,自当事人起诉到审理阶段均向当事人送达《家事案件财产申报表》,积极引导当事人如实申报家庭财产,促进诚信诉讼和共同财产的公平分割。

二是以案释法,加大宣传,提高法治意识。利用综治宣传、巡回办案和农闲时节,以法治进社区、进学校、进乡村活动为契机,进行法治讲座、发放藏汉宣传图册,普及法律知识,选择典型案例,进行现场调解、审判,让妇女、儿童获得保护自身合法权益的法律知识,进一步发挥法治的指引和教育作用。

在实际审判和工作中,桑珠孜区人民法院已形成了法院审理专业化、联席单位相互配合的工作模式,家事纠纷案件的调解比例显著提升;针对特殊风俗习惯已形成了一套切实可行的审判工作机制,有效化解各类家事矛盾纠纷,确保了辖区的和谐稳定。

家事审判方式与工作机制改革是促进社会和家庭和谐稳定、提高家事案件审判专业化水平的关键,桑珠孜区人民法院将积极践行司法为民的宗旨,坚持以人民为中心的发展理念,立足实际,创新机制,继续总结近年来好的做法,同时根据社会反响积极总结、查找问题、及时改进,探寻更好、更适合桑珠孜区的家事审判机制,继续加大对家事纠纷案件的重视程度,积极做好家事审判的各项工作,为打造爱国爱家、相亲相爱、向上向善、共建共享的社会主义家庭文明新风尚推波助力。

创新家事审判模式　筑牢家庭和睦根基

——西安市新城区人民法院积极推进家事审判改革

吴　刚*　于继勇**

家庭是国家和社会的细胞，家和万事兴，家固天下安。2016年4月，西安市新城区人民法院被最高人民法院确定为全国家事审判方式改革试点法院，为充分发挥家事审判的职能作用，维护婚姻家庭和谐稳定，培育良好家风，保障未成年人、妇女及老年人的合法权益，我院本着“大胆探索、先行先试”的原则，积极落实家事审判改革措施，创新审判模式，探索专业化、社会化、人性化的家事纠纷化解模式，各项举措取得了明显成效，有力地促进了家庭稳定和社会和谐。

一、基本情况

为进一步适应家事审判工作的新形势，目前我院已设立家事审判庭，集中受理离婚纠纷、抚养纠纷等涉家事案件及未成年人犯罪案件。此举旨在推进家事审判方式改革，构建家事与未成年人案件审判新模式。

---

* 吴刚，陕西省西安市新城区人民法院副院长。

** 于继勇，陕西省西安市新城区人民法院法官助理。

二、试点工作开展情况及成效

（一）对标家事审判先进经验，组建专业审判团队

我院被确定为试点法院后，及时组织相关庭室负责人和法官召开家事审判工作会议，传达最高人民法院和省法院家事审判改革试点工作相关会议精神，并成立以党组书记、院长姚建军同志为组长的家事审判方式和工作机制改革试点工作领导小组。2016 年 8 月，我院按照市中院安排，选派部分法官赴福州、厦门、南宁等地考察调研，学习兄弟法院在家事审判改革方面的先进经验和创新成果。同时，挑选具有丰富家事审判经验、社会阅历和调解经验，善于做群众工作，责任心强的法官和辅助人员组建新的家事审判团队。

（二）转变家事审判理念，强调修复功能

家事纠纷的基础是身份关系，其背后隐藏着复杂的人际关系，表面上看，有财产分割、抚养费、抚恤金等支付金钱的请求，实质上则是夫妻间、亲属间情感上、心理上的纠葛。在传统的家事纠纷审判中，法官往往机械遵循辩论主义和处分原则，偏重财产分割和身份确认，忽视情感修复与矛盾化解。以往在审理离婚案件时，如果被告同意离婚，法官的审判方向马上转变为财产分割和子女抚养，对当事人的感情修复问题则过问不多。在改革试点中，办案法官首先在观念上将家事案件与一般民事案件予以区分，在案件审理中并非简单地对案件作出是非分明的处理，而是将消除对立、恢复感情、实现和解作为纠纷解决的最终目的和价值取向，用司法的柔性手段实现法律的刚性要求，最大限度地追求“和”的效果。具体到离婚案件中，则要注意区分死亡婚姻还是危机婚姻，如果夫妻双方之间并没有不可调和的矛盾，法官则积极引导当事人建立良性沟通，反思婚姻关系中存在的问题，处理彼此之间的差异及冲突，化解矛盾，修复感情，把刚性的司法裁判变得温情暖心，使许多濒临破碎的家庭重回和睦与幸福。同时，让家事法官认识到离婚不是家庭关系的终结，而是家庭关系的重构。对于感情确已破裂的死亡婚姻，法官要积极引导当事人对前一失败婚姻进行反思，找出各自存在的问题，为今后重新生活打下良好的基础。

（三）建章立制，为家事审判改革工作提供制度保障

结合前期试点经验和工作实际，我院先后制定出台了《家事案件审理规

程(试行)》《家事案件调解与调查工作规则》等一系列规范性文件,规范了家事案件的受理范围,明确了家事案件审理操作规程,为家事审判改革顺利开展提供了制度依据。

(四)建立家事纠纷大调解格局,成立家事审判改革联席会议制度

随着社会的变迁、经济的发展、文化的交融,家事纠纷问题日益凸显,家事纠纷化解的需求日益强烈。婚姻、家庭、亲属关系具有社会道德属性,需要特殊的程序规则和纠纷解决机制予以规制。家事纠纷化解应当走出法院家事审判单一模式的桎梏,走向社会化多元化纠纷大调解机制的广阔天地。为此,在区委、区人大、区政府的支持及社会各界的参与下,通过区委常委会审议,成立了全市首家家事审判方式和工作机制改革联席会议制,由区委政法委牵头,联合检察院、公安、妇联等15家单位,统筹协调、部门协作,明确职责任务分工,加强政策衔接和工作对接。协调区综治各有关成员单位积极参与并做好家事纠纷化解机制落实,强化人身安全保护令的制发和公安、检察的执行监督,加强教育指导,司法局落实家事调解员、调查员的选任、培训,制定统一的考核奖惩办法,民政部门与区妇联、社工组织实施家庭婚姻指导,成立家暴庇护所,接受、救治家暴受害人,推动家事审判改革向纵深发展。联席会议召集人由区政法委副书记赵峰和区法院党组成员、副院长吴刚担任,各成员单位有关负责同志为联席会议成员。联席会议成员因工作变动需要调整的,由所在单位提出,联席会议确定。根据工作需要,联席会议可以邀请其他相关部门参加。联席会议办公室设在我院,承担联席会议的日常工作,并由我院一名院领导兼任联席会议办公室主任。联席会议原则上每年召开一次全体会议,由召集人或召集人委托的同志主持。根据工作需要,可以召开临时会议。在全体会议召开之前,召开联络员会议,研究讨论联席会议议题和需提交联席会议议定的事项。联席会议以会议纪要形式明确会议议定事项。会议纪要经与会单位同意后印发有关方面。

联席会议要求各成员单位要按照职责分工,主动研究家事审判方式和工作机制改革工作及婚姻家庭纠纷化解工作的有关问题,及时向牵头单位提出需联席会议讨论的议题;积极参加联席会议,认真落实联席会议确定的工作任务和议定事项,及时处理需要跨部门协调解决的问题。各成员单位要互通信

息,相互配合,相互支持,形成合力,充分发挥联席会议的作用,共同做好家事审判方式和工作机制改革的有关工作。

（五）积极引入心理辅导团队,联合开展“心理、法律双干预”

我院与陕西家源汇社会工作服务中心、区妇联合作建立“陕西家源汇社工服务站”,根据审判情况及当事人需要,陕西家源汇社会工作服务中心指派专业社工、心理咨询师为当事人提供咨询服务,帮助当事人查找矛盾根源,化解心理症结,理性解决纠纷,修复情感裂痕。为进一步发挥心理咨询师和社工人员的专业特长,使心理咨询与辅导工作长期化、制度化,2017 年 5 月,我院提请区人大任命陕西家源汇社会工作服务中心的 6 名专业心理咨询师为家事案件专职人民陪审员,将心理辅导、心理矫正与家事纠纷调解相结合贯穿于庭审始终,以最大化地化解矛盾、消除隔阂、恢复感情,促进家庭和睦、社会和谐。这是我院家事审判改革的重要创举和关键一步,在陕西省法院系统尚属首例。

（六）建立婚姻家庭纠纷人民调解委员会和家事调解员、调查员制度

“清官难断家务事”,家事案件有其不同于一般民事案件的特点,家事审判不仅关系到法律关系的厘清,更关乎情感纠纷的化解,但囿于家事矛盾私密性、复杂性等固有特点,刚性过强的司法审判在修复家庭矛盾方面显得能力不足。妥善解决家事纠纷,需要区委、人大、司法、妇联、民政、公安、基层社区组织等单位的支持和参与,共同建立起家事纠纷的多元化解机制。我院与区司法局、区妇联合作,从全区 109 个社区人民调解组织和陕西家源汇社会工作服务中心中选聘具有处理家事纠纷专业背景、热衷家事案件调解工作的人员担任家事调解员兼家事调查员,借助家事调解员、调查员身在社区的地缘优势,努力实现法院与社区的“无缝对接”,构建网格化、全覆盖的家事调解与调查新格局。我院还联合区妇联成立新城区婚姻家庭纠纷人民调解委员会,借助婚姻家庭纠纷人民调解委员会的平台,加强政策衔接和工作对接,充分发挥人民调解的优势,妥善化解婚姻家庭纠纷,共同维护家庭和睦。

（七）防治家庭暴力,依法保护妇女、儿童和老年人的合法权益

在家庭生活中,妇女、儿童、老年人多处于弱势地位,往往成为家庭暴力的受害者。自《陕西省人民法院家庭暴力案件“人身保护令”实施细则(试行)》实施以来,我院依据该细则发出人身保护令裁定 6 份,2016 年《反家庭暴力

法》颁布实施后，我院依据该法签发了西安市第一例人身安全保护令。人身安全保护令将法律的内在精神示之以外，充分展示了法律禁止任何人违法使用暴力的威慑力量，具有明显的警示效能，为家暴受害者提供了强有力的法律保护。

（八）开设家事困境小课堂，宣讲家庭困境解决之道

2017 年 4 月起，我院家事法官依据法律相关规定及审判经验，深入分析和总结家事关系中常见的离婚、抚养费、变更抚养关系、赡养、继承等纠纷，组织开设家事困境小课堂并邀请当事人前来听课。一方面，宣传家事纠纷化解机制及相关法律法规、典型案例，让更多的当事人懂得如何有效利用法律武器维护自己的合法权益。另一方面，积极弘扬中华优秀传统文化，并结合现代家庭理念，营造对外诚信友善，对内“父慈子孝、夫敬妇爱、兄友弟恭”的优良家风。

（九）打造“家和万事兴”主题家事审判法庭

传统法庭布局具有较强的对抗性和严肃性，与处理家事案件所需的司法柔性、亲情修复性不相符合。为此，我院立足本院实际专门打造了以“和”为主题的家事审判法庭，法官不再是高高在上，而是在圆桌上和双方当事人“相依而坐”，推心置腹地“说说心里话”，并去掉“原告”“被告”的桌牌，代之以“妻子”“丈夫”。同时，在家事法庭的墙壁上悬挂具有传统中国家文化的图片文字，通过细致入微的硬件设施和场景布置，弱化了传统审判场所的庄严肃穆，营造出浓厚的家庭氛围，以满足家事审判改革的人性化需求，为审判改革提供充分的硬件保障。

（十）出具离婚证明书，彰显司法人文关怀

离婚案件往往涉及当事人的恋爱结婚经历、感情破裂原因、子女情况和共同财产、债权债务情况等个人隐私，在当事人日后办理再婚、财产过户、出国签证等事务时，有关隐私的部分被迫要公诸人前，难免会让当事人尴尬。而且判决书或调解书还存在页数多、保存不便等情况。而离婚证明书仅记载当事人的身份信息、案号及法律文书生效时间，可以更好地保护当事人的个人隐私，方便当事人办理有关事宜。这项家事审判改革的新举措，充分彰显了司法的人性化。

三、面临的问题与困难

（一）审判管理问题

目前大多数法院的法官目标任务量化考核都是以结案数和结案率为基本导向。而家事案件的审理与一般民事案件相比往往需要经过更多的证据调查和调解，甚至还需要心理辅导和设置冷静期等特殊程序，这势必造成家事案件难以在短时间内结案，同时也需要耗费法官更多的时间和精力，拉低法官整体的结案率和结案数，影响法官的目标任务量化考核，这就使得法官适用新的审判模式审理家事案件的积极性不高。为此，应该改变现行的家事案件绩效考核办法。

（二）硬件设施问题

为满足家事审判的人性化需求，需要建设专门的家事审判法庭、家事调解室，而我院目前办公用房极为紧张，往往三四名工作人员共用一间十几平米的办公室。为此，我院另辟新址，筹建专门的家事审判法庭和家事调解室，目前正在积极建设中。

（三）经费问题

在新的家事案件审判模式中，经常需要家事调解员、家事调查员、心理咨询师等辅助人员的参与，该部分辅助人员是否能够获得报酬以及从何处获得报酬目前尚无相关规定，一定程度影响了工作积极性，使得该部分人员参与案件审理难以形成长效制度，难以发挥其真正的作用。为此，应当加大家事审判的经费投入。

（四）制度创新和突破亟待加强

目前，我国并未建立独立的家事审判诉讼程序，家事案件和其他一般经济性纠纷一样，都适用现行的《民事诉讼法》及其司法解释，法官在审理家事纠纷案件时出现处理方法短期化、简单化和程序化问题。而家事案件具有高度感情色彩和人伦特点，在具体的制度设计上应有别于普通民事案件的审理，审限制度、举证责任分配制度、证明标准、合议制度中家事调查员是否参与，文书制作的规范化和简略化等程序性问题需在现行诉讼法上进行突破。为此，我国需要制定专门的家事诉讼法。

附：新城区人民法院改革文件（见附录）

西安市新城区人民法院家事案件审理规程（试行）（见附录第 618 页）

西安市新城区人民法院家事调解员、调查员管理办法（见附录第 624 页）

家事案件柔性审判　修复亲情司法为民

——兰州市西固区人民法院家事审判方式改革经验

敬宏伟[*]　邓代林[**]　甄青青[***]

家庭是社会的细胞,家庭和谐稳定是国家发展、社会进步、民族繁荣的基石。加强家事审判工作对于推进国家治理体系和治理能力现代化、维护社会和谐稳定,具有十分重要的意义。近年来,因婚姻家庭关系中的矛盾引发的家庭问题层出不穷,因婚姻家事案件导致犯罪甚至报复社会的重大恶性案件也屡有发生。家庭利益与国家、社会利益是统一的,婚姻家庭法律制度的设定是国家对婚姻家庭适当干预的一种手段。在我国有关家事案件的法律法规中,立法宗旨总体上是维护以身份关系为核心的家庭关系的相对稳定,并以此维持整个社会的稳定。

为了更好地维护辖区内婚姻、家庭关系的稳定,自《甘肃法院家事审判改革工作指导意见》下发以来,兰州市西固区人民法院(以下简称西固法院)严格按照该意见相关要求,借鉴兄弟法院的先进经验和做法,不断推进家事审判方式和工作机制改革,积极探索家事审判新理念、新模式,家事审判工作取得了新的进展。2017 年,西固法院将其三个派出法庭之一——福利路法庭创新

* 敬宏伟,甘肃省兰州市西固区人民法院院长。
** 邓代林,甘肃省兰州市西固区人民法院福利路法庭副庭长。
*** 甄青青,甘肃省兰州市西固区人民法院福利路法庭书记员。

打造成以“家和万事兴”为主题的家事审判庭,并在立案乃至送达法律文书期间的各个环节均推出了专门针对家事案件的改革性举措。实施一年多来,在化解家事纠纷案件当事人之间的矛盾方面取得了较好的成果。自2019年以来,西固法院更是将福利路法庭设置为审理家事案件的专门化法庭。现将西固法院在家事审判方面的一些具体做法总结如下。

一、将人民法庭打造成审理家事案件的专门化法庭

西固法院将福利路法庭打造为专门的家事审判法庭,集中审理家事案件,以更加专业化、精细化的审判团队确保家事案件的法律效果和社会效果。抽调有经验、有耐心、懂心理、善调解的员额法官负责审理家事案件,同时聘任社会经验丰富、公道正派的家事调解员负责诉前调解,并积极与公安、检察、司法、妇联、民政、律师事务所等部门建立联动协作机制,发挥各部门优势,推行跟踪帮扶和信息共享机制,妥善化解家事纠纷,修复家庭关系。具体做法如下:在立案接待环节,先由司法所派驻法庭工作人员进行接待,并进行先行调解、送达;对于接待后5日内不能调解处理的案件,法庭立案人员第一时间立案并分至本案法官手中,办案法官对于已送达案件可视情况(双方矛盾是否可调解)选择再次调解或直接安排开庭审理,对于未送达案件,家事法庭制作(辖区内)《各社区专干联系表》,办案人员及时与公安或对应社区、街道乃至楼管长联系,了解被送达人情况并及时进行送达;对于较为复杂、直接判决不利于双方矛盾根除的案件,办案人员会与妇联、民政工作人员联合进行办案,争取打开当事人心结,根除当事人疑虑,化解当事人纠纷。对于当事人纠纷激烈、容易引发再次诉讼或后续争端的案件,办案人员在结案后会通过与公安、妇联、社区、民政局等部门对接,对案件进行后期追踪,及时消除新一轮纠纷苗头,引导当事人正确处理纠纷。

二、播放“融情时刻”视频,修复感情弥合亲情

针对不同的家事纠纷类型,挑选弘扬孝老爱亲、家和业兴、手足齐心等中华传统美德的相关视频,结合当事人提供的婚礼录像、亲子照片、全家合影等视频影像资料,精心制作成类型丰富、针对性强的“融情时刻”视频短片,在庭

前组织当事人观看，用温情的画面唤醒亲情与责任，使之内心有所触动。法官再从情、理、法多角度耐心调解、悉心调和，最大程度上弥合亲情，消解矛盾，维系和睦安定的家庭关系，促进社会和谐稳定。在“融情时刻”制作过程中，会结合当事人提供的影像资料或根据案件情况，提前制作对照当事人案情、心理的视频短片，在对当事人第一次开展调解工作时进行播放。

例如，在婚姻案件中，如果双方子女尚且年幼，会为双方当事人制作、播放“离婚危害篇”，短片内容主要讲述双方离婚之后对子女的危害，据此，使离婚双方认真考虑离婚对孩子的危害，考虑自身是否可以为了孩子坚持这段婚姻。在实践过程中，近10%的离婚当事人会在观看过此短片后愿意为了孩子再给对方一次机会，近15%的当事人在观看完“融情时刻”短片后内心触动，同意与对方“和平”解决纠纷。

三、运用夫妻关系测试卷等特色化资料，帮助当事人树立正确家庭婚姻观

西固法院设计制作夫妻关系测试卷、人身安全保护令、离婚证明书、夫妻双方承诺书、法官寄语等多种家事审判辅助资料，并在其中融入核心价值观相关要素，帮助当事人整理思路、换位思考，引导他们树立正确的家庭婚姻观，正视自己婚姻、家庭中存在的问题，切实担负起家庭责任，营造良好的家庭氛围，实现“案结、事了、人睦”的最终目标。

夫妻关系测试题、夫妻双方承诺书均运用在离婚纠纷案件中。在夫妻关系测试题中，双方需要回答关于对方在日常生活中的一些习惯、喜好、遇到事情的心理反应以及处理问题的思路，该测试题主要考察双方对对方的了解、关心程度；通过该环节，让双方反思自身对对方的关心、理解是否达到正常夫妻状态标准。而夫妻双方承诺书则是在双方认识到自身在家庭生活中付出的不足以及对对方的关心、了解不够时，在对方接受的前提下，以向对方保证改正自身不足、双方和好为目的，为对方作出相应的书面承诺。法官寄语运用在所有家事案件中，在向当事人送达法律文书时一并送达，办案法官会在法官寄语中把案件处理之后当事人可能还会遇到的问题、处境作出提醒、疏导，以期真正做到“案结、事了、人和”。

四、将家事审判与巡回审判相结合，推进便民化服务

将家事审判与巡回审判相结合，把法庭搬到老百姓的家里，让当事人在熟悉的环境中放下芥蒂、重拾亲情。选择部分具有典型教育意义的继承、析产、赡养等案件进行巡回审理，通过以案说法的形式对旁听群众进行法制教育和普法宣传，让老百姓真真切切感受到"家和万事兴"的道理，引导人民群众自觉弘扬家庭美德、遵守社会公德，切实增强法律意识、规矩意识和践行社会主义核心价值观的自觉性，推动形成良好的社会新风尚。自 2018 年 6 月至今，西固法院共开展巡回审理一百五十余场次，家事案件的比重占到了 1/5，得到了辖区内群众的普遍认可，取得了良好的社会效果。

五、建立多元化纠纷解决机制

制定《关于完善婚姻家庭纠纷多元化解机制的实施方案》，整合社会优势资源，发挥法院、司法局、民政局、妇联、公证等部门职能作用，构建多层面、立体化的婚姻家庭纠纷多元化解决机制，形成工作合力，有效预防和化解婚姻家庭纠纷，促进家庭和谐稳定。推行离婚案件调解前置程序，将诉前调解作为离婚案件立案的前置条件，尽可能地维护婚姻家庭的稳定和谐。建立家事案件案后跟踪回访制度，创新预防、化解家庭矛盾机制，切实保障未成年人、妇女、老年人、残疾人等合法权益。

比如，由派出所协助查询当事人信息及对人身伤害等案件进行调解；由司法所选派热爱家事工作的人民调解员协助法官调解家事案件；由法律服务所或律师事务所指派法律工作者或者执业律师，为当事人提供法律咨询、代拟法律文书等；利用公证处在家事案件中的服务优势，引入公正调解，由公证处指派具有丰富经验的公正调解员值岗。如此一来，真正实现了"以平台建设为抓手，实现与社会力量的优势互补"，使家事案件的处理方法更加具有多样化和可操作性。

六、运用各类调解法，强化全方位调解

西固法院在调解家事案件中总结出了几种合情合理又切实可行的调解

方法：

1.“交换立场法”。在调解过程中引导双方当事人交换立场，并假设场景，使当事人充分理解对方的角度，并站在对方的立场上去考虑问题，最终实现调解目的。

2.“借力打力法”。在面对有人针对案件说情的情况下，充分利用当事人对“说情者”的信任，引导“说情者”化身旁听者或调解参与者来给当事人做思想工作，最终达到事半功倍、一箭双雕的效果。

3.“追根溯源法”。家事案件往往关系到更多的人情世故，因此，法官在听取双方当事人的说法外，就近向群众或案件双方的特定关系人全方位了解矛盾情况，或邀请特定的关系人参与案件的调解，如此，更容易使当事人接受调解意见，从而达到调解目的。

4.“保持中立法”。在调解过程中始终保持法官的中立地位，并明确与当事人保持同等情感距离，尤其注意对双方当事人在说话语气、肢体语言、案情分析等方面保持客观中立，并充分听取双方的意见，以取得双方的信任，最终促成调解工作。

5.“背靠背调解法”。在调解过程中，除了“面对面”调解，即双方当事人当面的陈述、答辩、交流、沟通外，遇到当事人情绪激动、对立严重的情况时，可以采用“背靠背”的调解方式，在不同的时间分别征求双方当事人的意见，在双方意见相近时达成调解协议。如此一来，可以最大程度缓解双方争执，化解双方矛盾。

6.“公正释明法”。在案件调解过程中，遇到当事人隐瞒内心真实诉求或者故意隐瞒对自身不利的事实时，法官应当对其进行批评教育或善意点破，进而对其进行明理释法，将其拉回法律和真实现状来直面问题，从而保证案件公正处理，杜绝因事实不清导致的调解失败或判决有误。

七、规范举证释明制度

健全诉讼释明制度，对申请调查取证、举证、诉讼保全、裁判结果等加以释明，引导当事人正确行使诉权。适当分配举证责任，降低证明标准，加大法官依职权调查、委托家事调查员调查的力度，以便更全面了解婚姻家庭实际状况,减少当事人之间的正面对抗。例如,对于当事人无法自行调取的证据,及时释明其申请法院调取;在立案环节、送达环节,及时向当事人释明举证、答辩期,避免当事人不及时行使举证权、辩论权而使合法权益受损;在向当事人送达法律文书,尤其是判决书时,对于当事人纠纷激烈案件,办案法官向当事人详细说明判决内容、含义,并引导当事人正确行使上诉权等权利。

八、尊重公序良俗和少数民族风俗习惯

相较一般民事纠纷,家事纠纷更多关涉个人情感、公共道德、社会伦理等因素,无法仅以严格的法律条文来裁判。因地域环境因素,西固法院经常会处理涉及少数民族的家事案件,法官在案件审理中注重个别调整和个案的特殊处理,尊重公序良俗和少数民族风俗习惯,综合权衡当事人的情感、道德、经济状况、受教育程度等多方面因素作出裁判,在整个审判过程中做到既合情合法,又尊重地方习俗。

九、加大宣传力度,营造正向性氛围

我院精心布置符合家事审判特点和中国传统美德的审判环境,打好以"家和万事兴"为主题的家庭矛盾化解和家事案件和谐处理的外部基础,并结合传统文化理念,着力打造柔性家事审判文化。坚持以人为本的原则,将案件审判由侧重财产权益保护转变为全面关注当事人身份利益、人格利益、情感利益和财产利益,充分发挥家事审判的诊断、修复和治疗作用。同时通过官方微博、微信、抖音、今日头条等自媒体及各类外部媒体平台广泛宣传家事审判司法理念及实时动态、家事纠纷典型案例及相关知识,向社会传播和谐家庭观和正向价值观。2018 年,新华社甘肃分社对我院家事案件审理模式进行了专访,拍摄制作了视频《客厅里的法庭》,先后被 30 多家媒体转载,浏览量超过 110 万人次。

家和万事兴,家稳天下固。在倡导社会和谐稳定的今天,家事审判的重要性不言而喻。在今后的工作中,我们会不断学习借鉴兄弟法院的先进做法,不断创新模式、改进方法、提升质效,将家事审判工作做细做实,真正让老百姓感

受到司法的柔情与温度,也让家事审判成为弘扬传统美德、维护社会和谐稳定的坚实阵地。

附:西固区人民法院改革文件(见附录)

夫妻关系测试题(见附录第 626 页)

探索家事审判改革之路　促进社会家庭和谐之风

——家事审判改革的榆中实践

甘肃省榆中县人民法院

为充分发挥家事审判职能作用,维护家庭和谐,保障未成年人、妇女和老年人合法权益,促进社会公平正义,维护社会大局稳定,2016 年,最高人民法院决定在全国范围内选择 118 个法院开展家事审判方式和工作机制改革试点工作,并要求各省高级人民法院根据本省的具体情况确立自己的试点法院。在被确定为甘肃省试点法院之一后,榆中县人民法院在县委坚强领导及上级法院有力指导下,在县人大及其常委会依法监督,县政府、政协及社会各界大力支持下,院党组高起点谋划,凝聚力量扎实推进,学思践悟、边试边改,不断拓宽思路,本着坚持走群众路线、依法调解、调解优先、保护弱势群体及不公开审理五大原则,扎实推进家事审判改革向纵深发展,探索出了一系列行之有效的工作机制,取得了良好的法律效果和社会效果。

自试点工作开展以来,榆中县人民法院家事审判庭受理婚姻家庭类案件 2239 件,结案 1992 件,审结未成年人犯罪案件 33 件 45 人,发出人身安全保护令 11 案 11 份,委派家事调解员调解案件 77 件,对 17 件矛盾较大案件委派家事调查员进行了调查回访,对 1 件当事人有对抗抵触情绪案件中的当事人由心理辅导师进行心理疏导,开展心理咨询 5 次,设置婚姻冷静期 96 件,制作并依当事人申请发出 23 份《离婚证明书》,巡回审判和开展回访 178 件,制作家事审判工作纪录片、专题片6部，编写家事审判工作专刊、案例汇编、制度汇编等5本，2篇研讨论文在全国征文比赛中获奖。

一、抢抓机遇，凝聚共识，迅速形成家事审判改革的强大合力

在2016年3月7日全省家事审判改革工作座谈会召开及《甘肃法院家事审判改革工作座谈会》出台以后，榆中县人民法院抓住试点机遇，积极争取党委政府、上级法院及社会各界的支持，转变思想观念，凝聚各方共识，迅速调动各方力量共同参与家事审判改革工作。

（一）党委领导、多方参与

在被确立为改革试点法院之后，党组高度重视，就改革要求、思路、设想、措施办法进行研究，专题向县委进行了汇报，县政法委高站位部署，将家事审判改革提升到社会综合治理层面来谋划，召开专题会议，听取工作推进情况的汇报，研究解决法院改革工作中存在的困难和问题，在人财物上给予大力支持。

（二）上级指导、方向明确

上级政法委及上级法院时时关心支持改革工作推进情况，多位领导先后视察和调研，对家事审判改革工作提出了具有指导性、前瞻性和可操作性的指示以及意见建议，极大地推进了改革工作的进行。

（三）党组负责、创新推动

院党组统一思想、提高认识、强力推进，第一时间成立家事审判改革领导小组，多次召开家事审判改革工作推进会，确定了时间表、工作目标、工作要求和举措，将责任落实到人，时间精确到点，全力推进家事纠纷的实质化化解。在树立家事审判理念、完善审判场所、强化队伍建设、提升培训效果、促进家风培养等方面不遗余力，精益求精。

二、完善设施，配强人员，精心打造家事审判改革的靓丽名片

为认真贯彻落实家事审判改革的理念和目标，榆中县人民法院立足实际、博采众长，以弘扬社会主义核心价值观和中华民族传统美德为己任，打造符合家事审判改革理念的家事审判场所及家事调解室，自主设计内涵丰富的家事

审判庭徽，建立专业高效的家事审判团队，推出全市首个以法官命名的工作室。

（一）打造功能齐全、舒适温馨的家事调解室

根据家事案件的特点，在广泛征求学者、法官、当事人、普通群众等群体意见，借鉴外埠法院设计思路的基础上，通过认真研究、充分论证，于 2016 年 4 月建成了客厅式家事调解室并在五个人民法庭统一推广修建，调解室整体设计简洁大方、视野开阔、色调明快，配合沙发、鲜花、音乐等，让当事人能够缓解紧张、焦躁、愤懑、悲伤等情绪，找到居家及做客的感觉，消除与法官及对方当事人的对立。另外，在家事调解室对面还设置有心理辅导室，聘请工作阅历丰富、熟悉法律知识的心理咨询师参与到家事审判中，打开当事人心结。自新的家事调解室启用以来，共调解案件 170 多次，接待当事人及诉讼参与人 700 多人次，极大地提升了家事调解工作的效率和效果。

（二）设计内涵丰富、主题鲜明的家事审判庭徽

2016 年 4 月，通过院党组的反复修改与优化，本院干警主创设计了反映榆中县人民法院家事审判改革理念的家事审判庭徽，庭徽整体图案呈圆形，配色与家事调解室保持协调，象征和谐美满；轮廓由两个同心圆构成，外圆寓意社会和谐美满，内圆寓意家庭和谐美满，两圆之间为榆中县人民法院家事审判的汉字及汉语拼音，代表榆中法院居中裁判、调解，促进家庭、社会和谐，同时也体现了榆中法院家事改革中敢为人先、勇于创新的精神；徽标中心图案由“人”“手”“笑脸”“书”等元素构成，整体构图呈房屋形状，体现了家事审判的特色与本质；中心图案上部是两个互相鞠躬的人形剪影，构成一个宝盖头的图形，象征房屋、家庭以及谦让，同时两人在鞠躬时头部重合，寓意双方谦让达成一致、同心同德；人形剪影中间是一双紧握的手所环抱的笑脸，寓意当事人及家事法官应重视孩子的健康、快乐成长，而且孩子也代表希望，寓意让当事人重拾对于生活和亲情的希望与信心；人形剪影下方是一本翻开的书籍，代表家事审判以法律法规及相关制度为基础以及家事理念的传承，像一双展开的翅膀的一字型构图象征着坚守道德与法律的底线，也表达了当事人及家事法官多了解相关理念和知识维系家庭和睦与社会和谐。前来视察的各位领导对庭徽的设计理念给予充分肯定和赞赏，并提出了宝贵的意见和建议，使我们开阔

了视野,提升了境界,备受鼓舞和激励。

（三）组建务实奋进、团结高效的家事审判团队

设立专门的家事审判合议庭,选择理想信念坚定、业务能力突出、善于做群众工作的法官担任家事法官,配备素质过硬的法官助理及书记员,组成专业化家事审判团队,专门审理婚姻、家庭、继承等婚姻家庭类民事案件以及未成年人犯罪及家庭成员间的故意伤害类刑事案件,成立家事审判专业法官会议,单独讨论家事疑难案件。依靠县综治办聘请的23名专职调解员及榆中县人民法院指定的22名家事调查员开展家事案件诉前调解,指定妇联、团委等单位经验丰富的人民陪审员中的妇女干部作为家事案件的陪审员参加合议庭审理。

（四）设立特色鲜明、亮点突出的法官工作室

2016年8月,我院在诉讼服务中心设立了陈旭红法官工作室。设立陈旭红法官工作室是主审法官负责制审判方式改革的探索,旨在鼓励法官立足岗位作贡献,及时解答处理各类群众诉讼咨询,提供法律服务,在推进多元化纠纷解决机制、诉前调解、服务群众、法治宣传等方面成为承接群众利益诉求的窗口,成为司法亲民、便民、高效的一种承诺,成为公正司法、司法为民的一面旗帜。自工作室成立以来共办理家事案件635件,其中离婚纠纷597件,取得了良好的效果,起到了引领示范的作用。

（五）搭建立体多元、渠道畅通的全媒体宣传平台

在牢牢把握“内刊+传统媒体”宣传主阵地的同时不断创新宣传载体,通过搭建“网站+微博+微信”的新媒体司法公开平台,丰富了新闻报道的组织形式和宣传模式。重视新闻策划,围绕家事审判改革重点工作、阶段性目标,合理设置宣传议题,集中持久地宣传家事审判改革中的新举措、新成绩,赢得社会各界的关心和支持。两年多来,围绕家事审判改革工作在中央主流媒体刊登宣传报道77篇,在省级主要新闻媒体上刊登宣传报道209篇,在市级主要新闻媒体上刊登宣传报道52篇,在县级主要新闻媒体上刊登宣传报道29篇。在本院微信公众平台上推送家事审判改革新闻、案例、论文等70多篇,图片300多张,阅读量超过10万次,关注人数近3000人,影响力在全省法院系统名列前茅。2016年11月、2017年12月,顺利召开了家事审判改革新闻发

布会,实现了法院与公众之间顺畅高效的沟通。制作了家事审判改革专项工作纪实片《探索家事审判改革之路　促进社会家庭和谐之风》《家事审判:感受审判的"温度"》等,在兰州电视台公共频道《平安兰州》栏目播出。

(六)挖掘外雅内秀、独树一帜的本土家风文化

好家风是"国之根本,家之灵魂",深挖榆中县本土深厚的家风文化,将家风文化建设与法院文化建设结合起来进行谋划和安排,将家风文化建设与"秦风古韵、山水田园、崇文尚德、开放包容、创新求实"的榆中精神高度融合起来进行推进和深化。建立法官书屋,组织法官讲堂、道德讲堂、文化沙龙、头脑风暴等活动,为广大干警搭建沟通交流的平台,深入推进"两学一做"学习教育常态化制度化,用"好家风"促进"好作风"带动"好院风"。在文化长廊建设中专门开辟"家风走廊""家风灯箱展""家风牌匾""家风挂历""家风对联"等板块,深入学校、社区、部队、团委等地开展法制讲座,让好家风浸润德行修养,让社会主义核心价值观得到大力弘扬。

三、注重创新,多措并举,全力促进家事审判改革的特色发展

榆中县人民法院紧紧围绕维护婚姻家庭关系稳定,依法保护未成年人、妇女和老年人合法权益,弘扬社会主义核心价值观这一改革目标,紧密结合法院人员分类管理制度、法官员额制、主审法官责任制等司法体制改革措施及多元化纠纷解决机制的建设,由点到面、由易到难,坚持依法有序积极稳妥推进,坚持先行先试,大胆探索,锐意创新,探索出了适合榆中本土的家事审判改革模式。

(一)引入家事调查员制度

制定《家事调查员工作规范(试行)》,严格规范家事调查员的选任资格,科学规定家事调查员的工作职责,合理界定家事调查员的法律地位,加强对家事调查员的培训力度,实现家事调查员制度的统一化、规范化、法律化,促进家事纠纷得到公正、高效的处理。家事调查重点调查家庭暴力、婚姻状况、子女抚养、财产状况、家庭纠纷原因等情况;家事调查员须在法庭宣判前完成调查工作并作出书面调查报告或意见,法官可以将该建议作为参考进行裁判,并在判后作好释法答疑。

（二）建立心理疏导机制

设立心理辅导站、儿童活动区及单面镜观察室等设施，通过心理沙盘游戏和心理测试，了解当事人及其子女的心理状况。根据案件需要，对部分有抑郁、家暴倾向的当事人，邀请或聘请心理咨询师介入，帮助当事人正确对待家事纠纷，依法有序进行处理，避免引发新的不稳定因素。与兰州大学法学院共建法学教育实践基地，邀请西北师范大学心理学专家为干警讲授心理学知识并积极组织干警参加心理咨询师考试，提升家事法官的工作应对能力及整体业务水平。

（三）建立跟踪、回访、帮教制度

对未成年人案件、老年人案件，在判决生效后一定期限内，由法院委托家事调查员及乡（镇）社区妇联干部对未成年人及老年人的生活状况进行回访，并评估案件处理的效果。同时，法官根据案件实际情形，对当事人案后身心状况、生活状况、居住环境等进行跟踪回访，提供帮助。

（四）建立反家暴联动工作机制

榆中县人民法院与妇联在执行《反家庭暴力法》过程中，制定《家庭暴力"人身安全保护令"操作规程（试行）》，推动多部门联合开展反家暴工作，加大对家事案件当事人权益的保护力度。建立联席会议及报告制度、信息共享制度、办案联动制度、法制宣传制度等，深入保障家庭成员的合法权益。

（五）注重巡回审理

采取巡回办案方式现场开庭，临时搭起简易法庭，把法庭设在乡村社区、偏远村庄、田间地头、农家院落，邀请乡村负责人、人大代表、妇联专干、邻里乡亲及双方亲属参与调解，努力从源头上消除矛盾，化解纠纷，促进和谐。

（六）推行婚姻冷静期

根据案件具体情况，选择依职权或依当事人申请启动最长不超过 3 个月的"婚姻冷静期"。冷静期前 15 日为"绝对冷静期"，意在为双方当事人留出冷却情绪、反省过错的空间，促使当事人理性对待家庭纠纷，推动婚姻矛盾化解；15 日之后为"相对冷静期"，当事人可以向家事纠纷综合协调机构申请启动调解工作，办案人员将会同妇联、家事调解员、当事人亲友寻找矛盾根源，开展劝和工作，帮助双方当事人平息纷争，平稳度过婚姻"小波折"，从而维护家庭稳定，最大限度地保护当事人的合法权益，实现法律效果与社会效果的有机结合。

（七）建立多元纠纷解决机制

做到立案前、开庭前、开庭后“三调解”，形成“劝、批、谈、教”的调解新模式，尽量凸显浓厚的家庭调和氛围，并以家庭责任担当、亲情维系、宽容理解等为内涵，通过柔性司法传递司法温情，缓解家事纠纷中被激化的家庭矛盾。为推动全县社会矛盾预防、化解工作，县政法委召开了各乡镇负责人参加的全县社会矛盾化解暨家事审判改革工作推进会，建立了由妇联、团委、司法局、各乡镇人民调解人员以及心理咨询师、律师等多方合力调解的联动机制，形成了一系列制度及考核机制。在诉讼服务中心设立多元矛盾纠纷化解诉调对接中心，组建了特邀调解员、专职调解员和司法援助律师三支调解队伍，目前邀请行政调解组织 1 个，行业调解组织 6 个，乡镇人民调解组织 20 个，约 140 人；返聘 2 名退休法官担任专职调解员；邀请了 2 家律师事务所每周派 1 名律师驻庭值班，方便群众咨询和委托调解。

（八）试行婚前财产申报机制

为了有效防范虚假诉讼，落实《民事诉讼法》关于打击虚假诉讼的相关规定，维护家事案件当事人的合法权益，出台了《财产申报办法》，制作了《财产申报表》，要求家事案件当事人按期、如实申报共同财产和个人财产。若拒不申报或者逾期申报财产，在分割共同财产时，将承担不利法律后果。

四、辐射带动，百花齐放，努力将良好家风传递到千家万户

榆中县辖 23 个乡镇 268 个行政村 4 个社区居委会，总面积 3301.64 平方公里，现有和平、夏官营、金崖、高崖、贡井 5 个人民法庭。人民法庭作为人民法院审判工作的前沿阵地，直接面对广大人民群众，在社会主义法治建设中发挥着“神经末梢”的作用，在家事审判改革中具有先天的优势。家事审判改革工作开展以来，5 个人民法庭立足实际、大胆尝试一庭一品，探索出了许多好的经验与做法。

和平人民法庭加大家事案件对外委托的力度，从双方当事人争议焦点入手解决问题。夏官营人民法庭充分发挥女法官优势，积极加强与当事人的沟通交流，巧用短信、微信等科技通讯手段助力审判工作，同时加强与辖区内司法所的联系，从源头上化解矛盾。金崖人民法庭注重与乡司法所、妇联等建立婚姻家庭联合长效机制；此外，家事案件的主审法官还会对情感偏激的当事人进行心理辅导，帮助其缓和情绪，理性看待问题。高崖人民法庭因案、因人而异，寻找矛盾根源，巧妙适用婚姻冷静期，收到的效果比较明显。贡井人民法庭用活用好巡回审理，化解了大量家事纠纷。

五、奋发有为，再接再厉，全面推进家事审判改革向纵深发展

榆中县人民法院在家事审判改革中取得了一些成效，但也存在一些问题：在家事审判工作专业化方面，对相关问题研究不深；社会化广泛参与方面积极性不高，如家事调查员、调解员均为妇联、团委、乡镇等部门干部，兼职调解，因自身工作任务重，对调解工作积极性不高；经费紧张，信息化应用水平不高，特别是聘请心理咨询辅导力量薄弱，尚不能广泛推行。这些问题将会对改革工作深入推进带来一定的困难。

下一步我们将加大改革试点工作力度，努力做到：

（一）大力推进家事审判工作的社会化、专业化协调发展

要围绕家事审判特点和需求，着力推进家事审判工作的专业化、社会化发展，让当事人更多地感受到家事审判特有的司法柔性和人文关怀。

（二）拓展审判领域，将家庭成员间民事、刑事及未成年人犯罪案件引入家事审判理念等方面有新发展

进一步将未成年人犯罪案件、家庭成员间伤害等刑事案件在家事审判理念指导下发挥好少年圆桌审判庭、未成年人心理干预、回访、帮教、心理辅导等审判机制作用，通过法院、学校、家庭、社区、社会等多方共同努力，促进家庭和谐及未成年人顺利回归社会、健康成长。

（三）探索创新机制，在多元矛盾化解机制作用的发挥上有新作为

依据家事审判的特点，确立当事人亲自到庭参加诉讼、探望权规则、家庭恶习规制、离婚案件风险评估等制度，加大采用心理疏导办理家事案件的力度。积极探索新形势下法律拥军工作的新情况、新载体、新模式、新内容，搭建多种形式涉军维权服务平台，大力推进涉军维权工作。

（四）深化院校合作，在强化队伍素质、探索家事审判理论与实践发展方面有新突破

深化与高等院校的合作，建立调研人才库，为家事审判改革提供理论支持。建立大中专院校学生实习基地，吸收法律志愿者及实习生进入诉讼服务中心参与家事审判工作。强化培训工作，将培训做深做精，提升家事审判队伍整体素质。

（五）讲好家庭故事，让家事审判成为培育优秀家风文化、传播法治好声音、弘扬法治精神、根植社会主义核心价值观的重要阵地

将家风建设与家事审判工作有机结合，发挥家风家训的教育熏陶作用。紧密结合家事审判工作实际，强化正面宣传和引导，努力提升法院宣传工作的传播力和影响力。集中持久地宣传家事审判中的新举措、新成绩，大力弘扬社会主义核心价值观及中华民族传统美德，促进社会文明进步。

家庭的和谐稳定是国家发展、社会进步、民族繁荣的基石。家事审判改革是实现这一目标的重要途径，榆中县人民法院将在县委的坚强领导和上级法院的有力指导下，在人大、政府、政协以及社会各界的监督、支持和广泛参与下，求真务实，大胆尝试，改革创新，迎难而上，坚定信心，不断进取，以司法为民的情怀和无私奉献的精神全面推进家事审判改革工作向纵深发展，总结出可复制、可推广的经验做法，向党和人民交上一份满意的答卷。

附：榆中县人民法院改革文件（见附录）

榆中县人民法院家事审判改革试点实施方案（见附录第 629 页）

榆中县人民法院关于审理家事案件的若干规定（见附录第 633 页）

榆中县人民法院家事案件财产申报制度（试行）（见附录第 642 页）

榆中县人民法院家事调查员工作规范（试行）（见附录第 643 页）

榆中县人民法院家事案件委派调解流程（见附录第 645 页）

甘肃省榆中县人民法院婚姻案件冷静期通知书（见附录第 645 页）

甘肃省榆中县人民法院婚姻案件冷静期提示书（见附录第 647 页）

榆中县人民法院家庭暴力“人身安全保护令”操作规程（试行）（见附录第 649 页）

“枫桥经验”在家事审判中的应用

——以天水法院家事审判改革为视角

张继民* 杨 颖**

改革者，改掉事物中陈旧、不合时宜之因素，使之合理、完善，合于时代需要。司法体制改革依循社会发展和治理模式革新的要求不断完善，使之适应新时代社会治理需求，家事纠纷长期性、私密性、社会性的特点决定了传统民事纠纷处理方式在家事纠纷审理中的局限。司法机关作为社会治理的参与者，其在家事纠纷的处理上必须依托社会综合治理体系，而诞生于20世纪60年代的“枫桥经验”，因其多元化纠纷解决机制的价值内涵与家事矛盾的化解有其内在的契合点，其在家事纠纷中的创造性运用，将为家事审判方式改革提供清晰的现实路径。

一、家事纠纷的特点以及传统审判职能的局限性

（一）家事案件的特点

习近平总书记曾引用《孟子》中“天下之本在国，国之本在家”的论述来阐释家庭和谐之于社会稳定、有序，国家富强、文明的重要作用，家事纠纷的妥善

* 张继民，甘肃省天水市中级人民法院党组副书记、副院长。

** 杨颖，甘肃省天水市中级人民法院民一庭法官助理。

化解关乎社会、国家；囿于家事案件的特点，审判机关中立裁判者的角色在家事审判方式改革中成为必然。

家事纠纷案件滋生于家庭生活之中，矛盾细碎、烦琐，且隐含在长期的家庭生活之中，当事人之间因身份关系影响，矛盾在生活中不易被外界知晓；加之家庭事务纷繁复杂，矛盾隐藏期间较长，且容易累积、发酵。同时，家庭生活涉及家庭成员之间隐私，部分当事人本着"家丑不可外扬"的心理，耻于将矛盾纠纷交由他人，而当事人自身在处理矛盾纠纷时又存在差异，如处理不当便可能引起矛盾的进一步升级或激化，进而导致家庭关系的破裂，甚至引发恶性刑事案件。家事案件的长期性、私密性以及社会性等特点使其与其他民事案件有明显的区别，传统民事案件的审理方式在家事案件的审理中收效甚微。

（二）传统审判模式的局限性

首先，按照传统的民事案件审理方式，审判机关在家事案件中依然采取的是"当事人主义"的"对抗"模式，在案件起诉至法院之后，由诉讼当事人自己提供证据来支持自己的诉求，而诉讼过程中缺乏对当事人情感利益的保护，易造成对当事人情感的再次伤害。其次，由于家事案件的人身属性，家庭成员之间在日常生活中不可能时刻以诉讼为目的进行证据收集；加之现阶段我国群众普遍的法律意识不强，当事人在长期的生活中缺乏依法维权的意识，仅通过诉讼程序难以起到维护当事人身份利益、财产权益、情感抚慰的作用。再次，过去家事案件审判中虽然以调解作为化解当事人之间纠纷的重要途经，但以往的案件审理过于注重调解对于案件处理的高效与便捷，从而时常发生牺牲一方合法权益而追求案件审理结案的情况，如此非但不能达到案结事了的价值追求，更会导致司法公信力的降低。最后，司法审判作为社会公平正义的最后一道防线，却并非社会治理、社会矛盾化解最便捷、高效的机构，过分依赖司法审判化解民事纠纷的传统与家事纠纷长期性、私密性以及社会性等特点已不相适应；司法机关作为社会综合治理的参与者，亦是社会治理创新的多元主体之一，其只有以协调、联络、调动多元社会纠纷化解主体为指导，充分发挥司法审判的权威性、专业性以及终局性的特点，才能在家事纠纷的化解上起到事半功倍、令行如流的效果。诞生于20世纪60年代的"枫桥经验"在社会矛盾化解上的理念、原则和举措为新时代家事审判方式改革提供了可资借鉴的经验和做法。

二、“枫桥经验”在当代的制度价值

“枫桥经验”作为基层治理的典范，以“坚持发动和依靠群众，坚持矛盾不上交，就地化解矛盾”“小事不出村，大事不出镇”为原则，其精髓和灵魂在于社会化的矛盾化解方式，通过群众的广泛参与，将矛盾纠纷化解在基层，避免矛盾纠纷的负面社会效应扩大。“枫桥经验”历经几十年的发展运用，在当代社会治理体系中仍然释放着鲜活的制度活力。习近平总书记在十九大工作报告中提出，要打造共建共治共享的社会治理格局，提高社会治理社会化、法治化、智能化、专业化水平。而在新时代“枫桥经验”的基础上诞生的四川的“北川模式”，贵州的“中山模式”以及法院主导等模式[1]均在“枫桥经验”的创造性运用上展示出了其时代性的价值内涵。

（一）“枫桥经验”——社会化矛盾化解格局

“枫桥经验”历经社会管制到社会管理，再到社会治理，经过两次历史性飞跃。“枫桥经验”诞生之初针对“四类分子”，[2]提出“少捕、矛盾不上交、依靠群众、开展说理斗争”等形式将“四类分子”改造成新人的经验，当时仅仅是依靠群众参与斗争实现稳定社会治安。但在历经社会管理到社会治理的演进后，“枫桥经验”社会化矛盾化解机制在新时代包含但不限于依靠群众参与社会治理，而是通过联系、协调、调动社会治理的各个环节、主体参与到社会综合治理的大格局之中，发挥各个环节、主体在社会治理中的职能、作用，形成社会综合治理的合力，改变以往各个部门各司其职，缺乏沟通、协调，被动地投入社会治理的局面。

（二）“枫桥经验”——人性化矛盾化解理念

“枫桥经验”坚持“小事不出村，大事不出镇，就地解决矛盾”的做法，其内涵在于基层群众的参与。基于基层群众对当地文化习俗、生活习惯、道德传统的了解，注重矛盾的化解在遵循法律规则的同时，需要依循当地的社情、民情。

---

〔1〕 参见王者杰、刘心蕊：《“枫桥经验”的法治实践与基层矛盾化解机制》，载《天津法学》2019年第2期。

〔2〕 四类分子：地主分子、富农分子、反革命分子、坏分子。

基层治理不仅注重国家制定法，还必须尊重道德、习俗、习惯等其他社会规范。[1] 而且，“枫桥经验”以调解作为化解矛盾的有效方式，注重当事人在矛盾化解中的自主与自决，通过基层自治组织参与调解，缓和当事人之间的对立情绪，除运用传统的调停、讲理、规劝、说服教育外，综合运用道德、法律、经济、行政等多种手段，[2]形成多元化纠纷化解机制。

（三）“枫桥经验”——法治化制度保障

“法律是治国之重器，良法是善治之前提。”[3]在依法治国的时代大背景之下，社会治理模式的更新和治理能力提升都必须在法治的大框架之内。“枫桥经验”之所以历经几十年不衰，并且被推崇为新时代社会治理典范，其要义之一便在于顺应社会发展的法治化潮流。从桐乡的“三治融合”到余村的“绿水青山就是金山银山”，再到衢州的大调解模式、宁波化解医患纠纷模式，[4]“枫桥经验”在新时代的创新步伐无一不是踏在法治化的脚印之下。法治化是依法治国方略背景下“枫桥经验”的新内涵，司法作为社会矛盾化解的有效途径，也是社会公平正义最终的“守门人”，矛盾纠纷的化解必须依循法律，在法律规范的框架内开展工作，以法律作为矛盾纠纷化解的保障。

三、“枫桥经验”在天水法院家事审判中的运用

甘肃省天水市两级法院在家事审判中依循“枫桥经验”，大力优化家事审判资源配置，营造温馨家事审判环境，倡导柔性家事司法理念，在缓和当事人对立情绪上做文章、多元化矛盾化解机制上拓思路、维护家庭和谐稳定上下功夫，家事审判工作整体稳步推进，实现了家事审判工作“三个效果”的有机统一。

---

〔1〕 参见丁慧、代瑞婷：《基层治理的三维内在要素——以“枫桥经验”为切入点》，载《辽宁师范大学学报》2019年第4期。

〔2〕 参见冯卫国：《“大调解”体系建设的“枫桥经验”——完善多元化纠纷解决机制的新探索》，载《山东科技大学学报》2018年第6期。

〔3〕 本书编写组编著：《〈中共中央关于全面推进依法治国若干重大问题的决定〉辅导读本》，人民出版社2014年版，第8页。

〔4〕 参见刘琦、杨茜：《构建新时代“枫桥经验”与共享共治社会治理格局的路径研究》，载《长春理工大学学报》2019年第3期。

（一）积极打造专业化家事审判团队

天水两级法院在家事审判团队的构建上，以审判人员的“同理心”为基础，以“已婚”“具有丰富审判经验”“心理疏导能力强”“女性优先”为要素，着力构建适宜家事矛盾化解的审判团队。天水中院民一庭组成了3名法官+2名法官助理+3名书记员“3+2+3”的家事审判团队，2名女性法官中一名为法学在读研究生。清水法院在全面评估审判力量的基础上从民一、民二、行政、审监四个审判庭室抽调业务骨干组成专业审判团队。武山法院组成了由主管副院长牵头，民一庭和洛门、鸳鸯、滩歌三个法庭统一调度协调的家事审判团队。目前，天水两级法院已完成组建家事审判专业化团队的规定动作。

（二）家事审判场所改建基础性工作全面完成

天水法院家事审判方式改革起步较晚，而家事审判法庭的建设是基础性工作，需要下真功夫，舍得投入。天水中院党组高度重视，除召开专门的家事审判改革工作推进会外，就家事审判法庭建设问题与各基层法院院长进行了专题研究，根据各基层法院、人民法庭的建筑特点制定出建设方案。在确保完成每个法院、法庭都有家事调解室的基础上，鼓励、引导、支持有条件的秦安法院、清水法院以及七里墩法庭、天水郡法庭打造家事审判区域，为今后各单位家事审判场所改造提供可复制可借鉴的优秀样板。秦安县人民法院已建成功能齐全的家事审判法庭一间，调解室两间，心理疏导室一间，亲子活动室一间。审判场所以“和”为主题，墙面装饰为家训名言、劝和歌等内容，向当事人传达“沟通”“理解”“包容”的家庭理念。

（三）多元化矛盾化解机制、柔性家事审判理念成为家事审判常态

在2018全省家事审判方式改革推进会后，天水中院以弘扬传统家庭伦理道德、维护家庭和谐稳定、缓和家庭矛盾、移风易俗、倡导和谐家庭新风尚为出发点和落脚点，确立了“搭建一个平台、依靠两条路径、兼顾三种利益、实现四度改革”的家事审判改革工作目标。

1.搭建一个平台。建立了两级法院家事审判团队负责人、业务骨干为成员的微信交流平台，就全市两级法院以及各县区域内家事案件裁判标准、疑难问题实现信息共享和经验交流，重点解决家事案件中彩礼数额认定、返还标准等需要酌定判处的问题，保证在全市范围家事审判尺度的统一，同时对跨县

域、跨法庭管辖区域的人身安全保护令实施等需要配合的工作实现各团队之间的支持与帮助。

2. 依靠两条路径。将法院专业化审判机制与社会综合治理机制有机结合，加强与民政、公安、妇联等社会综合治理部门的沟通协调，如秦州区藉口法庭建立的家事审判工作微信群，将辖区内乡镇党政领导、六个派出所所长、司法所长、各村书记、村长都拉入群内，对家事纠纷的调处、人身安全保护令实施等家事案件“老大难”问题进行沟通协调，较好地解决了家事纠纷中法庭单打独斗、心有余而力不足的尴尬局面。

3. 兼顾三种利益。在注重民事纠纷身份利益、财产利益的同时，重点关注当事人的情感利益，如在老人赡养费问题中，除依法判处由子女给付老人抚养费、维护老人合法权益的同时，积极给子女做说服教育工作，消除子女与老人之间的情感隔阂，兼顾三种利益的平衡。

4. 实现改革四度。(1)降低审判高度——转变职能定位，天水中院在改革中落实院长办案制度，主管副院长张继民同志2019年上半年办理的3起婚姻家庭案件均以调解、撤诉处理，其中在牛某与杨某离婚案件中首次适用离婚冷静期，原审原告牛某在离婚冷静期即将结束时提交撤回起诉申请，双方重归于好；同时，天水中院发出首例人身安全保护令，为全市法院推进离婚冷静期与人身安全保护令的实施起到了积极的指导作用。(2)提升审判温度——注重人文关怀，天水中院民一庭积极探索离婚证明书制度，在初步设计的离婚证明书中以“往日纠葛终释怀，忆美好，从容迎未来；聚散皆姻缘，惟愿子有亲、老有孝、心有爱”为法官寄语，引导当事人放下过往纠葛，积极面对生活，创造未来美好生活。(3)拓展审判宽度——天水法院以离婚纠纷案件为原型，拍摄了家事案件宣传片《迟来的幸福》，并选取大型公益节目《等着我》等有典型教育意义的视频，制作法院家事审判调解工作视频集，供基层法庭做调解工作时选用。(4)延伸审判广度——落实多部门协同合作，促进信息共享，着力减少家事案件数量。

(四)立足实际情况，整合资源，更好地发挥心理疏导干预在家事审判中的作用

在天水中院的推动下，目前市中院、秦州、麦积、秦安、清水法院已聘请了

具有心理评估、诊疗资格或经验的人员担任家事案件心理疏导辅助人员，但张家川、甘谷、武山三个法院因条件限制，尚没有心理疏导辅助人员。针对这种情况，市中院将已经聘请的心理疏导辅助人员基本情况进行了登记，对张家川、甘谷、武山在审判中需要心理辅导介入的案件，由其案件主办人填报情况报表后，由中院家事团队负责人杨斌庭长与心理疏导专业人员进行联系，有条件的可安排当面进行，没有条件的也可通过手机微信、计算机网络等方式对当事人进行心理评估和疏导，这一机制的实现，较好地化解了各县区专业力量不平衡的客观困难。

（五）高度重视善良风俗在家事审判中的运用，使我市家事审判工作更接地气

天水两级法院历来重视乡风民俗在民事案件中的运用。张继民副院长亲自调研并撰写《论风俗习惯在家事审判中的适用》《由“天价彩礼”引发的思考》等研讨文章，对我市家事审判工作，尤其是农村婚姻案件起到了很好的指导作用。在面对农村彩礼如“下马羊”“顶门钱”“认亲钱”等名目时，以《婚姻法》及其司法解释为依据，同时尊重当地风俗习惯，妥善化解了多起当地影响大、积怨深的家事纠纷案件，为后来处理类案设立了标准，起到了良好的示范作用；而对于武山县部分农村地区仍然存在的“换头亲”，以及以清水、张家川县地区为代表的高价彩礼问题，则通过大量的说服教育工作，使老百姓对这些陋习的危害性、违法性有了一定的觉悟，为平稳化解此类纠纷奠定了良好的思想基础。

四、结语

“枫桥经验”从社会管理向新时代社会治理的转变，与家事审判方式改革同频共振，为家事矛盾的化解、从源头治理家事矛盾、良好社会治理模式的形成提供了具有时代意义的制度供给；借住信息、网络等科技手段的应用，“枫桥经验”将在“平安中国”“法治中国”“和谐中国”的建设上发挥更为广泛的指引作用。

立足“和谐”促改革，谱写家事审判新篇章

——宁夏西吉县人民法院家事审判改革经验

张尚祎* 马占山**

宁夏回族自治区西吉县地处宁夏六盘山下，是陕甘宁革命根据地的一部分。1936 年 10 月，红一、二、四方面军胜利会师于西吉将台堡，毛主席曾两次驻留于此，留下了“回舍夜话”“回汉一家亲”等佳话。2016 年 7 月 18 日，习近平总书记来到西吉县将台堡，瞻仰、参观了“中国工农红军长征将台堡会师纪念碑”，缅怀先烈，不忘初心，走新的长征路。红色的血脉和基因流淌在每一个西吉人的身体中，更激励着西吉县人民法院（以下简称西吉法院）这个集体。西吉法院是“全国模范法院”，副院长赵啟喆荣获“全国模范法官”，成为全国少有的“双模法院”。

2016 年 6 月，西吉法院被最高人民法院确定为全国 118 个家事审判改革试点法院之一。家事审判改革以来，西吉法院更新审判理念，打造家事审判团队，加强家事审判硬件设施建设，探索创新符合家事审判规律的工作方式和机制，积极回应了党中央和习近平总书记弘扬社会主义核心价值观、建设良好家风的新期待，积极回应了人民群众对家事案件审判工作的新需求，让人民群众

---

* 张尚祎，宁夏省西吉县人民法院院长。

** 马占山，宁夏省西吉县人民法院家事审判庭庭长。

切实感受到了司法改革红利的释放，也让人民群众对家事审判改革有了更多获得感。改革三年来，西吉法院共受理家事案件3853件，审结3789件，结案率达98.34%，法定审限内结案为100%；其中调解撤诉结案2764件，调撤率高达72.95%，较改革前提升9个百分点；服判息诉率达98.9%，较改革前提升8个百分点；简易程序适用率达96.65%，较改革前提升7个百分点，西吉法院改革成效显著，实现了家事案件的审判质量和效率的全面提升。

由于家事审判改革成绩突出，2018年3月西吉法院家事审判庭被宁夏高法院授予“集体二等功”，2018年7月被最高人民法院评为“全国法院家事审判工作先进集体”，2019年3月被自治区妇联评为“自治区维护妇女儿童权益”先进集体，家事审判庭庭长马占山亦被评为“自治区维护妇女儿童权益”先进个人。全国人大代表视察团以及最高人民法院咨询委员会副主任杜万华，自治区党委常委、政法委书记张韵声，自治区高院沙闻麟院长等领导同志专题调研了西吉法院家事审判工作，对取得的成效给予充分肯定和高度评价。自治区妇联、市人大政协、县人大政协视察组，把西吉法院家事审判作为典型窗口进行调研观察；安徽蚌埠、银川市金凤区等区内外多家兄弟法院组团观摩学习，交流改革经验，极大地丰富了家事审判的工作成果，推动了家事审判改革的进程。

一、主要做法

从机械的条条框框到满意的“亲情修复”，从程序化的“对簿公堂”到面对面“温馨说事”，从单一的诉讼解纷到多元化机制调处，从严肃的法庭到平等的“家庭”小屋，从法律上的“判后答疑”到思想上的“潜移默化”，一切都在悄无声息地变化着。而这种变化则凝结着家事审判理念的更新和审判方式的变革，体现的是法治精神，承载的是法院担当，彰显的是法官智慧。一个个即将濒临破碎的家庭被挽回，一次次多少亲人的痛苦被挽救，那些尘封的卷宗诉说着人民法官谋事创业的决心和信心……西吉法院家事审判改革以来，以理念引思路、以方式转观念，从保护当事人权益、维护社会稳定、助力脱贫攻坚等大处着手，从创新完善机制、专业化审判、传统文化教育等小处着眼，使家事审判走出了一条适合当地实际、赢得群众信赖、符合改革精神的“西吉模式”，为全区法院全面推进家事审判改革累积了宝贵经验。

（一）提升硬件，设立以“和”为主题的家事法庭

家和万事兴。家不仅仅是夫妻两个人的事，还牵绊着两个家庭，甚至两个家族；一个家庭的不和，将会带来两个家庭的不和或两个家族的矛盾。因此，西吉法院在法庭的设置上十分注重“‘和’字为贵、‘理’字为先、‘法’字为上”的理念。

2016 年 6 月，西吉法院被最高人民法院确定为全国法院家事审判方式和工作机制改革试点法院后，院党组班子和家事审判团队不断更新理念，大胆创新探索，以家为主题，打造家事审判中心。设置了客厅式、圆桌式家事法庭、家事调解室、家事多功能工作室、家事文化长廊等专门场所。家事法庭的门厅古韵十足，檐牙高啄。门厅立柱上“法安天下、德润人心”八个大字格外醒目，意义深邃；“宏风导俗，修身齐家”的门联，切中要害。走廊墙面上悬挂的是习近平总书记给父亲的拜寿信、古代二十四孝挂图、西吉土生土长的十大道德模范事迹简介等等，典型厚重的事例，别致精巧的布置，道德文化的力量，使人仿佛置身于一个书香门第之家；这种设置，有助于用身边的故事激发教育当事人，实现自己的价值观，接受传统美德。母婴室里“让孩子健康成长”“让孩子有个幸福的家”的寄语，提示父母有关爱教育孩子的责任和义务；情感修复室里“打开心灵的窗户，迎接久违的阳光”“你走天下我心牵挂”的寄语，表达了亲情之间对美好时光的追忆；圆桌审判平等对话，法官不再高高居上，夫妻不再怒目相对；调解室里，当事人敞开心怀说家事，法官和风细雨巧调解。温馨的画面，家一样的感觉，放下的是包袱，扛起的是责任，牵手的是亲情。

从人文关怀出发，当事人的席位设置为夫、妻、父母等亲属身份席卡，取消了生冷的原被告席位，降低了当事人的恐惧害怕心理，营造了充满家庭氛围的审判环境；家事法庭和调解室摆放了花草、盆景等绿色观赏植物，多了一份理解关爱，少了一份激烈冲突。家事法庭不再是“法官、当事人和法槌”那样单调和生冷，而是融合了更多的家庭元素和温暖。注重亲情修复，设置情感修复室。情感修复室摆放了组合式沙发、饮水机、小茶桌和高清电视机。收集案件当事人结婚时留存的视频，庭前播放给当事人观看，以唤醒他们对曾经美好生活的回忆，达到宽容、谅解、礼让对方的目的。同时，通过播放典型离婚案件音

像资料、反家暴宣传片及单亲子女高犯罪率影片等，教育引导当事人汲取教训，感化心灵，珍惜家庭，解怨消恨。重视儿童健康，设置母婴护理室，配备婴儿床、玩具和儿童读物，让孩子沐浴家庭温暖，感受亲情的伟大。

（二）理念先行，切实转变家事案件审理方式

试点工作启动伊始，西吉法院以明确的思路和要求，定向谋篇，综合施策，立足于“基层法院离矛盾纠纷最近，离人民群众最近，是家事审判改革天然的‘苗圃地’和‘试验田’”，及时部署动员，传达试点工作的文件精神，以转变司法理念为切入口，还原家事审判的社会性、公益性和基础性，为妥善解决家事纠纷持续发力，提供积极、持久的动力和方法。一是从裁判功能向诊断、修复、治疗复合功能转变。改革中明确家事审判不仅具有裁判职能，还应当具有婚姻的救治职能，着力于裁判功能向诊断、修复、治疗功能的转变，体现法律关系调整、社会关系修复、心理疏导治疗等多重功能复合的价值追求。把“治疗性”司法理念贯穿于案件的整个审理过程，落实在每一个环节，最大限度平复婚姻家庭纠纷各方因情感危机带来的心灵创伤，尽可能实现对尚未破裂的婚姻和问题家庭的救治。二是从侧重关注财产权益向全面关注当事人身份利益、人格利益、情感利益和财产权益转变。以前法官办理离婚案件就是三部曲：婚姻、孩子、财产，对当事人婚姻状况并不作更多的判断，离婚往往变成了对财产分割的审理。改革中，西吉法院打破原有的诉辩式审理方式，通过离婚调查问卷、庭审五十问、家事调查、心理疏导等方式，全面准确判断当事人的婚姻状况。

家事审判改革最突出的是庭审方式的改革，从原来单一的“谁主张，谁举证”的抗辩式庭审转变为法官的职权探知。“通俗地说，以往的庭审中，当事人通过举证主张自己的诉求，法官强调证据主义；现在的庭审重点是对夫妻感情的审查，法官主动询问，引导当事人说，让当事人把‘苦水’都倒出来，然后对症下‘药’。”对于当前的家事审判改革，西吉法院家事女法官马阿宁有她自己的见解。马阿宁说，庭审前，法官会发给当事人离婚调查问卷，包含婚姻破裂的原因、列举对方的优点和缺点等问题，先期了解当事人情感受挫的原因，明晰双方的婚姻状况。庭审中注重“动口”，让当事人以说为主，打破原有的诉辩式审理方式，当事人不再以“原、被告”瞠目相对，而是以“丈夫、妻子”等

身份面对面交流,从“对簿公堂”中摆脱出来,平等对话修复感情。法官问的最多的问题是婚姻过程、夫妻感情出现问题的原因,让一方“陈述对方 3 个至 5 个优点,互相说 1 件至 2 件婚后最让自己感动的事”,将这些列为庭审程序的必须环节、审理中的重点,抓住当事人心理感动点,通过一系列庭审要素,触动心灵、共忆美好,督促夫妻感情的修复。马阿宁清晰地记得,一个女当事人离婚的原因是丈夫太懒惰,但也说出了丈夫性格好的优点;而丈夫说,妻子什么都好,就是爱唠叨。找准了问题的症结,马阿宁引导当事人将心理的憋屈全部说出来,双方都说出了心声,最后还是觉得还不至于离婚,最终牵手回家。

(三)降速慢行,全面诊疗修复夫妻感情

“家事案件主要是离婚纠纷,按照以往的惯例,当事人提出离婚诉讼,法庭审理后则根据案情判决离婚或者不准离婚,一个案子最快十几分钟就审完。而现在庭审后并不急着下判,一切以说和为主,为了挽救当事人的婚姻家庭,我们甘愿跑断腿。”马占山说,当前的家事审判虽然是马拉松式的过程,烦琐、枯燥,但皆大欢喜的结果使他们更有成就感。西吉县是脱贫攻坚主战场,一个离婚案件导致的分家析产会让原本就不富裕的当事人更加贫困,条框式的判决直接会出现妻离子散、老无所依、幼无所靠的结局。因此,在家事审判上绝不能提速加档,而要降速慢行,注意每一个“岔路口”,生硬的判决毫无意义。

为了达到教育、修复的效果,尽一切可能修复破损的婚姻,西吉法院选任社区、妇联、司法等部门工作人员为家事调查员,接受法官委托,利用自身专业知识和社会经验,通过走访邻居、社区、工作单位等方式了解当事人的婚姻家庭状况等,界定“死亡婚姻”和“危机婚姻”,向法院出具书面调查报告、出庭陈述意见、提出纠纷解决方案。通过把脉,确系“死亡婚姻”的,按照法律规定裁判;如果是“危机婚姻”,庭审中难以修复的,设置感情冷静期,给予当事人最长不超 6 个月的感情修复时间,让双方积极主动作为,避免双方等待观望中错失解决纠纷的良机。同时,家事法官会及时回访给予冷静期和判决不准离婚的案件、涉及家庭暴力案件以及涉及未成年人矫正情况的当事人,多跑路、多见面、多聊天,督促当事人消除对立、弥合亲情、恢复情感,达到化解矛盾纠纷、维护婚姻家庭稳定的最终目标。

（四）创新机制，全力推进家事审判专业化

没有规矩，不成方圆；不成规矩，难以成方圆。西吉法院及时出台《家事审判方式及工作机制改革实施方案》，制定《关于适用“感情冷静期”处理离婚纠纷案件的实施意见（试行）》《家事案件调查工作规则（试行）》《离婚生效证明书制度》，发布《家事诉讼程序操作规则》《人身保护令实施细则》等近 20 余项制度，进一步完善家事审判的各项工作。

1. 组建了专业化审判团队

从 30 名入额法官中，筛选了 8 名审判经验丰富、工作能力强的业务骨干，按照“1 +1 +1”的模式，组建了 5 个审判团队，以固定的家事审判场所为中心，覆盖民一庭和四个基层法庭。召开专业会议进行研判，总结交流审判经验，为家事审判方式改革扛大旗、挑大梁、树典型。

2. 积极引入心理疏导机制

针对家事案件当事人易出现心理失衡、情绪激动等问题，选聘了 3 名具有化解婚姻家庭纠纷经验的心理咨询师，“面对面”对案件当事人、未成年人子女的心理状况进行心理辅导，提供心理咨询和情感疏导服务，分析并制作报告，提出科学合理的建议。改革伊始，西吉法院主动联系了西吉籍获心理学博士学位现供职于上海教育科学研究院的杨彦平教授，杨教授热心家乡法院家事改革中心理服务所需，利用每年回家探亲之际和通过网络视频免费为案件当事人进行心理辅导、讲座；聘请当地院校 2 名心理学专业老师，根据案情需要及时来院提供心理辅导、咨询，每次由单位给予 300 元报酬。

3. 畅通亲情多维修复渠道

坚持纠纷内外梯次分流过滤理念，对家事纠纷实行“先行诉讼辅导、诉前委派调解、诉中委托调解”三步情感修复流程，起到了“先修复情感再解决纠纷”的缓冲效果。在立案庭设立家事案件诉调中心，由聘请的律师、法律工作者“坐诊”诉调中心，开展家事案件诉讼辅导和诉前调解，减少家庭纠纷借诉讼途径升级矛盾。对诉前调解未果的案件，进入家事审判庭，由法官委托家事调解员进行调解，并在 30 日内完成调解工作。没有达成协议的，终结调解程序，将案卷移送家事法官。试点以来，通过诉讼辅导、委派调解等多种方式，有 655 件家事案件当事人和好并放弃诉讼，有效减轻了诉讼压力。

4. 建立家事调查和“婚姻冷静期”机制

对离婚案件，委托家事调查员走访近亲属、邻居，了解当事人的婚姻家庭状况，界定“危机婚姻”和“死亡婚姻”。明析未成年人抚养现状，并出具调查报告。针对夫妻矛盾较深、短时间内难以彻底化解的“危机婚姻”，采用“六个月婚姻冷静期”，引导当事人自我反省、自我调整、自我改变，从而达到夫妻和好目的。

5. 探索案件回访和离婚生效证明机制

对设置婚姻冷静期、驳回离婚诉讼请求、涉及家庭暴力的案件，由法官、调解员、调查员定期进行回访，及时了解当事人的生产生活和情感恢复情况，在回访中消除对立、弥合亲情，维护家庭和谐稳定。为防止隐私泄露，对判决、调解离婚的案件，针式打印专门设计的《离婚证明书》，只载明当事人姓名、案件类型、案号、裁判文书生效时间等要素，最大限度保护当事人的隐私。

（五）多方联动，深化家事纠纷多元化解机制

积极争取县委和政法委的领导与支持，注重与民政、教育、司法、妇联等部门沟通联系，从人大代表、政协委员以及妇联、团委工作人员中选聘20名家事调查员、3名心理疏导员、44名家事调解员，成立了“家事纠纷多元调解委员会”，多层次、全方位搭建家事化解平台，通过社会力量把矛盾纠纷化解在萌芽状态，消除在源头，和解在诉讼之外。与民政、司法局、妇联联合发文签署《关于建立家事纠纷综合协调解决机制的合作备忘录》，进一步拓宽家事审判的社会服务力量，推进家事审判“社会化”工作。

与民政部门共建反家暴庇护中心，对遭受家暴而无家可归的受害人，及时给予庇护；对追索赡养费、抚养费的老人、儿童及回访中生活确有困难的当事人，帮助其向民政部门发出《社会帮扶建议函》，民政部门及时给予相应的救助帮扶。与妇联建立反家暴信息共享和调审互动机制，对妇联受理的涉家暴纠纷，通过信息共享及时反馈家事审判庭，家事法官提前介入，给予法律支持，并与妇联工作人员联合调处家事纠纷；家事审判庭审理的涉家暴及其他典型家事案件，邀请妇联推荐的人民陪审员、家事调解员参加案件审理、调解，发挥各自优势，共同化解家事纠纷。与司法行政部门成立家事纠纷调解室，由司法部门推荐具有法律、婚姻、心理方面专业知识的律师、司法调解员、社工组成家

事调解员，由法院统一培训后参与家事案件的调解、调查工作；与司法行政部门建立法律援助和司法救助机制，对于生活困难、诉讼能力弱的当事人，由法律援助中心给予法律援助，法律援助工作者对其援助的困难当事人可以申请减、缓、免诉讼费，并对符合条件的当事人申请给予司法救助。

2018 年 7 月 19 日，最高人民法院周强院长在全国家事审判改革工作总结大会上，充分肯定了西吉法院与相关部门联合签发备忘录、建立完善家事纠纷联动化解机制的典型做法。

二、工作成效

家事审判改革以来，西吉法院通过转变理念，健全机制，延伸服务，改革工作取得了显著成效。

（一）审判有力，正向示范引导作用得到发挥

将维护婚姻家庭关系稳定作为家事审判的主要目标，全面关注当事人的合法权益，让家事审判发挥出强大的正向示范引导作用。试点以来，成功审结 3700 多件家事案件，有效地保护了老人、妇女和儿童的合法权益，得到了全国人大代表视察团的充分肯定。2017 年 8 月 27 日，《人民法院报》头版头条以《家务事这里有新解法》为题，详细报道了我院家事审判改革取得的成效。

（二）调审有情，家事审判情感修复功能得到凸显

以“疏、劝、亲、和”理念为指引，明确家事审判的职能不仅是分配财产和确认身份关系，还包括夫妻感情的修复和问题家庭的救治。改革以来，家事案件的调撤率高达 72% 以上，调解和好的占全部离婚案件总数的 46%，二次起诉离婚的仅占 8.6%。2017 年 6 月 22 日，《宁夏法治报》头版头条以《家事审判的“西吉模式”是怎样炼成的》为题进行了专题报道。

（三）聚力有方，纠纷处置社会参与度得到拓展

深度整合多元纠纷调解力量，与妇联、公安局、司法局等部门建立家事联合调处平台，协调社会力量 560 人次参与化解家事纠纷，家事案件服判息诉率不断提高，社会效果明显。2017 年 8 月 18 日，《固原日报》头版头条以《维护小家和谐》为题，深度报道了我院家事审判改革的经验和做法。

（四）丰富宣传,巩固扩大家事审判改革成果

法安天下、德润人心。西吉法院利用各种渠道,加强《婚姻法》《继承法》《收养法》《反家庭暴力法》等与家事案件相关的法律法规宣传教育,坚决预防和制止家庭暴力案件发生。2017 年 2 月,西吉法院在全区率先创建了“家事审判微信公众号”,报道典型案例,详解诉讼指南,推送开庭公告,宣传家事改革,已累计编发家事改革动态信息、典型案例等 130 余期,并与各乡镇派出所、司法所搭建“家事案件信息”共享平台,覆盖全县 3 个镇 16 个乡 4 个居委会,从整体上把握家事案件的动态状况,主动了解家事审判的社会意见。

（五）各方关怀,家事改革工作稳步有序推进

2017 年 9 月 19 日,宁夏法院家事审判方式和工作机制改革试点工作推进会在西吉法院召开。宁夏高院时任院长李彦凯出席并发表讲话。自治区党委政法委、司法厅、妇联、宁夏大学等 13 个部门,全区 27 个中基层法院的有关负责同志参加会议,会上进行交流发言,参观家事法庭,观看西吉法院家事改革纪实片。2017 年 11 月 30 日,宁夏高院时任院长李彦凯专门作出批示,充分肯定西吉法院家事审判改革取得的显著成果。2018 年 2 月 27 日,新当选的宁夏高院党组书记、院长沙闻麟调研西吉法院家事审判工作,要求进一步深化家事改革,妥善化解婚姻家庭纠纷,积极服务和保障家庭文明建设,维护家庭和谐稳定。

三、存在的问题及困难

西吉法院家事审判改革坚持以家庭情感修复为根本,改变以往家事案件易发缠访闹访的被动局面,大量激烈冲突的案件得以及时化解,涉诉信访案件比明显下降,但还存在一些困难和问题。

（一）社会公众对家事审判改革的认识有待进一步提高

部分群众对家事审判改革不了解、不认可,甚至存在误解。尤其是感情冷静期的设定,认为在一定程度上延长了诉讼周期,引发少数当事人的不满。

（二）家事审判法官的综合能力有待进一步增强

社会治理不仅需要家事法官具备过硬的法律素养,还需要有心理学、社会学、教育学等多方面知识。

(三)与相关部门协调配合机制有待进一步健全

实践中，虽然建立了家事纠纷联动解决机制，但相关部门与法院的工作对接、沟通联系尚不密切，配合机制还不健全，制约了多元化矛盾纠纷化解工作的开展。

(四)对家暴受害人的举证指导有待进一步加强

以 2018 年离婚案件为例，诉状中反映存在家暴的占 92%，但 81% 的当事人未提供证据证明存在家庭暴力，判决离婚案件中仅有 2.5% 的案件能够认定存在家暴。

四、结语

“家和万事兴，家固天下稳”。婚姻是家庭的基础，家庭是社会的细胞。婚姻家庭的和谐幸福，是人民美好生活需要最重要的组成部分，没有婚姻家庭的和谐幸福，人民对美好生活的向往和追求就难以实现。家事审判改革是社会经济发展的客观需要，是司法回应广大人民群众的内在要求，是人民法院参与社会综合治理的有益探索，必将为司法改革提供重要的实践依据。西吉法院将以坚定的政治责任、坚强的改革信念、坚韧的改革毅力，进一步深化理念，锐意进取，攻坚克难，努力为促进家庭文明建设、维护社会和谐稳定作出新的更大的贡献！

附：西吉县人民法院改革文件(见附录)

西吉县人民法院家事审判方式及工作机制改革实施方案(见附录第 652 页)

家事案件庭审 50 问(见附录第 657 页)

西吉县人民法院家事案件调解规则(试行)(见附录第 663 页)

西吉县人民法院家事案件调查工作规则(试行)(见附录第 666 页)

西吉县人民法院家事案件心理疏导工作规则(试行)(见附录第 668 页)

西吉县人民法院离婚纠纷问卷调查(必填)(见附录第 669 页)

西吉县人民法院关于适用“感情冷静期”处理离婚纠纷案件的实施意见(试行)(见附录第 673 页)

附　　录

图书在版编目(CIP)数据

当代中国的家事司法改革 ：地方实践与经验 / 刘敏主编. -- 北京 ：法律出版社，2020
ISBN 978 -7 -5197 -2473 -3

Ⅰ. ①当… Ⅱ. ①刘… Ⅲ. ①婚姻法－研究－中国 Ⅳ. ①D923.904

中国版本图书馆 CIP 数据核字(2020)第 018186 号

当代中国的家事司法改革:地方实践与经验
DANGDAI ZHONGGUO DE JIASHI SIFA GAIGE: DIFANG SHIJIAN YU JINGYAN

刘 敏 主编

策划编辑 王 扬
责任编辑 王 扬
装帧设计 鲁 娟

出版 法律出版社
总发行 中国法律图书有限公司
经销 新华书店
印刷 三河市兴达印务有限公司
责任校对 晁明慧
责任印制 张建伟
编辑统筹 独立项目策划部
开本 710 毫米×1000 毫米 1/16
印张 24.75
字数 379 千
版本 2020 年 6 月第 1 版
印次 2020 年 6 月第 1 次印刷

法律出版社/北京市丰台区莲花池西里 7 号(100073)
网址/www. lawpress. com. cn
投稿邮箱/info@ lawpress. com. cn
举报维权邮箱/jbwq@ lawpress. com. cn
销售热线/400 -660 -8393
咨询电话/010 -63939796

中国法律图书有限公司/北京市丰台区莲花池西里 7 号(100073)
全国各地中法图分、子公司销售电话:
统一销售客服/400 -660 -8393/6393
第一法律书店/010 -83938432/8433　西安分公司/029 -85330678　重庆分公司/023 -67453036
上海分公司/021 -62071639/1636　深圳分公司/0755 -83072995

书号:ISBN 978 -7 -5197 -2473 -3　**定价**:66.00 元
(如有缺页或倒装,中国法律图书有限公司负责退换)